CINQUANTE ANS DE SOMMEIL

DU MÊME AUTEUR

aux mêmes éditions

Migraine
1986

Sur une jambe
1987

L'homme qui prenait sa femme pour un chapeau
et autres récits cliniques
1988 ; coll. «La couleur des idées», 1990

Des yeux pour entendre
Voyage au pays des sourds
coll. «La couleur des idées», 1990

OLIVER SACKS

CINQUANTE ANS DE SOMMEIL

TRADUIT DE L'ANGLAIS
PAR CHRISTIAN CLER

ÉDITIONS DU SEUIL
27, rue Jacob, Paris VIe

Note de l'auteur

Je remercie vivement les personnes, les maisons d'édition et les sociétés suivantes d'avoir bien voulu m'autoriser à citer certains passages des œuvres dont ils détenaient les droits : Mme Katherine Jones, The Hogarth Press Ltd et Basic Books Inc. (pour *The Life and Work of Sigmund Freud*, de Ernest Jones) ; Laurence Pollinger Ltd et les successeurs de la regrettée Mme Frieda Lawrence, William Heinemann Ltd et The Viking Press Inc. (pour *The Complete Poems of D. H. Lawrence*) ; les exécuteurs littéraires de Ludwig Wittgenstein, Basil Blackwell & Mott Ltd et The Macmillan Company, de New York (pour *Philosophical Investigations*, de Ludwig Wittgenstein) ; la Royal Economic Society, Macmillan, London and Basingstoke Ltd et St Martins's Press Inc. (pour les *Collected Writings* de John Maynard Keynes) ; enfin, Faber & Faber Ltd et Harcourt Brace Jovanovich Inc. (pour les *Collected Poems 1909-1962* de T. S. Eliot).

ISBN 2-02-009606-4.
ISBN original 0-330-269240.

Titre original : *Awakenings*.
Première édition : 1973 par Gerald Duckworth & Co.
Éditions revues en 1976 et 1982, par Pan Books.

à la mémoire
de W. H. Auden et de A. R. Louriia

...et maintenant, une naissance surnaturelle
qui nous fasse revenir à la vie après cette maladie.

DONNE

Préface

Ce livre a pour thème la vie et les réactions de certains patients placés dans une situation unique en son genre – et les implications que leur expérience présente pour la médecine et la science. Ces patients font partie des rares survivants de la grande épidémie de maladie du sommeil (ou encéphalite léthargique) qui fit des ravages voici maintenant cinquante ans, et les réactions dont je parle furent observées après qu'ils furent « réveillés » par un nouveau médicament (la laevo-dihydroxyphénylalanine, ou L DOPA) aux effets tout à fait remarquables. Après une courte introduction dans laquelle j'évoquerai à la fois la nature de leurs symptômes, le type de vie qu'ils menaient avant de tomber malades et, enfin, ce produit qui modifia si radicalement leur existence, je présenterai longuement, sous la forme de relations de cas ou de biographies, l'expérience de chacun de ces hommes et de ces femmes dont l'aventure reste sans précédent dans toute l'histoire de la médecine. Je ne pense pas du tout qu'un tel sujet n'ait d'intérêt que pour les spécialistes : je m'attacherai, dans la dernière partie de cet ouvrage, à décrire ses immenses implications – qui touchent, nous le verrons, aux problèmes les plus généraux de la santé, de la maladie, de la souffrance, des soins médicaux et de la condition humaine en général.

Un livre tel que celui-ci – qui parle de personnes encore en vie – pose un problème difficile, et peut-être même insurmontable : l'auteur doit donner des informations précises, sans pour autant trahir le secret professionnel ni divulguer de faits confidentiels. J'ai par conséquent dû changer le nom de mes patients, le nom de l'hôpital où ils séjournaient et celui de la ville qui l'abritait, ainsi que quelques autres détails, en essayant néanmoins de préserver ce qui est à mes yeux fondamental : la *présence* pleine et entière des patients, la « tonalité » de leurs vies, leurs caractères, leurs maladies, leurs réactions – tous les aspects essentiels de leur si étrange condition.

La première édition de ce livre date de 1973. Trois ans après, une seconde édition est parue : tout en étant intégralement repris, le texte originel se trouvait désormais enrichi d'un nombre énorme de notes, que j'avais pour la plupart rédigées en septembre 1974 et qui avaient pour certaines la longueur d'un petit essai ; elles représentaient, à elles seules, un tiers du livre.

Sept ans plus tard, une nouvelle édition est devenue nécessaire, car beaucoup de choses se sont passées entre-temps. Alors que les deux premières éditions de *Cinquante Ans de sommeil* ne devaient rendre compte que de trois ans de traitement à la L-DOPA (1969-1972), il faut maintenant décrire douze années de traitement, et cela d'autant que les neuf années qui viennent de s'écouler ne constituent pas un simple prolongement des trois années précédentes, mais ont été au contraire marquées par des développements nouveaux, radicaux et imprévisibles. J'ai donc écrit, pour cette troisième édition, un nouvel Épilogue, dans lequel j'ai poursuivi mon récit jusqu'à l'époque présente – en parlant avant tout, naturellement, des patients dont l'histoire forme le cœur de ce livre, mais en évoquant aussi les nombreux autres postencéphalitiques (presque deux cents au total !) avec lesquels j'ai été intimement et quotidiennement en contact depuis quinze ans.

Il n'existe pas, à ma connaissance, de compte rendu comparable, s'étendant sur une aussi longue période et portant sur autant de postencéphalitiques hospitalisés ; je dirais même que c'est la *toute première fois* qu'un groupe aussi important de patients, postencéphalitiques ou non, maintenus sous L-DOPA durant plus de douze ans, font l'objet d'une étude aussi longue et d'observations aussi minutieuses (et affectueuses !).

Le seul groupe de postencéphalitiques que je puisse comparer à notre groupe de Mount Carmel est celui qu'abrite le Highlands Hospital de Londres. En 1969, certains de ces patients londoniens commencèrent à être traités à la L-DOPA, mais l'expérience ne dura que six semaines et ce produit ne fut plus employé par la suite qu'à des doses infinitésimales. Nos pensionnaires de Mount Carmel sont, semble-t-il, les seuls patients au monde à avoir été *maintenus* à des doses substantielles de L-DOPA durant plus de douze ans, et les seuls également à avoir vécu un « réveil » décisif, permanent et historique. Ils ont vécu une expérience qu'il m'incombe de rapporter – car elle est unique en son genre, et aussi parce que nul autre n'est *en mesure* d'apporter un tel témoignage. Mes patients m'ont encouragé en ce sens ; ce sont eux, les premiers, qui m'ont dit : « Racontez notre histoire – ou elle restera à jamais inconnue. » Je ne me suis décidé à publier la première édition de cet ouvrage consacré à leur « histoire » et à leurs vies qu'après de longues hésitations. Par bonheur, mon livre et le film qui en a été tiré ont plu à mes patients (qui sont aussi mes premiers et mes derniers critiques). Et ils me disent maintenant : « Cela, c'était il y a des années. Il est temps d'en dire plus. »

Le temps est venu, en effet, d'en dire davantage, non seulement sur mes propres patients, mais également sur la situation actuelle des patients parkinsoniens en général. Lorsque j'ai commencé à administrer de la L-DOPA à nos patients de Mount Carmel, cette substance était encore considérée comme un médicament « expérimental » et n'avait été essayée que sur une infime minorité de patients – tout au plus quelques centaines d'individus, répartis en de petits groupes disséminés ici et là. De nos jours, quelque douze ans plus tard, presque *tous* les parkinsoniens – c'est-à-dire des millions de patients – sont désormais traités à la L-DOPA (ou à l'aide de produits voisins). Ce qui, dans les années soixante, était encore tenu pour « expérimental » est donc devenu, dans les années quatre-vingt, universel (ce qui ne signifie pas « standardisé » !). Cette évolution s'est, heureusement, accompagnée d'un certain changement d'attitude.

Beaucoup d'hypothèses contestées ou émises dans les années soixante – souvent pour des raisons très fantaisistes et bien peu expérimentales – sont maintenant largement admises. Nous nous inclinons davantage devant la réalité, et sommes plus sensibles à toutes ses complexités et ses richesses – qui sont tout autant individuelles et humaines que scientifiques. Cette évolution peut être également vue comme un changement historique : elle aussi constitue, à sa manière, une sorte de « réveil » (ou le signe d'un réveil) de l'ensemble de la médecine. Je reviendrai sur ce point dans la partie intitulée « Douze ans après » (p. 46-51), ainsi que dans l'Épilogue.

L'électroencéphalographie a permis de bien mieux comprendre le type d'activité cérébrale qui accompagne le « réveil » des postencéphalitiques et beaucoup d'observations rapportées dans ce livre. Je dispose maintenant d'un nombre important d'électroencéphalogrammes enregistrés dans les circonstances les plus variées, et ils me paraissent si parlants et si concluants que j'ai décidé de les présenter à part, dans l'Appendice intitulé « Données électroencéphalographiques ».

J'ai regroupé dans les notes que l'on trouvera à la fin du livre certaines observations et remarques complémentaires que je ne pouvais inclure dans l'Épilogue ou l'Appendice. Je tiens à préciser que, par rapport à l'édition de 1976, ces notes ont été, de façon générale, largement élaguées : beaucoup ont été raccourcies ou même carrément supprimées – non parce que je les jugerais maintenant dépassées ou fausses, mais tout simplement parce que je comprends mieux que l'on ne saurait tout dire, et que toute tentative en ce sens risquerait de détourner le lecteur du propos essentiel de ce livre. Une partie du matériel que je présentais dans ces notes à été replacée dans le corps du livre. Hormis cette petite modification, le texte central de *Cinquante Ans de sommeil* demeure inchangé. Seuls une brève Bibliographie et un Index ont été ajoutés.

Je tiens à dire, enfin, que l'observation de mes patients et les contacts étroits que j'ai avec eux m'ont toujours amené à continuellement élargir et approfondir ma pensée et ma théorie, et parfois même à modifier assez radicalement mes points de vue. Je ne pense ni n'aborde plus les problèmes ou les malades exactement comme à l'époque où j'écrivais *Cinquante Ans de sommeil* – je ne suis plus le même. Je conclurai donc cette nouvelle édition en montrant brièvement l'incidence que l'approfondissement de mon expérience thérapeutique (et les surprises qu'elle n'a pas manqué de me réserver) a eu sur mes conceptions et mes points de vue. J'allais écrire : « cette édition destinée aux années quatre-vingt » ; mais qui sait quelles découvertes et quelles révisions peuvent encore nous réserver les années à venir ?

Quelque théorie, quelque interprétation, quelque « philosophie » que l'on mette en avant, seule, au fond, importe une *histoire,* la réalité vivante – vraie, irréfutable. J'ai à l'origine conçu ce livre comme un simple récit : le reste, ses compléments et ses enrichissements, n'est venu que plus tard. Cette nouvelle édition constitue elle aussi – peut-être plus encore que les précédentes – un récit étrange, que les années m'ont permis d'étoffer et de compléter.

O.W.S.
Londres, août 1981

Remerciements

Je suis d'abord infiniment redevable aux extraordinaires patients du Mount Carmel Hospital de New York dont je relate l'histoire dans ce livre et auxquels *Cinquante Ans de sommeil* a été originellement dédié. Le personnel médical si dévoué de Mount Carmel est à peine moins remarquable ; au cours de ces quinze dernières années, notre collaboration a toujours été à la fois très étroite et très agréable. Je tiens à remercier de façon toute particulière le docteur Walter Schwartz, qui travailla à mes côtés et cosigna avec moi plusieurs articles ; Mlle M. Kohl, notre orthophoniste, qui fut ma plus proche collaboratrice durant les trois années critiques au cours desquelles nos patients vécurent leur premier « réveil » ; Mme P. C. Carolan, qui m'aida à mener à bien les études électroencéphalographiques que nous entamâmes en 1977 ; et, enfin, Mme E. Costello, notre infirmière en chef, qui a pris soin de nos patients et les a aimés pendant vingt-cinq ans.

Je sais particulièrement gré à mes collègues anglais du Highlands Hospital de m'avoir donné la possibilité de demeurer en contact avec leurs patients, qui ont tant de points communs mais aussi tant de différences avec nos pensionnaires de Mount Carmel. J'adresse mes remerciements les plus vifs au docteur Gerald Stern, qui, en 1969, m'aida à « réveiller » ces patients et me prêta son assistance amicale ; au docteur James Sharkey, qui veillait sur eux depuis 1945 ; et, pardessus tout, au docteur James Purdon Martin, qui connaissait ces patients postencéphalitiques (et autres) depuis plus de soixante ans et demeure le seul homme vivant à avoir observé toutes les ramifications de la maladie du sommeil depuis ses origines. Il a consacré vingt ans de sa vie à étudier les postencéphalitiques du Highlands, et nous a légué un livre (Purdon Martin, 1967), un film et maints articles remarquables qui, tous, apportent un éclairage essentiel à la compréhension de ces patients et doivent presque être considérés comme posant les fondements d'une nouvelle science. En 1969, le docteur Purdon Martin est venu à Mount Carmel observer nos patients dans la prime ivresse de leurs « réveils », et il reste depuis pour nous une sorte de figure paternelle et de guide.

Aucune page de ce livre n'aurait été publiée ni n'aurait même vu la couleur du jour si je n'avais été soutenu par des éditeurs exceptionnels, qui surent merveilleusement bien m'aider à enfanter cet ouvrage : je pense d'abord ici à Colin Haycraft, de Duckworth, qui, par la confiance qu'il voulut bien m'accorder et sa *maieutikè technè,* permit à la première édition de ce livre de venir au monde en 1973 ; ensuite, à Julia Vellacott, de Penguin Books, qui, en 1976, sut m'accoucher d'une seconde édition ; et enfin, à Mike Petty, de Pan Books, qui joua le rôle de l'obstétricien pour la présente édition. Et je dois également beaucoup à Duncan Dallas, de la Yorkshire Television, qui, en 1973, tourna un merveilleux film à partir de *Cinquante Ans de sommeil.*

J'ai exprimé, dans l'édition précédente, l'étendue de ma gratitude envers W. H. Auden et A. R. Louriia, qui furent pour moi à la fois des mentors, des amis et des « éveilleurs ». Les remerciements particuliers que je leur adressais ont disparu de la présente édition, mais je n'en dédie pas moins *Cinquante Ans de sommeil* à leur mémoire, en témoignage de ma reconnaissance et de mon amour.

Addendum, 1982 : Harold Pinter m'a fait parvenir en début d'année une pièce de théâtre extraordinaire *(A Kind of Alaska),* qu'il m'a dit lui avoir été « inspirée » par *Cinquante Ans de sommeil,* et que j'ai vue au mois d'octobre au National Theater. Cette pièce admirablement mise en scène et superbement interprétée m'a donné, a donné à tous ceux qui sont allés la voir, la sensation troublante d'assister à ce moment si impressionnant qu'est le « réveil » d'un patient.

Introduction

La maladie de Parkinson et le parkinsonisme

En 1817, le docteur James Parkinson, un médecin londonien, publia son célèbre *Essay on the Shaking Palsy (Essai sur la paralysie tremblante)* dans lequel il dépeignit, avec un talent et une perspicacité qui ne furent jamais surpassés depuis, l'état commun, important et si étrange que nous connaissons sous le nom de maladie de Parkinson.

Certaines manifestations et certains symptômes isolés de la maladie de Parkinson – tels l'agitation ou les tremblements, et l'accélération, ou festination, de la marche et de la parole – sont décrits par les médecins depuis l'époque de Galien, et apparaissent également ici et là dans la littérature non médicale – je pense notamment à la description qu'Aubrey a donnée de la « paralysie agitante * » de Hobbes. Mais Parkinson fut le premier à voir que les différentes manifestations et les multiples visages de cette maladie formaient un tout et constituaient l'expression d'un état humain, ou d'une *forme de comportement,* spécifique : il avait compris, en effet, que, de même que certaines étoiles forment une *constellation,* des phénomènes semblant à première vue n'avoir aucun rapport entre eux peuvent constituer un « assemblage » de symptômes à la fois défini et constant ; et il fut donc le premier à découvrir l'existence de cet « assemblage » de symptômes, de cette constellation de troubles ou de ce *syndrome* que nous nommons maintenant le « parkinsonisme ».

* Autre nom de la « paralysie tremblante », pour qualifier la maladie de Parkinson [*NdT*].

C'était là une découverte clinique fondamentale, et le parkinsonisme fut donc l'un des premiers syndromes neurologiques à être cerné et défini. Mais Parkinson n'avait pas seulement du talent : il avait aussi du génie. Il sentit également que le curieux « assemblage » de symptômes qu'il avait repéré était bien plus qu'un simple syndrome diagnostique – il comprit qu'il possédait une logique et un ordre internes cohérents, et que cette constellation était une sorte de *cosmos*.

Entre 1860 et 1890, à la Salpêtrière de Paris – un hospice qui abritait une large population de malades chroniques –, Charcot compléta l'esquisse ébauchée par Parkinson. Nous lui devons beaucoup de descriptions riches et détaillées de la maladie, mais son apport ne s'arrête pas là : il perçut également les relations et les affinités qui existent entre les symptômes de la maladie de Parkinson et ceux de la dépression, de la catatonie et de l'hystérie, et fut même si frappé par cette corrélation qu'il n'hésita pas à ranger le parkinsonisme parmi les « névroses ».

Au dix-neuvième siècle, quasiment aucun cas de parkinsonisme ne fut observé chez les sujets de moins de cinquante ans. Les médecins de l'époque virent en général dans cette affection l'expression d'un processus dégénératif ou d'un trouble nutritif affectant certaines cellules « faibles » ou vulnérables ; et, comme les moyens dont ils disposaient ne leur permettaient pas de prouver l'existence de cette dégénérescence ou de l'imputer à une cause connue, ils conclurent que la maladie de Parkinson était une maladie idiosyncrasique – une « idiopathie ». La grande épidémie de maladie du sommeil (dite aussi : encéphalite léthargique) qui s'est développée durant le premier quart de notre siècle entraîna l'apparition d'une « nouvelle » forme de parkinsonisme, dont la cause était claire et spécifique : contrairement à la maladie idiopathique, ce parkinsonisme encéphalitique ou postencéphalitique [1] frappa des personnes de tout âge et se manifesta souvent par des troubles beaucoup plus aigus et dramatiques que tous ceux qui avaient pu être constatés jusqu'alors. Le troisième grand type de parkinsonisme recensé n'existe que depuis vingt ans : il est la conséquence inattendue du développement des phénotiazines et des butyrophénomes – les prétendus « tranquillisants majeurs » –, qui ont malheureusement la propriété de provoquer certains « effets secondaires » de type parkinsonien (en général passagers). Il semble que, rien qu'aux États-Unis, deux millions d'individus souffrent de parkinsonisme : un million d'Américains seraient atteints de parkinsonisme idiopathique, ou « maladie de Parkinson » ; un autre million de personnes souffriraient de parkinsonisme d'origine médicamenteuse ; et quelques centaines ou milliers de patients – les derniers survivants de la grande épidémie – sont atteints de parkinsonisme postencéphalitique. Le parkinsonisme peut avoir d'autres causes – empoisonnement au gaz de houille, empoisonnement au manganèse, syphilis, tumeurs, etc. –, mais ces cas sont extrêmement rares et ne s'observent quasiment jamais au cours de toute une vie d'exercice de la médecine.

La maladie de Parkinson a été dénommée pendant plusieurs siècles « paralysie agitante » (en latin, *paralysis agitans*). Il convient de préciser d'emblée que l'agitation ou les tremblements ne sont nullement un symptôme constant du parkinsonisme, ne constituent jamais un symptôme isolé, et sont souvent l'un des troubles les plus bénins auxquels le parkinsonien doit faire face. Lorsque le tremblement est présent, il se manifeste en général surtout quand le patient est au repos, et tend à disparaître dès qu'il fait un mouvement, ou même en a simplement l'intention [2] ; il peut se limiter à la main, et les mouvements qui animent dans ce cas la main du patient rappellent alors « le geste de rouler une cigarette », ou, pour citer Gowers, « la façon dont les Orientaux battent de leurs tambourins » ; mais il peut aussi, notamment chez les postencéphalitiques, être très violent, se déclarer dans une autre partie du corps ou même agiter le corps tout entier, et tendre à s'intensifier dès que le patient fait un effort physique, s'énerve ou se fatigue. Après le tremblement, le symptôme parkinsonien le plus fréquemment mentionné est la raideur, ou la rigidité : tout en conservant une certaine plasticité assez curieuse – on la compare souvent à celle d'un tuyau de plomb –, la rigidité parkinsonienne peut être extrêmement prononcée [3]. Mais il faut souligner que ni le tremblement ni la rigidité ne peuvent être considérés comme des traits essentiels du parkinsonisme ; ces deux symptômes peuvent être totalement absents, notamment dans les formes postencéphalitiques de la maladie auxquelles nous nous intéresserons tout particulièrement. Les manifestations essentielles du parkinsonisme, que l'on peut constater chez tous les patients et qui atteignent leur intensité maximale dans les formes de parkinsonisme postencéphalitiques, se rattachent toutes à la catégorie des troubles du mouvement et de la « poussée ».

Les premiers symptômes décrits comme caractéristiques du parkinsonisme furent la *festination* (c'est-à-dire la précipitation) et la *pulsion* (ou poussée). La festination se manifeste par une accélération (en même temps qu'un abrègement) des pas, des mouvements, de la parole ou même de la pensée – elle donne à l'observateur une impression d'impatience, d'impétuosité et d'alacrité, un peu comme si le patient était très pressé ; selon certains patients, ce phénomène s'accompagnerait intérieurement d'un *sentiment* d'urgence et d'impatience, tandis que d'autres affirment avoir pour ainsi dire l'impression d'être pressés contre leur gré. Gaubius, au dix-huitième siècle, traçait ce tableau de la festination *(scelotyrbe festinans) :* « Il peut arriver que les muscles, qui sont normalement excités par les impulsions de la volonté, se mettent en mouvement de leur propre chef, avec une agilité spontanée et une force irrépressible, bien que l'esprit ne le veuille pas. »

Les mouvements associés à la festination ou à la pulsion se caractérisent par leur rapidité, leur brusquerie et leur brièveté. Les anciens auteurs furent très frappés par ces symptômes et la curieuse « impatience motrice » (akathisie) dont ils s'accompagnent souvent : Charcot parle par exemple de la « cruelle agitation » de nombre de ses patients, et Gowers de « l'extrême agitation (...) qui obligeait (...) à changer légèrement de position toutes les quelques minutes ». Je souligne pour ma part ces manifestations – la vivacité des mouvements, leur caractère pressé, précipité – parce qu'elles constituent, pour ainsi dire, l'« autre face » du parkinsonisme, une face qui nous est bien moins familière ; elles nous montrent le parkinsonisme en état d'ébullition, le parkinsonisme dans son aspect expansif et explosif, et, en cela, elles ont beaucoup d'affinités avec bon nombre des « effets secondaires » provoqués par la L-DOPA.

Les descriptions médicales s'attardent en général davantage sur les symptômes inverses – le ralentissement et la difficulté du mouvement –, que recouvre le terme très général et assez peu éclairant d'« akinésie ». Bien qu'il existe différents types d'akinésie, dans sa forme la plus radicalement opposée à la précipitation ou à la pulsion, ce trouble se manifeste par une *résistance* ou un *ralentissement* actifs qui rendent plus difficiles, ou même parfois bloquent complètement, le mouvement, la parole ou la pensée : au moindre « désir », à la moindre intention ou à la moindre tentative de mouvement, les patients sujets à ce trouble sentent immédiatement surgir en eux une « contre-volonté », ou une « résistance », contre laquelle il leur faut lutter ; ils sont emprisonnés, et même immobilisés, dans un certain type de conflit physiologique – force/contre-force, volonté/contre-volonté, ordre/contrordre. Charcot écrivait que, pour ces patients ainsi embastillés, « il n'y a pas de trêve » – à ses yeux, ces vains combats intérieurs dans lesquels tant d'énergies étaient inutilement investies suffisaient à expliquer, non seulement les tremblements, la rigidité et l'akinésie, mais aussi la tension et la fatigue dont tant de parkinsoniens se plaignent. Lorsqu'il me parlait de ces états de poussée et de contrainte, l'un de mes patients (Leonard L.) avait l'habitude de les nommer : l'« aiguillon et la longe ».

William James emploie des concepts analogues à propos des « perversions » de la volonté (*Principles,* II, XXVI, notamment p. 537-549). A ses yeux, les deux principales perversions de la volonté étaient ce qu'il nommait la volonté « obstructive » et la volonté « explosive » : lorsque la première prédomine, les actes normaux deviennent difficiles ou impossibles à accomplir ; si la seconde prévaut, les actes anormaux acquièrent une force irrésistible. Ces deux définitions des perversions névrotiques de la volonté me semblent tout autant s'appliquer à ce qu'il faut bien appeler les perversions parkinsoniennes de la volonté : le parkinsonisme est, comme la névrose, un trouble de la *conation ;* il présente une structure conative analogue.

On peut aussi constater chez certains patients une forme différente d'akinésie, qui est associée à un sentiment, non d'effort et de lutte, mais, au contraire, de répétition et de persévération : Gowers cite par exemple le cas d'un patient qui, « chaque fois qu'il levait [les membres], les gardait dressés pendant plusieurs minutes avant de les laisser retomber doucement » – et il comparait fort judicieusement ce type d'akinésie à la catalepsie. Cette forme d'akinésie est particulièrement fréquente et souvent très aiguë chez les patients souffrant de parkinsonisme postencéphalitique.

Ces différentes caractéristiques comportementales – impulsivité, résistance, tendance à la persévération du mouvement – constituent ce que l'on peut appeler les traits actifs ou positifs du parkinsonisme. Nous verrons plus loin qu'elles sont plus ou moins interchangeables, et représentent en fait différentes phases, formes ou transformations du parkinsonisme. Mais les parkinsoniens se distinguent aussi par des traits « négatifs » – s'il n'y a pas là une contradiction dans les termes. Charcot notait déjà que certains patients pouvaient rester assis durant des heures, non seulement sans faire le moindre mouvement, mais aussi sans paraître éprouver le moindre besoin de bouger : ils semblaient heureux de ne rien faire et ne pas avoir la « volonté » de commencer ou de poursuivre la moindre activité, tout en demeurant par ailleurs parfaitement capables de se déplacer sans difficulté dès que quelqu'un le leur ordonnait ou demandait – c'est-à-dire dès qu'ils étaient stimulés *de l'extérieur*.

La sensation de fatigue, de manque d'énergie et d'« émoussement » des sens – d'appauvrissement de la sensibilité, de la libido, de la motivation et de l'attention – qu'éprouvent tant de parkinsoniens est un autre exemple des troubles « négatifs » ou des déficiences que nous venons d'évoquer. Tous les parkinsoniens sans exception voient, à des degrés divers, leur « allant », leur dynamisme, leurs capacités d'initiative, leur vitalité, etc., s'altérer, exactement comme les patients gravement dépressifs [4].

Les parkinsoniens souffrent donc simultanément (quoique dans des proportions variables) d'une absence et d'une présence toutes deux pathologiques. Cette absence pathologique interrompt en eux le flux libre du mouvement normal (ainsi que – dans les cas les plus graves – le flux de la perception et de la pensée normales) et est vécue par eux comme « faiblesse », fatigue, perte et détresse ; cette présence pathologique se traduit par une préoccupation, une activité anormale, une organisation pathologique qui, pour ainsi dire, distendent ou gonflent leur comportement d'une façon insensée, douloureuse et invalidante. On peut dire que ces patients sont *engorgés* par leur parkinsonisme – par leur excitation pathologique (éréthisme) –, exactement comme on peut être congestionné par la douleur, le plaisir, la colère ou la névrose. La représentation du parkinsonisme comme exerçant une pression sur le patient me semble corroborée, avant tout, par les phénomènes dits de « kinésie paradoxale », autrement dit ces disparitions ou atténuations soudaines et totales (bien que passagères) du parkinsonisme qui s'observent souvent chez les parkinsoniens les plus gravement atteints.

Certains patients auparavant aussi raides, immobiles et inanimés que des statues peuvent, lorsqu'ils sont confrontés à quelque situation critique qui parvient à capter leur attention, retrouver brusquement une activité et un comportement normaux (un exemple classique en est ce patient parkinsonien qui, voyant un homme se noyer, se leva soudain de sa chaise roulante pour se jeter dans les vagues et le sauva). Le retour du parkinsonisme, en de telles circonstances, est en général aussi brutal et spectaculaire que sa disparition : la plupart du temps, sitôt qu'il n'aura plus de raison d'agir, le patient s'effondrera tel un mannequin dans les bras de ses infirmiers [5].

Si la compensation soudaine d'une déficience profonde est quelque chose de quasiment inimaginable, on peut aisément concevoir qu'une pression intense puisse brusquement se réduire, ou une charge se décharger. De telles conceptions sont toujours implicites, et quelquefois explicites, dans la pensée de Charcot, qui alla même jusqu'à souligner les analogies étroites qui pourraient exister entre les différentes formes ou « phases » du parkinsonisme et celles de la névrose : il vit très bien, notamment, la ressemblance ou l'analogie formelles que l'on constate entre les trois phases, distinctes mais interchangeables, du parkinsonisme (les phases d'obéissance-persévérance, d'obstruction-résistance et d'explosion-précipitation) et les formes de catatonie et d'hystérie plastiques, rigides et frénétiques. Dans les années vingt de notre siècle, les extraordinaires amalgames de parkinsonisme et d'autres types de troubles qui furent observés à l'occasion de l'épidémie d'encéphalite renforcèrent un moment ces hypothèses, avant qu'elles sombrent complètement dans l'« oubli » et soient totalement expulsées de la conscience neurologique. Mais nous verrons que les effets de la L-DOPA nous obligent à reconsidérer et à développer les analyses et les parallèles de Charcot et de ses contemporains.

La maladie du sommeil [6] (encéphalite léthargique)

L'hiver 1916-1917, une « nouvelle » maladie apparue brusquement à Vienne et dans d'autres villes s'étendit, en moins de trois ans, au reste du monde. Les symptômes par lesquels elle se manifesta furent si variés que, d'un patient à l'autre, les médecins ne purent observer deux tableaux cliniques exactement semblables : la multiplicité des diagnostics proposés – délire épidémique, schizophrénie épidémique, parkinsonisme épidémique, sclérose en plaques, rage atypique, poliomyélite atypique, etc. – donne la mesure de l'incertitude qui s'empara alors du monde médical. On pouvait se demander si un millier de maladies nouvelles ne s'étaient pas subitement déchaînées, et ces hésitations durèrent jusqu'à ce que, étudiant avec une intelligence clinique sans pareille les cerveaux des patients décédés, Constantin von Economo réussisse à démontrer que ceux-ci non seulement présentaient un modèle unique de lésion cérébrale, mais encore contenaient un agent filtrable (un virus) inframicroscopique pouvant transmettre la maladie aux singes. L'identité de cette maladie protéiforme – que von Economo nomma encéphalite léthargique – était donc établie, mais cette épidémie était en fait une hydre multicéphale.

Cette vague d'encéphalite avait été précédée, au cours des deux derniers millénaires, par une multitude de cas isolés et de petites épidémies qui peuvent être partiellement rappelés [7]. En 1580, l'Europe fut balayée par une grave maladie fébrile et léthargique *(« morbus epidemicus per totam fere Europam* Schlafkrankheit *dictus »)* qui fut à l'origine de toutes sortes de troubles parkinsoniens et de séquelles neurologiques diverses. En 1672-1673 et en 1773-1775, des épidémies analogues et tout aussi violentes – baptisées par Sydenham *febris comatosa* –

éclatèrent à Londres ; tout comme lors de l'encéphalite de Vienne en 1919, les personnes atteintes souffrirent de hoquet. En 1695, Albrecht de Hildesheim rédigea un compte rendu détaillé sur les crises oculogyres, les symptômes parkinsoniens, la diplopie, le strabisme, etc., apparus chez une jeune fille de vingt ans à l'issue d'un accès de fièvre cérébrale soporeuse *(De febre lethargica in strabismo utriusque oculi desinente).* En 1672 et 1673, une grave épidémie de *Schlafkrankheit* se déclara à Tübingen ; beaucoup de survivants gardèrent une lenteur de mouvement et un manque d'initiative (« aboulie ») persistants. Durant la deuxième moitié du dix-huitième siècle, plusieurs épidémies mineures de *coma somnolentum* à traits parkinsoniens se développèrent en France et en Allemagne, en alternance avec des épidémies hyperkinétiques de hoquet, de myoclonie, de chorée et de tics. Les nombreux cas isolés de parkinsonisme *juvénile* s'accompagnant de diplopie, de crises oculogyres, de tachypnée, de rétropulsion, de tics et de symptômes obsessionnels que décrivit Charcot avaient presque certainement une origine postencéphalitique. En Italie, la grande épidémie d'influenza de 1888-1890 fut suivie de près par la fameuse *nona* – une maladie soporeuse effroyablement violente qui laissa des séquelles parkinsoniennes et des troubles neurologiques divers chez presque tous les rares survivants.

Mais aucune de ces épidémies n'eut l'ampleur de la pandémie mondiale qui éclata en 1916-1917. Durant les dix ans au cours desquels elle fit rage, cette pandémie tua ou handicapa gravement presque dix millions de personnes – après quoi, en 1927, elle disparut, aussi mystérieusement et brusquement qu'elle était apparue [8]. Un tiers des personnes atteintes moururent pendant les phases aiguës de la maladie du sommeil, à l'issue d'états de coma profond interdisant tout réveil ou, au contraire, après des insomnies intenses empêchant toute sédation. Bien souvent, les patients qui survécurent à ces intenses accès de somnolence ou d'insomnie ne recouvrèrent jamais toutes leurs facultés. Ils étaient conscients et lucides – et néanmoins incomplètement éveillés ; ils restaient assis toute la journée sur leurs chaises, immobiles et muets, sans énergie, sans entrain, sans initiative, manquant totalement de motivation, d'appétence, de sentiments ou de désirs ;

ils enregistraient bien ce qui se passait autour d'eux, mais n'y prêtaient pas réellement attention et demeuraient profondément indifférents à tout. Ils ne donnaient pas l'impression d'être en vie, et ne se ressentaient pas eux-mêmes comme vivants ; ils étaient aussi immatériels que des fantômes, et aussi passifs que des zombies : von Economo les comparait à des volcans éteints. Ils présentaient, pour parler comme les neurologues, des troubles comportementaux « négatifs » – ce qui revient à dire qu'ils n'avaient pas de comportement du tout. Ontologiquement, ils étaient morts, éteints, « endormis » – comme attendant un réveil qui (pour une infime minorité de survivants) ne se produisit que cinquante ans plus tard.

Cette passivité s'observe aussi, à un degré moindre, dans le cadre de la maladie de Parkinson proprement dite : d'innombrables patients m'ont dit : « Je ne marche pas – je *suis* marché », ou encore (à propos notamment de la festination) : « Je ne joue aucun rôle là-dedans – ça se produit tout seul. » Dans les syndromes postencéphalitiques dits « du zombie », la passivité peut devenir absolue et généralisée : le « manque de volonté », ou l'« aboulie », forme le cœur vide de ces états. Les patients que ces syndromes transforment en des espèces de zombies, totalement incapables de dire « je veux » ou de se percevoir comme voulant quoi que ce soit, ne perdent pas seulement leur volonté, mais aussi leur identité – car le sens de l'identité individuelle dépend de l'activité et de la volonté : « *Volo ergo sum.* » C'est, en quelque sorte, dans le vide de leur action et de leur volonté absentes, de leur « je » absent, de leur activité ou de leur autonomie disparues, que tous les troubles « positifs » dont ils souffrent pullulent et prolifèrent – donnant une impression d'impulsion ou de compulsion qui n'est en fait qu'une autre forme de passivité, de dégradation et d'enchaînement du désir. En soi, l'« énergie », le dynamisme ne sont que de simples forces, un simple « ça » : pour qu'elles deviennent véritablement humaines, il faut que le « je » s'éveille et s'anime – le sujet qui est au cœur de toute volonté et de toute action.

Si les états « négatifs », ou *absences,* observés chez les victimes de la maladie du sommeil étaient plus variés et plus graves que ceux que l'on pouvait constater chez les parkinsoniens ordinaires, cela était encore plus vrai des innombrables troubles « positifs » ou *présences* pathologiques que cette maladie engendrait : dans la grande monographie qu'il leur consacra, von Economo en dénombra plus de cinq cents formes ou variétés différentes.

Ces troubles « positifs » consistèrent sans doute avant tout en des symptômes parkinsoniens en tout genre, qui ne se révélèrent quelquefois que de nombreuses années après l'épidémie. Si l'on compare les parkinsoniens ordinaires et idiopathiques aux parkinsoniens postencéphalitiques, il semble qu'en général ces derniers aient tout à la fois moins souffert de tremblements et de rigidité que les premiers – ces symptômes purent même être complètement absents – et été sujets à des états beaucoup plus prononcés d'« explosion » et d'« obstruction », d'akinésie et d'akathisie, de poussée et de résistance, de précipitation et d'empêchement, etc., ou de cette forme d'akinésie persistante que Gowers a comparée à la catalepsie. Nombre de patients postencéphalitiques furent paralysés par leur akinésie au point de se transformer en de véritables statues vivantes – des statues totalement immobiles pendant des heures, des jours, des semaines ou même des années d'affilée. L'extrême gravité de ces états encéphalitiques ou postencéphalitiques montra que *tous* les aspects de l'existence et du comportement – les perceptions, les pensées, les désirs et les sentiments tout autant que les mouvements – pouvaient être virtuellement paralysés par un processus parkinsonien actif et irrépressible.

Un second groupe de symptômes, presque aussi fréquents que ces manifestations parkinsoniennes et coexistant souvent avec elles, consista en des troubles *catatoniques* de toutes sortes. Ces troubles catatoniques furent à l'origine de la théorie de la « schizophrénie épidémique » qui eut cours un moment au début de la vague d'encéphalite épidémique, jusqu'à ce que les médecins comprennent enfin que la catatonie ne fait pas forcément partie intégrante d'un syndrome schizophrénique. Le fait que la plupart des patients devenus catatoniques à la suite de la maladie du sommeil n'étaient *pas* schizophrènes montrait que la catatonie pouvait être, en quelque sorte, contractée par des voies directement physiologiques et ne constituait donc pas toujours une manœuvre défensive mise en place par les schizophrènes dans des moments de tension et de désespoir insupportables.

Lorsqu'ils sont en mesure de s'exprimer – capacité que les plus atteints ne devaient retrouver qu'un demi-siècle après le début de leur maladie, grâce à la L-DOPA –, les postencéphalitiques nous donnent des descriptions exceptionnellement détaillées et précises des états de « transe », de « fascination », de « blocage », de « négativisme », etc., catatoniques qu'ils ont traversés ; ils diffèrent donc tout à fait sur ce point des schizophrènes qui, en général, ou sont totalement incapables de verbaliser leurs expériences, ou s'y refusent, ou encore les dépeignent en des termes inexacts, magiques, « schizophréniques ».

Bien que très proches, par leur forme et leur « style » généraux, des symptômes spécifiquement parkinsoniens, les troubles de type catatonique déclenchés par l'encéphalite épidémique étaient plus complexes et s'accompagnaient en général d'états mentaux qui correspondaient très exactement aux modifications comportementales observées. Certains patients souffrant d'acquiescement ou d'« obéissance » automatiques pouvaient donc par exemple aussi bien indéfiniment demeurer (sans effort apparent) dans la position où ils avaient été placés ou s'étaient mis eux-mêmes que « répéter », d'une manière invariablement circulaire, les mots, les phrases, les pensées, les perceptions ou les actions qui leur avaient été adressés ou suggérés (palilalie, écholalie, échopraxie, etc.). D'autres patients étaient sujets à des troubles du comportement exactement inverses : ils refusaient ou rejetaient immédiatement toute action, pensée ou parole qui leur était suggérée ou adressée (« opposition négativiste », « blocage ») ; dans les cas les plus graves, ces réactions de « blocage » pouvaient aboutir à quasiment interdire tout acte ou même tout processus mental (cf. par exemple le cas de Rosa R.). Tout comme les parkinsoniens profonds, ces patients catatoniques échappaient quelquefois à leur immobilité en faisant brusquement des mouvements violents, ou en devenant subitement la proie d'une intense excitation : bon nombre des tics observés à l'époque de l'épidémie et par la suite s'avérèrent pouvoir très facilement se convertir en « tics d'immobilité » (ou en catatonie).

Au cours de la phase aiguë de l'épidémie d'encéphalite et dans les années qui suivirent, les personnes atteintes furent sujettes à une multitude de mouvements involontaires et compulsifs : on observa des contractions et des spasmes myocloniques ; des spasmes ondulants (athétose), des dystonies et des contorsions dystoniques (notamment des torticolis) assez proches, par leurs organisations fonctionnelles, de la rigidité parkinsonienne ; des mouvements décousus, sans force, dansants, passant d'une partie du corps à l'autre (chorée) ; ainsi que toutes sortes de tics et de mouvements compulsifs de tout niveau fonctionnel – bâillements, toux, reniflements, suffocation, halètements, essoufflement, fixité ou hypermobilité du regard, hurlements, vociférations, imprécations, etc. – aussi soudains qu'*irrépressibles* [9].

Dans ses manifestations les plus « élaborées », l'encéphalite léthargique ressemblait étrangement à beaucoup de troubles névrotiques et psychotiques, et maints encéphalitiques furent donc pris pour des obsessionnels ou des hystériques atteints d'une névrose *fonctionnelle* jusqu'à ce qu'ils développent d'autres symptômes qui indiquent clairement l'étiologie encéphalitique de leurs maux. Il est intéressant de noter, à cet égard, que, de nombreuses années encore après leur apparition, les « crises oculogyres » furent tenues pour des symptômes purement « fonctionnels » et hystériques.

La maladie du sommeil eut souvent pour conséquence immédiate l'apparition de formes nettement différenciées d'affects compulsifs, consistant, d'une part, en de l'érotomanie, de l'éréthisme et des poussées d'excitation libidinale et, d'autre part, en des accès de colère, des crises de fureur et des explosions destructrices. Ces brusques variations du comportement et du caractère étaient particulièrement frappantes et manifestes chez les enfants, qui pouvaient très facilement devenir impulsifs, provocateurs, destructeurs, effrontés, orduriers et impudiques à un point qui échappait à tout contrôle – et leur valut souvent d'être catalogués comme « psychopathes juvéniles » ou « idiots moraux » [10]. Chez les adultes, ces débordements libidinaux et agressifs s'exprimaient en général moins ouvertement : il est très vraisemblable qu'ils se « convertissaient » le plus souvent en d'autres réactions et manifestations plus « admissibles ». Jelliffe [11], par exemple, a montré sans équivoque, à partir de l'analyse d'un certain nombre de postencéphalitiques particulièrement intelligents, comment leurs accès d'érotomanie et d'hostilité pouvaient se « convertir » non seulement en un comportement névrotique et psychotique, mais encore en des tics, des « crises », de la catatonie et même des symptômes parkinsoniens. Tout à fait extraordinaire était la capacité qu'avaient les postencéphalitiques adultes d'absorber les émotions intenses pour les exprimer ensuite indirectement, par des réactions physiologiques. La nature semblait sur ce plan les avoir dotés – ou affligés – d'une capacité d'expression physiologique ou encore, pour parler comme Freud, d'une « complaisance somatique » aussi fabuleuses que pathologiques.

Près de la moitié des survivants furent sujets à des crises extraordinaires, qui pouvaient les amener par exemple à être en proie, simultanément et presque instantanément, à des symptômes parkinsoniens, des accès de catatonie, des tics, des obsessions, des hallucinations, des « blocages », des poussées de suggestibilité et de négativisme, et trente ou quarante autres problèmes ; ces crises, qui pouvaient durer quelques minutes comme plusieurs heures d'affilée avant de disparaître aussi brusquement qu'elles étaient apparues, étaient hautement idiosyncrasiques : elles ne se déroulaient jamais exactement de la même façon d'un patient à l'autre, et exprimaient diversement les aspects fondamentaux du caractère, de la personnalité, de l'histoire, de la sensibilité et des fantasmes propres à chaque malade.

Il n'était pas rare, non plus, qu'un *moment particulier* de la vie du patient fût « saisi » par une crise, et systématiquement revécu. Jelliffe (1932) cite notamment le cas d'un patient qui avait eu sa première crise oculogyre en plein milieu d'une partie de cricket, au moment précis où il levait le bras pour attraper une balle, et qu'il avait fallu évacuer du terrain dans cette position, le bras droit tendu et la main crispée sur la balle ; par la suite, chacune de ses crises oculogyres lui fit *revivre intégralement* cet événement ridicule et comique : chaque fois, il se croyait revenu sur le terrain, en 1919, et s'imaginait sur le point d'attraper la balle qui filait vers lui – il vivait cette scène *au présent*.

La suggestion, les problèmes affectifs, les circonstances pouvaient avoir une énorme influence, en bien ou en mal, sur tous ces types de crises. Elles se firent nettement plus rares après 1930, mais leurs étonnantes affinités avec certains états provoqués par la L-DOPA (non seulement chez les postencéphalitiques, mais également chez les parkinsoniens ordinaires, qui sont normalement beaucoup plus stables) ne m'en semblent pas moins devoir être soulignées.

Un domaine, et un seul, était (le plus souvent) épargné par cette maladie par ailleurs dévastatrice : les « facultés supérieures » – intelligence, imagination, jugement – n'étaient en général pas atteintes – pour le meilleur, ou pour le pire. Ces patients qui, pour certains d'entre eux, furent contraints de s'aventurer dans les régions les plus étranges et les plus reculées de l'expérience humaine, conservaient donc tout au long de leurs crises une impitoyable lucidité, et demeuraient capables de se souvenir, de comparer, de disséquer et de témoigner. Leur destin était, en quelque sorte, de devenir les uniques témoins d'une catastrophe unique.

Après la maladie du sommeil (1927-1967)

Bien qu'un nombre non négligeable de patients parussent sur le moment se rétablir complètement – ils purent même reprendre leurs activités antérieures –, la plupart des personnes atteintes souffrirent par la suite de troubles neurologiques ou psychiatriques divers et, très souvent, de symptômes parkinsoniens. Pourquoi, après avoir joui durant des années ou même des décennies d'une santé apparemment parfaite, se mirent-elles à être sujettes à de tels « syndromes postencéphalitiques », c'est là un point qui n'a jamais pu être éclairci.

Ces syndromes postencéphalitiques suivirent des cours très variables : chez certains patients, ils évoluèrent rapidement et aboutirent très vite à une invalidité profonde ou à la mort, alors que, chez d'autres, ils progressèrent au contraire très lentement ; dans d'autres cas, ils se développèrent jusqu'à un certain seuil, puis se stabilisèrent durant des années ou des décennies ; et il arriva aussi qu'ils fassent rémission ou disparaissent complètement sitôt après être apparus. Ces différences d'évolution restent elles aussi un mystère, et ne semblent pas pouvoir s'expliquer simplement ou unilatéralement.

De tels phénomènes ne peuvent certainement pas être imputés, comme on le proposa à l'époque, à des processus morbides susceptibles d'apparaître sous les microscopes ; et la thèse de l'« encéphalite chronique » qui prévalut un moment n'est pas plus valable, puisque l'on ne put jamais constater, chez aucun postencéphalitique, aucun signe d'infection active ou de réaction inflammatoire. La gravité du tableau clinique semblait par ailleurs n'avoir que très peu de corrélations avec le tableau pathologique que révélaient les microscopes ou les analyses chimiques : le cerveau de certains patients profondément handicapés pouvait, par exemple, ne présenter quasiment aucune trace de maladie, alors que le tissu cérébral de personnes ne souffrant que de troubles mineurs s'avérait, paradoxalement, largement détruit. Le seul point *évident*, dans toutes ces contradictions, était que l'état clinique et le comportement des patients devaient avoir bien d'autres causes que des changements locaux affectant le cerveau : il était clair, notamment, que la tendance ou la propension au parkinsonisme n'était pas l'expression immuable de lésions affectant un quelconque « centre du parkinsonisme » situé dans le cerveau, mais dépendait d'une multitude d'autres « facteurs » parallèles.

Ainsi que Jelliffe [12] et quelques autres auteurs l'ont vigoureusement souligné, les *qualités* personnelles du patient – ses « forces » et ses « faiblesses », ses points de résistance et de flexibilité, ses mobiles et ses expériences – paraissaient jouer un très grand rôle dans la gravité, l'évolution et la forme de la maladie. En ces années trente où les médecins avaient l'habitude de mettre presque exclusivement l'accent sur les mécanismes physiologiques et pathologiques, ces étranges évolutions constatées chez les postencéphalitiques ne pouvaient que rappeler les concepts de *terrain* et de *milieu interne* chers à Claude Bernard, ainsi que toutes les antiques notions de « constitution », de « diathèse », d'« idiosyncrasie », de « prédisposition », etc., rejetées par la médecine du vingtième siècle. Une autre donnée évidente, et magnifiquement analysée par Jelliffe, était l'influence de l'environnement extérieur, des événements et des conditions de vie du patient sur ses symptômes. Tout montrait que les troubles postencéphalitiques devaient être regardés non pas comme une simple maladie, mais bien plutôt comme une création individuelle de la plus haute complexité, déterminée, par-delà le processus morbide primaire en jeu, par une infinité de facteurs personnels et sociaux : bref, comme une maladie qui, non moins que la névrose ou la psychose, naît de la rencontre d'un individu sensibilisé et d'un environnement global [13]. Toutes ces considérations sont, naturellement, essentielles pour comprendre la totalité des réactions que la L-DOPA déclenche chez ces patients.

Un certain nombre de survivants de l'épidémie d'encéphalite continuent, malgré leur parkinsonisme, leurs tics ou leurs autres problèmes, à mener une vie active et indépendante (cf. par exemple le cas de Cecil M.) ; ils constituent cette infime et chanceuse minorité de postencéphalitiques qui, pour une raison ou pour une autre, ont réussi à ne pas être engloutis par la maladie, l'infirmité, la dépendance, la démoralisation, etc., et ont su échapper au « cortège de maux harassants » du parkinsonisme.

Mais, parce qu'ils étaient à la base plus atteints, en raison de leurs « faiblesses » et prédispositions personnelles ou par simple malchance, la plupart des postencéphalitiques eurent un destin beaucoup plus tragique. La maladie, la personnalité et le monde du patient sont des éléments inséparables entre lesquels existent des interactions multiples et qui, à travers une infinité de cercles vicieux, peuvent porter le malade au nadir de son existence. La question de savoir quel rôle exact jouent, dans ce processus, tous ces différents éléments peut être éventuellement démêlée par des contacts suivis et intenses avec le patient, mais n'admet pas de réponse générale ou universelle. Tout ce que l'on peut dire, c'est que la plupart des survivants s'enfoncèrent de plus en plus dans les cercles successifs de la maladie, du désespoir et de la solitude d'une inimaginable solitude qui était peut-être le plus insupportable de leurs maux.

> De même qu'il n'y a pire détresse que la *Maladie,* la plus grande détresse de la maladie est la *solitude* (...) La solitude est un supplice qui, dans l'enfer lui-même, n'a pas d'égal.
>
> Donne

La nature de leur mal évolua. Dans ses premiers temps, l'épidémie n'avait été qu'ébullition ou bouillonnement : pathologiquement parlant, elle s'était manifestée par des tics, des impulsions et de l'impétuosité, des épisodes maniaques et des crises, tout un jaillissement d'ardeurs et d'appétits. Vers la fin des années vingt, cependant, tous ces symptômes aigus prirent fin et le syndrome encéphalitique commença à se refroidir ou même à se figer. Si, au début des années vingt, les états d'immobilité et de blocage étaient rarissimes, à partir de 1930, une immense vague de léthargie et de torpeur commença à déferler sur la plupart des survivants, les ensevelissant totalement dans des équivalents métaphoriques (sinon physiologiques) du sommeil et de la mort. Parkinsonisme, catatonie, mélancolie, états de transe, passivité, immobilité, frigidité, apathie : telles furent les différentes facettes du « sommeil » dans lequel ils sombrèrent alors pour des décennies, s'enfonçant pour certains dans une intemporalité et une stase totales, où il n'y avait plus de place ni pour l'histoire ni pour aucun événement ; beaucoup, désormais, ne s'éveillèrent plus que dans des circonstances très particulières – en entendant une sirène d'incendie ou le gong du dîner, à l'occasion d'une visite d'amis ou après avoir reçu une lettre qu'ils n'attendaient plus –, le temps seulement de goûter quelques brèves minutes d'une merveilleuse activité et d'une folle excitation avant de s'éteindre à nouveau.

Mais de tels éclairs de vie dans la profondeur de leurs ténèbres étaient rares. Pour la plupart, ils gisaient immobiles et muets, presque sans volonté et l'esprit vide de toute pensée ou fixé à jamais sur cet instant où ce long « sommeil » s'était abattu sur eux. Leur esprit demeurait parfaitement lucide et conscient, mais leur être s'était, en quelque sorte, enkysté ou renfermé dans une sorte de cocon.

Incapables de travailler ou d'être indépendants, demandant des soins compliqués, réduits à l'impuissance, désespérés, ligotés par leur maladie au point de n'avoir plus ni relations ni réactions, souvent abandonnés par leurs amis et leurs familles, sans traitement spécifique qui puisse les soulager, ces patients furent relégués dans des hôpitaux pour malades chroniques, des maisons de santé, des asiles d'aliénés ou des services spécialisés, au fin fond desquels, véritables lépreux de notre siècle, ils furent en général totalement oubliés et moururent par centaines de milliers.

Quelques-uns, pourtant, ne moururent pas : enfermés dans les établissements qui les abritaient, privés de toute expérience du monde extérieur, ils survécurent, chaque jour moins nombreux et plus fragiles (bien que conservant en général une étonnante jeunesse), retrouvant dans leurs rêves ce monde oublié où ils avaient autrefois vécu.

La vie à Mount Carmel

Mount Carmel fut ouvert peu après la Première Guerre mondiale, afin d'accueillir les anciens combattants atteints de lésions du système nerveux et les premières victimes de la maladie du sommeil. C'était encore à l'époque un tout petit hôpital de quarante lits, bâti sur une vaste propriété entourée par la campagne. Non loin de là se tenait le village de Bexley-on-Hudson, qui entretenait toutes sortes de relations amicales avec l'hôpital : les patients allaient fréquemment y faire des emplettes et fréquentaient assidûment les restaurants et le cinéma local, et les villageois venaient souvent, à leur tour, leur rendre visite à l'hôpital : tout ce petit monde sortait et dansait ensemble, parfois même finissait par se marier ; des parties de pétanque et des matchs de football étaient l'occasion de joutes amicales entre la sage lenteur des villageois et l'inhabituelle rapidité de mouvement qui, en ces années vingt, caractérisait tant d'encéphalitiques (cf. p. 363, n. 5).

Mais, au fil des années, tout cela changea. Bexley-on-Hudson est désormais devenu un faubourg de New York, aussi surpeuplé que crasseux ; la vie paisible qui animait ce village a été remplacée par l'anti-vie trépidante et haletante de New York ; les

Bexleyites sont toujours pressés et n'ont plus le temps de penser à l'hôpital qu'abrite leur communauté ; et Mount Carmel lui-même s'est hypertrophié jusqu'à un point critique : l'ex-petit hôpital campagnard est devenu un établissement de mille lits qui a peu à peu dévoré l'espace qui l'entourait et dont les fenêtres ne donnent plus sur de charmants jardins ou sur la campagne, mais sur les cages à lapins d'une banlieue trop peuplée, ou sur rien du tout.

Un autre changement, aussi triste mais bien plus grave, s'est également produit : l'« ambiance » de Mount Carmel et la qualité des *soins* médicaux se sont aussi insidieusement dégradées. A l'origine – en fait, avant 1960 –, une atmosphère à la fois bon enfant et sécurisante régnait dans l'hôpital : des infirmières et des aides médicales dévouées en poste depuis de nombreuses années veillaient sur les malades, et des médecins exerçant à l'extérieur de Mount Carmel venaient régulièrement donner des consultations bénévoles ; les patients avaient vieilli et étaient devenus plus fragiles, mais ils avaient encore la possibilité de sortir de l'hôpital, pour une courte promenade, la journée ou la durée des vacances. Mais, depuis dix ans, et plus particulièrement depuis ces trois dernières années, la situation a considérablement évolué. Tant par son style architectural que par la façon dont il est dirigé, Mount Carmel ressemble un peu à une forteresse ou une prison : un personnel administratif très strict, rigidement attaché à l'« efficacité » et aux règlements, a pris les rênes de l'établissement ; toute « familiarité » avec les patients est désormais fortement déconseillée ; la loi et l'ordre ont supplanté les rapports d'amitié et d'affection, et toutes sortes de barrières hiérarchiques séparent les malades du personnel soignant ; les patients, enfin, se sentent de plus en plus « enfermés » dans l'hôpital, et totalement coupés du monde extérieur. Cette structure totalitaire comporte naturellement quelques failles, à travers lesquelles un peu de compassion et de chaleur humaine *authentiques* peuvent encore parfois venir se glisser ; beaucoup de membres du « petit personnel » – les infirmières, les aides médicales, les ambulanciers, les ergothérapeutes, les orthophonistes, etc. – se donnent toujours sans réserve et avec autant d'amour aux patients ; et, bien sûr, *quelques* pensionnaires continuent à recevoir la visite de leur famille et de leurs amis. En résumé, Mount Carmel est un singulier mélange de liberté et d'esclavage, de chaleur et de froideur, d'humain et de mécanique, de vie et de mort, formé de contraires qui, sans cesse, se livrent un perpétuel combat [14].

Au printemps de 1973, au moment même où la première édition de ce livre était sous presse, Mount Carmel commença à être le théâtre de profonds changements, qui eurent des conséquences énormes. Je n'ai, dans cette première édition, pu faire que très brièvement allusion aux événements tragiques survenus en 1969 et à toutes leurs conséquences sur le bien-être de nos pensionnaires – qui furent affectés non seulement dans leurs comportements et leurs humeurs, mais également sur le plan physiologique et dans le domaine de leurs réactions à la L-DOPA. Le film qui a été tiré de *Cinquante Ans de sommeil* a montré de façon très spectaculaire à quel point le changement *historique* (autrement dit la transformation du « réveil » en toutes sortes de « tribulations » diverses) qui se produisit alors reposait sur bien autre chose qu'un simple processus physiologique : il fit clairement voir comment, après s'être *tous* convenablement comporté durant l'été 1969, tous les patients sans exception virent brutalement leur état se détériorer en automne, avec une unanimité de réactions qui, chez une population aussi hétéroclite, ne se laisse généralement observer *qu'en cas* d'atteinte par un élément extérieur.

En 1966, année de mon arrivée à Mount Carmel, l'hôpital abritait encore un groupe de quatre-vingts postencéphalitiques, qui était le plus important de ceux que comptaient encore les États-Unis (peut-être même le seul), et certainement l'un des derniers au monde. Un peu moins de la moitié de ces patients ne parlaient ni ne bougeaient presque plus ; ils demeuraient plongés en permanence dans un « sommeil » pathologique, et devaient être totalement pris en charge pour ce qui était de leurs besoins les plus élémentaires. La moitié restante se composait de patients moins handicapés, moins dépendants, moins isolés et moins déprimés, qui demandaient moins de soins et réussissaient à maintenir un minimum de vie personnelle et sociale. Les rapports sexuels étaient, naturellement, totalement interdits [15].

Entre 1966 et 1969, nous prîmes l'initiative de regrouper la plupart de nos patients postencéphalitiques à l'intérieur d'un service unique, organique et autonome (jusque-là, beaucoup se trouvaient relégués dans les recoins les plus éloignés et les plus discrets de l'hôpital), et fîmes de notre mieux pour leur donner le sentiment d'être des *êtres humains*, et non des condamnés internés dans une vaste prison : nous recherchâmes les parents et les amis dont ils avaient perdu la trace, dans l'espoir que certaines relations rompues davantage par manque de temps ou par paresse que par hostilité ou culpabilité pourraient ainsi être renouées ; et, de mon côté également, j'essayai de mon mieux de développer mes liens avec eux.

Ces années virent donc se forger des sympathies et des amitiés, et les barrières rigides élevées jusque-là entre personnel soignant et patients fondre quelque peu ; ces rapprochements, ainsi que l'adoption de nouvelles formes de traitement, entraînèrent une certaine amélioration (hélas très limitée) de l'état général (neurologique comme mental) de nos patients. Mais le poids écrasant de leur maladie, la pesanteur saturnienne de leur parkinsonisme, etc. – auxquels venaient s'ajouter tous les délabrements, tous les appauvrissements et toutes les perversions entraînés par un si long et aussi interminable enfermement –, s'opposaient à toutes nos tentatives thérapeutiques et réduisaient à presque rien nos possibilités d'action [16].

Certains de nos patients avaient atteint une forme de désespoir glacé proche de la sérénité ; ils étaient réalistes (c'était avant qu'ils connaissent la L-DOPA) : ils se *savaient* condamnés, et acceptaient leur sort avec tout le courage et l'équanimité dont ils étaient capables. D'autres malades (peut-être tous, si l'on pense que la sérénité des premiers pouvait n'être qu'une façade) éprouvaient un violent sentiment d'injustice et d'impuissance : ils avaient l'impression d'avoir été *volés* des meilleures années de leur vie ; ils étaient *rongés* par l'idée d'avoir perdu leur temps, et *gâché* leur existence ; ils aspiraient donc sans relâche à un double miracle : d'abord se voir guéris de leur maladie, mais aussi être dédommagés de leurs vies perdues. Ils voulaient que tout ce temps perdu leur fût rendu, afin de pouvoir retrouver, comme par magie, leur jeunesse envolée et leur perfection originelle.

Telles étaient donc, avant l'arrivée de la L-DOPA, leurs attentes et leurs espérances.

La venue de la L-DOPA [17]

La L-DOPA est unanimement qualifiée de « remède miracle » – il n'y a peut-être pas lieu de s'en étonner, si l'on considère que le médecin qui utilisa le premier cette substance (le docteur Cotzias) la décrivait déjà comme le « véritable remède miracle (...) de notre époque ». Il est étrange d'entendre, en plein vingtième siècle, des médecins en général si pondérés parler aussi facilement de « miracles » à propos d'un simple médicament, et le décrire en des termes presque millénaristes. L'immense enthousiasme que ce produit continue à susciter dans le monde entier – chez les médecins tout autant que chez les patients – est non moins stupéfiant, et permet de mesurer les réactions affectives et les fantasmes qui sont ici excités et nourris. Depuis six ans, l'« histoire » de la L-DOPA est inextricablement entremêlée de passions et d'émotions qu'il faut bien qualifier de mystiques : elle devient vite incompréhensible si l'on oublie cette donnée essentielle, et ne peut en aucun cas être présentée en termes purement littéraux et historiques.

Nous rationalisons, différencions, prétendons ; nous prétendons que la médecine moderne est une science rationnelle, objective, totalement cohérente et dénuée de toute ambiguïté. Mais il suffit de gratter un peu ce vernis brillant pour qu'il se craquelle, nous révélant bien vite ses racines et ses fondations, son vieux cœur de métaphysique et de mysticisme, de magie et de mythe. La médecine est le plus ancien des arts et la plus antique des sciences : comment pourrait-elle ne pas prendre sa source dans notre savoir et nos sentiments les plus profonds ?

Il existe, naturellement, une médecine ordinaire, une médecine quotidienne, routinière, prosaïque, une médecine pour les orteils meurtris, les oignons et les brûlures ; mais nous n'en avons pas moins, en même temps, l'idée d'une *autre* sorte de médecine, totalement différente de la première ; tous sans exception, nous rêvons aussi d'une médecine plus profonde, plus ancienne, extraordinaire, presque sacrée, qui nous rendrait notre santé et notre intégrité perdues et saurait nous donner un parfait bien-être.

Car, tous, nous avons intuitivement l'impression d'*avoir été* bien, autrefois ; de nous être sentis en paix, chez nous, dans le monde ; de n'avoir fait qu'un avec notre être le plus profond ; et d'avoir ensuite perdu cet état originel de bonheur et d'innocence pour connaître la maladie et la souffrance. Nous possédions quelque chose qui était infiniment beau et précieux, et nous l'avons perdu. Durant toute notre vie, nous cherchons donc à récupérer ce trésor. Et, nous disons-nous, peut-être, un jour, le retrouverons-nous soudain : alors, ce sera le miracle, le millenium !

Ces croyances se trouvent naturellement avoir le plus de force chez tous ceux qui endurent les derniers extrêmes de la souffrance, de la maladie et de l'angoisse, ou sont hantés par le désir de rattraper le temps perdu ou gâché. Réduits au désespoir par ce désir de vivre qui les ronge, ces individus ou ces patients viennent voir les prêtres ou les médecins, prêts à croire n'importe quoi qui leur laisse espérer un répit, une délivrance, une régénération ou une rédemption. Leur crédulité étant à la mesure de leur désespoir, ils sont les victimes toutes désignées des charlatans et des enthousiastes.

Ce sentiment d'avoir perdu un trésor qui devrait être retrouvé a une origine essentiellement métaphysique. Si nous interrompons le patient dans sa quête métaphysique et lui demandons *ce qu'*il désire ou recherche, il ne nous récitera pas une liste de souhaits soigneusement hiérarchisés, mais se contentera de dire : « le bonheur » ; « retrouver la santé », « redevenir comme j'étais avant » ; « avoir une impression de réalité » ; « me sentir vraiment vivant »; etc. Il n'aspire pas, en fait, à tel ou tel changement particulier. Ce qu'il désire, c'est un changement *général* de l'ordre des choses, qui ferait que tout dans sa vie serait à nouveau *parfait,* sans défaut, comme autrefois. Et c'est bien là que sa quête si douloureuse et si pressante peut soudain lui faire commettre une méprise grotesque : il risque (selon le mot de Donne) de confondre la « boutique des Apothicaires » avec la

« Déité métaphorique » – méprise que l'apothicaire ou le médecin peuvent être tentés d'encourager.

C'est là aussi que lui-même, ingénument, et son apothicaire et médecin, peut-être moins candidement, s'écartent ensemble de la réalité, et que la vérité métaphysique qui est à l'origine de ce désir se trouve brusquement altérée (et remplacée par un succédané ou un mensonge grossiers et mécaniques). Le concept chimérique qui a désormais pris sa place fait partie des illusions du vitalisme ou du matérialisme : il revient à voir la « santé », le « bien-être », le « bonheur », etc., comme des états susceptibles d'être réduits à certains « facteurs » ou « éléments » matériels – principes, fluides, humeurs, marchandises –, et pouvant donc, comme n'importe quelle *chose* de ce monde, être mesurés, pesés, achetés et vendus. La santé, ainsi conçue, est ramenée à un simple *niveau,* à quelque chose qui pourrait être dosé ou rehaussé de façon purement mécanique. La métaphysique en elle-même n'est pas aussi réductionniste : elle se contente de parler d'organisation et de dessein, la réduction frauduleuse venant ici des alchimistes et de leurs homologues modernes, ainsi que des patients qui veulent *à tout prix* aller bien, quoi qu'il puisse leur en coûter.

C'est de cette métaphysique altérée qu'est née l'idée d'une substance mystique, d'un remède miraculeux susceptibles d'apaiser toutes nos faims et de soulager tous nos maux, en nous délivrant instantanément de nos misérables souffrances : tous ces rêves sont autant de métaphores de l'élixir de vie. L'arséphénamine, cette substance par laquelle Ehrlich proposait de traiter la syphilis, constitue en ce domaine un exemple célèbre : immédiatement, ses déclarations modestes et réalistes furent déformées par les désirs et les penchants absolutistes de certains de ses confrères, et l'arséphénamine fut très vite surnommée la « balle magique ». Ce genre de médecine mystique ne semble bien se vouer, en effet, qu'à la recherche de « balles magiques » toujours plus nombreuses.

De nos jours encore, ces aspirations n'ont rien perdu de leur force originelle, magique et mythique, et transparaissent, quand bien même nous les renions, dans notre vocabulaire : notre culte des « vitamines » (c'est-à-dire des amines vitales), ou encore le terme d'« amines biogéniques » (autrement dit, amines nécessaires à la vie) – dont la dopamine, qui est la substance biologiquement active dans laquelle se transforme la L-DOPA, fait partie – en sont un parfait exemple.

Cette notion de remèdes mystiques, vivifiants, sacramentels, a donné naissance à d'innombrables cultes, engouements plus ou moins passagers, et enthousiasmes particulièrement extravagants et intransigeants : en témoignent, par exemple, les plaidoyers fervents de Freud en faveur de la cocaïne ; la tempête de réactions qui suivit la découverte de la cortisone, et fit dire à un observateur de l'époque que certaines conférences médicales « ressemblaient davantage à des meetings du mouvement pour le renouveau de la foi » qu'à des réunions de médecins ; la « mode des médicaments » qui se développe actuellement dans le monde entier ; et, enfin, notre présent enthousiasme pour la L-DOPA. On ne peut s'empêcher d'avoir l'impression que, outre l'enthousiasme légitime que suscite toujours toute nouvelle découverte, de tels élans sont aussi l'expression d'une exaltation d'un type très particulier, de nature à la fois mystique et magique. Un exemple amusant et instructif, encore qu'assez malsain, m'en a été personnellement offert lorsqu'une lettre que j'avais adressée à un journal médical (« Incontinent Nostalgia Due to L-DOPA », *Lancet,* 27 juin 1970, p. 1394) fut reprise par la presse et publiée dans des versions de plus en plus tronquées et extravagantes : un journal (le *National Enquirer*) me fit même dire que j'avais la stupéfiante prétention de pouvoir, grâce à la L-DOPA, ressusciter les morts.

Nous allons maintenant pouvoir aborder l'histoire « vraie » de la L-DOPA, tout en n'oubliant pas, naturellement, le courant de mysticisme qui toujours forme sa trame. Malgré toutes ses tentatives pour le localiser dans la « moelle » des parties inférieures ou médullaires du cerveau, Parkinson lui-même chercha en vain le « siège » ou le substrat du parkinsonisme, et la compréhension de la localisation et de la nature du processus pathologique ne fit aucun progrès durant un siècle. En 1917, cent ans après la publication de l'*Essai sur la paralysie tremblante,* von Economo décrivit les graves lésions du *locus niger* (un noyau du mésencéphale composé de grandes cellules pigmentées) qu'il avait pu constater chez un certain nombre de patients atteints d'encéphalite léthargique et présentant de violents symptômes parkinsoniens ; et, l'année suivante, Greenfield, en Angleterre, et plusieurs autres pathologistes, dans d'autres pays, observèrent des modifications similaires (bien que plus bénignes) dans le *locus niger* de parkinsoniens classiques. Ces découvertes et diverses autres études pathologiques et physiologiques suggéraient l'existence d'un *système* spécifique associant le *locus niger* à d'autres parties du cerveau, et dont le dérèglement ou la destruction seraient susceptibles de déclencher des symptômes parkinsoniens. Greenfield écrivit par exemple à cette époque :

> Tout montre que, dans sa forme la plus classique, la *paralysie agitante* est l'expression d'une dégénérescence systémique d'un type très particulier, affectant un système neuronal dont le *locus niger* forme le point nodal.

Dans les années vingt, les Vogt avancèrent l'hypothèse remarquablement perspicace selon laquelle ce système anatomiquement et fonctionnellement distinct pourrait correspondre à un système *chimiquement distinct,* producteur d'une substance chimique encore non identifiée qui, si elle pouvait être isolée et administrée aux patients, rendrait peut-être possible un traitement spécifique du parkinsonisme et des troubles qui lui sont associés. Ils écrivaient :

> Les examens devraient permettre de répondre à la question de savoir si le système striatal ou des parties de ce système sont ou non particulièrement réceptifs à certains agents susceptibles de provoquer des lésions (...) On peut supposer que l'existence ou l'absence de telles tendances résulte en dernière analyse de la chimie spécifique du centre correspondant. La mise en évidence d'une telle chimie spécifique constituerait, en retour, au moins un premier pas vers la compréhension de sa véritable nature, et jetterait les bases du développement d'une approche biochimique du traitement...

On voit donc clairement que les médecins des années vingt n'avaient pas seulement, comme Charcot, la vague idée que

« quelque chose manquait » aux parkinsoniens, mais étaient engagés dans une direction de recherche précise, qui leur paraissait pouvoir déboucher sur une réussite thérapeutique totale.

Les neurologues cliniques les plus avisés étaient toutefois plus réservés et se posaient un certain nombre de questions : ces lésions du *locus niger* ne pourraient-elles pas être *structurelles,* et s'accompagner, dans cette zone du cerveau ou ailleurs, d'atteintes des cellules et des connexions nerveuses ? De *telles* lésions seraient-elles réversibles ? Si le degré de désorganisation structurelle était très important, suffirait-il d'administrer aux patients le substrat chimique qui leur manque, et serait-ce sans danger ? Ne serait-il pas dangereux de surexciter ou de surcharger les cellules restantes ? Kinnier Wilson écrivit à ce sujet ces lignes on ne peut plus incisives :

> La paralysie agitante semble actuellement constituer la maladie incurable *par excellence* * ; trouver l'antidote contre la « mort locale » des systèmes cellules-fibres reviendrait à découvrir le non moins insaisissable « élixir de vie » (...) Administrer au parkinsonien toutes sortes de toniques nerveux dans le but de « stimuler » ses cellules en voie de délabrement est non seulement inefficace mais dangereux ; il vaudrait bien mieux rechercher quelle substance nutritive aisément assimilable pourrait, de l'extérieur, apporter aux cellules l'aliment qui leur manque.

La neurochimie en était encore dans les années vingt à ses premiers balbutiements, et le projet des Vogt dut donc attendre pour être réalisé que cette jeune science se développe. Les étapes intermédiaires de cette recherche constituent en elles-mêmes une histoire fascinante, mais nous ne les évoquerons pas ici en détail. Nous préciserons simplement qu'en 1960, Hornykiewicz, à Vienne, et Barbeau, à Montréal, démontrèrent presque simultanément, par des approches différentes, que les parties atteintes du cerveau des parkinsoniens étaient très insuffisamment pourvues en dopamine, et laissaient voir de nettes perturbations du transfert et du métabolisme de ce neurotransmetteur. Aussitôt, on s'efforça

* En français dans le texte.

d'augmenter le taux de dopamine cérébrale de ces patients en leur administrant le précurseur naturel de la dopamine – la laevo-dihydroxyphénylalanine, ou L-DOPA (car la dopamine en tant que telle ne serait pas passée dans leur cerveau). Bien qu'encourageants, les résultats de ces premières expériences thérapeutiques ne furent pas tout à fait concluants, et des recherches complémentaires durent donc être poursuivies durant sept ans. Enfin, au début de l'année 1967, dans un article désormais historique, le docteur Cotzias et ses collègues purent faire état des résultats thérapeutiques impressionnants qu'ils avaient obtenus en administrant oralement des doses massives de L-DOPA à des patients parkinsoniens (Cotzias *et al.* 1967) [18].

Les travaux du docteur Cotzias eurent immédiatement un énorme retentissement dans le monde neurologique. La bonne nouvelle se diffusa très vite. Dès mars 1967, les postencéphalitiques et les parkinsoniens de Mount Carmel avaient déjà entendu parler de la L-DOPA : certains patients brûlaient de l'essayer sur-le-champ ; quelques-uns se montraient plus réservés et plus prudents, et souhaitaient d'abord voir ses effets sur les autres avant de faire eux-mêmes l'expérience ; d'autres affichaient la plus complète indifférence ; et quelques-uns aussi, naturellement, étaient absolument incapables de manifester la moindre réaction.

En 1967 et 1968, la L-DOPA coûtait encore extrêmement cher (elle revenait alors à plus de deux mille livres les cinq cents grammes), et Mount Carmel – qui était un hôpital gratuit, appauvri, inconnu, et qui n'était lié à aucune université ni fondation, indigne de l'attention et des subsides des firmes pharmaceutiques, de l'industrie privée ou du gouvernement – n'avait absolument pas les moyens d'en faire l'achat. Vers la fin de 1968, cependant, le prix de la L-DOPA commença à baisser rapidement, et, en mars 1969, nous pûmes commencer à l'utiliser. Les cas que je présenterai un peu plus loin constituent un échantillon représentatif des quelque deux cents patients auxquels j'ai été amené, au cours de ces trois dernières années, à administrer de la L-DOPA.

Douze ans après (1981)

Lorsque j'ai commencé, en 1969, à traiter nos patients à la L-DOPA, ce produit était encore considéré comme une substance « expérimentale » et n'était encore que très peu employé. Aux États-Unis, son utilisation thérapeutique sur une grande échelle ne fut pas autorisée avant l'été 1970.

Les quinze mois qui s'écoulèrent entre le mois de mars 1969 et cette date me permirent de constater que, si la L-DOPA avait d'incontestables effets thérapeutiques sur la quasi-totalité des malades atteints de parkinsonisme authentique, presque tous les patients étaient aussi invariablement sujets à un certain nombre de *complications* – souvent qualifiées bien légèrement de simples « effets secondaires » – résistant à tout traitement (ou, du moins, à ceux dont nous disposions à l'époque). Il m'apparut que ce qui s'était, ou avait été, initialement présenté comme un problème assez simple était en fait bien plus complexe et profond qu'on ne l'avait originellement soupçonné, et soulevait un certain nombre de difficultés individuelles et globales que nos modèles, nos schémas théoriques, étaient bien incapables d'appréhender, sans parler de nous permettre de les contrôler.

Je pris l'initiative de publier ces quelques réflexions et observations – fondées sur le traitement d'un grand nombre de postencéphalitiques et de parkinsoniens « ordinaires » – durant l'été 1970 (Sacks 1970*e*). Immédiatement, elles déchaînèrent dans l'esprit de certains de mes collègues une espèce de tempête. Je n'avais pas, jusque-là, bien mesuré la puissance du *désir* de dénaturer et de nier les faits, ni à quel point l'enthousiasme des médecins pouvait quelquefois se faire inconsciemment complice de la détresse des malades pour rejeter, d'un commun accord, une vérité douloureuse. La même chose s'était déjà produite vingt ans auparavant, lorsque la cortisone avait nourri tant d'incroyables espérances. Tout ce qui pouvait être espéré, c'était que, avec le temps et l'expérience, le sens de la réalité reprendrait le dessus sur le désir ; et, également, que l'on finirait par découvrir comment ralentir, prévenir ou contourner les effets indésirables de la L-DOPA, tout en conservant ses effets positifs. Par-delà ces objectifs immédiats, pragmatiques, il fallait enfin espérer que nous réussirions à mieux *comprendre* cette maladie, non seulement sur le plan scientifique, mais également sur le plan *humain,* car les patients ne sont pas seulement des spécimens ou des « cas », mais sont aussi des individus uniques. C'est dans cet esprit qu'en 1973, après beaucoup d'hésitations, j'ai pris la décision de publier ce texte.

Il est clair que la L-DOPA est bien autre chose qu'un simple « médicament de plus », qui serait comparable aux anticholinergiques ou à d'autres substances l'ayant précédée. Elle a, véritablement, inauguré une nouvelle ère thérapeutique : Cotzias le pressentait déjà en 1967, lorsqu'il écrivit son article historique, et toutes les expériences thérapeutiques qui ont eu lieu depuis sont venues confirmer son intuition. Je l'ai maintes et maintes fois vérifié chez tous les postencéphalitiques que j'ai eu l'occasion d'étudier (cf. l'Épilogue) – même s'il est vrai aussi que, comme *tous* les autres patients traités à la L-DOPA, ils payèrent leur mieux-être de bien des façons.

Notre connaissance du parkinsonisme s'est à certains égards incontestablement affinée : nous connaissons mieux, notamment, sa chimie de base et toutes les interactions délicates, complexes et instables qui peuvent avoir lieu entre un certain nombre de systèmes physiologiques et chimiques ; mais on ne saurait pourtant parler en ce domaine de percée révolutionnaire : nous savons maintenant, par exemple, que les premières théories sur l'insuffisance dopaminique des parkinsoniens sont inadéquates ; mais il n'est pas évident, par ailleurs, que les hypothèses « chimiques » plus élaborées qui ont été développées depuis laissent davantage d'espoir pour ce qui est de proposer une chimiothérapie effective du parkinsonisme. L'élargissement de nos connaissances a eu surtout pour effet de tempérer les enthousiasmes violents, les fantasmes absurdes et la surexcitation inouïe des premiers temps. Les phénomènes que je décrivis le premier en 1969 – les étranges et souvent brutales fluctuations des réactions des patients, les phases d'intensification et d'exacerbation des symptômes, le développement progressif d'une sensibilité pathologique à la L-DOPA, la nécessité d'interruptions périodiques du traitement (de « fenêtres thérapeutiques ») –, et qui, en 1970, étaient tenus pour « inacceptables », sont maintenant universellement reconnus et considérés comme une conséquence peut-être inévitable (bien que pouvant sans doute être modulée) de la limitation des réserves neurales. D'une manière générale, la réalité – une réalité en l'occurrence très complexe et souvent tragique – a donc triomphé. La promesse centrale de la L-DOPA a été mille et mille fois confirmée – tout patient atteint de parkinsonisme authentique peut être sûr, en prenant de la L-DOPA, de voir ses symptômes s'atténuer quelque peu et d'accéder à un « réveil » plus ou moins intense. Mais ses dangers potentiels l'ont été tout autant : chaque patient traité à la L-DOPA est tout aussi certain de devoir endurer des « tribulations » diverses – pas forcément aussi spectaculaires ou grotesques que celles qu'ont vécues certains postencéphalitiques dont je raconterai plus loin l'histoire, mais toujours assez pénibles. Nous n'avons aucun moyen de réparer les lésions cérébrales, les déficiences structurelles ou les anomalies que Kinnier Wilson évoquait voici déjà soixante ans. Certains ont cru un moment qu'un diagnostic et un traitement suffisamment précoces du parkinsonisme permettraient de fixer son évolution au stade des lésions biochimiques, et que l'on pourrait, en « prenant » le mal à ce stade, aussi bien rétablir indéfiniment l'équilibre chimique perturbé que prévenir le développement d'éventuelles lésions structurelles ; leur espoir, comme on pouvait, hélas, s'y attendre, a été déçu.

On commence même à se demander s'il est bon de « traiter » le parkinsonisme à ses débuts, en tout cas par la L-DOPA ou toute autre substance modifiant le taux de dopamine cérébrale : car tous ces produits risquent aussi de perturber irréparablement la chimie du cerveau. Ces risques potentiels sont prouvés par la « dyskinésie tardive », ce syndrome complexe (et parfois permanent) à base de troubles du mouvement qui se « déclenche » parfois chez certains patients absorbant régulièrement des tranquillisants « lourds », c'est-à-dire des produits qui (comme la L-DOPA, l'amantadine, l'apomorphine, la bromocriptine, etc.), en agissant sur les systèmes dopaminiques du cerveau – notamment le mésencéphale et le striatum –, peuvent les déséquilibrer complètement en même temps que d'autres systèmes transmetteurs.

Les dangers qu'il y a à « bombarder » ou « matraquer » le cerveau du patient à coup de substances chimiques étaient voici dix ans sous-estimés, mais ils sont maintenant largement reconnus. Nous comprenons qu'il faut ici s'avancer beaucoup plus prudemment : aucun de nous ne peut essuyer sans conséquence des modifications profondes de sa chimie cérébrale ; l'organisme ne supporte ou ne tolère en ce domaine que des changements mineurs ou infimes, notamment lorsque existent des déplétions massives de la fonction et des « réserves » neurales.

Les espérances démesurées et les folles hardiesses des années soixante ne sont aujourd'hui plus de mise ; la pratique comme la « philosophie » médicales se veulent plus modestes, ou se résolvent davantage à exposer au patient le dilemme insoluble auquel il est confronté : préfère-t-il des effets puissants, mais éphémères, ou des effets plus durables, mais aussi plus limités ? La décision « économique » ou « stratégique » qui doit à cet égard être prise dépend des besoins et des désirs du patient. Les « règles générales », les « tableaux », les « formules » des temps anciens sont tombés en désuétude et ont perdu tout crédit ; parallèlement, nous avons pris l'habitude de prendre davantage en compte la personnalité du patient, et de tenir sa consultation et sa collaboration pour un complément indispensable à toute thérapie médicamenteuse. Il se peut que le « cas unique » soit un cauchemar pour les scientifiques, mais, en médecine, où il ne s'agit pas seulement de quantité et de systèmes ni même de physiologie appliquée, mais où l'on doit aussi considérer les économies et les besoins individuels, c'est une nécessité absolue. J'aime à croire que *Réveils* aura eu à cet égard quelque influence, en attirant l'attention, non seulement sur les *complexités* du traitement à la L-DOPA et de toute forme de chimiothérapie, mais aussi sur la nécessité de remplacer la vieille médecine « à la chaîne » par une médecine plus personnalisée, plus humaine.

Pour l'essentiel, tous les nouveaux médicaments apparus ces dernières années ont pour effet de modifier l'équilibre dopaminique du cerveau – la production, le transport, le métabolisme, la réception de la dopamine, et l'équilibre complexe qu'elle entretient avec les autres systèmes transmetteurs. Aucun des nouveaux produits qui sont à notre disposition n'a radicalement changé les données du problème, ni permis d'échapper définitivement aux dilemmes qu'a posés d'emblée la L-DOPA ; et il paraît même peu probable qu'aucun médicament le puisse un jour : quelques petites modulations sont possibles – une touche ici, une touche là, un peu plus de ceci à tel endroit, un peu moins de cela ailleurs –, mais, d'une manière générale, il semble toujours, en 1981 comme en 1970, que toute chimiothérapie comporte des limites majeures.

Dieu merci, il arrive aussi que la nature fasse à notre place ce que nous ne savons pas faire. Si la réalité du « réveil » et des « tribulations » a été mille et mille fois confirmée, la réalité hautement complexe et profondément mystérieuse de l'« accommodation » l'a été tout autant. C'est l'accommodation qui, en dernière analyse, peut « équilibrer » le patient là où tout équilibrage en termes de mécanismes, de substances chimiques opposées, de systèmes et de forces paraissait impossible. Ce que j'ai constaté chez mes patients (cf. l'Épilogue) peut s'observer chez tous, et peut être vu en quelque sorte comme la justice miséricordieuse qui vient tempérer l'implacable fatalité du destin.

Bien qu'absolument universelle (et constituant, en fin de compte, notre seule alliée), l'accommodation est le moins étudié et le plus mystérieux des phénomènes. Elle démontre la transcendance finale du « je » sur le « ça », de la personne humaine sur tous les mécanismes : ce qui n'était au départ que la modification d'un mécanisme finit par mettre en branle les pouvoirs les plus hauts du soi – nous laissant entrevoir par là même le rôle du transcendantal dans la médecine, et la forme que pourrait prendre une médecine qui transcenderait le recours aux médicaments.

C'est là un phénomène qui est de plus en plus reconnu, même par les esprits les plus prosaïques et les plus farouchement géométriques : ce qui, dans le royaume du mécanique, du problématique, est défaite, ce qui, là, est incapacité à identifier un *x* algébrique, peut nous ouvrir à la réalité d'un *x* transcendantal – nous faire découvrir une transcendance qu'il nous faut savoir percevoir et courtiser, et à laquelle justice doit être rendue. Les expériences souvent déroutantes, souvent décevantes que, tout au long de cette dernière décennie, nous avons pu vivre au contact de nos patients nous ont de plus en plus conduits à adopter ce point de vue, et peut-être *Cinquante Ans de sommeil* a-t-il joué quelque rôle dans cette mutation historique.

Cinquante ans
de sommeil

1

Frances D.

Mlle D. naquit à New York, en 1904 ; c'était la dernière-née de quatre enfants, et la plus éveillée. A l'âge de quinze ans et alors qu'elle s'était montrée jusque-là une élève particulièrement brillante, un violent accès d'encéphalite léthargique d'une forme hyperkinétique relativement rare la força à interrompre ses études. La phase aiguë de la maladie dura six mois et, durant tout ce temps, Mlle D. fut sujette à des insomnies intenses (elle restait éveillée jusqu'à quatre heures du matin, puis dormait tout au plus deux ou trois heures), une agitation marquée (elle était nerveuse, désemparée et hyperkinétique quand elle était réveillée, et remuait beaucoup pendant son sommeil), et des accès d'impulsivité (des impulsions soudaines, qu'elle parvenait en général à réfréner par un effort conscient, la poussaient à accomplir des actes qu'elle jugeait insensés). Négligeant le fait qu'elle avait de toute évidence une personnalité parfaitement équilibrée et menait une vie de famille très harmonieuse avant cet épisode, son médecin traitant attribua à ce syndrome aigu une origine « névrotique ».

Vers la fin de 1919, son agitation et ses troubles du sommeil s'atténuèrent suffisamment (ces symptômes ne disparurent complètement que deux ans plus tard) pour lui permettre de reprendre ses études et de les mener à leur terme. Peu après la fin de la phase aiguë de la maladie, elle commença toutefois à souffrir d'« accès de suffocation », qui, dans un premier temps, se reproduisirent deux ou trois fois par semaine, se prolongeant chaque fois durant plusieurs heures d'affilée, et parurent se déclencher spontanément, puis devinrent plus rares, plus brefs, plus bénins et acquirent un caractère plus nettement périodique (ils se déclaraient surtout le vendredi) et circonstanciel (elle y était particulièrement sujette lorsqu'elle était en colère ou se sentait frustrée). Ces crises respiratoires (c'est bien le nom qu'il faut leur donner, même si elles furent à l'époque qualifiées de symptômes « névrotiques ») finirent par disparaître complètement après 1924. Lors de notre toute première entrevue, Mlle D. omit d'ailleurs de les mentionner : l'existence de ces symptômes vieux de cinquante ans ne lui revint à l'esprit que plus tard, lorsque, m'apprêtant à lui administrer de la L-DOPA, j'entrepris de lui poser des questions plus précises sur sa vie.

Peu après avoir été sujette à sa dernière crise respiratoire, Mlle D. souffrit de sa première crise oculogyre. Ces crises oculogyres, qui furent son seul symptôme encéphalitique durant vingt-cinq ans (1923-1949), ne l'empêchèrent pas de poursuivre avec succès une carrière de secrétaire juridique et de devenir membre de divers comités s'occupant d'affaires sociales et administratives. Elle était très active, avait beaucoup d'amis et sortait beaucoup ; elle adorait le théâtre, lisait énormément, collectionnait les porcelaines anciennes, etc. Douée de multiples talents, aimée de tous, énergique, affectivement équilibrée, Mlle D. ne montrait aucun signe de cette « détérioration » mentale que l'on dit être si fréquente après les encéphalites de type hyperkinétique.

Voici une vingtaine d'années, Mlle D. fut atteinte d'une série de symptômes beaucoup plus inquiétants : elle commença, par exemple, à avoir tendance à se figer brusquement au milieu d'un mouvement ou d'une phrase, ou, inversement, à voir tout à coup son pas, le débit de ses paroles ou la vitesse de son écriture s'accélérer. En 1969, alors que je l'interrogeais à ce propos, elle me dit : « Je souffre de divers symptômes banals que vous pouvez constater par vous-même. Mais, mon symptôme *essentiel,* c'est de ne pouvoir ni démarrer ni m'arrêter. Ou bien je suis immobilisée, ou bien je suis forcée d'accélérer. J'ai l'impression de ne plus connaître aucun état intermédiaire. » Ces quelques phrases résument parfaitement les symptômes paradoxaux du parkinsonisme. Il est intéressant de noter que, tant que ces symptômes « banals » (autrement dit, la rigidité et les tremblements, symptômes qui n'apparurent qu'en 1963) ne se manifestèrent pas, son parkinsonisme ne fut pas reconnu, et toutes sortes d'autres diagnostics (comme la « catatonie » ou l'« hystérie ») furent proposés : Mlle D. ne fut reconnue comme authentiquement parkinsonienne qu'en 1964.

Ses crises oculogyres, pour revenir à ce symptôme cardinal, furent d'emblée très violentes et, pendant plus de quarante ans, se répétèrent plusieurs fois par mois, se prolongeant parfois jusqu'à quinze heures d'affilée. Au bout de quelques mois, elles commencèrent à suivre une périodicité très stricte : elles se succédèrent désormais tous les cinq jours, avec une telle régularité d'« horloge » que Mlle D. fut en mesure de prévoir les dates de leur déclenchement plusieurs mois à l'avance ; les rares exceptions à cette règle correspondaient en général à des situations qui avaient vu Mlle D. particulièrement contrariée ou angoissée. Se déclarant toujours très brusquement et sans aucun avertissement, ces crises oculogyres se déroulaient en deux temps : le regard de Mlle D. devait d'abord, durant quelques minutes, se porter vers le bas ou de côté, après quoi, tout à coup, il se dirigeait vers le haut, où il demeurait fixé jusqu'à la fin de la crise. Elle affirmait qu'au cours de ces épisodes son visage prenait toujours « une expression figée de colère ou de peur », et cela bien qu'elle n'éprouvât ni rage ni crainte. Tout mouvement lui devenait difficile, sa voix se faisait anormalement douce, et ses pensées lui paraissaient « s'engluer » ; durant toute la crise, elle avait une « impression de résistance », un peu comme si une force s'opposait à ses mouvements, ses paroles et ses pensées, et elle se sentait également intensément éveillée : il lui était absolument impossible de trouver le sommeil. Lorsque la crise arrivait à son terme, elle se mettait par contre à bâiller, et avait extrêmement envie de dormir. Ces accès se concluaient très brutalement, et elle retrouvait alors sa capacité de se mouvoir, de parler et de penser (Mlle D., qui était passionnée de mots croisés, dénommait ces brusques retours à un état de conscience normal des « résipiscences »). A partir de 1955, ses crises se modifièrent quelque peu : son regard ne fut plus qu'exceptionnellement dévié, et devint fixe, glacial. Ces crises de fixité oculaire furent parfois si violentes qu'il lui arriva de demeurer trois jours entiers totalement immobile et muette ; des voisins la découvrirent plusieurs fois dans cet état, et elle fit plusieurs séjours à l'hôpital municipal, où les médecins la présentèrent à leurs étudiants comme un cas typique de « catatonie périodique ». A partir de 1962, elle souffrit également de crises de fixité oculaire très brèves, d'une durée de quelques minutes, au cours desquelles elle s'immobilisait et se sentait comme « en transe » ; un autre symptôme paroxystique, apparu toujours à la même époque et se répétant à intervalles réguliers, consista enfin en des bouffées de chaleur et des accès de transpiration se prolongeant entre quinze et trente minutes (sa ménopause s'était produite vers le milieu des années quarante). En 1965, ses crises de fixité oculaire et d'oculogyrie devinrent de plus en plus bénignes et sporadiques : lors de son admission à Mount Carmel, au début de 1969, elle n'y avait pas été sujette depuis plus d'un an, et cette accalmie dura jusqu'en juin 1969 (c'est-à-dire le début de son traitement à la L-DOPA).

Bien que, comme je l'ai déjà indiqué, la rigidité musculaire et les tremblements n'aient fait leur apparition qu'en 1963, Mlle D. était néanmoins profondément handicapée par trois symptômes qui rendirent indispensable son admission dans un hôpital pour malades chroniques : à savoir, une dystonie de flexion évolutive du cou et du tronc, une festination incontrôlable qui la propulsait en arrière ou en avant, et enfin d'irrépressibles accès de « pétrification » qui pouvaient quelquefois l'immobiliser durant des heures dans des positions très incommodes. A ces trois troubles majeurs s'ajoutait un quatrième symptôme, d'apparition plus récente et qui paraissait ne correspondre à aucune étiologie infectieuse locale : elle était également prise de fréquentes envies d'uriner, s'accompagnant parfois d'une « impossibilité » d'uriner ou d'un « dégoût » de la miction (ou peut-être les provoquant) qui faisaient de ce symptôme une insupportable association de pulsions opposées.

Lors de son admission à Mount Carmel en janvier 1969, Mlle D. marchait encore sans difficulté en s'appuyant sur deux cannes, ou même sans (sur de petites distances). En juin 1969, elle était quasiment incapable de marcher sans être aidée ; alors que, six mois plus tôt, elle se tenait simplement un peu courbée, elle était maintenant presque pliée en deux ; se déplacer de son lit à sa chaise lui était devenu impossible, tout comme se retourner dans son lit, ou couper elle-même sa nourriture. Compte tenu de cette détérioration assez rapide de son état et de l'inefficacité de tous les médicaments antiparkinsoniens traditionnels, la L-DOPA arriva à un moment critique : Mlle D. paraissait en voie de glisser irréversiblement et de plus en plus vite dans un déclin définitif.

Avant la L-DOPA

Mlle D. était une petite femme courbée, tellement cyphotique que, lorsqu'elle se tenait debout, ses yeux ne pouvaient que fixer le sol. Elle ne parvenait à relever la tête que quelques secondes, puis devait aussitôt revenir à sa position habituelle d'extrême emprosthotonos et se tenir à nouveau le menton enfoncé dans le sternum. Cette posture ne s'expliquait pas par la raideur des muscles cervicaux : son cou ne présentait qu'une légère raideur, et, au cours de ses crises oculogyres, sa tête pouvait partir très loin en arrière.

Son visage était complètement figé : seuls ses yeux, pleins de vivacité et d'humour – anormalement mobiles dans ce visage de statue –, donnaient une impression de vie et d'émotion. Elle clignait rarement des yeux spontanément. Sa voix, bien que claire et intelligible, avait un volume et un timbre monotones, manquait d'intonations et d'inflexions « personnelles », et ne s'élevait que momentanément au-dessus d'une intensité hypophonique : elle n'était le plus souvent qu'un chuchotement étouffé ; par intervalles, des accélérations et des festinations brusques précipitaient son débit verbal, et les mots se bousculaient alors dans sa bouche au point de finir quelquefois par « se percuter » en fin de phrase.

Tout comme son élocution, ses mouvements volontaires s'accompagnaient eux aussi de manifestations contradictoires d'akinésie et d'hyperkinésie, successives ou simultanées.

La plupart des mouvements de ses mains laissaient voir une akinésie marquée – ils manquaient de force, étaient parcimonieux, lui demandaient des efforts excessifs et tendaient à se dégrader s'il lui fallait les répéter. Une fois qu'elle était lancée, elle écrivait sans difficulté, d'une écriture ample et rapide ; mais, dès qu'elle s'énervait, son écriture échappait à son contrôle : soit, devenant de plus en plus rapides et violents, les mouvements de sa main finissaient par couvrir la feuille tout entière de volutes et de gribouillages, soit, au contraire, ils perdaient de leur ampleur, ralentissaient et s'engluaient progressivement, jusqu'à ce que son bras s'immobilise complètement. Bien que se levant facilement de sa chaise, elle avait tendance sitôt debout à se « pétrifier » et à demeurer ensuite totalement incapable de faire le moindre pas durant plusieurs minutes. Sa posture accusait alors une immobilité presque cataleptique : on avait un peu l'impression, en la voyant ainsi pliée en deux et immobile, de regarder un film arrêté. Dès qu'elle tentait d'avancer – mouvement qui pouvait être induit par une petite poussée par-derrière, un ordre verbal de la part d'un observateur, ou encore une injonction d'ordre visuel (il suffisait par exemple de poser devant elle une canne, une feuille de papier, n'importe quel objet qu'il lui fallait enjamber) –, elle basculait en avant et se rattrapait par une série de petits pas rapides. Même lors de son admission à Mount Carmel six mois plus tôt (à une époque donc où elle avait beaucoup moins de mal à marcher), la festination constituait déjà pour elle un sérieux problème, et se terminait souvent en catastrophe (tout comme les accélérations de son débit verbal et de son écriture). Elle montait par contre parfaitement les escaliers, d'un pas ferme et sans perdre l'équilibre, un peu comme si chaque marche lui fournissait le stimulus nécessaire pour en monter une autre ; mais, là aussi, sitôt arrivée en haut de l'escalier, elle se retrouvait de nouveau « pétrifiée » et totalement incapable d'avancer. Elle disait souvent que « si le monde n'était fait que d'escaliers, elle n'aurait aucun mal à aller où elle voudrait [1] ». Une pulsion dans n'importe quelle direction (une propulsion, une latéropulsion, une rétropulsion) était toujours susceptible de se manifester avec une dangereuse facilité. Elle avait enfin tendance à rester pétrifiée durant de longs moments dès qu'elle changeait d'activité : cela se produisait régulièrement lorsqu'elle marchait et devait tourner d'un côté ou d'un autre, mais également, de temps en temps, lorsqu'il lui fallait porter son regard dans une autre direction, ou même simplement passer d'une idée à une autre.

La rigidité et les tremblements n'étaient pas les éléments les plus saillants de son tableau clinique. Il lui arrivait parfois (en fait, assez rarement) de réagir à la tension physique ou émotionnelle par un tremblement accusé de la main droite (du type astérixis) : les vains efforts qu'elle faisait pour échapper à ses accès de pétrification et à l'angoisse qu'ils déclenchaient chez elle s'accompagnaient fréquemment de ce type de tremblement. Une légère hypertonie du bras gauche et une hypertonie marquée (« hémiplégique ») des deux jambes apparaissaient à l'examen, ainsi qu'une trace de surréflectivité et de spasticité dans l'hémicorps gauche. A ce tableau clinique général s'ajoutaient un certain nombre de mouvements spontanés et d'hyperkinésies : ses muscles péribuccaux étaient agités de mouvements qui lui crispaient la bouche, ou pinçaient ses lèvres en une sorte de moue ; de temps à autre, elle grinçait des dents et faisait des mouvements de mastication ; elle ne gardait jamais la tête tout à fait immobile, mais la balançait et en dodelinait en permanence, en un mouvement irrégulier ; ces mouvements de la bouche et de la tête s'intensifiaient synkinétiquement dès qu'elle faisait un effort. Environ cinq ou six fois par jour, il lui arrivait aussi d'être brusquement forcée d'inspirer profondément, un peu comme si elle était prise d'une sorte de tic. Et des séquelles de son agitation et de son akathisie initiales pouvaient être observées dans les mouvements incessants que faisait sa main droite lorsque ses mains restaient inoccupées.

Bien que particulièrement attentive à tout ce qui se passait autour d'elle, Mlle D. n'était ni pathologiquement vigilante ni insomniaque. Elle était manifestement supérieurement intelligente et pleine d'esprit : elle s'exprimait toujours avec précision et (lorsqu'elle n'était pas en crise) ne présentait aucun signe de stéréotypie ni de viscosité psychique. Elle se montrait remarquablement précise, ordonnée, ponctuelle et méthodique dans toutes ses activités, sans être atteinte pour autant d'aucun symptôme obsessionnel grave de type compulsionnel ou phobique.

En dépit de son hospitalisation, Mlle D. avait su conserver un très sain respect de soi-même, de multiples centres d'intérêt et une grande attention à son environnement. Elle constituait un peu, pour tous ces postencéphalitiques si handicapés et quelquefois si profondément perturbés qu'abritait Mount Carmel, un pôle de stabilité, d'humour et de compassion.

Nous commençâmes à lui administrer de la L-DOPA le 25 juin 1969.

Le traitement à la L-DOPA

30 juin. Cinq jours seulement après le début du traitement et bien que ne prenant encore pas plus de 0,5 g de L-DOPA par jour, Mlle D. fut sujette à une certaine agitation générale ; sa main droite tremblait davantage, et les mouvements de mastication qui agitaient ses mâchoires s'étaient amplifiés ; le plissement des muscles péribuccaux s'était accentué au point de devenir une espèce de grimace compulsive ou de tic. Son activité générale avait déjà nettement augmenté : Mlle D. paraissait avoir un besoin incessant de s'activer – elle faisait du crochet (elle en faisait aussi avant de prendre de la L-DOPA, mais ses gestes étaient lents et difficiles), lavait ses vêtements, écrivait des lettres, etc. Elle semblait un peu *excitée,* et ne plus supporter de rester inactive. Elle se plaignit également, dès ces premiers jours de traitement, d'avoir « du mal à reprendre son souffle », et présentait effectivement une tachypnée de quarante inspirations/expirations par minute, sans variation de la force ni du rythme de sa respiration.

6 juillet. Onze jours après le début de l'expérience (elle prenait désormais 2 g de L-DOPA par jour), un mélange complexe d'effets positifs et de réactions indésirables pouvait être constaté. Elle semblait par exemple éprouver une sensation de bien-être jusque-là inconnue et déborder d'énergie ; sa voix était beaucoup plus forte ; ses accès de pétrification, moins nombreux ; elle était moins pliée, tenait mieux sur ses jambes et marchait à plus grands pas. Mais, par ailleurs, ses mouvements de mâchonnement et de mastication s'étaient aggravés, et ses gencives étaient devenues très douloureuses à force d'être en permanence mordillées ; sa main droite tremblait de plus en plus, et elle ne cessait de fléchir et de tendre l'index de cette même main ; enfin, et c'était indiscutablement là le symptôme qui l'angoissait le plus, certains indices montraient que ses automatismes respiratoires étaient en voie de désintégration. Sa respiration était rapide, superficielle, irrégulière et hachée ; elle éprouvait deux ou trois fois par minute un brusque et incontrôlable *besoin* de respirer, totalement conscient, qui la forçait à inspirer très violemment. Elle me déclara à cette époque : « Ma respiration n'est plus automatique. Il faut que j'y pense à chaque instant, et je suis périodiquement *forcée* de haleter. »

Constatant ces réactions indésirables, nous ramenâmes le jour même sa dose quotidienne de L-DOPA à 1,5 g. Les effets positifs se maintinrent durant dix jours ; l'agitation, les mouvements de mastication et le besoin d'activité de Mlle D. s'atténuèrent ; mais ses symptômes respiratoires persistèrent et s'aggravèrent de jour en jour, au point de se transformer, vers le 10 juillet, en de véritables crises respiratoires, se déclarant sans aucun avertissement et se déroulant en quatre temps : à une brusque et profonde inspiration succédaient d'abord un arrêt respiratoire forcé de dix à quinze secondes, puis une violente expiration elle-même suivie d'une apnée d'également dix à quinze secondes. Ces premières crises respiratoires restèrent relativement bénignes : elles ne s'accompagnèrent d'aucun autre trouble neurovégétatif (comme de la tachycardie, de l'hypertension, des sueurs, des tremblements, de l'appréhension, etc.) et pouvaient, bien que reprenant ensuite avec autant de force, être interrompues pendant une ou deux minutes par un violent effort de volonté. Au bout d'une à trois heures, elles prenaient fin en un peu plus de cinq minutes, au cours desquelles la respiration de Mlle D. redevenait progressivement normale, automatique et inconsciente, et reprenait une cadence, une force et un rythme réguliers. Leur rythme de répétition était intéressant, car il semblait ne présenter aucun rapport constant avec les heures d'administration de la L-DOPA : du 10 au 15 juillet, par exemple, ces crises se déclarèrent invariablement dans la soirée et à aucun autre moment ; le 15 juillet, Mlle D. eut un premier accès l'après-midi (à treize heures, juste une heure après avoir pris sa dose de L-DOPA) ; le 16 juillet, elle eut pour la première fois une crise le matin, très tôt, avant de prendre sa première dose de la journée. A partir de cette date, ses crises se reproduisirent deux ou trois fois par jour, celles du soir continuant à être plus aiguës et de plus longue durée que celles du matin.

Le 16 juillet, ces symptômes respiratoires atteignirent une intensité tout à fait effrayante. A une longue et violente inspiration s'accompagnant de mimiques et de sons qui évoquaient irrésistiblement les efforts d'un homme en train de se noyer, succédait désormais une apnée forcée pouvant durer jusqu'à cinquante secondes ; les vains efforts qu'elle faisait pour expulser l'air par sa glotte fermée la rendaient alors toute violette et congestionnée, puis, brusquement, tout cet air accumulé était chassé de sa poitrine avec une force incroyable et un bruit de boulet de canon. Ces symptômes échappaient totalement à son contrôle ; elle me dit : « Je ne peux pas plus les maîtriser que je ne pourrais arrêter une marée d'été. J'essaie simplement de résister de mon mieux à la tempête, en attendant qu'elle se calme. » D'un bout à l'autre de cette crise, il lui fut naturellement tout à fait impossible de parler, et je constatai une nette aggravation de sa rigidité corporelle. La fréquence de son pouls monta à 120, et sa tension artérielle, qui se tenait normalement autour de 13/7,5, s'éleva à 17/10. Nous lui administrâmes 20 mg de bénadryl par voie intraveineuse sans observer aucune modification de ses symptômes. Elle me parut sur le moment terrifiée, bien que, lorsque je l'interrogeai plus tard sur cette terrible journée, elle niât avoir été sujette à des troubles de la pensée ou même avoir éprouvé une quelconque appréhension. Très inquiet des suites possibles d'accès aussi violents sur une patiente aussi âgée, j'envisageai un moment d'arrêter complètement la L-DOPA. A la demande instante de Mlle D., et considérant les bénéfices réels qu'elle tirait du traitement, je me contentai finalement de réduire sa dose journalière à 1 g, en espérant que son instabilité respiratoire s'atténuerait.

Mlle D. n'en continua pas moins à être sujette à des crises respiratoires plus ou moins violentes, se répétant deux ou même, le plus souvent, trois fois par jour ; deux ou trois jours après cette modification de son traitement, la périodicité de ses accès commença à suivre une routine immuable – une première crise à neuf heures du matin, une seconde à midi et une troisième à dix-neuf heures trente – qui ne varia plus quelles que fussent les variations aléatoires ou systématiques des horaires de ses prises de L-DOPA. Le 21 juillet, un événement nous amena également à nous demander si ses crises respiratoires ne pourraient pas être une sorte de réflexe conditionné : ce jour-là, à cinq heures de l'après-midi (une heure à laquelle elle n'avait normalement jamais de crise), immédiatement après que notre orthophoniste lui eut demandé si elle avait récemment eu de nouvelles crises respiratoires, elle se mit à haleter violemment et fut la proie d'une crise inattendue, qui constituait peut-être une sorte de réponse à la question qui venait de lui être posée.

Le dilemme thérapeutique auquel nous étions confrontés était clair. D'une part, les effets favorables de la L-DOPA étaient incontestables : Mlle D. paraissait, et se sentait, en bien meilleur état qu'auparavant, et marchait avec une aisance qu'elle n'avait plus connue depuis vingt ans. Mais, en même temps, elle était surexcitée et se comportait de façon bizarre ; des troubles (ou un comportement) respiratoires idiosyncrasiques en sommeil durant quarante-cinq ans semblaient se réveiller ou se manifester à nouveau ; et ce tout premier mois de traitement avait également donné lieu à toutes sortes d'« effets secondaires » mineurs (j'emploie ici un terme qui me paraît de plus en plus vide de sens), qui me faisaient craindre diverses autres complications *potentielles,* encore inactualisées. Pouvions-nous espérer trouver un moyen terme, une sorte d'état intermédiaire, entre ces effets positifs et ces inconvénients ? Était-il possible, nous demandions-nous, de découvrir une dose de L-DOPA qui, tout en demeurant efficace, n'entraînerait *pas* tous les symptômes respiratoires et les autres « effets secondaires » observés ?

Une fois de plus (le 19 juillet), nous diminuâmes sa dose journalière de L-DOPA, la faisant passer à 0,9 g par jour. Le jour même, Mlle D. eut une nouvelle crise oculogyre – la première depuis presque trois ans. Cette crise nous inquiéta beaucoup, car nous avions déjà constaté chez plusieurs autres postencéphalitiques des réactions analogues : certains de nos patients avaient été alternativement sujets à des crises respiratoires lorsque nous leur administrions des doses de L-DOPA suffisamment importantes pour avoir des effets thérapeutiques et à des crises oculogyres dès que nous diminuions celles-ci, et nous craignions donc que Mlle D. se trouvât elle aussi prise au piège dans ce genre d'horrible alternative.

Bien que divers comptes rendus médicaux nous aient encouragés à croire en la possibilité de « stabiliser » ou de « contrôler » les réactions de nos patients en découvrant le dosage exact de L-DOPA qui leur convienne, le cas de Mlle D. nous donna à penser (à cette époque) qu'il était tout aussi impossible de « neutraliser » les effets indésirables que produisait chez elle la L-DOPA que de faire tenir une épingle en équilibre sur sa pointe. Cette nouvelle et grave crise oculogyre fut immédiatement suivie par une seconde, puis une troisième crise du même type. Faisant passer sa dose de L-DOPA à 0,95 g par jour, nous réussîmes à les interrompre, mais nous vîmes aussitôt ses crises respiratoires réapparaître ; la ramenant à 0,925 g (nous étions obligés, pour pouvoir pratiquer d'aussi infinitésimales augmentations et diminutions de dosage, de fabriquer nous-mêmes nos gélules de L-DOPA), nous observâmes le phénomène inverse ; et, à une dose de 0,9375 g par jour, Mlle D. fut sujette aux deux types de crises à la fois, alternativement ou simultanément.

Nous comprîmes également, à la même époque, que ces crises, qui se répétaient maintenant plusieurs fois par jour, étaient non seulement associées à l'état psychophysiologique général, à l'humeur et aux circonstances de la vie de Mlle D., mais obéissaient aussi à une dynamique très précise, et pouvaient jouer exactement le même rôle que des migraines ou même des symptômes hystériques : si elle avait passé une mauvaise nuit et était fatiguée, elle avait tendance à avoir une crise ; si elle avait mal quelque part (elle avait à cette époque un ongle incarné qui la faisait beaucoup souffrir), également ; et de même si elle était particulièrement excitée – que cette excitation fût de la peur, de la colère ou de la gaieté –, avait quelque raison de se sentir frustrée, ou bien encore désirait attirer l'attention du personnel soignant. Bien que très attentif aux causes des crises de Mlle D., je fus lent à comprendre que j'étais, de loin, le « facteur déclenchant » le plus puissant : j'avais, certes, déjà observé qu'il suffisait que je pénètre dans sa chambre ou qu'elle m'aperçoive pour qu'elle soit aussitôt sujette à une crise, mais je pensais que ce phénomène s'expliquait par quelque cause extérieure à moi. La vérité ne m'apparut que quand, avec un petit rire, une infirmière particulièrement observatrice me fit observer : « Mais, docteur Sacks, c'est *vous-même* qui êtes l'objet des crises de Mlle D. ! » Lorsque je l'interrogeai à ce sujet, Mlle D. rejeta avec indignation cette hypothèse, mais la couleur écarlate que prirent ses joues était une manière d'aveu. Ses crises avaient également une autre cause d'origine névrotique, que je n'aurais jamais imaginée si elle ne m'en avait parlé : « Dès que *je pense que je vais avoir une crise,* m'avoua-t-elle un jour, j'ai tendance à en avoir une. Si j'essaie de penser que je n'en aurai pas, j'en ai une. Et si j'essaie de me dire que je ne dois pas y penser, également. Pensez-vous qu'elles soient en train de devenir une obsession ? »

La dernière semaine de juillet, le bien-être de Mlle D. fut compromis, en plus de ces crises, par divers autres symptômes et manifestations dont le nombre et la diversité s'accrurent de jour en jour, et presque d'heure en heure – elle fut sujette à une floraison, ou une ébullition, pathologique de symptômes que toutes nos subdivisions de sa dose journalière de L-DOPA ou nos tentatives de faire varier l'heure des prises ne modifièrent presque pas. Ses crises respiratoires les plus graves étaient absolument effrayantes à observer. Ses périodes d'apnée forcée duraient maintenant presque une minute ; ses expirations étaient devenues striduleuses, et s'accompagnaient désormais de haut-le-cœur et de longs soupirs plaintifs ; son rythme respiratoire était parfois interrompu par une série de quarante à cinquante halètements brefs qui ressemblaient à ceux d'un chien. Pour la première fois, Mlle D. reconnut être envahie durant ces crises par une certaine appréhension, « une peur anormale », « une peur étrange et très particulière » qu'elle n'avait jamais encore éprouvée. Je lui proposai à plusieurs reprises d'arrêter la L-DOPA, mais elle rejeta catégoriquement mes suggestions, m'affirmant que « tout cela finirait par s'arranger », ou même, une fois, qu'interrompre le traitement « équivaudrait à la condamner à mort ». Ces réactions (et d'autres encore) nous montraient clairement qu'elle n'était plus – ou, du moins, pas toujours – la personne si raisonnable que nous connaissions, mais s'enfonçait chaque jour davantage dans un état entièrement dominé par la passion, l'intransigeance, l'obstination et toutes sortes d'obsessions.

Le 23 juillet, un nouveau symptôme fit son apparition : alors qu'elle venait de se laver les mains (elle éprouvait maintenant le « besoin » de se les laver trente fois par jour) et s'apprêtait à se rendre dans la salle à manger pour dîner, elle s'aperçut tout à coup qu'elle ne pouvait plus lever les pieds du sol, et que, plus elle faisait d'efforts pour y parvenir, plus ceux-ci « adhéraient » au plancher ; ils ne se « libérèrent » qu'au bout d'une dizaine de minutes, aussi brusquement et spontanément qu'ils avaient été cloués sur place. Cette aventure si singulière l'alarma, la contraria et l'amusa tout à la fois. Elle me déclara : « C'était comme si mes pieds se révoltaient ; c'était comme s'ils avaient eu une volonté propre. Ils étaient véritablement collés au sol. Je me sentais comme une mouche prise sur une bande de papier tue-mouches. » Et, dans la suite de la soirée, elle ajouta : « J'avais souvent lu dans des livres l'expression *être cloué sur place,* mais je ne comprenais pas ce qu'elle signifiait – jusqu'à ce jour. »

Elle fut les jours suivants la proie d'autres impulsions et pétrifications, se manifestant le plus souvent de façon tout à fait soudaine et imprévisible : portant une tasse de thé à sa bouche, elle se retrouva tout à coup incapable de la reposer ; tendant le bras pour atteindre le sucrier, elle découvrit que sa main y restait « collée » ; son regard, quand elle faisait des mots croisés, se fixait tout à coup sur un mot particulier et ne pouvait pas plus s'en détacher que son attention ; elle se sentait parfois (ce symptôme était aussi gênant pour elle-même que pour son entourage) « forcée » de fixer ses voisins dans les yeux : « Chaque fois que j'agis ainsi, expliquait-elle avec une franchise désarmante, cela empêche la venue de mes crises oculogyres. » Ses mouvements de mastication et de mâchonnement s'aggravèrent : elle mâchait et remâchait sa nourriture en émettant des grognements de chien rongeant un os, et, lorsqu'elle n'avait rien à manger, elle se mordillait les lèvres ou grinçait des dents. Une telle activité, chez une vieille dame aussi raffinée, était très surprenante à observer, et Mlle D. en avait parfaitement conscience ; elle me dit un jour, sur un ton de reproche : « Je suis une vieille personne tranquille. Je pourrais être une vieille demoiselle très distinguée, avec plein de neveux. Et maintenant, regardez-moi ! Je ne peux m'empêcher de passer mon temps à mordre et à mastiquer comme un animal affamé. » Elle donnait l'impression, ces derniers jours de juillet, d'être véritablement « possédée », ou totalement dominée, par une multitude de compulsions étranges, presque subhumaines ; elle en avait d'ailleurs elle-même le sentiment : bien que n'osant parler à personne de ces sombres pensées, elle les confia à son journal intime.

Elle connut aussi des jours – ou, pour être plus exact, une journée – paisibles. Le 21 juillet, étant sortie toute la journée faire une excursion qu'elle avait impatiemment attendue et qui lui apporta beaucoup de plaisir, elle ne souffrit d'aucun trouble respiratoire, d'aucune crise oculogyre ni d'aucun des innombrables symptômes auxquels elle était ordinairement sujette. Elle revint de cette sortie à la campagne l'air rayonnant de bonheur, me disant : « Quelle journée parfaite – si paisible ! Je ne l'oublierai jamais ! C'est une joie d'être en vie un jour tel que celui-ci. Je me sens vraiment vivante, comme cela ne m'était plus arrivé depuis vingt ans. Si ce sont les effets de la L-DOPA, c'est une bénédiction absolue ! »

Dès le lendemain, elle fut sujette à la crise la plus violente et la plus longue qu'elle endura jamais : elle passa soixante heures dans un état de crise respiratoire presque permanente, s'accompagnant, non seulement des « spasmes » et des compulsions déjà observés, mais d'une multitude d'autres symptômes nouveaux. Ses membres et son tronc ne cessaient de se « bloquer » dans les positions les plus étranges et résistaient obstinément à toute tentative active ou passive de les remettre en place. Cette contrainte absolue se doublait d'un besoin de mouvement intense, presque forcené, qui transformait cette immobilisation en une espèce de violent corps-à-corps intérieur. Elle ne supportait plus l'idée d'être couchée sur son lit, et hurlait dès qu'on la déplaçait de sa chaise. De temps à autre, se libérant brusquement de cet état de « blocage », elle se catapultait en avant pour faire quelques petits pas au terme desquels elle se retrouvait à nouveau « bloquée », un peu comme si elle avait soudain heurté un mur invisible. Elle parlait très vite et, pour la première fois, avait tendance à répéter sans cesse les mêmes mots et les mêmes phrases (palilalie). Sa voix, normalement grave et douce, était devenue une espèce de cri aigu et perçant. Elle s'écriait, chaque fois qu'elle se retrouvait bloquée dans des positions incommodes : « Mes bras, mes bras, mes bras, mes bras, s'il vous plaît, bougez mes bras, mes bras, bougez mes bras... » Des vagues d'excitation semblaient l'envahir l'une après l'autre, chaque nouvelle vague montant plus haut que la précédente et s'accompagnant d'un mélange d'angoisse, de terreur et de honte qui la submergeait complètement et qu'elle manifestait en hurlant, sur un mode palilalique : « Oh, oh, oh, oh !... s'il vous plaît, ne... Je ne suis plus moi-même, plus moi-même... Ce n'est pas moi, pas moi, pas moi du tout. »

Cette montée d'excitation ne put être calmée que par des injections massives de barbituriques, qui lui permirent de dormir quelques minutes d'un sommeil épuisé, tous ses symptômes reprenant immédiatement à son réveil. Dès le début de cette crise monstrueuse, nous avions naturellement stoppé toute administration de L-DOPA.

Le 31 juillet, enfin, elle sombra, naturellement, dans un sommeil profond presque comateux, dont elle ne s'éveilla que vingt-quatre heures plus tard. Le 2 et le 3 août, elle n'eut pas de crise, mais souffrit néanmoins de symptômes parkinsoniens intenses (beaucoup plus aigus que ceux auxquels elle était sujette avant de commencer à prendre de la L-DOPA) et d'un grave accès de dépression. Avec l'humour et le courage qui lui étaient coutumiers, elle me murmura, d'une voix presque inaudible : « Cette L-DOPA... cette drogue devrait plutôt s'appeler la *Hell*-DOPA [l'*Enfer*-DOPA] ! »

1969-1972

Mlle D. passa le mois d'août 1969 dans un état vraiment chthonien. Mlle Kohl, notre orthophoniste, m'écrivit à cette époque : « Elle paraît parfois presque hébétée, exactement comme un soldat qui reviendrait du front et serait en état de choc. » Durant la dizaine de jours au cours desquels elle resta plongée dans cette espèce d'état de choc, son parkinsonisme s'exacerba au point qu'elle devint incapable d'accomplir aucun des actes les plus élémentaires de la vie quotidienne sans être aidée par l'équipe des infirmières. Ces symptômes parkinsoniens s'atténuèrent vers la fin du mois – bien que restant encore beaucoup plus intenses qu'avant le début de son traitement à la L-DOPA –, mais elle demeura profondément et douloureusement déprimée. Elle perdit l'appétit (Mlle Kohl m'écrivit : « Elle semble n'avoir d'appétit pour *rien*, paraît avoir vraiment perdu tout appétit pour la vie. Avant, c'était un volcan, et maintenant on dirait une bougie qui s'éteindrait peu à peu. La différence est incroyable »), et maigrit de presque dix kilos : lorsque, en septembre, je revins à New York après un mois d'absence, je la retrouvai si pâle, si recroquevillée, si rétractée en elle-même que je ne la reconnus pas immédiatement.

Alors que, jusqu'à l'été dernier, elle demeurait encore, malgré un demi-siècle de maladie, très active et pleine d'entrain et ne paraissait pas du tout ses soixante-cinq ans, elle était maintenant non seulement très amaigrie et beaucoup plus gravement parkinsonienne que jamais, mais semblait également épouvantablement *âgée*, un peu comme si elle avait vieilli d'un autre demi-siècle durant le mois où j'avais été absent. On aurait vraiment dit une rescapée de l'enfer.

Durant les mois qui suivirent mon retour, Mlle D. me parla longuement de ce mois terrible, et me proposa une analyse sincère, courageuse et très perspicace des *raisons* de son comportement, qui me parut très convaincante. Dans la mesure où son état me semble très proche, par ses caractéristiques comme dans ses causes, des états « post-L-DOPA » que connaissent beaucoup d'autres patients parkinsoniens (tout en étant, naturellement, beaucoup plus grave que tout ce que la plupart des patients vivent ou peuvent s'attendre à vivre), j'interromprai ici l'« histoire » de sa vie pour exposer son analyse de la situation.

Mlle D. souligna, tout d'abord, l'extrême sentiment de « dépression » qui s'était emparé d'elle après l'interruption brutale du traitement : « Je planais complètement, me dit-elle. La L-DOPA m'avait fait monter de plus en plus haut – jusqu'à une hauteur inimaginable. J'avais l'impression de planer à un million de kilomètres de la terre... Puis, quand je suis retombée, je me suis écrasée, et je ne me suis pas arrêtée au niveau du sol, mais me suis enfoncée comme une flèche à un million de kilomètres sous terre. »

Comme tous mes autres patients ayant vécu une expérience similaire, elle me parla beaucoup, aussi, de la confusion, des doutes, de l'angoisse, de la colère et de la déception qui l'envahirent lorsque, son traitement à la L-DOPA commençant à « mal tourner », elle commença à être sujette à de plus en plus d'« effets secondaires » face auxquels toutes mes paroles d'apaisement, mes manœuvres et mes modifications du dosage de ses gélules – *tous nos efforts médicaux* – s'avérèrent impuissants ; et elle insista, également, sur l'extrême désespoir où l'interruption du traitement l'avait plongée ; notre décision lui était apparue comme une sorte de verdict ou de condamnation signifiant en quelque sorte : « Cette patiente a eu sa chance, mais elle l'a laissée échapper. Nous lui avons donné un remède miracle, et il a échoué. Maintenant, nous nous lavons les mains de ce qui peut lui arriver et la laissons à son destin. »

Un troisième aspect de son « comportement » était aussi au centre de ses réflexions (notamment dans le remarquable journal qu'elle tenait à l'époque et dont elle me fit lire des passages) : certains sentiments qui l'avaient sporadiquement hantée tout au long de sa maladie s'étaient particulièrement exacerbés vers la fin de son traitement, atteignant une intensité proprement insupportable durant les jours qui précédèrent et suivirent l'arrêt de la L-DOPA. Elle avait éprouvé, m'expliqua-t-elle, un mélange de stupéfaction, de colère et de terreur à l'idée que *de telles choses pussent lui arriver,* et s'était sentie profondément révoltée par son impuissance devant ces événements. Je pense que, bien qu'obsédant *tous* les patients qui se retrouvent, eux-mêmes et jusqu'à l'idée qu'ils se font de leur « soi », grotesquement changés par la maladie ou d'autres circonstances, ce type de sentiments hante peut-être plus particulièrement encore les postencéphalitiques et les schizophrènes, car ce sont eux qui subissent le plus grand outrage ontologique et endurent les plus violents et les plus « inexplicables » assauts contre la citadelle de leur soi.

Mais d'autres sentiments plus profonds et bien plus menaçants l'avaient également assaillie : certaines des « manifestations » dont elle avait été la proie alors qu'elle était sous l'emprise de la L-DOPA – notamment, ses compulsions à mâcher et à mordre [2], certains appétits et certaines passions violentes, et certaines idées et images obsessionnelles – ne lui étaient pas apparues comme des manifestations « purement physiologiques » ou des phénomènes totalement « étrangers » à sa « véritable personnalité », mais bien plutôt comme des *révélations*, des *dévoilements*, des *divulgations* ou des *confessions* issus des parties les plus profondes et les plus anciennes de sa personnalité : elle les avait ressenties comme de monstrueuses créatures jaillies de son inconscient et des inimaginables profondeurs physiologiques en deçà même de celui-ci, des paysages préhistoriques ou même préhumains dont les traits, un peu à la manière de certains rêves, lui étaient tout à la fois absolument étrangers et mystérieusement familiers [3]. Et elle ne pouvait regarder ces parties soudain mises à nu de sa personnalité avec détachement ; elles l'appelaient de leurs voix de sirène, l'attiraient, l'électrisaient, la terrifiaient, l'emplissaient de sentiments de culpabilité et d'idées de châtiment, la possédaient avec la puissance dévorante et enchanteresse d'un cauchemar.

A toutes ces impressions et ces réactions s'ajoutaient encore les nombreux sentiments qu'elle éprouvait à mon égard – à l'égard du personnage équivoque qui lui avait donné un médicament aux effets à la fois si merveilleux et si terribles ; du médecin tortueux qui, tel Janus aux deux visages, lui avait prescrit d'une part un remède vivifiant et stimulant et, d'autre part, une substance génératrice d'horreur et de mort. Ayant d'abord été pour elle un sauveur dont la médecine sacramentelle lui promettait vie et santé, j'étais ensuite devenu à ses yeux le démon qui l'en privait, ou lui faisait subir un sort pire que la mort. Dans mon premier rôle – celui du « bon » docteur –, elle ne pouvait que m'aimer ; dans le second – celui du « mauvais » docteur –, elle ne pouvait faire autrement que me haïr et me craindre. Et elle n'osait pas exprimer sa haine et sa peur : elles restaient enfermées en elle-même, se lovaient et se tapissaient en son cœur, s'y coagulant en des sentiments de culpabilité et des affects dépressifs épais et ténébreux. Les fantastiques effets de la L-DOPA m'avaient conféré un bien trop grand pouvoir sur sa vie et son bien-être – elle me tenait, moi qui lui avais fait prendre ce médicament, pour « responsable » de tout ce qui pourrait lui arriver de fâcheux. Investi de ces pouvoirs sacrés et profanes, j'exerçais à ses yeux une souveraineté absolue, foncièrement contradictoire : la souveraineté des parents, des autorités, de Dieu. Elle était donc totalement prisonnière du labyrinthe d'une névrose de transfert effroyable, qui paraissait n'avoir aucune issue.

Ma disparition de la scène au plus fort de son angoisse (le 3 août) constitua tout à la fois pour elle un énorme soulagement et une perte irréparable. J'étais celui qui l'avait enfermée dans ce labyrinthe ; ne devais-je pas être aussi celui qui saurait l'en faire sortir ?

Tel était donc l'état d'esprit de Mlle D. lorsque, en septembre, je revins à Mount Carmel. Sitôt que je la vis, je *sentis* de façon très fragmentaire et incomplète les pensées qui l'agitaient. Mais il fallut, naturellement, des années pour que mes intuitions parviennent à se formuler plus consciemment et explicitement, et qu'elle soit elle-même capable de faire l'analyse que je viens de présenter.

Été 1972

Trois ans se sont écoulés depuis les événements que je viens de retracer. Mlle D. est toujours vivante et se porte bien. Elle survit, comme elle peut. La tonalité dramatique des événements de l'été 1969 n'est plus qu'un souvenir. Les violentes péripéties de cette époque ne se sont jamais reproduites, et lui apparaissent, après coup, comme une sorte de rêve irréel qui l'emplit de nostalgie, ou comme un événement historique unique, exceptionnel, ne pouvant se répéter et désormais presque inimaginable. Malgré toute l'ambivalence de ses sentiments à mon égard, Mlle D. accueillit mon retour avec plaisir, et me demanda immédiatement, d'une voix douce et posée, si je ne comptais pas lui faire reprendre de la L-DOPA. Elle n'avait plus le ton impérieux et intransigeant que je lui avais connu. J'eus le sentiment que le prétendu « état chthonien » dans lequel elle avait été plongée durant un mois après l'interruption de son traitement avait aussi été pour elle l'occasion d'une profonde réflexion et de toutes sortes de changements intérieurs et de phénomènes d'accommodation de la plus haute complexité. Ce mois avait constitué pour elle, comme je devais le comprendre par la suite, une sorte de purgatoire, une période durant laquelle elle avait lutté contre ses impulsions innombrables et contradictoires, mobilisant toutes les lumières qu'elle venait d'acquérir sur elle-même (ainsi que sur les tendances de ses réactions à la L-DOPA) et toute la force d'esprit et de caractère dont elle était capable afin de réussir à réunifier sa personnalité, et de retrouver une nouvelle stabilité, plus profonde et plus solide que celle qu'elle avait connue antérieurement. Loin de la briser (comme ce fut le cas de tant de mes patients), les états extrêmes qu'elle avait traversés l'avaient en quelque sorte aguerrie et trempée. Mlle D. était une femme supérieure ; elle avait, durant un demi-siècle de maladie, survécu en luttant tout autant pour elle-même que contre elle-même, et avait réussi (malgré d'innombrables obstacles) à mener une vie indépendante, hors de tout établissement hospitalier, jusqu'à l'âge de soixante-six ans. J'avais déjà pu prendre la mesure de ses potentialités pathologiques. Je ne découvris dans toute leur étendue ses mystérieuses réserves de santé physique et mentale qu'*après* l'été 1969 et au cours des trois années suivantes.

La suite de l'histoire de Mlle D. est plus facile à raconter. Elle reprend de la L-DOPA depuis septembre 1969, de façon quasi permanente. Nous nous sommes aperçu que l'amantadine (symmétrel) a la propriété – chez elle comme chez plusieurs autres patients – d'améliorer ses réactions à la L-DOPA (bien que ses effets s'inversent quelquefois après quelques semaines de traitement), et nous complétons donc périodiquement son traitement de base par des doses d'amantadine. Nous avons essayé, comme les articles spécialisés le recommandent, d'atténuer son excitation et ses mouvements anormaux en lui administrant des phénotiazines, des butyrophénomes et d'autres tranquillisants majeurs, mais nous avons constaté que ces produits n'ont pour effet (là aussi, chez elle comme chez tous nos autres patients) que de réduire ou, au contraire, d'exacerber *l'ensemble* de ses réactions à la L-DOPA, et ne permettent pas – comme tant de médecins enthousiastes l'espéraient – de supprimer les « effets secondaires » de la L-DOPA tout en en conservant les « effets positifs ». Nous avons aussi observé que, si les tranquillisants mineurs, les antihistaminiques, etc., n'ont pratiquement aucun effet sur elle, les barbituriques – notamment des injections de sodium amytal – peuvent par contre s'avérer très efficaces contre ses crises aiguës de tout type.

Ses réactions à la L-DOPA (ou plutôt à l'association L-DOPA-amantadine) sont à tous égards moins *spectaculaires* que celles de l'été 1969 : elle n'a plus jamais été ni aussi fantastiquement bien ni aussi fantastiquement malade qu'à l'époque. Bien que toujours présent, son parkinsonisme est beaucoup moins grave qu'avant le début de son traitement à la L-DOPA. Ainsi que d'autres symptômes, il s'exacerbe par intervalles, toutes les quelques semaines, chaque fois que les effets de l'association amantadine-L-DOPA deviennent moins favorables ; nous interrompons alors l'administration d'amantadine durant une bonne semaine, ce qui a immédiatement pour effet de provoquer l'apparition de « symptômes de manque » très invalidants (du type de ceux auxquels elle fut sujette en août 1969, mais plus bénins). Ce cycle d'améliorations, d'exacerbations et de symptômes de manque se répète environ dix fois par an. Bien que n'aimant pas ces variations cycliques, Mlle D. a fini par les accepter. Elle n'a plus, en fait, le choix, car elle est désormais sujette, dès qu'elle arrête complètement de prendre de la L-DOPA, à des symptômes encore beaucoup plus pénibles et invalidants que ceux dont elle souffrait avant le début de son traitement. Elle se trouve donc dans la position paradoxale d'*avoir besoin* de la L-DOPA *tout en ne la supportant pas* – entièrement ou indéfiniment.

Ses crises sont devenues plus rares et moins aiguës – elle n'en a plus qu'une ou deux par semaine – et (ce qui est peut-être encore plus frappant) ont complètement changé de nature. Durant l'été 1969 (comme au cours de l'été 1919), elles avaient initialement été purement respiratoires, et ne s'étaient qu'ultérieurement accompagnées des innombrables autres phénomènes décrits plus haut. Lorsque, pendant l'automne 1969, elles avaient à nouveau fait leur apparition, seuls ces autres phénomènes s'étaient manifestés ; toutes leurs anciennes composantes (ou leurs aspects) respiratoires avaient mystérieusement disparu, et ne devaient plus jamais réapparaître.

Ses « nouvelles » crises se caractérisent en général par une palilalie extrême l'amenant quelquefois à répéter les mêmes mots ou les mêmes phrases des centaines de fois à la suite, et s'accompagnant plus ou moins d'une excitation intense, d'impulsions et de compulsions diverses, de poussées de parkinsonisme, d'étranges états de « blocage » ou d'« impossibilité » du mouvement, etc. J'ai écrit : « en général », « plus ou moins » et « etc. », car, si chacune de ces crises constitue indéniablement une crise au sens fort du terme, elles ne se passent jamais exactement de la même façon [4]. D'autre part, leurs caractéristiques, leur cours et leur nature peuvent être extraordinairement modifiés par la suggestion ou les circonstances : il suffit par exemple qu'elle regarde un film comique ou un spectacle amusant à la télévision pour que les intenses affects (en général de colère ou de peur) dont elles s'accompagnent ordinairement se transforment en gaieté ou en hilarité et que son « blocage » *se retire,* pour ainsi dire, du membre atteint pour *se transférer* à l'autre. Mais le traitement le plus efficace est de loin la musique, car ses effets sur ses crises sont presque surnaturels ; tel instant, elle semblera oppressée, crispée et bloquée, ou parcourue de secousses musculaires, pleine de tics, et toute bredouillante – une véritable bombe humaine ; puis, la minute d'après, la moindre musique échappée d'un transistor ou d'un électrophone entraînera la complète disparition de tous ses symptômes obstructifs-explosifs, et lui rendra immédiatement une merveilleuse aisance et liberté de mouvement ; soudain libérée de ses automatismes, le sourire aux lèvres, elle se mettra alors à « battre la mesure » comme un chef d'orchestre, ou encore se lèvera de sa chaise pour danser au rythme de la musique. Il est simplement nécessaire que la musique soit jouée *legato ;* la musique jouée *staccato* (notamment celle des orchestres composés d'instruments à percussion) a parfois sur elle un effet bizarre : elle la fait sauter sur place et se trémousser en mesure, un peu comme une poupée mécanique ou une marionnette [5].

Vers la fin de 1970, Mlle D. était déjà passée sous les fourches caudines de l'amantadine, des DOPA-décarboxylases et de l'apomorphine (diversement divisées et subdivisées), seules ou associées à des anticholinergiques, des antihistaminiques et toutes sortes d'adjuvants ou d'inhibiteurs possibles et imaginables. Elle en avait vu de toutes les couleurs, et elle en avait *assez.* « Et voilà ! me dit-elle un jour. Vous m'avez balancé toute votre pharmacie. J'ai plané, suis redescendue, j'ai été à côté de mes pompes, je me suis sentie sens dessus dessous et j'en passe. On m'a poussée, tirée, bousculée et entortillée. Je suis allée plus vite et plus lentement, *toute ma vitesse* ne me faisant d'ailleurs pas avancer d'un poil. Et je ne cesse de m'ouvrir et de me refermer comme un véritable accordéon humain... » Après quoi elle s'interrompit pour reprendre son souffle. Ses paroles me faisaient irrésistiblement penser à une « Alice » parkinsonienne voyageant dans un Pays des Merveilles postencéphalitique.

A cette époque, donc, Mlle D. avait parfaitement compris combien la L-DOPA lui était nécessaire, mais également à quel point ses réactions au traitement étaient devenues limitées et peu spectaculaires et le resteraient. Elle savait que son état ne se modifierait plus, et cette prise de conscience était l'aboutissement tout à la fois de son « désinvestissement » par rapport à la L-DOPA et de son renoncement aux aspirations et aux espoirs passionnés qui avaient dominé sa vie pendant plus d'un an. Ne refusant, ne revendiquant et n'attendant plus rien (tout en continuant à exprimer de temps à autre dans son journal, sur un ton de fausse plaisanterie, son désir de voir sa vie changer), Mlle D. *renonça* à ses fantasmes pour se tourner *vers* la réalité – opérant ainsi une double mutation, tout à fait décisive, qui témoignait de sa libération du labyrinthe dans lequel elle avait été enfermée durant plus d'un an. Dès ce moment, toutes ses relations furent plus faciles, plus saines et plus agréables. Son attitude devant la L-DOPA, comme devant ses symptômes et ses handicaps personnels, se transforma en une sorte de résignation faite de détachement et d'humour ; elle cessa d'envier les patients que la L-DOPA faisait « planer » ou de s'identifier avec terreur à ceux pour lesquels le traitement se passait mal ; et, surtout, elle cessa de me voir comme le rédempteur/destructeur qui tenait son destin entre ses mains dispensatrices de L-DOPA. Les dénis, les projections, les identifications, les transferts, les artifices et les impostures provoqués par la L-DOPA tombèrent comme une vieille carapace, révélant l'« ancienne » Mlle D. – sa véritable personnalité – qu'ils avaient dissimulée.

A partir du second semestre de 1970, Mlle D. accepta donc de collaborer de son mieux à l'atténuation de son parkinsonisme et à l'amélioration de ses relations, tout en se consacrant de toutes ses forces à la tâche de parvenir à rester vivante et humaine dans le cadre d'une « hospitalisation totale [6] ». Ces problèmes auraient – peut-être – pu être évités si la L-DOPA avait été et était demeurée le remède parfait qu'elle espérait, et si elle avait rempli toutes ses promesses ; mais ce n'avait pas été le cas, et Mlle D. voyait maintenant la L-DOPA d'un œil plus lucide : à savoir, comme un traitement d'appoint, certes utile et même indispensable, mais qui n'avait rien d'un remède miracle. Elle ne pouvait plus compter, pour tirer le meilleur parti des possibilités qui lui restaient [7], que sur ses propres ressources, sur moi-même, et sur les possibilités qu'offre la vie en hôpital.

Mlle D. réussit donc, de cette manière, à s'acclimater aux caprices de la L-DOPA, et à modifier activement les symptômes morbides dus à son parkinsonisme, sa catatonie, son impulsivité, etc. Mais d'autres problèmes existaient aussi, qui ne dépendaient pas d'elle et ne pouvaient être modifiés par ses efforts personnels : ils tenaient, essentiellement, aux conditions de la vie en hôpital.

Dans leurs termes les plus généraux, ces problèmes se résumaient dans les antinomies pascaliennes dont son journal se faisait l'écho : elle souffrait d'un sentiment d'isolement et de claustration, de vide et de petitesse ; se sentait recluse – enfermée à Mount Carmel par la société, coupée de cette même société... assujettie à d'innombrables règles et règlements avilissants ; avait l'impression d'être réduite à un statut d'enfant ou de prisonnier, d'avoir été absorbée ou broyée par une machine ; était rongée par un sentiment de frustration, de solitude et d'impuissance.

Bien qu'existant, dans une certaine mesure, depuis la fondation de l'hôpital, ces aspects inhumains de la vie à Mount Carmel s'étaient brusquement aggravés et développés en septembre 1969.

Cette évolution sinistre avait visiblement modifié l'état clinique de nombreux patients, en influant non seulement sur leurs humeurs et leurs attitudes, mais également sur leurs crises, leurs tics, leurs impulsions, leurs états cataleptiques, leurs symptômes parkinsoniens, etc., ainsi que, naturellement, sur leurs réactions à la L-DOPA.

Il est certain que Mlle D. fut elle aussi grandement affectée par ce changement d'ambiance. Je ne saurais dire, cependant, dans quelle mesure ses réactions à la L-DOPA furent la conséquence inévitable de l'action du médicament sur sa réactivité individuelle innée, ou purent se trouver modifiées par la détérioration de ses conditions de vie. Je ne puis que dresser un tableau global de son état, aussi impartial et complet que possible, en laissant au lecteur le soin de juger.

Trois faits peuvent néanmoins être clairement constatés. D'abord, chaque fois que Mlle D. réussit à exprimer ses sentiments et à opérer quelque changement dans ses conditions de vie, *tous* les phénomènes pathologiques que nous avions l'habitude de constater s'atténuèrent. D'autre part, chaque fois qu'elle sortit de l'hôpital pour la journée (ce qui, après les changements administratifs intervenus en 1969, se produisit de plus en plus rarement), *tous* ses symptômes et ses signes de maladie diminuèrent. Enfin, depuis qu'elle s'est liée d'amitié avec deux autres patientes – autrement dit, depuis le début de l'année 1971 –, son état s'est, à *tous* égards, nettement amélioré.

A l'heure actuelle (c'est-à-dire l'été 1972), Mlle D. continue à prendre de faibles doses de L-DOPA et d'amantadine, avec quelques interruptions de traitement. Elle reste assez active, et ne nécessite que des soins mineurs durant neuf mois de l'année, les trois mois restants étant marqués par l'aggravation de sa maladie et divers symptômes de manque. Elle a environ deux fois par mois une petite crise, qui ne la perturbe pas trop et ne dérange plus personne. Elle lit beaucoup, fait du crochet comme une professionnelle et remplit d'innombrables grilles de mots croisés, bien plus vite que je ne le pourrais. Elle est le plus elle-même quand elle bavarde avec ses amies. Elle a définitivement renoncé à presque tous ses mouvements d'humeur, ses entêtements, ses dépendances et ses exigences. Elle est devenue très cordiale avec tout le monde (sauf lorsque, en proie à de noires pensées, elle s'enferme dans son journal intime) et est aimée de tous. On la voit souvent devant la fenêtre, un peu raide et voûtée, vieille dame de bientôt soixante-dix ans faisant du crochet avec dextérité, regardant les voitures qui traversent Bexley en vrombissant.

Ce n'est pas une de nos patientes vedettes, l'une de ces patientes chez lesquelles la L-DOPA a donné des résultats prodigieux et dont l'amélioration s'est maintenue. Mais elle a survécu aux pressions d'une maladie souvent responsable de bien des troubles caractériels, dont elle a souffert durant presque toute sa vie ; aux effets d'un stimulant cérébral très puissant ; et à des années d'enfermement dans un hôpital pour malades chroniques, auxquelles bien peu de patients résistent. Profondément ancrée dans la réalité, elle a triomphalement survécu à la maladie, à l'intoxication, à l'isolement et à l'hospitalisation, et a réussi à demeurer ce qu'elle ne cessa jamais d'être – un être humain pleinement humain, doté d'une personnalité supérieure.

2

Magda B.

Magda B. naquit en Autriche en 1900 et arriva très jeune aux États-Unis. Elle ne fut atteinte dans l'enfance d'aucune maladie grave, et obtint au lycée des résultats tout à fait brillants tant dans le domaine intellectuel que dans le domaine sportif. En 1918-1919, alors qu'elle travaillait comme secrétaire, elle contracta une encéphalite léthargique de type soporeux-ophtalmoplégique ; bien que rétablie quelques mois plus tard, elle commença vers 1923 à souffrir de symptômes parkinsoniens et d'autres séquelles.

Lorsque je la rencontrai pour la première fois, elle ne parlait plus depuis bien des années, et je ne pus donc prendre connaissance de l'évolution de sa maladie durant les quarante-cinq ans qui suivirent l'accès initial qu'en lisant les brèves notes médicales qui la concernaient. Outre une ophtalmoplégie qui n'avait pas disparu à l'issue de la phase aiguë de l'accès d'encéphalite, les principaux problèmes de Mme B. consistaient en une akinésie et une apathie profondes s'accompagnant de divers troubles neurovégétatifs (une salivation profuse, de la transpiration et des ulcérations gastroduodénales répétées). Elle n'avait jamais eu de crises oculogyres ou autres. Elle était de temps à autre sujette à un tremblement du type astérixis, mais ne présentait aucun signe de rigidité, de dystonie ou de tremblement de repos (tels par exemple ces tremblements qui rappellent le « geste de rouler une cigarette »).

Une observation effectuée en 1964 notait la « curieuse absence de colère ou de frustration dans des circonstances qui auraient semblé justifier ces réactions ». Une autre note, rédigée en 1966 alors que Mme B. était très malade (cette maladie n'avait rien à voir avec ses troubles habituels), soulignait son absence totale d'angoisse ou de peur. En 1968, bien qu'ayant été à diverses reprises verbalement et physiquement agressée par une malade démente (cette femme l'insultait et l'injuriait, parfois même la frappait), elle n'avait réagi ni motricement ni même émotionnellement à ce harcèlement intolérable. De nombreuses autres observations qui mériteraient d'être citées en détail témoignaient de sa passivité et de son calme anormaux : elle ne présentait aucun signe de tendances dépressives ou paranoïdes, ni d'idées ou de comportements excentriques. Elle était toujours très gentille avec tout le monde et semblait beaucoup apprécier les efforts du personnel médical, mais paraissait en même temps trop docile, trop *douce,* comme incapable d'émotivité.

Avant la L-DOPA

Lorsque je la vis pour la première fois, Mme B. se tenait immobile dans son fauteuil roulant : son akinésie était si prononcée qu'elle restait assise presque toute la journée sans cligner des yeux, la même expression sur le visage, et sans faire le moindre mouvement corporel. Elle gardait la tête penchée, et ne pouvait la redresser que de brefs instants. Je ne constatai quasiment aucune rigidité cervicale. Elle me sembla atteinte d'une ophtalmoplégie nucléaire et internucléaire bilatérale, s'accompagnant d'un strabisme divergent alternant. Elle transpirait abondamment et avait une peau grasse et séborrhéique. Ses yeux larmoyaient un peu, et elle salivait plus que la normale. Il lui arrivait de contracter ou de fermer les paupières, mais elle ne clignait jamais spontanément des yeux. Elle était presque totalement muette – elle pouvait parfois émettre un faible « Ah ! » au prix de beaucoup d'efforts, mais était incapable d'articuler distinctement le moindre mot : elle n'avait plus prononcé la moindre parole depuis plus de dix ans, et était depuis vingt-cinq ans gravement hypophonique.

Ses traits étaient profondément figés : elle se laissait passivement examiner, sans qu'aucune expression n'apparaisse sur son visage. Elle pouvait à peine ouvrir la bouche, et était tout juste capable de tirer la langue au-delà de ses lèvres ou de la remuer latéralement à l'intérieur de sa bouche. Ses mouvements de mastication et de déglutition étaient faibles et lents – elle mettait plus d'une heure pour prendre le moindre petit repas –, mais je ne constatai aucun signe de paralysie bulbaire ou pseudo-bulbaire.

Tous ses mouvements volontaires étaient extrêmement lents et faibles, se caractérisaient par une participation presque inexistante de la musculature « de base », et tendaient à s'arrêter prématurément au milieu d'une séquence motrice. Lorsqu'on la levait de sa chaise – car elle était totalement incapable de le faire toute seule –, elle restait aussi droite et immobile qu'une statue, et demeurait dans cette position jusqu'à ce qu'une incontrôlable tendance à tomber en arrière lui fasse perdre l'équilibre. Marcher lui était devenu non seulement impossible, mais *impensable.* Qu'elle soit debout ou assise, elle tombait immédiatement en avant comme une fleur fanée dès qu'elle fermait les yeux.

Mme B. était donc profondément handicapée : elle ne parlait plus, avait presque perdu toute capacité de mouvement volontaire, et devait être totalement prise en charge pour ce qui était de ses besoins les plus élémentaires. A ces problèmes moteurs s'ajoutaient une apathie prononcée, une absence apparente de réactions émotionnelles, et des états de somnolence et de torpeur très marqués, quasi permanents. Les antiparkinsoniens classiques n'avaient donné que très peu de résultats, et le recours à la chirurgie n'avait jamais été envisagé. Elle était, depuis bien des années, considérée comme un « cas désespéré », une postencéphalitique profondément régressée, sans perspective de réadaptation. Nous lui administrâmes pour la première fois de la L-DOPA le 25 juin.

Le traitement à la L-DOPA

2 juillet. Au bout d'une semaine de traitement (à une dose de 2 g de L-DOPA par jour), Mme B. *parla* pour la première fois depuis de nombreuses années. Bien que tendant à perdre de sa force au bout de deux ou trois courtes phrases et paraissant grave, monotone et sans inflexion, sa voix était tout à fait audible.

8 juillet. Peu après que nous eûmes fait passer sa dose quotidienne de L-DOPA à 3 g par jour, Mme B. commença à être sujette à des nausées et à de l'insomnie. Ses pupilles étaient très dilatées, mais je ne constatai aucun signe de tachycardie, de chute de sa tension artérielle ni d'akathisie. Son activité spontanée s'accrut considérablement – elle pouvait à nouveau changer de position sur sa chaise, se retourner dans son lit, etc. Elle semblait beaucoup plus éveillée, et ne souffrait plus de somnolence ni de moments d'« assoupissement » durant la journée. Sa voix était plus forte, et présentait des débuts d'intonation et d'inflexion : elle n'avait plus le timbre monotone et en quelque sorte *anonymement* parkinsonien qui nous avait frappé une semaine plus tôt, et nous pouvions maintenant nous rendre compte que Mme B. avait un fort accent viennois.

Elle recommença à pouvoir tenir un crayon de la main droite, et se mit à tenir un journal. Elle l'étrenna en y écrivant son nom, suivi de la phrase : « Voici vingt ans que je n'ai rien écrit. J'ai bien peur de ne même plus savoir écrire mon nom. »

Ses réactions émotionnelles se développèrent tant – son insomnie et ses vomissements, notamment, commencèrent à l'angoisser – qu'elle me demanda de diminuer ses doses de L-DOPA (sans pour autant interrompre totalement le traitement). Je ramenai donc sa dose journalière à 2 g par jour.

Ses nausées, son insomnie et sa mydriase s'atténuèrent, mais, en même temps, sa voix s'affaiblit et ses capacités motrices se réduisirent. Une semaine plus tard (le 15 juillet), nous pûmes à nouveau faire passer sa dose de L-DOPA à 3 g par jour sans constater aucun effet fâcheux, et nous la maintînmes donc à cette dose. Son état ne cessa de s'améliorer. Vers la fin juillet, elle parvenait à se lever de son fauteuil roulant, tenait debout sans aide pendant trente secondes et était capable de faire vingt pas entre des barres parallèles ou de bouger dans son lit ou sur son fauteuil pour trouver la position la plus confortable. Elle mangeait à nouveau seule. Son tronc et son cou se redressèrent et, à la mi-août, sa posture redevint presque normale.

De semaine en semaine, nous vîmes cette patiente, jusque-là

indifférente, inattentive et insensible à son environnement, s'éveiller progressivement et s'intéresser de plus en plus à ce qui se passait autour d'elle.

Le retour de son affectivité, après tant d'années de repliement et d'apathie, fut au moins aussi impressionnant que ses progrès moteurs, et infiniment émouvant à observer. Elle devint de plus en plus bavarde à mesure qu'elle retrouva sa voix, nous faisant découvrir une intelligence, un charme et un humour que sa maladie nous avait totalement dissimulés. Elle aimait tout particulièrement parler de son enfance viennoise, de ses parents et de sa famille, de ses souvenirs d'école et de ses promenades à la campagne, et pleurait souvent de plaisir ou de nostalgie en évoquant ces jours anciens – laissant ainsi apparaître des émotions inexprimées depuis plus de vingt ans. Peu à peu, elle redevint une *personne,* et put nous dire en termes spectaculaires et effrayants quel fantôme, quelle *non-personne* elle avait été avant de prendre de la L-DOPA. Elle nous décrivit la rage impuissante et la dépression croissante qu'elle avait éprouvées au début de sa maladie, puis l'apathie et l'indifférence qui l'avaient submergée. Elle nous dit : « Je n'avais plus d'états d'âme. Je ne m'intéressais plus à rien. Plus rien ne me *remuait* – pas même la mort de mes parents. J'avais oublié ce que c'est que d'être heureux ou malheureux. Était-ce agréable ou désagréable ? Ni l'un ni l'autre. C'était le néant [8]. »

1969-1971

De *tous* mes patients et patientes, Mme B. fut la personne qui, à tout prendre, réagit le plus uniment et de la façon la plus satisfaisante à la L-DOPA [9] : durant les deux ans au cours desquels elle prit de la L-DOPA, elle conserva un niveau d'activité, une santé mentale et une joie de vivre tout à fait admirables. Son énergie et sa motilité déclinèrent néanmoins quelque peu vers la fin de sa seconde année de traitement, et quelques signes d'activité morbide se manifestèrent brièvement. Ces réactions s'inscrivaient dans un certain contexte, dont il faut dire quelques mots.

Mme B. avait renoué des liens intenses avec sa famille. Depuis qu'elle allait mieux et était, en quelque sorte, revenue à la réalité, ses filles et ses beaux-fils, ses petits-enfants et bien d'autres parents venaient régulièrement la voir, et elle prenait le plus grand plaisir à leurs visites. Elle se souvenait du moindre anniversaire ou de la moindre fête, et n'oubliait jamais d'écrire une lettre à chacune de ces occasions. Sans jamais se montrer trop exigeante ou importune, elle adorait sortir faire des promenades en voiture, être emmenée au restaurant ou au théâtre, et, par-dessus tout, se rendre chez les divers membres de sa famille. Elle avait également pris contact avec le rabbin et d'autres patients juifs orthodoxes de l'hôpital, participait à tous les offices religieux, et prenait un plaisir tout particulier à allumer les bougies pour le sabbat. Elle avait donc, en un mot, retrouvé son identité de dame viennoise de bonne famille, « pieuse » et forte de caractère. Chose plus remarquable encore, elle semblait assumer remarquablement bien son âge, malgré l'espèce de trou noir dans lequel elle avait été engloutie entre vingt-cinq et soixante-neuf ans, et ne paraissait pas gênée de se retrouver dans la peau d'une « grand-mère », d'une « mémé » de soixante-dix ans.

Il est très intéressant et très significatif que Magda B. ait paru s'accommoder aussi facilement de l'idée d'avoir « perdu » toutes ces années à cause de sa maladie. Son comportement différait radicalement, par exemple, de celui de la patiente suivante (Rose R.), qui, se « réveillant » après un sommeil long de quarante-trois ans, se sentit confrontée à un « trou dans le temps incompréhensible et insupportable », et éprouva « un sentiment d'anachronisme intolérable et insoluble » auquel elle ne s'accommoda jamais (voir p. 104). Pourquoi une telle différence ?

En apparence, Magda B. n'avait été rendue ni amère ni agressive par toutes ces années de maladie, et cela n'était peut-être pas sans rapport avec son apathie ; l'une de ses filles me dit un jour : « J'ai souvent eu l'impression que maman ne *ressentait* rien, même si elle semblait tout remarquer et ne jamais rien oublier. Son état me rendait terriblement triste, mais je n'étais pas trop en colère – après tout, comment pourrait-on faire des reproches à un *fantôme*, ou s'énerver contre lui ? »

Mme B. traversa cependant deux brefs épisodes psychotiques

pendant qu'elle était sous L-DOPA. Le premier eut trait à son mari. Ayant remarqué qu'il n'était pas encore venu lui rendre visite, elle demanda à ses filles : « Où est-il ? Pourquoi ne vient-il pas me voir ? » Elles temporisèrent, lui expliquant qu'il était malade, indisposé, en déplacement, en voyage, etc. (il était en fait mort cinq ans plus tôt). Ces explications contradictoires ne réussirent qu'à l'angoisser, et furent à l'origine d'un bref épisode délirant au cours duquel elle crut entendre la voix de son mari dans les couloirs de l'hôpital, s'imagina lire son nom dans les journaux, et dit « comprendre » qu'il avait d'innombrables *affaires* à régler. Devant cette évolution, je demandai à ses filles de lui dire la vérité. Elle leur répondit : « Ah ! quelles idiotes vous faites ! Pourquoi ne pas me l'avoir dit ? » Et, après une brève période de deuil, toutes ses idées psychotiques se dissipèrent.

Son second épisode psychotique fut lié à la baisse de plus en plus rapide de sa vue : ses troubles visuels, qu'elle avait « acceptés » avec indifférence avant de prendre de la L-DOPA, s'aggravèrent nettement durant sa seconde année de traitement, si bien que les visages de ses enfants, le visage du *monde* lui semblèrent de jour en jour plus flous et plus indistincts. Elle alla voir un spécialiste qui lui annonça sur un ton sec et définitif qu'elle souffrait d'une « dégénérescence maculaire sénile, progressive et incurable », et fut particulièrement révoltée par ce manque total de compassion. Pendant plusieurs semaines, elle nous supplia humblement de la guérir, et rêva ou hallucina qu'elle voyait à nouveau parfaitement. Elle fut également sujette, durant cette pénible période, à un étrange « tic du toucher », l'obligeant à toucher les rampes d'escalier, les meubles et – surtout – les personnes qui passaient dans le couloir. Elle s'écria, lorsque je l'interrogeai sur les raisons de ce comportement : « Comment pourriez-vous me le reprocher ? Je ne vois pratiquement plus rien. Toucher et retoucher les choses me permet de rester en contact avec le monde ! » Elle finit néanmoins par s'adapter à sa quasi-cécité : elle se mit à apprendre le braille (ce fut *elle-même* qui en eut l'idée) et, peu à peu, son angoisse s'atténua, ses rêves, ses demandes et ses hallucinations cessèrent, et sa compulsion à toucher les objets ou les gens devint moins marquée et *beaucoup* moins gênante [10]. Nous ne réduisîmes pas, durant ces deux épisodes, sa dose de L-DOPA, car il était évident que ces deux accès psychotiques avaient des causes ponctuelles.

En juillet 1971, bien que son état général fût bon, et qu'elle ne fût ordinairement pas sujette aux « prémonitions », Mme B. eut brusquement le pressentiment qu'elle allait mourir. Elle en eut une telle certitude qu'elle téléphona immédiatement à ses filles, pour leur dire : « Venez me voir aujourd'hui. Je ne serai plus là demain... Non, tout va bien... Je ne suis pas angoissée, mais je *sais* que je vais mourir cette nuit. »

Son ton était si posé et si affirmatif, si calme et si convaincu que nous commençâmes *nous-mêmes* à prendre son pressentiment au sérieux : nous vérifiâmes sa numération globulaire et lui fîmes passer un électrocardiogramme, sans constater aucune anomalie. Le soir venu, Mme B. fit le tour de la salle commune et dit « au revoir » à tout le monde, serrant toutes les mains avec une dignité qui réduisit les rieurs au silence.

Elle alla se coucher, et mourut au cours de la nuit.

3

Rose R.

Mlle R. naquit en 1905, dans une famille riche de New York. C'était la dernière-née, et elle semblait, comme tous ses frères et sœurs, promise au plus brillant avenir. Elle n'eut aucun grave problème de santé durant sa petite enfance, et se distingua dès le plus jeune âge par son amour des divertissements, des jeux et des farces. Ce fut une adolescente intrépide, passionnée et active, très aimée de sa famille et profondément consciente de sa valeur et de ses désirs, qui évita tout problème névrotique important, et ne traversa aucune « crise d'identité ».

Sitôt ses études terminées, Mlle R. se lança avec ardeur dans la vie mondaine et voyagea beaucoup. Son tempérament passionné, aérien et indomptable était par-dessus tout attiré par les avions : elle vola jusqu'à Pittsburgh et Denver, La Nouvelle-Orléans et Chicago, et même, par deux fois (exploit remarquable pour l'époque), jusqu'à Hearst et Hollywood, en Californie. Elle se rendait à toutes sortes de soirées et de spectacles où elle était fêtée comme une reine et dont elle rentrait complètement ivre, au volant de sa voiture. En dehors de ces soirées mondaines ou de ces virées en avion, elle se distrayait en faisant des croquis des nombreux ponts et quais de New York. Entre 1922 et 1926, elle profita donc pleinement de sa jeunesse et vécut davantage que la plupart des gens durant toute leur existence. Et elle fit bien, car, dès l'âge de vingt-deux ans, elle fut terrassée par une forme virulente d'encéphalite léthargique qui fit d'elle l'une des dernières victimes de l'épidémie. L'année 1926 fut ainsi la dernière année où elle *vécut* réellement.

Les souvenirs des parents de Mlle R. et son propre témoignage m'ont permis de reconstituer dans leurs moindres détails la nuit au cours de laquelle elle contracta la maladie du sommeil ainsi que les jours qui suivirent. La phase aiguë s'annonça (le cas n'est pas unique : cf. Maria G.) par des cauchemars étranges, effrayants et prémonitoires ; elle fit une série de rêves tournant autour d'un même thème : elle rêva qu'elle était emprisonnée dans un château inaccessible, qui avait son apparence et sa silhouette à elle ; elle rêva d'enchantements, d'ensorcellements et de transes, qui la transformaient en une statue de pierre vivante, douée de sensations ; elle rêva que le monde s'était arrêté, ou qu'elle était plongée dans un sommeil si profond que personne ne parvenait à la réveiller ; elle rêva d'une mort différente de la mort normale. Le lendemain matin, ses parents eurent le plus grand mal à la réveiller et, lorsque, enfin, elle ouvrit les yeux, elle les découvrit autour de son lit, l'air complètement accablés. Ils lui criaient : « Rose, réveille-toi ! Qu'est-ce que tu as ? Ton expression, ta position... Tu es si immobile et tu as l'air si étrange... » Mais elle fut incapable de leur répondre, et ne put que tourner les yeux vers le miroir de son armoire, où elle vit que ses rêves étaient devenus la réalité. Le médecin appelé à son chevet fut aussi expéditif qu'inefficace ; il se contenta de déclarer : « Catatonie ! *Flexibilitas cerea.* Que pouviez-vous espérer, avec la vie qu'elle mène ? L'un de ces propres-à-rien lui aura sans doute brisé le cœur. Gardez-la au calme et faites-la manger, dans une semaine elle sera à nouveau sur pied. »

Mais Mlle R. ne se rétablit pas plus au bout d'une semaine ou d'un mois qu'au bout de quarante-trois ans. Elle ne prononça plus, désormais, que de courtes phrases, et fut tout juste capable de faire de brusques mouvements avant de se pétrifier à nouveau. Son cou et ses yeux se rétractèrent, et elle fut sujette à des crises oculogyres presque permanentes, ne s'interrompant que durant son sommeil, lorsqu'elle mangeait, ou le temps de rares « rémissions ». Elle était lucide, et semblait avoir conscience de ce qui se passait autour d'elle ; l'affection qu'elle éprouvait pour les nombreux membres de sa vaste famille demeura intacte, et tous ses parents continuèrent à lui manifester le même attachement ; mais elle semblait absorbée et préoccupée, plongée dans un état au-delà de l'imaginable. En général, elle ne paraissait pas angoissée : les traits de son visage n'exprimaient qu'une intense *concentration.* L'une de ses sœurs me dit un jour : « On aurait dit qu'elle luttait de toutes ses forces pour se souvenir de quelque chose – ou, peut-être, qu'elle essayait d'oublier quelque chose. Quoi qu'il en soit, cela mobilisait toute son attention. » Sa famille tenta, tant qu'elle resta au foyer puis même après son hospitalisation, de comprendre pour quelles raisons cette « petite » sœur bien-aimée paraissait si absorbée dans ses pensées. Mlle R. était toujours très franche avec eux – comme elle devait l'être, bien des années plus tard, avec moi –, mais ses paroles leur semblaient énigmatiques et sentencieuses, en même temps que d'une inquiétante clarté.

L'échange qui suit est un exemple typique de certains des « dialogues » que j'eus avec Mlle R. :

– A quoi pensez-vous, Rosie ?

– Oh! à rien, rien du tout!

– Mais comment pouvez-vous ne penser à rien ?

– Une fois que l'on sait comment faire, c'est facile comme bonjour.

– *Comment* faites-vous donc pour arriver à ne penser à rien ?

– Une bonne méthode, c'est de penser sans arrêt à la même chose. Par exemple, 2 = 2 = 2 = 2 ; ou encore, je suis ce que je suis ce que je suis ce que je suis... C'est pareil pour ma posture. Ma posture me ramène continuellement à elle-même. Toutes mes activités, toutes mes pensées se ramènent de plus en plus profondément à elles-mêmes... Et puis, il y a les cartes. Je pense à une carte ; puis à la carte de cette carte ; et ensuite à la carte de la carte de cette carte, et chaque carte est parfaite, bien que de plus en plus petite... Des mondes à l'intérieur de mondes à l'intérieur de mondes à l'intérieur de mondes. Une fois que je suis lancée, je ne peux plus m'arrêter. C'est comme si j'étais prise dans des miroirs, ou des échos, ou n'importe quoi du même genre. Ou prisonnière d'un manège qui ne s'arrêterait jamais.

Tant que cette espèce d'état de transe ne se compliqua pas d'autres problèmes, sa famille put la garder à son domicile : elle ne les dérangeait pas, ils l'aimaient, elle était simplement ailleurs (ou nulle part). Mais, trois ou quatre ans plus tard, le côté gauche de son corps devint de plus en plus raide, elle commença à ne plus pouvoir marcher sans perdre l'équilibre, et divers autres signes de parkinsonisme firent leur apparition. Ces symptômes s'aggravèrent peu à peu, et elle finit par avoir besoin de soins constants. Ses frères et sœurs avaient quitté la maison familiale, ses parents vieillissaient, et son hospitalisation devenait donc inévitable : en 1935, elle fut finalement admise à Mount Carmel.

A partir de cette date, son état évolua si peu que, lorsque, en 1966, je l'examinai pour la première fois, mes conclusions s'accordèrent avec les observations faites lors de son admission. Une vieille infirmière qui travaillait depuis longtemps à l'hôpital et l'avait connue depuis le tout début de son hospitalisation me dit même : « C'est très étrange : depuis trente ans que je la connais, cette femme n'a pas vieilli d'un jour. Nous avons tous vieilli, mais Rosie reste la même. » Et c'était vrai : à soixante et un ans, Mlle R. paraissait trente ans de moins ; son visage aux cheveux encore noirs comme jais n'avait pas une ride, un peu comme si son état de transe ou de stupeur l'avait magiquement préservée.

Elle restait assise dans son fauteuil roulant, le dos raide, aussi immobile qu'une statue, ne faisant parfois pas le moindre mouvement pendant des heures d'affilée. Ses yeux, qui ne clignaient jamais spontanément et demeuraient toujours fixés droit devant elle, paraissaient à la fois être indifférents à leur environnement et exprimer une concentration intense. Elle pouvait, lorsqu'on le lui demandait, regarder dans n'importe quelle direction, mais ses yeux présentaient un grave défaut de convergence. La fixation du regard sur un objet était saccadée et brutale, et s'opérait par des mouvements brusques et grossiers qui semblaient lui demander des efforts considérables. Son visage était totalement figé, inexpressif. Elle était incapable de tirer la langue au-delà de ses lèvres, et ne pouvait la remuer qu'un tout petit peu et très lentement. Sa voix n'était plus qu'un murmure quasiment inaudible, et elle ne parlait qu'au prix d'intenses efforts. Elle bavait tellement que la bavette que nous devions lui faire porter était trempée en moins d'une heure. Sa peau était huileuse, séborrhéique, et elle transpirait abondamment. Elle présentait une akinésie globale, bien que sa rigidité et sa dystonie fussent incontestablement unilatérales. On pouvait constater une rigidité axiale intense, interdisant tout mouvement des muscles du cou ou du tronc. La rigidité de son bras gauche était tout aussi prononcée, et sa main gauche laissait voir une contracture dystonique très marquée : tout mouvement volontaire avec ce membre lui était devenu impossible. Bien que moins raide que le gauche, son bras droit présentait également une akinésie importante : ses mouvements étaient réduits au minimum et s'arrêtaient après deux ou trois répétitions. Ses deux jambes, mais surtout la gauche, étaient hypertoniques. Son pied gauche était replié vers l'intérieur en inversion dystonique. Elle était incapable de se lever toute seule, mais pouvait, si on la soutenait, garder son équilibre et faire quelques petits pas incertains et traînants, malgré une très forte tendance à retomber en arrière et à la rétropulsion.

Elle souffrait de crises oculogyres presque continuelles, d'une gravité très variable. Dès que celles-ci s'aggravaient, son parkinsonisme « sous-jacent » s'exprimait plus violemment : un tremblement accusé agitait par intermittence son bras droit, et l'on pouvait également observer des tremblements importants de la tête, des lèvres et de la langue, ainsi qu'un mouvement rythmique des muscles buccinateurs et sourciliers. Sa respiration, en même temps, devenait un peu stertoreuse, et s'accompagnait de bruits gutturaux évoquant les grognements d'un porc. Les crises les plus graves s'accompagnaient toujours de tachycardie et d'hypertension. Son cou était rejeté en arrière en une position gravement opisthotonique qui la mettait parfois au supplice. Elle gardait en général les yeux fixés droit devant elle, et était incapable de les bouger volontairement. Lors des crises les plus aiguës, ses globes oculaires étaient bloqués vers le haut et elle ne pouvait détourner son regard du plafond.

Déjà minimes dans ses meilleurs moments, les capacités de parler ou de se mouvoir de Mlle R. disparaissaient presque totalement durant les crises les plus sévères. Quelquefois, cependant, en dernier recours, elle réussissait à appeler au secours d'une voix étrangement aiguë tout à fait différente de ses murmures rauques « habituels », et criait, sur un mode palilalique : « Docteur, docteur, docteur, docteur... au secours, au secours, au secours, au s'cours, au s'cours... Je souffre terriblement, j'ai si peur, si peur, si peur... Je vais mourir, je le sais, je le sais, je le sais, je le sais... » Ou bien, s'il n'y avait personne auprès d'elle, elle gémissait doucement, toute seule, comme un petit animal pris au piège. La nature de ses souffrances ne m'apparut que plus tard, lorsqu'elle recouvra la parole : elle souffrait de contractures locales provoquées par son extrême opisthotonos, mais aussi et surtout de douleurs ayant très probablement une origine centrale – diffuses, non localisables, apparaissant et disparaissant brusquement, et inséparablement associées à des sentiments de terreur et de menace se traduisant dans les crises les plus aiguës par un véritable *angor animi*. Au cours des crises les plus violentes, son visage était congestionné, ses yeux rougissaient et saillaient hors de leurs orbites, et elle répétait des centaines de fois de suite : « Ça me tuera, ça me tuera, ça me tuera... [11] »

Son état ne changea presque pas entre 1966 et 1969, et, lorsque nous commençâmes à disposer de L-DOPA, j'hésitai beaucoup à lui en administrer. Elle était d'abord extrêmement handicapée, et quasiment impotente depuis plus de quarante ans. Mais c'était surtout sa *bizarrerie* qui me faisait hésiter : j'appréhendais les effets que la L-DOPA pourrait avoir sur elle. Jamais encore je n'avais connu de patient ayant un tel regard, si détaché du monde, si emmuré dans son monde intérieur secret et inaccessible.

Je ne cessais de penser à ces lignes que Joyce écrivit à propos de sa fille folle : « ...si ardemment que je désire sa guérison, je me demande cependant ce qui se passera lorsque, acceptant enfin de détourner son regard de son éclatante et clairvoyante rêverie, elle le tournera vers ce visage meurtri de cocher de fiacre qu'est le monde... »

Le traitement à la L-DOPA

Le 18 juin 1969, je me résolus, malgré mes appréhensions, à lui administrer de la L-DOPA. Voici un extrait de mes notes journalières :

25 juin. Quelques premières réactions thérapeutiques ont pu être observées, bien que nous ne lui administrions encore que 1,5 g de L-DOPA par jour. Pour la première fois, elle a pu passer deux jours entiers sans être sujette à la moindre crise oculogyre, et ses yeux, jusque-là si immobiles et si préoccupés, sont plus brillants, plus mobiles et plus attentifs à ce qui se passe autour d'elle.

1er juillet. Je constate d'indiscutables améliorations : elle traverse le couloir sans aide, la rigidité de son bras gauche et du reste de son corps est nettement moins prononcée, et sa voix a retrouvé un volume normal lui permettant à nouveau d'avoir des conversations. Elle semble de très bonne humeur, et n'a eu aucune crise oculogyre depuis trois jours. Compte tenu de ces réactions favorables et de l'absence de tout effet indésirable, nous allons faire progressivement passer sa dose de L-DOPA à 4 g par jour.

6 juillet. Mlle R. prend maintenant 4 g de L-DOPA, et son état s'améliore presque de jour en jour. Lorsque je l'ai croisée à l'heure du déjeuner, elle avait l'air enchantée. Elle s'est écriée : « Docteur Sacks ! Aujourd'hui, j'ai fait l'aller et retour jusqu'au New Building [ce qui représente à peu près cinq cents mètres]. C'est fabuleux ! C'est magnifique ! » Depuis huit jours, elle n'a eu aucune crise oculogyre, et n'a été sujette ni à de l'akathisie ni à aucune excitation exagérée. Je suis moi aussi ravi de ses progrès, mais, pour une raison ou pour une autre, j'ai de sombres pressentiments.

7 juillet. Aujourd'hui, pour la première fois, Mlle R. a montré quelques premiers signes d'instabilité. La voyant trois heures et demie après qu'elle eut pris sa première dose de L-DOPA, j'ai été frappé de constater à quel point elle avait l'air « à plat » : elle était raide et akinétique, semblait déprimée, avait une voix hypophonique et les pupilles extrêmement rétrécies, et elle salivait abondamment. Un quart d'heure plus tard, elle fut à nouveau « en pleine forme » : elle recouvra totalement la voix, remarcha, retrouva sa bonne humeur et son sourire, recommença à bavarder, et eut à nouveau des yeux vivants et brillants, aux pupilles un peu dilatées. L'impulsion à courir qui s'empare d'elle par moments me semble également inquiétante, même si elle paraît encore aisément la contenir.

8 juillet. Malgré la nuit d'insomnie qu'elle vient de passer (elle m'a dit : « Je n'avais pas du tout sommeil : toutes sortes de pensées me traversaient sans cesse l'esprit »), Mlle R. est très active, d'excellente humeur et très chaleureuse. Elle semble très affairée, court constamment d'un endroit à un autre, et a également des pensées qui se rapportent au mouvement ; elle s'est écriée, hors d'haleine : « Docteur Sacks, aujourd'hui, je me sens merveilleusement bien. J'ai comme envie de voler. Je vous aime, docteur Sacks, je vous aime, je vous aime. Vous savez, vous êtes le plus gentil docteur du monde... Vous savez, j'ai toujours aimé les voyages : j'ai volé en avion jusqu'à Pittsburgh, Chicago, Miami et la Californie... », etc. Sa peau paraît chaude et rouge, ses pupilles sont à nouveau extrêmement dilatées, et elle jette sans cesse des coups d'œil autour d'elle. Elle donne l'impression de disposer d'une énergie illimitée et infatigable, mais j'ai le sentiment que sa surexcitation cache quelque part de l'épuisement. J'ai observé aujourd'hui un nouveau symptôme : deux ou trois fois par heure, elle porte sa main droite à son menton, en un mouvement rapide et brusque. Elle m'a dit, après que je l'eus interrogée à ce sujet : « C'est nouveau. C'est étrange, cela ne m'était jamais arrivé. Dieu sait pourquoi je le fais. Ça me *prend* tout d'un coup, comme une envie d'éternuer ou de me gratter. » Craignant un début d'akathisie ou de surexcitation incontrôlable, j'ai décidé de ramener sa dose de L-DOPA à 3 g par jour.

9 juillet. Mlle R. paraît toujours aussi débordante d'énergie et surexcitée, mais son exaltation a une tonalité beaucoup plus angoissée. Elle est impatiente, ombrageuse et extrêmement exigeante. Au milieu de la journée, elle est brusquement devenue très agitée et a prétendu qu'on lui avait volé six robes dans son armoire, ainsi que son porte-monnaie. Elle a conçu les plus noirs soupçons à l'encontre de plusieurs patients : elle était sûre et certaine qu'ils avaient comploté cela depuis des semaines. Un peu plus tard, elle s'est aperçue que ses robes étaient toujours dans son armoire, à leur place habituelle, et cette découverte a immédiatement mis fin à ses récriminations paranoïdes. Elle a dit : « Oh ! là là ! j'ai imaginé tout ça. Je pense qu'il faudrait que je me reprenne en main. »

14 juillet. La tension de Mlle R. est retombée, et elle est moins hyperactive. Sa surexcitation et ses sautes d'humeur du 9 juillet ne se sont plus manifestées. Elle a pu dormir, et a cessé de « s'essuyer » continuellement le menton avec la main droite. Malheureusement, après une rémission de deux semaines, sa vieille ennemie est réapparue : elle a eu deux graves crises oculogyres. Ces crises se sont accompagnées non seulement de l'habituelle fixité du regard que j'avais déjà observée, mais également d'un symptôme plus étrange : elle semblait fascinée, presque ensorcelée par ce qu'elle voyait. Durant l'un de ces épisodes, par exemple, elle avait eu le sentiment que ses yeux étaient « happés » par un autre patient, et forcés de suivre ses moindres mouvements, où qu'il aille dans la salle. Elle me déclara par la suite : « C'était très étrange. Mes yeux étaient envoûtés. Je me sentais ensorcelée, un peu comme un lapin face à un serpent. » Elle avait, durant ces moments d'« ensorcellement » et de fascination, l'impression que ses « pensées s'arrêtaient » et qu'elle ne pouvait penser à rien d'autre qu'à l'objet de son regard ; mais, sitôt que son attention était distraite, la qualité de sa pensée changeait brusquement, sa fascination immobile s'interrompait, et un « torrent absolu de pensées » lui affluait à l'esprit. Ces « pensées étranges », naissant « toutes seules », qui l'envahissaient alors lui donnaient le sentiment de « ne pas lui appartenir », et de ne pas correspondre à ce qu'elle avait envie de penser. Elle n'a pu, ou n'a pas voulu, me préciser la nature de ces idées, mais elle est visiblement très effrayée par ce nouveau symptôme. Elle m'a dit : « Ces crises sont différentes de celles que j'ai eues jusque-là. Elles sont pires. Elles sont complètement *folles* [12] ! »

25 juillet. Les dix derniers jours ont été incroyables : j'ai assisté à des manifestations que je n'aurais jamais crues possibles. Mlle R. s'est montrée joyeuse, exaltée et même très grivoise. Sa conduite est restée irréprochable, mais elle a été prise d'une insatiable envie de chanter des chansons et de raconter des blagues, et s'est abondamment servie de notre magnétophone portatif. Ces derniers jours, elle a enregistré d'innombrables chansons étonnamment paillardes et une multitude de poèmes « licencieux » datant tous des années vingt. Elle raconte toutes sortes d'anecdotes concernant divers personnages « très connus »

– qui *étaient* célèbres vers 1925. Nous sommes allés faire des recherches dans les archives de la Bibliothèque de New York, et nous avons découvert en consultant de vieux journaux que presque toutes les allusions de Mlle R. faisaient référence à 1926, dernière année où elle profita pleinement de la vie avant que la maladie se referme sur elle. Une mémoire aussi fidèle d'événements aussi anciens est très mystérieuse. Elle exige de garder le magnétophone, et veut rester seule ; elle nous regarde comme si nous n'existions pas. Elle est complètement absorbée dans ses souvenirs des années vingt, et s'applique à écarter de son esprit tout événement postérieur. J'imagine que c'est ce que l'on nomme d'habitude « réminiscences forcées », ou encore « nostalgie incontinente ». *Mais j'ai aussi l'impression que son « passé » est pour elle encore présent, et me demande même si elle a jamais compris que tous ces événements sont « derrière elle ». Se pourrait-il qu'elle n'ait jamais dépassé ce « passé » ? qu'elle s'imagine encore, quarante-trois ans plus tard, vivre en 1926 ? que, pour elle, 1926 soit « ici et maintenant »* [13] *?*

28 juillet. Ce matin, Mlle R. est venue me parler, ce qui ne lui était plus arrivé depuis presque deux semaines. Elle n'avait plus le visage radieux que nous lui avions connu, semblait angoissée, sombre et un peu hébétée. Elle m'a dit : « Cela ne peut plus durer. Quelque chose d'affreux va se produire. Dieu sait ce que ce sera, mais ce sera terrible quand *ils* viendront. » J'essayai de lui faire préciser ce à quoi elle pensait, mais elle se contenta d'agiter la tête en me disant : « C'est juste une impression, je ne peux vous en dire davantage... »

1er août. Quelques heures après m'avoir fait cette prédiction, Mlle R. a été sujette à toutes sortes de symptômes. Elle a été subitement la proie de tics multiples, et s'est retrouvée de nouveau toute coincée et bloquée ; le flux merveilleux et régulier qui l'avait portée semble interrompu, endigué, et paraît être retombé sur lui-même. Elle ne marche et ne parle plus qu'avec beaucoup de difficulté. Elle se propulse tout à coup en avant, puis, au bout de cinq à six pas, se pétrifie sans aucun signe avant-coureur. Dès qu'elle s'énerve, cette tendance à s'immobiliser brusquement au milieu de ses pas s'exacerbe ; elle ne réussit à traverser le couloir sans se pétrifier ni se bloquer que lorsqu'elle parvient à calmer sa surexcitation ou à réfréner son impulsion à se mettre à courir. Elle a les mêmes problèmes pour parler : elle est contrainte de parler très doucement, car, dès que le volume de sa voix augmente, elle se met immédiatement à bredouiller et a tendance à s'arrêter au milieu de ses phrases. J'ai l'impression que son « espace moteur » est de plus en plus restreint, qu'il s'est tant resserré autour d'elle qu'elle rebondit comme une balle contre ses frontières dès qu'elle fait un mouvement trop rapide ou trop brusque. La diminution de sa dose quotidienne de L-DOPA (nous ne lui en donnons plus que 3 g par jour) a limité les dangers inhérents à ces accélérations et à ces blocages, mais a également été à l'origine d'une crise oculogyre extrêmement violente – la pire qu'elle ait eue depuis le début du traitement. En outre, sa compulsion à « s'essuyer » le menton est réapparue, et s'est aggravée et *complexifiée* d'heure en heure : d'un simple frôlement superficiel, son geste s'est transformé en un véritable mouvement de creusement, circulaire et ininterrompu, opéré au moyen de l'index droit, si appuyé qu'elle a fini par s'écorcher et se faire saigner la peau. Elle est incapable de mettre fin à ce tic *directement :* elle ne parvient à le maîtriser que si elle enfonce profondément sa main droite dans sa poche et serre la doublure de sa veste de toutes ses forces. Dès qu'elle oublie de serrer cette doublure, sa main jaillit hors de sa poche et elle se remet à se gratter le menton.

Août 1969 [14]

Jusqu'à la fin de la première semaine d'août, Mlle R. continua à souffrir chaque jour de crises oculogyres très violentes s'accompagnant d'une rigidité et d'un opisthotonos intenses, d'une angoisse extrême, d'une transpiration abondante et de force gémissements. Les tics de sa main droite devinrent presque trop rapides pour pouvoir être suivis à l'œil nu : ils se succédaient désormais à une cadence d'environ trois cents mouvements par minute (estimation confirmée par un film passé au ralenti). Le 6 août, Mlle R. fut sujette à un accès de palilalie très marqué, au cours duquel elle répéta sans arrêt des phrases entières et des kyrielles de mots (elle déclara : « Je tourne comme un disque rayé... »). Durant la seconde semaine d'août, ses tics se complexifièrent et commencèrent à s'accompagner de toutes sortes de manœuvres défensives, de contre-tics et de rituels élaborés : il lui fallait, par exemple, successivement saisir la main de quelqu'un, relâcher son étreinte, toucher un objet auprès d'elle, mettre la main dans sa poche, l'en retirer, tapoter *trois fois* de suite sa poche, faire le geste de s'essuyer *cinq fois* le menton, remettre la main dans sa poche, étreindre de nouveau une main... et recommencer interminablement toute cette séquence stéréotypée.

La soirée du 15 août donna lieu au seul intermède agréable de ce mois par ailleurs si cruel et si douloureux. Ce soir-là, sans que rien ne l'ait laissé prévoir, Mlle R. échappa un instant à ses blocages et à ses tics et retrouva en même temps sa voix, sa liberté de mouvement et sa joyeuse grivoiserie : durant une heure, s'accompagnant elle-même au piano et jouant d'une main droite libérée de toute contracture, elle improvisa diverses chansons coprolaliques qu'elle chanta sur l'air du « Cheikh d'Arabie ».

Vers la fin de la semaine, cependant, ses blocages moteurs et verbaux s'exacerbèrent. Elle appelait Mlle Kohl au secours : « Margie, je... Margie, je veux... Margie ! », et son cri désespéré s'arrêtait brusquement au bout d'un mot ou deux. Si elle essayait d'écrire, sa main (et ses pensées) se figeait immédiatement. Si on lui suggérait d'essayer de dire doucement et lentement ce qu'elle voulait, son visage se pétrifiait aussitôt, et ses yeux exprimaient un désarroi qui reflétait peut-être l'intensité de la lutte intérieure à laquelle elle se livrait pour réussir à verbaliser sa pensée. Marcher lui devint totalement impossible, car ses pieds se retrouvaient cloués au sol et, emportée par son élan, elle tombait, la tête la première. Les dix derniers jours d'août, ses blocages parurent avoir envahi toutes ses sphères d'activité : elle donnait l'impression de vivre dans une tension extrême, ne trouvant aucun exutoire ; son visage continuellement crispé n'exprimait que l'horreur, la souffrance et l'angoisse. La prédiction qu'elle m'avait faite un mois plus tôt s'était pleinement réalisée : des événements affreux *s'étaient* produits, et lorsqu'« ils » étaient venus, cela avait été terrible.

1969-1972

Comparées à cette dramatique réaction de l'été 1969, les réactions ultérieures à la L-DOPA de Mlle R. ont été presque inexistantes. Nous l'avons remise à cinq autres reprises sous L-DOPA en faisant chaque fois progressivement passer sa dose à 3 g par jour. Chaque fois, la L-DOPA a entraîné une *certaine* atténuation de sa rigidité, de ses crises oculogyres et de son état de transe, mais ses effets sont allés en diminuant d'une tentative à l'autre. Les étonnants changements moteurs et psychiques que nous avions pu observer en juillet 1969 – notamment cette extraordinaire impression de vivre à nouveau en 1926 qu'elle donnait à l'époque – ne se sont *plus jamais* reproduits. Au bout de quelques semaines de traitement, les effets défavorables l'emportent invariablement sur les effets positifs, et Mlle R. retrouve son état de « blocage » généralisé, ses crises, ses impulsions et ses tics. La forme de ses tics est très variable : durant l'une de ces cinq nouvelles tentatives de traitement, ses crises se sont par exemple accompagnées d'accès de verbigération palilalique du mot « *Honeybunch !* » (« Chéri ! ») l'obligeant à répéter ce mot vingt ou trente fois par minute du matin au soir.

Si profonds et étranges que soient ses symptômes, Mlle R. peut toujours être « réveillée » pour quelques secondes ou quelques minutes par des stimuli extérieurs. Ses stimuli internes sont incapables de la pousser à l'action, mais il suffit par exemple que Mlle A. – une patiente dipsomane qui boit plus de vingt fois par heure – se dirige vers la fontaine pour qu'elle s'écrie immédiatement : « Margaret, écarte-toi de cette fontaine ou je te flanque une raclée ! » Ou encore : « Margaret, arrête de sucer ce robinet, nous savons toutes ce que tu veux vraiment sucer ! » De même, chaque fois qu'elle entend que l'on m'appelle, elle se met immédiatement à hurler : « Docteur Sacks, docteur Sacks ! Ils vous cherchent encore ! » et continue à brailler jusqu'à ce que j'ai répondu à l'appel.

C'est encore lorsqu'elle reçoit de la visite qu'elle se porte le mieux (cela lui arrive souvent, car beaucoup de membres de sa famille n'hésitent pas à emprunter l'avion pour venir la voir de tous les coins du pays). Elle entre alors dans un grand état d'excitation, et abandonne pour un moment son visage figé et inexpressif. Elle ne s'intéresse pas aux événements politiques ni aux sujets d'« actualité », mais est toujours très friande des derniers potins familiaux ; elle retrouve, durant ces visites, toutes ses facultés d'expression, et montre une prédilection particulière pour les plaisanteries et les indiscrétions un peu grivoises. Lorsqu'on la voit ainsi revivre, on comprend à quel point sa personnalité sous-jacente est « normale », et quel être charmant et plein de vie est emprisonné ou figé par cette absurde maladie.

Je l'ai plusieurs fois interrogée sur la si étrange « nostalgie » qui l'envahit en juillet 1969, ainsi que sur sa perception du monde. Mes questions n'ont le plus souvent abouti qu'à attiser son angoisse et ses « blocages », mais j'ai néanmoins pu rassembler suffisamment d'informations pour réussir à cerner la vérité – une vérité presque incroyable. Elle m'a expliqué qu'elle n'avait jamais cessé, tout au long de cet accès de « nostalgie », de savoir *intellectuellement* qu'elle vivait en 1969 et avait soixante-quatre ans, mais qu'elle avait eu la *sensation,* en même temps, d'être revenue en 1926, et d'avoir à nouveau vingt et un ans ; et elle a ajouté qu'elle ne pouvait pas vraiment imaginer quel effet cela fait d'avoir plus de vingt et un ans, car elle ne l'avait jamais vraiment physiquement éprouvé. La plupart du temps, cependant, il n'y a « rien, absolument rien, pas la moindre pensée » dans sa tête, un peu comme si elle était forcée de lutter en permanence contre un sentiment d'anachronisme intolérable et insoluble – contre cette différence de presque un demi-siècle qui existe entre l'âge qu'elle se sent avoir (son âge *ontologique*) et son âge réel ou *officiel.* Ses réactions semblent presque indiquer qu'après avoir, durant les quelques jours où la L-DOPA l'a « débloquée », pris conscience de ce trou dans le temps incompréhensible et insupportable, elle s'est trouvée contrainte, pour rejeter cette incompréhensible et atroce vérité, de se bloquer à nouveau, et de prévenir à jamais toute possibilité de réaction similaire. Elle paraît toujours beaucoup plus jeune que son âge, et, au fond, elle a *réellement* gardé sa jeunesse. Mais c'est une Belle au Bois Dormant qui ne put supporter de se « réveiller », et qui ne s'éveillera jamais plus.

4

Robert O.

M. O. naquit en Russie en 1905, mais émigra aux États-Unis alors qu'il était encore bébé. Élève remarquablement doué (il fut bachelier à quinze ans), il jouit d'une santé excellente jusqu'à dix-sept ans, âge auquel il contracta une encéphalite léthargique de type soporeux compliquée d'une grippe, qui le plongea dans un état de somnolence (non stuporeuse) durant six mois. Sitôt après s'être rétabli de cet accès initial, il constata qu'il souffrait de troubles du sommeil et de l'humeur, et de certains désordres psychiques.

Entre 1922 et 1930, son problème majeur fut sans doute l'inversion de son rythme de sommeil : il avait tendance à avoir extrêmement sommeil et à tomber dans une sorte de torpeur le jour, et à être, la nuit, très énervé et insomniaque. Il fut également sujet à de soudains accès de bâillements, à de la narcolepsie, à des accès de somnambulisme et de somniloquisme, à des paralysies se déclarant pendant le sommeil et à des cauchemars.

Alors qu'il était jusque-là d'un tempérament parfaitement équilibré, M. O. commença après son encéphalite à être sujet à des sautes d'humeur assez marquées (consistant le plus souvent en de soudains accès de dépression, et quelquefois en de l'exaltation) qui lui paraissaient « tomber du ciel » et n'avoir aucun lien avec sa vie sociale ou affective ; il traversa de brèves périodes d'agitation et d'impulsivité au cours desquelles il se sentait « forcé d'aller et venir, de faire n'importe quoi », et qu'il ne pouvait pas davantage rattacher aux circonstances de sa vie quotidienne. Et il s'aperçut également, à la même époque, que « quelque chose était arrivé » à son esprit. Sa mémoire, son amour de la lecture, son vocabulaire, sa finesse et son intelligence étaient intacts, mais il était devenu incapable de se concentrer longtemps, car, ou bien il était submergé par des idées qui lui semblaient étrangères (il me dit : « des flots de pensées me traversaient l'esprit comme une flèche, des pensées qui n'étaient pas les miennes, qui n'étaient pas délibérées, si vous voyez ce que je veux dire »), ou bien au contraire ses pensées « s'évanouissaient brusquement, quelquefois en plein milieu d'une phrase... Elles se retiraient, laissant comme un cadre qui aurait perdu son tableau ». M. O. se contentait en général d'imputer ces caprices de sa pensée à la maladie du sommeil, mais il avait parfois aussi la conviction d'être sous l'« influence » de forces diverses qui « trafiquaient » ses pensées.

Vers 1926, il commença à souffrir de contractions musculaires et de tremblements dans les deux bras, et cessa de balancer le bras droit en marchant. En 1928, il alla passer des examens au Pennsylvania Hospital, où les médecins observèrent « des tremblements fins des doigts et de la langue (...) des contractions fibrillaires des muscles de l'avant-bras (...) un faciès figé (...) des clignements constants des deux yeux ». A aucun moment, durant les quatre ans durant lesquels il fut suivi à cet hôpital, ses facultés mentales ne parurent altérées, mais il souffrit néanmoins périodiquement d'accès de dépression ou (plus rarement) d'euphorie.

Malgré ces symptômes, M. O. continua à travailler comme vendeur dans un magasin jusqu'en 1936. Subsistant ensuite grâce à une petite pension d'invalidité, il mena une vie indépendante jusqu'en 1956, évitant l'hospitalisation mais devenant, au fil des années, de plus en plus solitaire et reclus, de plus en plus excentrique dans ses paroles comme dans ses pensées, et presque stéréotypiquement obsessionnel, voire religieux, dans ses activités quotidiennes.

Lors de son admission à Mount Carmel, M. O. était encore capable de marcher sans aide, mais il avait le tronc légèrement plié en avant. Un tremblement accusé et intermittent agitait son bras et sa jambe gauches, tous ses membres étaient raides et laissaient voir un phénomène de « roue dentée », son faciès était figé et son regard ne pouvait plus se diriger vers le haut. Il me déclara, d'un ton ferme mais poli, que ses sautes d'humeur s'expliquaient par les interactions des protons et des neutrons dans l'atmosphère, et que ses problèmes neurologiques étaient la conséquence d'une ponction lombaire qu'il avait subie en 1930.

Au début des années soixante, M. O. fut atteint de deux nouveaux symptômes baptisés par les autres patients « grimaces » et « monologues ». Ses mimiques ne ressemblaient en fait guère à des grimaces normales, mais évoquaient plutôt la maladie : ses haut-le-cœur, sa langue tirée, ses paupières crispées faisaient tout à fait penser à un malade en train d'agoniser. Il ne prononçait pas non plus de vraies paroles lorsqu'il « monologuait », mais émettait à chaque expiration une sorte de ronflement étouffé assez agréable à entendre, faisant penser au bruit lointain d'une scierie, au bourdonnement d'un essaim d'abeilles, ou aux feulements de satisfaction d'un lion repu. Il est intéressant de noter que, bien qu'il fût sujet à ces « compulsions » à grimacer ou à faire des bruits depuis au moins trente ans, M. O. avait réussi à les contrôler jusqu'en 1960. Ces symptômes se manifestaient tout particulièrement quand il était fatigué, excité ou malade ; et ils semblaient *également* s'intensifier dès que nous y prêtions attention, ce qui engendrait naturellement le processus de cercle vicieux habituel.

A la même époque, sa rigidité et sa dystonie, ainsi que sa tendance à la précipitation et à la festination, s'aggravèrent progressivement. Ayant souvent eu l'occasion de le voir entre 1966 et 1968 (c'est-à-dire avant le début de son traitement à la L-DOPA), j'avais fini par le connaître très bien. C'était une sorte de petit gnome étrange et charmant qui prononçait souvent des phrases surprenantes, parfois très drôles et d'autres fois sans aucun rapport avec le fil de son discours ; le « désordre de sa pensée », ses points de vue originaux et quelquefois très choquants et son humour gouailleur formaient un mélange inextricable – comme chez tant de schizophrènes doués – qui donnait à sa pensée et à sa conversation une saveur étrangement gogolienne. Lorsqu'il parlait, son visage n'exprimait quasiment aucun affect : au cours de ces trois ans durant lesquels j'appris à le connaître, je ne le vis pas une seule fois « s'énerver ». Mais, tout en ne se montrant jamais en colère, agressif, angoissé ou exigeant, il n'était cependant pas apathique à la manière, par exemple, de Mme D. J'avais plutôt l'impression que ses affects avaient été fragmentés, déplacés et dispersés d'une façon incroyablement complexe, à des fins défensives. C'était un homme très narcissique, que le monde n'intéressait pas beaucoup.

Il parlait vite, d'une voix douce, grave et bredouillante, un peu comme s'il était très pressé et avait toujours un important secret à confier. Son tronc était extrêmement rigide et plié en avant par une dystonie de flexion assez handicapante, qui lui faisait faire un angle aigu avec les jambes. M. O. était totalement incapable de se redresser volontairement – tout effort en ce sens avait plutôt pour effet d'aggraver sa dystonie –, et ne pouvait relever le dos que lorsqu'il était couché ou endormi. Ses membres avaient une rigidité plastique prononcée, sans composante dystonique, et étaient sporadiquement agités par un astérixis. Il se mettait debout sans difficulté, et marchait d'un pas assez rapide. Il était incapable de marcher lentement et, une fois lancé, avait du mal à s'arrêter. Il était facilement sujet à la propulsion et à la rétropulsion. Ses grimaces et ses ronflements s'accompagnaient de toutes sortes de mouvements plus petits des oreilles, des sourcils et des muscles peauciers du cou ou du menton. Sauf quand il grimaçait ou était sujet à l'une de ses rares crises de blépharospasme clonique, son regard était aussi fixe que celui d'un lézard et il clignait très peu des yeux. Mais il était aussi, malgré tous ces symptômes, l'un de nos patients les plus actifs et les plus indépendants : il ne nécessitait aucun soin hospitalier particulier, demeurait capable de se déplacer et vaquait sans relâche à toutes sortes de singulières activités sociales consistant à nourrir les pigeons, à donner des bonbons aux enfants ou à bavarder avec les vagabonds qui passaient le long de la route.

La scopolamine et divers autres anticholerginiques atténuaient un peu sa rigidité ; le recours à la chirurgie n'avait jamais été envisagé. Dans la mesure où sa motilité n'était pas trop atteinte et où certaines de ses tendances pathologiques risquaient d'être aggravées par la L-DOPA, j'hésitais à essayer ce produit sur lui. Mais il nous dit que l'inclinaison de son dos « le tuait », et je me résolus donc, *pour cette raison,* à lui administrer de la L-DOPA.

Le traitement à la L-DOPA

Son traitement commença le 7 mai. Les dix premiers jours, nous fîmes progressivement passer sa dose quotidienne de L-DOPA à 4 g par jour, sans constater aucun effet positif ou négatif.

Le 19 mai, j'observai pour la première fois certaines réactions indésirables : ses grimaces jusque-là sporadiques devinrent plus fréquentes et plus accentuées ; il se mit à parler de plus en plus vite, et commença à avoir tendance à se bloquer au milieu de ses phrases (il me dit : « Les mots se bousculent dans ma bouche : ils s'interrompent mutuellement : ils se bloquent à la sortie ») ; son pas s'accéléra et commença à donner une impression d'urgence et d'impatience (il me dit : « Je suis forcé d'accélérer comme si j'avais Satan aux trousses »).

Le 21 mai au soir, alors que j'achevais ma tournée des patients, je le découvris profondément endormi. Ses lèvres étaient pincées, il agitait de temps en temps les bras et parlait dans son sommeil.

Dans l'espoir de réduire sa rigidité et sa courbure axiales, je fis passer sa dose de L-DOPA à 6 g par jour. La rigidité de ses membres et, dans une moindre mesure, de ses muscles du tronc et du cou s'atténua, mais tous les bénéfices qu'il aurait pu tirer d'une telle amélioration furent réduits à néant par une nouvelle et intolérable augmentation de ses mouvements involontaires : la protrusion de sa langue, notamment, devint très marquée et presque permanente, et s'accompagna de réactions nauséeuses et de haut-le-cœur irrépressibles (ces mouvements incessants de protraction de la langue finirent même par lui interdire complètement de parler) ; d'autres formes de grimaces – principalement d'incontrôlables mouvements de fermeture des yeux qui finirent par le rendre presque aveugle – devinrent également permanentes. Ces réactions m'amenèrent à penser qu'il fallait interrompre le traitement, et nous réduisîmes donc progressivement sa dose de L-DOPA. Le 10 juin, M. O. revint à l'état qui était le sien avant que nous lui administrions de la L-DOPA.

1969-1972

M. O. ne nous *exprima* pas directement sa déception, et ne se montra pas non plus irrité ou envieux devant le spectacle des patients à qui la L-DOPA réussissait, mais il nous *manifesta* cependant ses sentiments par un changement de comportement. Il sortit moins, et cessa de nourrir les pigeons. Il se mit à lire davantage – essentiellement des ouvrages kabbalistes – et passa désormais des heures à dessiner des « diagrammes » qu'il gardait enfermés dans un tiroir. Il ne se montra jamais ouvertement désagréable, mais devint moins accessible. Sa pensée donnait l'impression de s'éparpiller de plus en plus, et de prendre une tournure de plus en plus caustique : son esprit déjà très incisif avant le début du traitement devint véritablement mordant et même corrosif.

Nous passâmes encore de bons moments ensemble, notamment certains dimanches matins ensoleillés où les protons et les neutrons se tenaient tranquilles : M. O. se promenait alors autour de l'hôpital et, de temps en temps, il venait me rendre une petite visite (j'habitais tout près) ; je lui offrais du cacao, et il feuilletait mes livres avec un plaisir et une concentration dignes d'un vieux bibliothécaire érudit ; il paraissait apprécier ma présence, sous la réserve que je ne lui pose aucune question ; il restait lui aussi silencieux, et semblait libéré des pensées qui le harcelaient d'habitude.

Mais son état physiologique se détériora à un rythme de plus en plus rapide. Il « déclina » beaucoup plus en 1970 qu'au cours des dix années précédentes. Sa dystonie axiale l'obligeait désormais à se tenir complètement plié en deux, le tronc incliné à angle droit avec les jambes. Et, symptôme plus inquiétant encore, il commença à perdre du poids – à perdre de cette masse et de cette force musculaires qui lui manquaient déjà tant. Nous le gavâmes de crème anglaise, de *milk-shakes* et de laits de poule jusqu'à ce qu'il proteste que nous l'engraissions comme une oie ; nous lui fîmes des injections de stéroïdes anabolisants ; nous lui fîmes passer d'innombrables examens pour vérifier s'il n'aurait pas un cancer ou une infection quelconque, sans jamais rien découvrir de cet ordre. Ses analyses d'urine indiquèrent simplement un taux élevé de créatinine, ce qui était normal compte tenu de son état clinique. Il dépérissait à vue d'œil, et aucune de nos initiatives ne paraissait réussir à enrayer sa cachexie.

Il est bien connu (Parkinson lui-même l'observa) qu'une perte de poids progressive constitue chez les patients parkinsoniens un symptôme de très mauvais présage, et généralement terminal. Chez certains patients, ce symptôme peut avoir pour cause une alimentation réduite, des troubles alimentaires, etc. Mais les pertes de poids considérables auxquelles un certain nombre de postencéphalitiques sont sujets alors qu'ils s'alimentent normalement ou même ont un véritable appétit d'ogre suggèrent plutôt l'existence d'une véritable cachexie centrale, consumant les patients dans leur propre fournaise métabolique. Le phénomène inverse – une prise de poids et un empâtement tout aussi mystérieux – s'observe également (cf. par exemple l'histoire d'Ida T.). Dans un grand nombre de cas, l'apparition de ces cachexies ou obésités soudaines coïncide avec le début du traitement à la L-DOPA et semble être liée à ses effets sur le système nerveux central. La question de savoir si la cachexie de M. O. fut déclenchée par la L-DOPA reste néanmoins ouverte.

Ayant déjà plusieurs fois eu l'occasion de constater l'extrême variabilité des effets de la L-DOPA, non seulement d'un patient à l'autre, mais, chez un même patient, d'une première tentative de traitement à la suivante, nous décidâmes en 1971 de faire un second essai : il est certain que, cette fois, les effets de la L-DOPA *furent* différents, mais il est bien difficile de dire si ce changement fut un « bien » ou un « mal ». Nous n'observâmes aucune aggravation de ses grimaces ou de ses troubles respiratoires : ces symptômes s'atténuèrent plutôt. La rigidité plastique de ses membres diminua au point qu'ils devinrent presque flasques ; mais sa dystonie axiale demeura inchangée ou s'accentua.

Ce second essai eut surtout, à la différence du premier, des conséquences catastrophiques sur ses *activités psychiques*. Sa pensée s'accéléra, devint de plus en plus contrainte et de moins en moins contrôlée, et se fragmenta encore davantage. Les courts instants de « déraillement » et les étranges associations d'idées auxquels il était épisodiquement sujet depuis cinquante ans se multiplièrent et le submergèrent.

Sa pensée et son discours se morcelèrent de plus en plus, et il se mit à inventer toutes sortes de néologismes ; les mots et même les syllabes qu'il essayait de prononcer se brisaient, se recombinaient et recevaient de nouveaux sens ; il parlait très vite, débitant à toute allure une « salade de mots » bleulérienne à certains égards très brillante mais extrêmement difficile à suivre – un peu comme si quelqu'un vous lisait *Finnegans Wake* à l'envers.

Nous interrompîmes naturellement une nouvelle fois l'expérience, mais ses troubles mentaux ne s'atténuèrent pas immédiatement : ils ne firent rémission qu'un an plus tard. Une partie de sa personnalité était manifestement épargnée par cette fragmentation de sa pensée et avait réussi à rester « unifiée » et lucide, car il reconnaissait tout le monde, et n'avait pas oublié la routine quotidienne de l'hôpital. Il ne nous parut jamais confus ou désorienté comme peut l'être un malade délirant ou en état de démence : nous ne pouvions nous empêcher d'avoir le sentiment que l'ancien M. O. était toujours là, caché quelque part *derrière* ces divagations incohérentes, mais ne cessant de les observer et de les contrôler (voir p. 385, n. 7).

Sa perte de poids ne se ralentit pas. Il perdit, en deux ans, plus de trente-deux kilos, et en arriva à un tel point d'affaiblissement que tout mouvement lui devint impossible. Il s'étiolait mortellement sous nos yeux.

Un autre événement mérite peut-être d'être rapporté : une semaine avant sa mort, M. O. « retrouva » brusquement non seulement sa lucidité mentale et ses capacités d'expression, mais également des émotions qu'il avait chassées de son esprit et refoulées durant cinquante ans ; il cessa d'être un « schizophrène », et redevint un être humain simple et direct. Nous eûmes, cette dernière semaine, plusieurs conversations dont ces paroles de M. O. donnent le ton : il me dit : « Ne me racontez pas de bobards. Je *connais* la musique. Bob n'a plus que la peau sur les os. Il est *prêt* à partir. » Les tout derniers jours, il plaisanta avec les infirmières et demanda au rabbin de lui lire un psaume. Quelques heures avant de mourir, il dit : « Je vais me tuer, dans vingt-deux minutes... Je suis heureux de ne pas avoir... J'ai joué le jeu dans mon encéphalite comme dans le reste. »

5

Hester Y.

Mme Y. naquit à Brooklyn dans une famille d'immigrants dont elle fut le premier enfant. Elle ne fut atteinte d'aucune maladie grave avant de contracter l'encéphalite léthargique.

Dès le plus jeune âge, elle fit preuve d'une intelligence active, d'un caractère profondément indépendant et d'une très grande égalité d'humeur. Quarante ans plus tard, son frère cadet évoquait toujours avec émotion sa chaleur humaine, son courage et son profond sens de l'humour : « Hester, m'expliqua-t-il, était une chic fille et une sœur merveilleuse. Il y avait des gens qu'elle aimait et d'autres qu'elle n'aimait pas, mais elle n'était jamais injuste. Il lui arrivait toujours des histoires, comme à nous autres, mais elle était costaud – elle prenait tout avec le sourire. Elle pouvait rire de tout, et surtout d'elle-même. »

A dix-neuf ans, ses études secondaires à peine terminées, Mme Y. se maria après de très courtes fiançailles. Elle donna naissance à un fils l'année suivante, et, deux ans plus tard, à une fille. Elle jouit de dix années de vie familiale paisible avant de tomber malade, à l'âge de trente ans. Elle avait, par sa force de caractère, été le pivot de sa famille, et *sa* maladie ébranla donc toutes les fondations de la stabilité et de l'équilibre familiaux. Ses premiers symptômes furent bizarres et paroxystiques : elle marchait ou parlait normalement, et *tout à coup,* sans aucun avertissement, s'arrêtait au milieu d'un pas, d'un geste ou d'une phrase, durant quelques secondes ; elle retrouvait ensuite la parole et ses capacités de mouvement, mais ne paraissait pas être consciente de cette interruption. Les médecins pensèrent d'abord qu'elle était atteinte d'« absences épileptiques », ou de « variantes du *petit mal* ». Au fil des mois, la durée de ces moments d'immobilisation s'accrut, et ils finirent par pouvoir se prolonger durant des heures d'affilée : sa famille la découvrait souvent totalement immobile, dans telle ou telle chambre de la maison, l'air complètement hébétée et le visage vide de toute expression. Notant que, lorsqu'elle se trouvait dans cet état, le plus léger attouchement suffisait à dissiper ses symptômes et lui rendait immédiatement ses capacités de mouvement et d'élocution, les médecins diagnostiquèrent une « hystérie ».

Ces étranges paralysies réapparurent peu après le début de son traitement à la L-DOPA. Je me souviens très bien de l'une d'entre elles, qui fut particulièrement spectaculaire : découvrant un jour une énorme inondation, nous étions montés aux étages voir ce qui se passait et avions fini par arriver au cinquième, où se trouvent mes patients postencéphalitiques. L'eau venait de l'une des salles de bains : y entrant, nous découvrîmes Hester immobile dans la baignoire, de l'eau jusqu'aux aisselles. Je lui touchai l'épaule. Elle sursauta, puis s'écria :

– Mon Dieu ! Qu'est-il *arrivé ?*

– C'est à vous de me le dire, lui répondis-je.

Elle me dit :

– J'avais ouvert les robinets, et il n'y avait pas plus de cinq centimètres d'eau dans la baignoire. Ensuite... vous m'avez touchée, et maintenant je vois toute cette inondation.

Nous discutâmes de l'événement, et je finis par comprendre ce qui s'était passé : se « pétrifiant » dans une paralysie aussi bien perceptive que, plus profondément, ontologique, elle était restée, durant toute l'heure qu'avait duré l'inondation, prisonnière de cet instant où il n'y avait encore (pour elle) que cinq centimètres d'eau dans son bain.

Une scène du film qui a été tiré de *Cinquante Ans de sommeil* la montre s'immobilisant soudain alors qu'elle est en train de se coiffer : tout à coup, on la voit s'arrêter, arrêter tout mouvement... au bout d'une minute ou deux, les spectateurs commencent à s'agiter et se retournent pour voir si le projecteur n'est pas en panne. Mais c'est le « projecteur » *d'Hester* qui s'est bloqué, la transformant en une véritable « statue vivante » durant deux minutes.

Après avoir été durant deux ans sujette à ces immobilisations mystérieuses et paroxystiques, Mme Y. commença à souffrir de troubles indiscutablement parkinsoniens, associés à divers symptômes catatoniques ou cataleptiques. Tout mouvement, toute parole ou toute pensée lui devinrent impossibles. Son parkinsonisme et ses espèces de transes immobiles s'aggravèrent rapidement, et les membres de sa famille la virent devenir de jour en jour de plus en plus « étrange » et inaccessible – transformation qui les inquiéta, les alarma et les révolta beaucoup plus que tous ses symptômes physiques, et que son frère me décrivit ainsi : « Jusqu'à ce qu'elle tombe malade, Hester avait toujours été très vive dans toutes ses réactions. Par la suite, elle ne perdit pas ses sentiments pour nous, elle ne devint pas agressive ou froide, mais elle nous donna l'impression de s'éloigner de plus en plus de nous. Elle semblait aspirée par la maladie comme un nageur peut être emporté par la marée. Nous ne pouvions plus l'atteindre. » A trente-cinq ans, Mme Y. ne se déplaçait ni ne parlait quasiment plus, et paraissait totalement emmurée dans des rêves lointains et impénétrables. Son mari et ses enfants se sentaient déchirés et impuissants, et ne savaient plus quoi faire. Mme Y. finit par décider que la meilleure solution était encore qu'elle entre à l'hôpital ; elle dit à sa famille : « Je suis finie. Il n'y a pas d'autre solution. »

Elle fut admise à Mount Carmel à l'âge de trente-six ans. Son admission à l'hôpital et le caractère manifestement définitif de cette hospitalisation brisèrent le moral et l'équilibre de ses enfants et de son mari. Ce dernier vint la voir deux fois, et trouva ces visites insupportables ; il ne revint plus jamais à Mount Carmel, et finit par divorcer. Sa fille contracta une psychose aiguë et dut être internée. Son fils quitta la maison familiale et alla vivre « quelque part dans l'Ouest ». La famille Y. cessa totalement d'exister.

Mme Y. mena à Mount Carmel une vie tranquille et sans histoires. Les autres patients, les infirmières et l'ensemble du personnel l'aimaient bien, car son humour et son tempérament « transparaissaient » un peu, par moments, sous sa profonde immobilité. Son immobilité et son silence étaient si impressionnants que, lorsque, en 1966, je l'aperçus pour la première fois, je compris brusquement – ce fut pour moi un véritable choc à quel point le parkinsonisme et la catatonie pouvaient être *infiniment* graves. Elle ne donnait absolument pas l'impression d'être engourdie et apathique (comme Magda B.) ou fermée et « bloquée » (comme Lucy K.) ou encore réservée et repliée sur elle-même (comme Leonard L. et Miron V.), mais semblait vraiment infiniment lointaine. Elle donnait l'impression de vivre dans quelque lointaine contrée incroyablement étrange et inaccessible, ou au fond de quelque gouffre ou abîme de l'être infiniment profond ; elle semblait écrasée par une pesanteur illimitée et irremplaçable, ou immobilisée au centre de l'« œil » immobile d'un tourbillon. Ses lents fredonnements rythmiques et ses lentes réponses palilaliques et circulaires accroissaient encore cette impression [15]. Son comportement donnait le sentiment d'une contrainte, ou d'un *consentement,* infinis – d'un mouvement circulaire, ne lui demandant aucun effort, incessant, qui semblerait inexistant parce que son lieu géométrique serait infinitésimal. Elle était totalement immobile, intensément immobile, et pourtant perpétuellement en mouvement, le long d'une orbite ontologique réduite à zéro.

Une chose, et une seule, réussissait à atténuer légèrement la gravité de son état et à la faire émerger de son abîme parkinsonien. Chaque après-midi, la physiothérapeute de l'hôpital suspendait Mme Y. dans une piscine d'eau chaude et, après quelques tentatives de mouvements actifs et passifs, son intense akinésie s'émoussait quelque peu : Mme Y. redevenait alors capable de bouger le bras droit, et ses jambes pouvaient même esquisser quelques petits mouvements de pédalage dans l'eau. Mais, au bout d'une demi-heure, ces pauvres capacités de mouvement disparaissaient, et elle sombrait à nouveau dans sa transe akinétique.

Outre cette akinésie, Mme Y. avait aussi contracté au fil des années une grave contracture dystonique du bras gauche, ainsi qu'une dystonie de flexion du cou qui l'obligeait à se tenir le menton presque encastré dans le sternum. Cette position, ainsi que des difficultés à mâcher et à avaler d'origine akinétique, faisaient du moindre repas une épreuve insupportable. En mai 1969, ses problèmes de mastication et de déglutition s'aggravèrent tant qu'elle finit par ne plus pouvoir ingurgiter que des liquides, et nous vîmes venir le moment où nous allions être forcés de l'alimenter par sonde. Nous nous résolûmes à lui faire prendre de la L-DOPA pour lui sauver la vie, car nous redoutions qu'elle meure de faim ou d'inanition. Nous lui en administrâmes pour la première fois le 7 mai, dans du jus d'orange.

Le traitement à la L-DOPA

Les dix premiers jours de traitement (du 7 au 16 mai), nous fîmes progressivement passer sa dose quotidienne de L-DOPA à 4 g par jour, sans constater le moindre changement. Le 16 mai, craignant que la L-DOPA ne fût partiellement ou totalement décomposée par le jus d'orange acide, je demandai qu'on la lui donne désormais mélangée à de la compote de pommes. Dès le lendemain, Mme Y. « explosa » – pour reprendre l'expression des infirmières – sans qu'aucun « prodrome » subjectif ou objectif ne l'ait laissé prévoir : le samedi 17 mai, à peu près une demi-heure après avoir pris son gramme matinal de L-DOPA, Mme Y. se releva brusquement et, sous les yeux incrédules des infirmières, se mit à arpenter la pièce, en s'écriant d'une voix forte et très excitée : « Qu'est-ce que vous pensez de ça, hein ? Qu'est-ce que vous pensez de ça ? Qu'est-ce que vous pensez de ça ? Qu'est-ce que vous pensez de ça ? » Les infirmières restèrent sur le moment muettes de stupéfaction, mais, deux ou trois jours plus tard, l'une d'entre elles me dit ce qu'elle avait pensé de cet événement : « Je n'avais, me dit-elle, jamais rien vu de tel. Hester est merveilleuse, c'est tout simplement un miracle. »

Jusqu'à la fin de cet étonnant week-end, Mme Y. se promena dans tout l'hôpital, tout excitée, et se réjouit avec exubérance de sa liberté recouvrée. Elle bavarda avec les autres patients, leur faisant entendre pour la première fois le son de sa voix. Elle put de nouveau mâcher et avaler, et retrouva son appétit ; elle dit à la serveuse qui lui présentait son bouillon de midi : « Ne me donnez plus de cette lavasse. Je veux un steak, bien cuit ! » On lui amena donc un steak grillé qu'elle dévora avec délectation, en n'ayant pas le moindre problème de mastication ou de déglutition. Sa main droite paralysée depuis plusieurs dizaines d'années retrouva brusquement sa souplesse, ce qui lui permit de commencer à écrire dans un carnet que je lui avais jadis donné, sans me douter une seule seconde qu'il lui servirait un jour.

19 mai. Ayant vendredi soir abandonné Mme Y. dans son état habituel de profonde immobilité, je fus moi aussi extrêmement impressionné par les changements intervenus durant le week-end. Je n'avais pas encore, à l'époque, une grande expérience des réactions spectaculaires que la L-DOPA peut provoquer chez certains postencéphalitiques : jusque-là, toutes les améliorations que j'avais eu l'occasion d'observer avaient toujours été précédées par une certaine période de *réchauffement,* au cours de laquelle l'activité des patients s'était progressivement accrue; or, le « réveil » de Mme Y. n'avait été l'affaire que de quelques secondes [16].

Mon entrée dans sa chambre, le lundi matin, fut bruyamment accueillie par une Mme Y. totalement transformée : elle était assise bien d'aplomb sur le bord de son lit et avait retrouvé des couleurs ; son regard brillait, ses yeux étaient grands ouverts, et un large sourire illuminait son visage. D'une voix puissante, elle commença à me raconter avec ravissement et sur un mode un peu palilalique les événements du week-end. A toute allure et l'air un peu tendue, mais triomphante, elle me dit : « Merveilleux, merveilleux, merveilleux ! Je suis une autre personne, je le sens, je le sens à l'intérieur de moi, je suis toute neuve. Je le ressens si fort, je ne peux pas vous dire ce que je ressens. Tout a changé, maintenant je vais avoir une nouvelle vie », etc. Ces pensées et ces émotions se retrouvaient dans son journal : elle l'avait étrenné, le 17 mai, en écrivant : « Je me sens très bien. Je parle plus fort et plus distinctement. Je bouge mieux les mains et les doigts. J'arrive même à défaire le papier d'un bonbon, ce dont je n'étais plus capable depuis bien des années. » La page datée du 18 débutait par ces lignes : « Ceux qui liront ce journal devront excuser mon orthographe et mon écriture – ils ne doivent pas oublier que je n'ai rien écrit depuis des années », qui étaient suivies par cet aveu poignant : « J'aimerais parvenir à exprimer complètement les sentiments que j'éprouve. Cela fait si longtemps que je n'éprouve plus rien... Je ne trouve pas les mots pour décrire mes sentiments. J'aimerais avoir un dictionnaire pour y trouver les mots qui me manquent... » Elle était en tout cas sûre d'une chose ; elle écrivait ensuite : « Je prends *plaisir* à manger, j'ai une faim de loup. Avant, je ne faisais qu'avaler ce que l'on me mettait dans la bouche. » Son journal se terminait par les lignes : « Je me sens débordante d'entrain, d'énergie et de vitalité. Est-ce dû au médicament que je prends, ou est-ce simplement mon état d'esprit qui a changé ? » Ces trois premières pages étaient couvertes d'une écriture ample et fluide, très lisible.

Après être demeurée plus de vingt ans dans une immobilité totale, elle avait refait surface et s'était envolée comme un bouchon jaillissant du fond de la mer ; elle avait furieusement rejeté les entraves qui la liaient. Elle me faisait penser aux prisonniers libérés de leurs geôles ; aux enfants libérés de l'école ; aux réveils du printemps après les sommeils de l'hiver ; à la Belle au Bois Dormant ; mais aussi, de façon un peu prémonitoire, aux catatoniques et à leurs brusques explosions de violence.

Ce 19 mai, je constatai en l'examinant que les contractures de son cou et de son bras droit s'étaient remarquablement atténuées, et que le tonus musculaire de son bras gauche et de ses autres membres était même plutôt inférieur à la normale. Elle salivait beaucoup moins, et avait cessé de baver. Les fredonnements qui accompagnaient jusque-là ses expirations avaient disparu. Elle semblait pleinement éveillée, et avait maintenant des mouvements oculaires rapides et fréquents, accompagnés des mouvements de tête appropriés. Lui demandant de claquer des mains (action qui, avant qu'elle prenne de la L-DOPA, lui était non seulement impossible, mais impensable), j'observai qu'elle était désormais capable de taper dans ses mains extrêmement fort, bien que se servant surtout du bras droit. Cet exercice parut l'exciter : après une quinzaine de claquements de mains, elle se mit à se frapper alternativement les mains et les cuisses, puis les mains et la nuque. Ces variations spontanées m'inquiétèrent, car j'ignorais si elles étaient dues à sa gaieté, ou à quelque mécanisme plus compulsif.

20 mai. Hier, certains mouvements compulsifs ressemblant à des tics avaient fait leur apparition. Mme Y. avait passé une mauvaise nuit (la nuit suivante, elle ne devait pas dormir du tout). Elle enchaînait maintenant toute une série de gestes très rapides de la main droite, l'amenant à se toucher successivement le nez, l'oreille, la joue et la bouche. Elle m'avait répondu, quand je lui ai demandé la raison de ces gestes : « Ce n'est rien, ce n'est rien. Ils ne veulent rien dire. C'est une simple habitude, juste une habitude – comme mes fredonnements. » Ses mouvements étaient extraordinairement vifs et puissants, et son débit verbal paraissait deux ou trois fois plus rapide que la normale ; si elle avait fait penser jusque-là à un film projeté au ralenti, ou même bloqué sur une image, elle donnait maintenant l'impression d'un film passé en accéléré – au point que des confrères auxquels je montrai le film que je fis sur elle à l'époque furent persuadés que le projecteur tournait trop vite. Son seuil de réaction était presque égal à zéro, et toutes ses actions étaient instantanées, précipitées et extrêmement violentes.

Si, avant d'être traitée à la L-DOPA, Mme Y. était la personne la plus *ralentie* que je connaissais, elle devint, par la suite, la patiente la plus *accélérée* que j'aie jamais eu l'occasion d'observer. J'avais déjà été en contact avec un certain nombre d'athlètes olympiques, mais, en termes de temps de réaction, Mme Y. les battait tous ; dans d'autres circonstances, elle serait certainement devenue le tireur le plus rapide de l'Ouest. Des mouvements aussi vifs, nerveux et impétueux ne se rencontrent que dans les états pathologiques. Ils s'observent, essentiellement, chez les malades atteints du syndrome de Gilles de la Tourette (qui se caractérise par des tics multiples), et chez certains enfants hyperkinétiques [17]. Les patients sujets à ce type de symptômes peuvent être totalement inconscients de l'accélération (ou du ralentissement) de leurs mouvements. Lorsque je demandais à mes étudiants de jouer au ballon avec Hester, elle leur lançait le ballon si fort que, non seulement ils ne parvenaient pas à le lui renvoyer, mais encore ils avaient mal aux paumes des mains quand ils le recevaient. Je leur disais : « Vous voyez comme elle est rapide ! Ne la sous-estimez pas – vous feriez mieux de vous tenir prêts. » Mais ils n'étaient pas assez vifs pour elle, car leurs meilleurs temps de réaction étaient de l'ordre d'un huitième de seconde, tandis que ceux d'Hester ne dépassaient jamais un trentième de seconde. Je m'adressais ensuite à elle : « Il faut absolument que vous alliez plus lentement ! Comptez jusqu'à dix *avant* de le leur relancer », lui disais-je alors. Et, comme chaque fois, malgré mon intervention, je voyais le ballon filer vers mes étudiants presque aussi vite qu'avant, je reprenais : « Mais je vous avais demandé de compter jusqu'à dix. » A quoi elle me rétorquait, prononçant si vite ces quelques mots qu'ils *s'écrasaient* les uns contre les autres : « Mais j'ai *bien* compté jusqu'à dix. » Ses réactions étaient si accélérées qu'elle comptait également jusqu'à dix (ou vingt, ou trente) en une fraction de seconde, *sans s'en rendre compte* [18].

21 mai. Dès mon arrivée à Mount Carmel, les infirmières m'informèrent que Mme Y. avait été « dépressive » et s'était montrée « terriblement excitée » et « hystérique ». Allant la voir dans sa chambre, je la découvris en proie à une agitation et une akathisie intenses : elle donnait des coups de pied, croisait et décroisait sans arrêt les jambes, tapait ses mains l'une contre l'autre et poussait des cris perçants. Lui parler d'une voix douce et apaisante, lui tenir les mains ou faire très *légèrement* pression sur ses membres la calmait immédiatement, cependant que toute contrainte déclenchait au contraire une frustration intense qui accroissait son agitation et sa frénésie : si nous essayions de l'empêcher de donner des coups de pied, elle était envahie par une tension insupportable qu'elle tentait de décharger en martelant le lit avec ses bras ; si nous les lui maintenions, elle donnait des coups de tête des deux côtés du lit ; et, si nous la lui tenions, elle se mettait à hurler.

Mme Y. passa presque toute la journée à écrire dans son journal, noircissant page après page et couvrant son cahier de griffonnages rapides, surchargés de répétitions paligraphiques, de jeux de mots, d'associations sonores et de ratures rageuses et innombrables – façon d'écrire (et de penser) aussi différente de l'écriture calme et fluide qu'elle avait eue durant le week-end que celle-ci différait de la lente et presque impossible calligraphie lettre par lettre à laquelle elle devait s'astreindre avant de prendre de la L-DOPA. Dans un premier temps, le fait qu'elle fût encore *capable* d'écrire, malgré l'extrême agitation psychique et motrice qui s'était emparée d'elle, me surprit, mais je finis par comprendre qu'elle *avait besoin* d'écrire, et qu'exprimer et noter ses pensées constituait pour elle une sorte de catharsis vitale, qui lui permettait de se retrouver. Cet acte était aussi une manière de communiquer indirectement avec *moi*, puisque, si elle n'allait pas jusqu'à me confier directement ses pensées les plus secrètes, elle acceptait néanmoins de s'exprimer par écrit et de me faire lire son journal.

Son journal, durant cette période, n'exprimait pratiquement plus que des reproches, de la fureur et de la terreur, entremêlés de lamentations et de regrets. On pouvait y lire de longues diatribes paranoïdes dirigées contre diverses infirmières ou aides médicales qu'elle accusait de l'avoir « persécutée » ou « tourmentée » depuis son entrée à l'hôpital, et auxquelles elle promettait de « rendre la pareille ». Elle faisait sans cesse allusion à une ancienne patiente de l'hôpital, une démente à tendances agressives, qui lui avait jeté un verre d'eau au visage deux ans plus tôt. Et d'innombrables pages trempées de larmes témoignaient de la profondeur de sa souffrance et de l'implacable lucidité de sa conscience ; elle écrivait : « J'ai cinquante-cinq ans, et je suis pliée en deux... je suis impotente... je suis une vieille sorcière... une vieille taupe... autrefois, j'étais si belle, docteur Sacks, à me voir maintenant, vous ne le croiriez pas... J'ai perdu mon mari et mes enfants... Je les ai éloignés de moi... Ma fille est folle... Tout est de ma faute. Je suis certainement punie pour quelque chose que j'ai fait... J'ai dormi pendant vingt ans, et, durant mon sommeil, j'ai vieilli. »

Ses textes ne contenaient par contre *aucune* trace (peut-être parce qu'elle refoulait encore ces émotions) des pulsions sexuelles qui la travaillaient, ni des substituts que trouvait sa libido – des violents *appétits* que la L-DOPA déchaînait chez tant d'autres patients. Mais les rêves libidineux et les cauchemars qu'elle fit à cette époque comme la nature des hallucinations qu'elle eut par la suite montrent à quel point elle était *secrètement* tenaillée par ces pulsions. Vers huit heures du soir, on me demanda de passer la voir, car elle ne cessait de pousser des cris à déchirer le tympan. Dès qu'elle me vit entrer dans sa chambre, elle fut prise de panique ; elle confondit mon stylo avec une seringue, et se mit à hurler : « C'est une aiguille, une aiguille, une aiguille, une aiguille... Éloignez-la de moi, éloignez-la, éloignez-la... Ne me piquez pas, ne me piquez pas ! » de plus en plus fort et tout en se tapant frénétiquement sur les membres et le tronc. Je lus sur son journal la phrase : « Je ne *pense* pas être dans un camp de concentration ? ? ? ? ? ? », suivie d'une multitude de points d'interrogation de plus en plus grands, finissant par couvrir toute la feuille ; et, sur la page suivante, elle avait écrit, en énormes majuscules : « S'IL VOUS PLAÎT JE NE SUIS PAS FOLLE, PAS FOLLE ! » Son visage était congestionné, ses pupilles dilatées, et son pouls irrégulier et très rapide. Lorsqu'elle ne hurlait pas, elle suffoquait et haletait, et projetait violemment la langue et les lèvres en avant.

Je demandai aux infirmières de lui injecter 10 mg de thorazine par voie intramusculaire, et, en un quart d'heure, son agitation retomba et fut remplacée par de l'épuisement, de la contrition et des sanglots. La terreur, la suspicion et la rage qui se lisaient jusque-là dans ses yeux disparurent, et son regard exprima à nouveau de l'attachement et de la confiance. Elle murmura : « Docteur Sacks, ne laissez pas cela se reproduire. C'était comme un cauchemar, mais en pire. Cela ne doit plus jamais arriver, jamais, jamais, jamais... plus jamais. » Elle accepta, alors qu'elle s'y était jusque-là opposée avec la dernière énergie (elle disait encore, dans la matinée : « Si vous la diminuez, vous me condamnez à mort ») que nous réduisions sa dose de L-DOPA.

22-25 mai. A une dose de 3, puis 2 et enfin 1 g de L-DOPA par jour, Mme Y. resta légèrement surexcitée, sans pour autant sombrer à nouveau dans la paranoïa intense qui s'était emparée d'elle le 21 mai. Elle décida, le 22, de régler ses comptes avec son ancienne voisine de chambre, et alla pour ce faire lui lancer le contenu d'un cruchon d'eau au visage ; elle revint de cette expédition toute joyeuse et l'air très satisfaite d'elle-même. Je lui demandai si elle avait ruminé cet exploit durant deux ans, et elle me répondit : « Non, bien sûr que non. A l'époque, ça ne m'avait rien fait. Je n'y avais plus pensé jusqu'à ce que je commence à prendre de la L-DOPA. Mais, ensuite, j'en ai été folle de rage, je n'arrêtais pas d'y penser. » Elle continua à tenir un journal – c'était quasiment sa seule activité, et son agitation et son akathisie reprenaient dès qu'elle cessait d'écrire. Sa revanche symbolique sur sa soi-disant persécutrice mit fin aux diatribes agressives et aux fantasmes de vengeance qu'elle déversait jusque-là dans ses cahiers : les pages du 22 et du 23 étaient uniquement consacrées à sa maladie et à sa famille, à sa tristesse et à ses sentiments de culpabilité, et à l'idée que le « destin » – et non elle-même – était responsable de tout. Le 24, elle me dit : « S'il vous plaît, arrêtez la L-DOPA. C'est trop dur. Depuis quelques jours, tout est allé beaucoup trop vite... J'ai besoin de me calmer, et de réfléchir à tout cela. » Conformément à sa requête, j'interrompis le traitement le jour même. Le 25, elle était redevenue la patiente raide, immobile et muette, au regard terne et à la tête enfoncée dans la poitrine, que nous avions connue – j'eus du mal à croire que tout ce cycle du réveil triomphant, des « complications » et du repliement n'avait duré qu'une semaine.

1969-1972

J'ai écrit les notes qui précèdent il y a maintenant quarante mois. Durant tout ce temps, Mme Y. a continué à prendre de la L-DOPA (avec quelques interruptions : voir plus bas) et à être sujette à des réactions très violentes, ne l'empêchant pas cependant de mener une vie plus active et plus satisfaisante que la plupart de nos pensionnaires de Mount Carmel. Je n'ai jamais observé d'activité physiologique et de réactions à la L-DOPA plus extravagantes ou plus instables que les siennes. Mais jamais non plus je n'ai rencontré de patients sachant mieux conserver leur « sang-froid » et leur équilibre face à leurs symptômes, ni plus experts et plus savants dans l'art de parer, de contourner ou de « gérer » leurs réactions irrationnelles à la L-DOPA. Mme Y. navigue avec une technique et une habileté consommées à travers des tempêtes aussi imprévisibles que féroces, surmontant journellement des problèmes face auxquels la plupart des patients auraient mille fois fait naufrage. Bien qu'ayant jusqu'ici préféré éviter tout ce qui est énumération ou tableau, je vais maintenant, à des fins de brièveté et de concision, développer certains points en les organisant en sept rubriques.

1. *Sensibilité à la* L-DOPA *et oscillation des réactions.*

Comme tous les patients postencéphalitiques (et parkinsoniens) prenant de la L-DOPA depuis un certain temps, Mme Y. est devenue extrêmement sensible à cette substance, ce qui permet de la maintenir à une dose d'entretien ne dépassant jamais 750 mg par jour. Ses réactions à la L-DOPA sont maintenant (c'était déjà presque le cas au début de son traitement) de l'ordre du tout ou rien – elle réagit totalement, ou pas du tout : elle n'est pas plus capable d'avoir des réactions graduées qu'il est possible d'avoir des éternuements gradués. Ses réactions, déjà très rapides au début du traitement, sont devenues quasi instantanées – elle passe en un clin d'œil, un éclair, une fraction de seconde, d'une réaction physiologique à une autre : elle saute d'un état à l'autre aussi rapidement que l'on passe d'une pensée à l'autre. Ces brusques renversements (on pourrait presque dire ces « rebonds ») de ses symptômes ne sont plus « corrélés » avec l'horaire de ses prises de L-DOPA – puisque son état physiologique se modifie désormais entre trente et deux cents fois par jour. De tous nos patients et patientes se comportant comme des « girouettes » et des « yo-yo », Mme Y. est celle qui est sujette aux oscillations les plus profondes, les plus brutales et les plus fréquentes. Ces renversements soudains et intégraux ne donnent pas l'impression d'un processus graduel et progressif, mais plutôt de brusques réorganisations ou transformations de *phase*. Dès que nous interrompons la L-DOPA, elle retombe immédiatement dans son état comateux.

2. *Prolifération des réactions à la* L-DOPA.

Nous avons vu que, moins de trois jours après son « réveil », Mme Y. a été sujette à un certain nombre de *tics* caractérisés. Ceux-ci n'ont par la suite pas cessé de se multiplier, à tel point que j'en ai dénombré plus de trois cents espèces différentes. Tous les deux ou trois jours, Mme Y. « invente », pour ainsi dire, un nouveau tic – quelquefois *ex nihilo,* parfois en élaborant un tic déjà existant, d'autres fois en amalgamant ou en faisant « confluer » deux tics préexistants ou davantage, d'autres fois enfin en créant une manœuvre défensive ou un contre-tic. Ces tics, qui affectent tous les aspects de son activité et de son comportement, se manifestent souvent *simultanément :* il n'est pas rare qu'elle soit sujette à une ou même deux douzaines de tics à la fois, tous visiblement contrôlés indépendamment les uns des autres, et ne présentant aucune affinité fonctionnelle entre eux. Chacun de ces tics a son propre style et son propre rythme, si bien que la combinaison de leurs mouvements – de leurs « mélodies kinétiques », comme écrit Louriia – la fait ressembler à une espèce d'horlogerie en folie, dans laquelle d'innombrables horloges réglées chacune sur une heure différente tictaqueraient et carillonneraient de concert. Quiconque observait (ou « écoutait ») cette légion de tics simultanés n'avait donc pas l'impression d'une synchronie ou d'une symphonie, mais bien plutôt d'une polyphonie associant une multitude de tempos distincts et de mélodies indépendantes. Ce spectacle (ou ce concert) produisait invariablement un effet très curieux – grotesque ou surréaliste, un peu comme les crises de Lillian W. (voir p. 369, n. 4) – sur les yeux (ou les « oreilles ») de l'observateur : l'impression d'une « horlogerie en folie » que donnait Mme Y. évoquait moins la musique qu'une sorte de dissonance fondamentalement *antimusicale.* Les tics – tout comme le parkinsonisme – tout à la fois « démusicalisent » l'individu et *imposent,* pour que soit restaurée une véritable musicalité (et individualité) du mouvement et de l'action (voir p. 370, n. 5, et p. 389, n. 21), que les patients retrouvent la musique, la mélodie intégratrice, motrice et personnelle, qui leur est spécifique.

3. *Transformations réciproques (ou relations de phase) des tics.*

Les tics de Mme Y. laissent voir plusieurs phases de base, dont les relations apparaissent très clairement lorsque ces phases se succèdent dans le cadre d'un même type de tics. Un tic donné peut par exemple prendre une forme brusque, précipitée et très accélérée, une forme clonique et rythmique (comme ses fredonnements) ou une forme tonique (ou catatonique) – devenant alors ce que l'on appelle un « tic d'immobilité ». Les passages d'une phase à l'autre peuvent être instantanés : il n'est pas rare que Mme Y. s'arrête « au milieu d'un tic » – transformant, autrement dit, son geste en une persévération cataleptique ; de plus, l'un de ses tics cloniques « favoris » (une flexion étrange du bras droit amenant ses doigts entre ses omoplates) peut instantanément « se fragmenter » en plusieurs tics précipités.

4. *Non-réapparition de sa psychose.*

Mme Y. est de nombreuses fois par jour sujette à une excitation extrême, tant émotionnelle que motrice, susceptible de prendre toute forme qui se présente ou est appropriée : son excitation « favorite » la plus typique consiste en de l'hilarité *(titillatio et hilaritas),* et elle adore, lorsqu'elle se trouve dans cet état, entendre des histoires drôles, rire, ou regarder des émissions comiques à la télévision. Cette hilarité peut être remplacée par de l'angoisse, de la colère et de la terreur, mais c'est assez rare. Elle n'est *pas* sujette aux accès de voracité et d'avidité que nous avons observés chez beaucoup de patients (Rolando P., Margaret A., Maria G., etc.), et ne se montre pas particulièrement possessive, vindicative, paranoïaque ou maniaque. J'ignore si ces particularités s'expliquent par quelque différence « qualitative » dans son organisation neurale, par son équilibre psychique fondamental ou par sa maîtrise de soi, mais il est clair – c'est peut-être la seule de nos patients et patientes postencéphalitiques très gravement atteints à être dans ce cas – qu'elle a su mettre les « étages supérieurs » de sa personnalité (son caractère, ses relations à autrui, sa vision du monde) à l'abri des impulsions et des affects qui l'agitent « souterrainement » : elle se tient « au-dessus » des pulsions violentes qui la travaillent. Tout comme ses tics ne se sont jamais mués en maniérismes, ses affects ne se sont jamais névrotisés.

5. *Organisation, « niveau » et non-utilisation des tics.*

Il est clair que les tics de Mme Y. sont bien autre chose que de simples contractions, jactations ou précipitations parkinsoniennes, et sont également beaucoup plus complexes que les mouvements choréiques et hyperkinétiques décousus et « quasi inutiles » qui s'observent chez la plupart des parkinsoniens ordinaires traités depuis longtemps à la L-DOPA. Les tics de Mme Y. *ressemblent* à des actions ou à des actes – et non à des contractions, des spasmes ou des mouvements. Ses accès de suffocation, ses halètements, ses reniflements, ses claquements de doigts, ses raclements de gorge, ses mouvements de pincement et de grattement, sa compulsion à toucher tel ou tel objet ou telle ou telle partie de son corps, etc., pourraient tous faire partie d'un répertoire gestuel normal, et ne sont anormaux que dans la mesure où ils font l'objet d'une répétition ininterrompue, compulsive et « inappropriée ». J'ai pu *aussi* observer chez elle, il est vrai, des grimaces bizarres, des gesticulations curieuses et d'étranges « pseudo-actions » qui ne peuvent en aucune façon être qualifiées de « normales ». Ces pseudo-actions, tantôt comiques, tantôt grotesques, paraissent souvent éminemment paradoxales, en ce sens qu'elles *semblent* au premier abord présenter une organisation définie et répondre à un but précis (bien que mystérieux), mais infirment ensuite cette première impression (comme la chorée). L'observateur est confronté à un étrange simulacre d'action et de signification, une véritable parodie de sens, tout à fait déroutants (voir la note sur les crises de L. W., p. 369). Par ailleurs, chez Mme Y. la tendance à utiliser, rationaliser, maniériser ou ritualiser ses tics a toujours été faible ou inexistante – contrairement, par exemple, à Miron V., Miriam H., etc. Cette non-utilisation de ses tics signifie qu'elle est capable, pour ainsi dire, de s'installer calmement « au milieu » de ses tics, en leur accordant très peu d'attention. Une telle aptitude lui permet de ne pas se laisser « déborder », « posséder », ou plutôt « déposséder d'elle-même » par ses tics au point qu'ils se transforment en des maniérismes, de l'affectation ou des impostures – comme cela s'est produit chez Maria G. Une forme spéciale de « confluence » et de « clivage » peut être enfin observée dans l'alternance de *macro-tics* (des mouvements soudains, incroyablement violents et massifs, fulgurants, qui peuvent la projeter violemment hors de sa chaise ou par terre) et de *micro-tics* (une multitude de tics mineurs, un papillotement, un scintillement de tics innombrables) qu'elle laisse parfois voir, bien que son « style » la porte plutôt aux *micro-tics*.

6. *Relations des tics et des troubles du comportement.*

Il se peut qu'en qualifiant de « tics » l'ensemble des états physiologico-mentaux de Mme Y., je donne à ce terme une acception trop large. L'administration continue de L-DOPA a eu pour effet de « cliver » et de *fragmenter* de plus en plus son comportement – de le diviser en une multitude de formes comportementales discontinues et différenciées. Mme Y. peut par exemple, en l'espace d'une minute, passer d'un type d'expression verbale spécifique à un type de respiration tout aussi spécifique, suivi d'un autre symptôme respiratoire également spécifique, et ainsi de suite – chacun de ces stades complets en eux-mêmes affectant différents aspects de son comportement. On peut aisément s'apercevoir que ces sauts « non physiologiques » ont une nette unité comportementale ou dramatique ; chacun rappelle l'autre, ou y fait allusion : on pourrait dire qu'ils entretiennent, mutuellement, une relation métaphorique, et, avec l'ensemble de sa personnalité ou de son comportement, une relation métonymique. Ils s'enchaînent comme des séquences d'« association libre », et témoignent – tout comme ces séquences – du caractère référentiel et épiphanique, malgré sa « contingence » ou son absurdité apparentes, et si « primitif » soit-il, d'un tel comportement.

7. *États stationnaires et états cinématiques.*

Parallèlement aux troubles décrits plus haut, Mme Y. traverse *aussi* des périodes durant lesquelles ses mouvements, ses facultés d'expression et ses pensées redeviennent quasiment normaux. Ces « accès » de normalité sont en fait à peu près aussi paroxystiques et imprévisibles que ses troubles du comportement. On perçoit, lorsqu'elle est normale et libérée de ses pulsions et de ses entraves habituelles, quel être charmant et intelligent se cache derrière ses symptômes, et à quel point sa personnalité originelle, prémorbide, est demeurée intacte. Mais ces périodes de normalité et de liberté retrouvées peuvent elles-mêmes être interrompues – brusquement et sans aucun avertissement – par des suspensions soudaines de ses capacités de mouvement, d'élocution et de pensée, qui l'immobiliseront, durant une seconde ou une heure, comme un film coincé dans le projecteur. L'interruption de ces états d'immobilité, une fois qu'ils sont installés, n'est *pas* du ressort de sa volonté (toute action volontaire, lorsqu'elle se trouve dans cet état, lui est non seulement impossible, mais impensable) : ils ne peuvent prendre fin que spontanément, ou par l'intermédiaire de tel ou tel stimulus extérieur (le plus léger contact, le plus faible bruit suffisent) ; et, dans un cas comme dans l'autre, le retour de ses capacités de mouvement, d'expression et de pensée est toujours immédiat.

Le fait que *le plus infime* stimulus – le moindre photon de lumière, ou le plus petit quantum d'énergie – suffise à dissiper ces états d'immobilité nous montre qu'ils ne possèdent absolument *aucune inertie,* ce que démontre également l'*instantanéité* de ces passages de l'immobilité absolue au mouvement normal. Par l'immobilité totale dont ils s'accompagnent comme par la tendance qu'ils manifestent à faire l'objet de soudaines transformations de phase, ces états extraordinaires peuvent évoquer les états « stationnaires » et les « sauts » quantiques qui caractérisent les atomes et les orbites des électrons ; leurs particularités donnent à penser qu'ils pourraient constituer une sorte de modèle à grande échelle de ce type de micro-phénomènes – nous aurions affaire ici, si je puis me permettre ce terme, à des « états macroquantiques ». De tels états dénués d'inertie contrastent totalement (tout en leur étant complémentaires) avec les troubles positifs du parkinsonisme, qui se caractérisent pour leur part par une inertie et une résistance au changement extrêmes et de violentes déformations de l'espace et du champ ; ces troubles-là ressemblent plutôt à des modèles en miniature des phénomènes galactiques, et l'on pourrait donc les qualifier d'« états micro-relativistes ».

[C'est la raison pour laquelle j'écrivais en 1972 que « nos données non seulement nous montrent l'insuffisance de la neurologie classique, mais encore nous indiquent la forme quantique-relativiste que pourrait prendre une nouvelle neurophysiologie (...) en accord avec les concepts contemporains de la physique » (*Listener,* 1972).]

Ces états d'immobilité n'ont aucune durée subjective : ils sont identiques, sur ce plan, aux moments d'*immobilisation* par lesquels sa maladie commença. Tout ce qu'elle m'en a dit indique clairement qu'ils s'accompagnent de très *étranges* altérations de ses perceptions : le monde, durant ces épisodes, lui apparaît plat et géométrique avec des arêtes vives, un peu à la manière d'une mosaïque ou d'un vitrail, et elle perd toute notion de l'espace et du temps [19]. Il peut arriver aussi que ces « plans fixes » se transforment en une vision clignotante, donnant un peu l'impression d'un film passé au ralenti.

Mme Y. et d'autres patients ayant été sujets à des épisodes de « vision cinématique » m'ont parfois parlé d'un phénomène extraordinaire (et que j'aurais cru impossible) : il pouvait se produire que telle ou telle image particulière se déplace en avant ou en arrière de celles qui la suivaient ou la précédaient logiquement, si bien que tel ou tel « moment » donné de la scène qu'ils observaient leur semblait arriver *trop tôt ou trop tard.* Par exemple, un jour que son frère se trouvait là, Hester eut une vision cinématique d'une cadence d'environ trois ou quatre images par seconde – autrement dit si lente que la différence entre deux images était nettement perceptible. Elle eut l'immense surprise, alors qu'elle était en train de regarder son frère allumer sa pipe, d'observer tout à coup la séquence suivante : elle vit, d'abord, le frottement de l'allumette contre la boîte ; ensuite, la main de son frère tenant l'allumette enflammée, et ayant « sauté » à quelques centimètres de la boîte ; puis, l'allumette enflammant le fourneau de sa pipe, et, alors seulement, en quatrième, cinquième, sixième positions, etc., les étapes « intermédiaires » durant lesquelles, par à-coups, la main de son frère tenant l'allumette l'approcha de sa pipe pour l'allumer. Ainsi – aussi incroyable que cela puisse paraître –, Hester vit donc réellement la pipe de son frère être allumée plusieurs images trop tôt ; elle vit, en quelque sorte, le « futur », un peu avant le moment où elle aurait *dû* le voir... Si nous acceptons sur ce point le récit d'Hester (et, si nous n'écoutons pas nos patients, nous n'apprendrons jamais rien), nous sommes obligés d'envisager une (ou plusieurs) nouvelle hypothèse sur la perception du temps et la nature des « moments ».

Dès que les épisodes cinématiques de Mme Y. atteignent une certaine vitesse critique, sa vision et sa perception du monde redeviennent brusquement « normales », et elle retrouve la notion du mouvement, de l'espace, du temps, de la perspective, des courbures et des continuités. Durant ses moments de grande excitation, elle peut être sujette à un véritable « délire » cinématique au cours duquel toutes sortes de perceptions, d'hallucinations ou de motifs hallucinatoires se succéderont à une vitesse vertigineuse (de l'ordre de plusieurs images ou perceptions par seconde) ; tout comme les successions torrentielles de tics ou de « fragments de comportement » dont nous avons déjà parlé, ces épisodes, ou ces « délires », cinématiques sont essentiellement fragmentaires et s'accompagnent d'une fragmentation de l'espace et du temps. Toutes ces fragmentations sapant inévitablement la sensation de « flux vivant » ou de « musique intérieure » qui est essentielle à la vie et à l'unité de la nature personnelle et animale, elles ne peuvent paraître que radicalement *non* vivantes, *ir*réelles, *im*personnelles, et *in*organiques. Elles ne disparaissent que lorsque la musique intérieure, le flux existentiel peuvent être rétablis par telle ou telle forme de musique, ou de relation vivante avec le patient.

Été 1972

Mme Y. s'est totalement accoutumée à tous ces étranges états : elle a fini par les admettre, et en discute désormais librement, avec moi ou avec d'autres. Bien que n'ayant pas la passion de l'investigation ni les capacités d'analyse d'un autre patient (Leonard L.), elle accepte ces états singuliers et bien souvent terrifiants avec une sérénité, un détachement et un humour extraordinaires. Elle ne se perçoit pas du tout comme une victime persécutée, et semble voir simplement ses expériences *comme des choses qui sont là,* un peu comme son nez, son nom, New York ou le monde. Elle ne s'est plus jamais sentie « déphasée », ni n'a plus jamais « perdu les pédales » – comme cela lui était jadis arrivé. C'est une patiente dont la personnalité est tout à fait « unifiée » et le restera, contrairement à d'autres patientes moins stables (Maria G., Margaret A., etc.) que la L-DOPA fragmenta et rendit schizophrènes.

Un second facteur ayant donné à Mme Y. une liberté d'action beaucoup plus grande que celle que l'on aurait cru possible compte tenu de ses réactions à la L-DOPA fut sa grande aptitude à prévenir, contourner ou utiliser les « effets secondaires » auxquels elle pouvait être sujette – un talent qu'elle partage notamment avec Frances D. (voir p. 371, n. 7). Ces deux vieilles dames à l'intelligence aiguë et aux maladies bizarres ont réussi à avoir une connaissance et un contrôle de leur système nerveux et de leurs réactions auxquels nul neurologue, nulle part au monde, ne peut prétendre avoir accédé. Je ne sais guère qui, en ce domaine, apprend le plus à l'autre : Mme Y. m'a immensément appris, et peut-être elle aussi apprend-elle quelque chose de moi [20]. Par ailleurs, Mme Y. est toujours active, à l'intérieur comme à l'extérieur de l'hôpital – elle joue au bingo, voit des films, rend visite à d'autres patients, a en permanence une demi-douzaine de projets en chantier concernant ses séances d'ergothérapie ou d'atelier, va au concert, se réunit avec des amis pour lire des poèmes, suit des cours de philosophie et – c'est son activité préférée – participe à des excursions. Elle mène une vie aussi riche qu'il est possible de le faire à Mount Carmel.

La dernière source de la force de Mme Y. me paraît (comme chez tant de patients) résider dans ses relations personnelles : le grand événement de sa vie, en ce domaine, fut ses « retrouvailles » avec son fils et sa fille, qu'elle n'avait plus vus depuis plus de quinze ans ; nous savions, parce qu'elle l'avait maintes et maintes fois écrit dans son journal, à quel point ils lui manquaient, et notre infatigable assistante sociale réussit finalement à retrouver leurs traces. Sa fille, qui avait fait depuis vingt ans d'innombrables séjours en hôpital psychiatrique, est maintenant l'une des visiteuses les plus assidues et les plus aimées de Mount Carmel – et gagne manifestement *autant* à ces visites que sa mère, puisqu'elle n'a plus été sujette à aucun épisode psychotique. Les retrouvailles de Mme Y. et de son fils furent tout aussi émouvantes et eurent sur ce dernier des effets tout aussi heureux, puisqu'il abandonna la vie presque psychopathique qu'il menait « dans l'Ouest » depuis des années, et revint à New York où il fonda un foyer et retrouva des racines. On mesure, lorsque l'on voit Mme Y. avec son fils et sa fille, l'étendue de sa force de caractère et de son amour. On comprend pourquoi sa maladie détruisit ses enfants, et pourquoi, depuis qu'ils sont revenus vers elle, ils guérissent de leur folie.

En dépit d'innombrables obstacles – une maladie aux symptômes aigus et étranges dont elle souffrait depuis des décennies, des réactions démesurées à la L-DOPA, et, enfin, toutes ces années d'hospitalisation dans un établissement aussi sinistre – Mme Y. a donc finalement réussi à se réveiller pleinement, et a su retrouver la réalité à un point qui, quatre ans plus tôt, nous aurait paru impensable.

6

Rolando P.

Rolando P. naquit à New York, en 1917, dans une famille d'immigrants italiens très amateurs de musique dont il fut le dernier-né. Ce fut un enfant exceptionnellement vif et précoce, qui apprit à parler et à marcher très tôt et se montra, jusqu'à trente mois, particulièrement actif, curieux, affectueux et bavard. Mais, à cet âge, un virulent accès d'encéphalite léthargique brisa sa vie : après une poussée de fièvre initiale et quelques symptômes grippaux, il sombra dans une somnolence intense, qui se prolongea durant dix-huit semaines.

Dès son réveil, ses parents le trouvèrent profondément changé : son visage était devenu complètement figé et inexpressif, et il ne marchait et ne parlait plus qu'avec les plus grandes difficultés. Il restait assis des heures sur sa chaise, totalement immobile, ne s'animant que pour faire des mouvements oculaires brusques et impulsifs. Si on le mettait debout, il marchait « comme une petite poupée de bois », les deux bras très raides et pendant comme des morceaux de bois le long de ses flancs ; la plupart du temps, il se mettait à courir, de plus en plus vite, jusqu'à ce qu'il rencontre un obstacle et tombe par terre, comme une statue qui s'effondre. Tout le monde le prenait pour un arriéré mental ; seule sa mère, qui était aussi observatrice qu'intelligente, disait : « Mon Rolando n'est pas idiot – il est toujours aussi dégourdi et éveillé qu'avant. Il s'est comme arrêté intérieurement, c'est tout. »

Entre six et dix ans, Rolando suivit des cours dans une école pour arriérés mentaux. Bien qu'il fût devenu quasiment incapable de se déplacer ou de s'exprimer, il donna à au moins l'un de ses professeurs l'impression d'avoir une intelligence emprisonnée, mais intacte ; un bulletin rédigé en 1925 disait : « Rolando n'est pas stupide. Il assimile tout, mais rien ne peut sortir de lui. » Tous ceux qui, durant les quarante ans qui suivirent, observèrent suffisamment attentivement Rolando partagèrent ce sentiment d'avoir affaire à une espèce d'éponge qui absorberait tout, de *trou noir* insondable et affamé ; seuls les observateurs superficiels pouvaient croire qu'il était niais, stupide ou inattentif. Mais l'aggravation de ses troubles de l'équilibre et de ses problèmes de salivation lui rendit impossible de poursuivre plus longtemps ces pauvres études. Sa dernière année d'école, ses professeurs devaient lui installer des coussins de chaque côté du corps afin de le soutenir : autrement, il tombait à la renverse et était aussi incapable de se relever qu'une statue.

De onze à dix-neuf ans, il resta chez ses parents, ne bougeant plus de devant le haut-parleur d'un gros gramophone Victrola : d'après son père, la musique semblait être la seule chose qui lui faisait plaisir et « le ressuscitait ». La musique animée rendait au garçon son animation, lui faisait remuer la tête, le poussait à chanter ou à battre la mesure des mains ; dès qu'elle s'arrêtait, il se figeait, et retrouvait sur-le-champ son immobilité de pierre. Il fut hospitalisé à Mount Carmel en 1935.

Il passa tout le tiers de siècle suivant dans une lointaine arrière-salle de l'hôpital, où il mena une vie sans histoire, au sens le plus littéral du terme. M. P. – qui était devenu malgré ses infirmités un jeune homme bien proportionné – restait toute la journée assis sur sa chaise, aussi immobile qu'une statue. Chaque soir, pourtant, entre dix-neuf et vingt et une heures, sa rigidité et sa froideur fondaient un peu, et il redevenait capable de remuer les bras, de prononcer quelques paroles ou d'exprimer telle ou telle émotion. Il pouvait lui arriver de chanter un air d'opéra, ou même d'étreindre ses infirmières préférées, mais, en général, il se contentait de se plaindre de son sort, en se mettant par exemple à crier : « C'est une vie infernale. Je préférerais être mort. » Assez curieusement, cette activité vespérale se poursuivait durant la première partie de son sommeil : jusqu'à minuit, il se tournait et se retournait dans son lit, prononçait des phrases plus ou moins cohérentes et était sujet à du somnambulisme ; puis son agitation se calmait et il passait le reste de la nuit aussi immobile qu'une statue.

En 1958, une opération chirurgicale (une chimiopallidectomie gauche) atténua un peu la rigidité du côté droit de son corps, mais son akinésie, ou son état global d'immobilité et de mutisme, demeura inchangée.

Entre 1966 et 1969, je l'examinai plusieurs fois et eus de nombreuses conversations avec lui. C'était un homme puissamment bâti, qui ne paraissait pas du tout ses cinquante ans : on lui aurait facilement donné la moitié de son âge. Sa tendance irrésistible à tomber en avant obligeait à l'attacher dans son fauteuil roulant. Il avait une peau très grasse, et transpirait, larmoyait et salivait en permanence.

Sa voix était si douce qu'elle était presque inaudible : il n'élevait la voix que lorsqu'il devait faire un effort violent ou était en proie à une excitation soudaine, et uniquement pour proférer quelque courte phrase exclamative – par exemple, chaque fois que je lui demandais si sa tendance à saliver le gênait beaucoup, il me répondait d'une voix forte : « Un peu, que ça me gêne ! C'est un sacré problème ! » puis retombait aussitôt dans son état de quasi-aphonie. Son incapacité presque totale à cligner des yeux normalement contrastait avec la fréquence de ses réflexes de fermeture de l'œil ou de contraction des paupières : tout attouchement sur son visage ou le moindre mouvement brusque dans son champ de vision l'amenait immédiatement à contracter ou refermer les paupières. A moins qu'il ne pense à la tenir fermée, il gardait la bouche ouverte.

Il demeurait assis sur sa chaise, la tête penchée en avant, ne faisant parfois pas le moindre mouvement durant des heures d'affilée. On constatait une rigidité extrême dans les muscles du cou et du tronc, moyenne dans les membres, et (depuis son opération) légèrement moins prononcée dans le côté droit que dans le gauche. Le phénomène de la « roue dentée » pouvait être très facilement provoqué à toutes ses articulations majeures. Sa main droite était froide, sa gauche glacée, et la peau de ses deux mains et tous ses ongles laissaient voir des modifications trophiques. On n'observait pas de déformation ni de tremblement fixes, mais son akinésie était très marquée : il était tout juste capable, lorsqu'on lui demandait de fermer et d'ouvrir les mains, de faire de légers mouvements de flexion des doigts, qu'il ne pouvait répéter plus de trois ou quatre fois. Il ne pouvait applaudir normalement que deux ou trois fois de suite, après quoi ses battements de mains s'accéléraient tout en s'affaiblissant progressivement, puis devenaient tremblants et finissaient par s'interrompre. Il réussissait encore à se mettre debout, au prix d'un effort brusque et violent, mais était incapable de rester dans cette position, car il avait aussitôt irrésistiblement tendance à retomber en arrière. Il pouvait seulement, s'il était vigoureusement soutenu, marcher pendant quelques mètres, en avançant à tout petits pas et en traînant les jambes. Dès qu'il se rasseyait, il avait immédiatement tendance à tomber en arrière, aussi raide et immobile qu'une statue, et sans avoir le moindre réflexe segmentaire. Bien que ne sachant pas écrire, il parvenait tout de même, au prix de beaucoup d'efforts, à copier des formes géométriques simples : ses dessins étaient beaucoup plus petits que les originaux qu'il reproduisait, et toujours effectués de la main gauche, car sa main droite était beaucoup trop akinétique pour lui permettre la moindre tentative de ce genre.

M. P. était donc l'un de nos postencéphalitiques les plus gravement atteints. J'étais certain que la L-DOPA ne resterait pas sans effets sur lui, mais j'ignorais totalement comment il réagirait à ces transformations – autrement dit, quelles seraient ses réactions *à* ces réactions –, car il avait été complètement coupé du monde depuis l'âge de trois ans. Nous lui administrâmes sa première dose de L-DOPA le 14 mai 1969.

Le traitement à la L-DOPA

Le 20 mai, M. P. me dit sentir monter en lui une vague d'« énergie » inhabituelle, et éprouver le besoin de bouger les jambes : il assouvissait ce besoin de mouvement en « dansant », soutenu par un infirmier. Le lendemain, son état moteur s'améliora de façon très spectaculaire : il était désormais capable de traverser toute la salle (longue d'à peu près vingt-cinq mètres) et de revenir à son point de départ, en ayant simplement le doigt de l'un d'entre nous appuyé contre son dos.

A partir du 24 mai, d'autres réactions firent leur apparition (nous avions fait passer sa dose quotidienne de L-DOPA à 3 g). Sa voix, jusque-là presque inaudible, pouvait désormais être clairement entendue à trois mètres, et se maintenait à ce niveau sonore sans effort apparent. Il ne bavait plus, et pouvait serrer les poings, applaudir ou se taper dans les mains très énergiquement. Il arpentait maintenant la salle *à grands pas,* bien que devant encore être soutenu pour ne pas tomber en arrière. La rigidité de ses bras et de ses jambes était beaucoup moins marquée, à tel point que leur tonus musculaire semblait même un peu *inférieur* à la normale. Ses muscles du cou et du tronc, jadis inébranlables, étaient également moins rigides, même s'ils n'étaient pas aussi relâchés que ses bras. Il avait le visage congestionné, et les yeux anormalement brillants et légèrement protubérants. On ne constatait plus de contractions ni de mouvements de fermeture des paupières. Il était très gai, riait pour un rien, paraissait un peu euphorique : il me demanda même si l'amélioration de son état pourrait lui permettre un jour de quitter l'hôpital – ses pulsions sexuelles et ses fantasmes libidinaux s'étaient brusquement développés (ou « libérés »), et ce souhait était donc partiellement lié à un désir d'avoir des rapports sexuels (les premiers de sa vie). Son activité motrice, son euphorie et son excitation générale continuèrent de s'accroître durant le week-end ; il nous dit plusieurs fois : « Trouvez-moi une femme, par pitié ! Après toutes ces années, j'en *mérite* bien une ! » Le 27 mai, son excitation s'accrut encore : son visage était de plus en plus congestionné, il devint de plus en plus bruyant, commença à souffrir d'insomnie et atteignit un degré d'agitation presque maniaque ; ses mouvements, autrefois si faibles et si peu dynamiquement intégrés, devinrent extrêmement violents et impliquèrent la totalité de son corps ; il paraissait en alerte, comme sur le qui-vive. Ses mouvements oculaires, jadis presque inexistants et qui n'étaient associés à aucun mouvement de tête, se succédaient maintenant *à toute vitesse,* et s'accompagnaient désormais de mouvements de tête tout aussi vifs. Son attention, bien qu'accrue, était facilement distraite par n'importe quoi, et ne pouvait être maintenue longtemps. Tout bruit inattendu le faisait sursauter. Enfin, je constatai un début d'akathisie – il traînait nerveusement les pieds, et avait tendance à donner des coups de poing sur sa table de chevet dès qu'il s'impatientait. Devant cette excitation excessive, je décidai de ramener sa dose de L-DOPA de 3 à 2 g par jour.

Il retrouva le sommeil, mais resta surexcité. Le 29 mai, je fus frappé par l'expression méfiante, presque rapace, de son visage. Ses mouvements étaient devenus, non seulement violents, mais incontrôlables, et tendaient de plus en plus à s'accélérer et à se répéter : une fois qu'il avait commencé un mouvement, il ne pouvait plus l'arrêter.

Sur le plan des effets positifs, M. P., qui était depuis tout jeune très attristé et honteux de son analphabétisme, nous fit part de son désir d'apprendre à lire et à écrire. Il s'attacha à cette entreprise avec une obstination remarquable, et ses efforts furent au début couronnés de succès. Malheureusement, ses troubles physiologiques rendirent bien vite ses exercices de lecture de plus en plus pénibles : soit il lisait trop vite pour assimiler ce qu'il lisait, soit au contraire il tombait en arrêt devant une lettre ou un mot et ne pouvait plus continuer ; son écriture, également, ou bien « s'engluait » et tournait à la micrographie, ou bien, le plus souvent, se fragmentait en une multitude de « coups de poinçon » impulsifs qu'il ne pouvait plus contrôler.

Son akathisie, auparavant généralisée et non spécifique, se différencia en toutes sortes d'impulsions spécifiques – il se mit à décocher des sortes de « ruades » avec la jambe droite (exactement comme un cheval fougueux qui piaffe d'impatience), et commença à faire des mouvements de mâchonnement et de mastication. Son excitation sexuelle et ses fantasmes s'accrurent encore : tout membre du personnel de sexe féminin venant à traverser son champ visuel faisait immanquablement apparaître sur son visage une expression incroyablement lubrique : aussitôt, ses narines et ses pupilles se dilataient, sa langue passait et repassait sur ses lèvres, sa bouche émettait des bruits de baiser, et ses yeux lançaient des œillades appuyées ; il donnait l'impression de se saisir et de s'emparer de l'objet de son regard, et d'être incapable de s'en séparer tant que celui-ci n'était pas sorti de son champ visuel.

Le 29 au soir, l'observant endormi, je constatai une étonnante augmentation de ses activités motrices. Il faisait d'incessants mouvements de mastication, agitait les bras, saluait de la main, inclinait rythmiquement la tête vers sa poitrine, donnait des coups de pied, marmonnait, parlait et chantait dans son sommeil, et était sujet à de l'écholalie : je lui posai plusieurs questions, qu'il répéta immédiatement tout en continuant à dormir. Après avoir filmé ses mouvements et enregistré ses paroles, je le réveillai, ce qui mit aussitôt fin à tous ses mouvements. Il me dit avoir dormi à poings fermés, et n'avoir aucun souvenir d'avoir parlé ou bougé au cours de la nuit. Dès qu'il se rendormit, cette activité motrice reprit et se prolongea jusqu'à environ une heure du matin, heure à laquelle elle s'interrompit définitivement. *Ces activités nocturnes constituaient une intensification des symptômes dont il souffrait avant de prendre de la* L-DOPA. Elles s'apparentaient aux cycles de surexcitation auxquels il était sujet chaque soir, quels que fussent les horaires de ses prises de L-DOPA (comme par exemple ses mouvements de mâchonnement et de mastication, qui commençaient invariablement vers six ou sept heures du soir et ne s'interrompaient qu'à minuit, qu'il dorme ou non).

Aux alentours du 10 juin, un nouveau symptôme fit son apparition. On pourrait le qualifier de voracité, ou de manie orale, ou encore d'impulsion à dévorer : M. P. ne pouvait avaler la moindre bouchée sans être aussitôt en proie à un irrésistible désir de se jeter sur le contenu de son assiette pour le dévorer aussi vite que possible, en mâchant très violemment ; ses mouvements de mastication, pendant qu'il mangeait, persévéraient même après qu'il avait avalé ce qu'il avait dans la bouche, et, lorsque son assiette était vide, il continuait à mâchonner tout aussi énergiquement ses doigts ou sa serviette.

La troisième semaine de juin, sa dose quotidienne de L-DOPA restant inchangée, divers symptômes plus inquiétants apparurent : M. P. devint de plus en plus agité, et laissa voir de plus en plus de signes de persévération et de stéréotypie. Il passait désormais presque toute la journée à se balancer d'avant en arrière sur sa chaise, en psalmodiant : « Je suis fou, je suis fou, je suis fou... si je ne sors pas de ce foutu hôpital, je vais devenir fou, fou, fou ! » Lorsqu'il ne se livrait pas à cette activité, il fredonnait et chantonnait d'une voix monotone une sorte de mélopée verbigérante, pendant des heures d'affilée. Sa tendance à la persévération et à la stéréotypie s'aggrava de jour en jour, et, vers le 21 juin, sa palilalie atteignit une telle intensité qu'il devint presque impossible d'avoir une conversation avec lui. Sur le plan émotionnel, il oscillait en permanence entre une angoisse extrême (il avait peur de devenir fou ou de sombrer complètement dans le chaos) et une agressivité et une irritabilité intenses. Il ne pouvait voir un autre patient regarder par la fenêtre sans se mettre immédiatement à hurler : « Il va se jeter par la fenêtre, y va se jeter, se jeter, s'jeter, s'jeter, il est complètement jeté, complètement jeté... » Il abandonna ses airs dépendants, passifs et soumis, et adopta une attitude de plus en plus provocante, brutale et agressive, qu'il essayait d'atténuer par quelques sourires et plaisanteries. Il continua durant toute cette période à être harcelé par de violentes pulsions sexuelles qui lui faisaient faire d'innombrables rêves et cauchemars érotiques, le forçaient à se masturber fréquemment et de façon un peu compulsive, et se traduisaient par toutes sortes de jurons coprolaliques ou de chansons pornographiques et verbigérantes aux refrains obscènes [21].

Le 21 juin, M. P. nous dit que ses yeux étaient « happés » par tous les objets mobiles qui se trouvaient dans son champ de vision, et qu'il ne pouvait « libérer » son regard de leur emprise qu'en maintenant l'une de ses mains devant ses yeux. D'autres membres du personnel observèrent ce phénomène remarquable : l'attention de M. P. ayant été un jour attirée par une mouche qui était entrée dans sa chambre, ils virent subitement ses yeux « se river » sur la mouche et se mettre à suivre toutes ses évolutions dans la pièce, où qu'elle aille. Lorsque ce symptôme atteignait son intensité maximum, M. P. était contraint de se concentrer totalement sur ce qui attirait ainsi ses yeux, et était absolument incapable de distraire la moindre parcelle de son attention de l'objet de son regard : il disait avoir l'impression, durant ces instants, d'être « hypnotisé », « envoûté » ou « ensorcelé ». A cette époque, également, ses « réflexes de préhension automatique » (déjà présents avant qu'il commence à prendre de la L-DOPA, mais sous une forme bénigne et asymptomatique) s'accentuèrent : ses doigts, désormais, essayaient sans cesse de saisir et de toucher tout ce qui passait à leur portée, et ses mains avaient de plus en plus tendance à « s'agripper » aux objets.

Le mois de juin vit également apparaître divers symptômes respiratoires consistant en des inspirations brusques et fréquentes évoquant des tics, des reniflements sporadiques et une toux persistante. Tout comme ses mouvements de mastication, ses « ruades », etc., cette instabilité respiratoire se reproduisait tous les soirs, quelle que fût l'heure de ses prises de L-DOPA : elle obéissait manifestement à une périodicité innée.

Devant cette aggravation croissante de son excitation psychique et motrice, de ses tendances à la persévération et de son « esclavage sensoriel », je me résolus à ramener sa dose quotidienne de L-DOPA à 1,5 g, ce qui ne diminua pas la violence de son syndrome excito-moteur. Nous décidâmes donc d'abord d'associer le halopéridol (à une dose de 1,5 g par jour) à la L-DOPA, puis, comme son agitation et son akathisie persistaient, nous réduisîmes une nouvelle fois sa dose de L-DOPA, la ramenant à 1 g par jour. A ma grande surprise, je constatai qu'une aussi faible dose de L-DOPA suffisait à entraîner une activation avantageuse de ses facultés d'expression et de ses mouvements, bien qu'au prix d'une salivation accrue. Toute tentative d'augmenter à nouveau sa dose de L-DOPA provoquait immédiatement le retour d'une activation excessive. Vers la mi-juillet, nous fûmes en mesure de prévoir avec une grande précision la nature de ses réactions, que résume le tableau qui suit :

1,5 g de L-DOPA *par jour*	*1 g de* L-DOPA *par jour*
grande force vocale et motrice	force vocale et motrice moyenne
excitation, akathisie, insomnie	absence d'excitation, d'akathisie ou d'insomnie
salivation très faible	salivation abondante
tendance marquée aux tics et à la persévération	ni tics ni persévération du mouvement

Il était évident que le halopéridol et la L-DOPA agissaient sur M. P. de façon *tout à fait* opposée, puisque ce premier produit provoquait chez lui exactement les mêmes effets qu'une diminution de sa dose de L-DOPA ; même à une dose aussi faible que 1 g par jour, des activités paroxystiques et rythmiques avaient encore tendance à se produire : il continuait par exemple à être sujet chaque soir à un « réveil » brutal, qui, en une minute à peine, le précipitait dans une akathisie intense de type maniaco-catatonique et expansif qui lui congestionnait le visage, illuminait son regard, lui faisait jeter des coups d'œil nerveux de tous les côtés, redonnait de la force à sa voix et le rendait à nouveau violent et lubrique. Le phénomène inverse (l'apparition soudaine d'une akinésie compacte se caractérisant par une contraction et une aphonie extrêmes) pouvait également être constaté, et était tout aussi difficilement imputable aux modifications de son traitement. Dès la mi-juillet, nous fûmes donc confrontés au problème majeur du traitement des cas les plus graves de parkinsonisme postencéphalitique : à savoir, comment réussir à instaurer, chez un patient dont le système nerveux était extrêmement instable et dont l'*ensemble* du comportement ne faisait qu'osciller entre des réactions bipolaires, de l'ordre du tout ou rien, une sorte de compromis thérapeutique satisfaisant.

1969-1972

Ces trois dernières années, M. P. a été maintenu à une dose globale de 1 g de L-DOPA par jour. S'il saute l'une ou l'autre de ses doses quotidiennes, il est profondément handicapé, et, s'il reste toute une journée sans prendre de L-DOPA, il sombre dans un état de stupeur ou tombe dans le coma. Durant tout l'automne de 1969, il fut alternativement sujet à des états d'excitation explosive et d'obstruction implosive, entre lesquels il oscillait comme un yo-yo, passant d'un état à l'autre en moins de trente secondes. Ses phases d'excitation se manifestaient par un intense besoin de parler, de bouger et d'être stimulé de toutes les façons possibles. Son envie d'apprendre à lire était toujours aussi forte, et il fit de remarquables progrès dans cette direction, compte tenu du fait qu'il était parkinsonien depuis l'âge de trois ans : il devint capable de lire les manchettes et les sous-titres des journaux.

Depuis le début de l'année 1970, ses réactions à la L-DOPA sont moins bonnes : ses phases d'excitation débordante (qui constituent les seuls moments où il est réellement accessible) sont de plus en plus courtes, et ses phases de parkinsonisme et de dépression de plus en plus prolongées ; une ou deux fois par mois, une espèce d'état *intermédiaire* entre ces extrêmes s'établit et il redevient « normal », mais cela ne dure jamais plus de quelques secondes ou de quelques minutes.

Il tombe également de plus en plus fréquemment dans des sortes d'états stuporeux ou soporeux s'accompagnant de gesticulations et de tics, d'émissions de sons inarticulés et d'écholalie. Ces symptômes se sont aggravés, et toutes nos augmentations ou diminutions de sa dose de L-DOPA n'ont eu aucun effet sur leur cours. Nous avons essayé à diverses reprises de lui administrer de l'amantadine (chez certains patients, l'amantadine atténue les réactions pathologiques à la L-DOPA, et rétablit – temporairement – ses effets thérapeutiques), mais nous avons malheureusement constaté que, en ce qui le concernait, cette substance ne réussissait qu'à *exacerber* ses réactions pathologiques et stuporeuses.

Les membres de sa famille l'emmènent parfois dans leurs maisons pour le week-end ou les vacances, et c'est lorsqu'il est avec eux qu'il se sent et fonctionne le mieux. Il apprécie tout particulièrement la chaîne stéréo et la piscine de la maison de campagne de son frère. Il est frappant de constater avec quelle facilité il peut nager d'une extrémité de la piscine à l'autre, et à quel point son parkinsonisme peut s'atténuer dès qu'il est dans l'eau : il semble retrouver dans cet élément une aisance et une souplesse de mouvement qui lui sont interdites quand il se trouve sur la terre ferme. La musique, et notamment l'*opera buffa* dont il est très friand, a sur lui des effets similaires : elle l'amène à chanter, à « battre la mesure » comme un chef d'orchestre ou même à danser, rend ses mouvements plus faciles, et réduit tous ses symptômes au minimum (cf. Frances D., p. 77). Mais son passe-temps préféré est de rester assis sous le porche, à observer la vie sauvage qui grouille dans le jardin, ou à contempler les gratte-ciel de New York. Chaque fois qu'il revient de ces journées à la campagne, il est profondément déprimé, et exprime toujours les mêmes sentiments ; il nous dit : « Bon sang, comme je me sens soulagé quand je quitte cet endroit !... Depuis le jour de ma naissance, j'ai tout le temps été enfermé... Je suis enfermé dans ma maladie depuis ma naissance... J'ai eu une vie infernale... Pourquoi diable ne suis-je pas mort alors que j'étais enfant ?... Quel sens, quelle utilité peut avoir la saloperie de vie que je mène ici ?... Eh, docteur ! J'en ai plein le dos, de la L-DOPA... Et si vous me donniez une *vraie* pilule, une de celles que les infirmières enferment dans l'armoire à médicaments ?... La pilule d'*euthanasie,* je ne sais pas comment vous appelez ça... J'aurais eu besoin de cette pilule depuis ma naissance. »

Épilogue

Dans l'édition américaine du présent ouvrage, j'avais conclu l'histoire de Rolando P. par ce bref commentaire : « Au début de l'année 1973, Rolando P. dépérit et mourut. Comme dans le cas de Frank G. et de divers autres patients, nous ne comprîmes pas vraiment, *post mortem,* la raison de sa mort. Je ne peux m'empêcher de penser que ces patients moururent en fait de désespoir et de détresse, et que la cause *apparente* de leur décès (arrêt cardiaque, etc.) fut simplement pour eux l'occasion de recevoir le *coup de grâce* qu'ils désiraient. » Ces lignes énigmatiques m'ayant valu bien des questions, je pense qu'il est préférable que je m'étende plus longuement sur ce problème et que je dise quelques mots des circonstances du déclin de Rolando et des causes probables ou possibles de sa mort.

Rolando P. avait une mère qui le comprenait très bien et lui était profondément attachée : elle ne cessa, par exemple, de défendre son fils contre tous ceux qui le prenaient pour un attardé ou un malade mental (voir p. 137). Longtemps, elle ne manqua jamais, malgré le poids des années et de l'arthrite dont elle souffrait, de venir voir son Rolando tous les dimanches (ou de le rejoindre dans la maison de campagne de son frère). A partir de l'été 1972, cependant, l'aggravation de son arthrite la força à interrompre ses visites à l'hôpital. L'interruption de ses visites déclencha chez son fils une crise très violente – il resta deux mois durant en proie à un chagrin, une tristesse, une dépression et une colère extrêmes, et perdit neuf kilos. Par bonheur, cette perte lui fut rendue plus supportable par l'une de nos physiothérapeutes qui, outre sa grande compétence professionnelle, put lui apporter un peu de la chaleur et de l'amour dont il avait besoin : M. P. noua avec cette femme une relation si profonde et si « anaclitique » qu'en septembre 1972 il s'appuyait désormais sur elle comme il s'était précédemment appuyé sur sa mère. Grâce à ses profondes qualités humaines et à son immense sensibilité, cette physiothérapeute put jouer ce rôle maternel sans la moindre fausse note, et offrir à M. P. un amour authentique, sincère et inconditionnel. Elle lui consacrait toute son attention, et poussait même le dévouement jusqu'à venir le voir les week-ends ou le soir. Grâce à son affection sans faille, la blessure de Rolando commença à cicatriser : il se calma et retrouva un peu de tonus, reprit du poids et dormit mieux.

Malheureusement, au début du mois de février, la politique d'économies imposée par le dernier budget fédéral nous força à réduire nos effectifs, et nous dûmes renvoyer sa physiothérapeute bien-aimée (en même temps qu'un tiers du personnel de l'hôpital). Cette nouvelle fit sur Rolando l'effet d'un véritable coup de massue, et il ne put, à un certain niveau, s'empêcher de la dénier et de la rejeter : il rêva par exemple à plusieurs reprises que tout le monde avait été renvoyé, *sauf* sa nouvelle « mère », qui était exceptionnellement autorisée à rester à l'hôpital – chaque fois, il se réveillait de ces rêves doux et cruels à la fois tout souriant, puis poussait un cri angoissé dès qu'il reprenait ses esprits. Mais, cela, c'étaient ses rêves, et ses réactions conscientes étaient différentes : elles étaient beaucoup trop « raisonnables », beaucoup trop « rationnelles ». Il nous disait, en hochant la tête en signe de consentement : « Ce sont des choses qui arrivent. C'est bien dommage, mais on n'y peut rien... Il ne sert à rien de pleurer, vous savez... Il faut *continuer* – malgré tout, la vie continue... » A un niveau conscient et rationnel, Rolando semblait donc déterminé à supporter cette perte et à continuer à vivre

« malgré tout » ; mais, à un niveau plus profond, j'eus l'impression qu'il avait reçu là une blessure dont il ne se remettrait pas. Cette mère substitutive l'avait déjà sauvé une première fois en remplaçant sa vraie mère, et, maintenant qu'il *la* perdait à son tour, il se retrouvait totalement seul. Depuis l'âge de trois ans, Rolando était très gravement malade et totalement dépendant, affectivement et matériellement, de son entourage – il avait l'esprit d'un homme, mais les besoins d'un nourrisson. Je ne pouvais m'empêcher de penser aux célèbres travaux de Spitz, et de me dire que ses chances de survie étaient très faibles [22].

Vers la mi-février, l'état mental de Rolando se détériora profondément : il sombra dans un chagrin et une dépression intenses, accompagnés de sentiments de terreur et de fureur. La perte de son objet d'amour le *minait*. Il ne cessait de *chercher* partout cette physiothérapeute, et « prenait » très souvent telle ou telle personne pour elle. Il commença à souffrir d'accès de *douleurs cardiaques* (d'origine psychique ?) durant lesquels il devenait aussi pâle qu'un linge, étreignait sa poitrine, poussait des cris ou gémissait. En même temps, il éprouvait un intense sentiment de *trahison* qui l'amenait à se répandre en invectives véhémentes contre le destin, l'hôpital, et cette femme : tantôt il la traitait de « foutue salope déloyale », tantôt il s'en prenait à l'hôpital qui la lui avait « enlevée ». Il n'était que tourments, injures et lamentations.

Fin février, son état se modifia à nouveau : il s'enfonça dans une apathie totale, se ferma presque complètement à toutes nos tentatives de communication, et devint une sorte de cadavre vivant ; ses troubles parkinsoniens s'exacerbèrent, mais le masque parkinsonien de son visage cachait d'autres expressions bien plus redoutables, révélatrices de son désespoir et de sa détresse ; il perdit tout appétit et cessa de manger ; il n'exprima plus ni espoirs ni regrets ; il ne pouvait plus dormir, et passait ses nuits étendu sur son lit, les yeux grands ouverts, à fixer tristement le plafond. Il était évident qu'il avait perdu toute volonté de vivre, et qu'il était en train de mourir...

Je n'oublierai jamais ce dernier épisode, intervenu début mars : des membres du personnel médical – aussi prompts que d'habitude à soupçonner quelque « maladie organique », mais manifestement toujours aussi aveugles aux désespoirs de l'âme – ayant décidé de lui faire passer toute une batterie d'« examens », je vis donc dans la matinée un laborantin tout de blanc vêtu et plein d'entrain pousser dans sa chambre un chariot chargé de seringues et d'éprouvettes. Brusquement, après avoir tout d'abord tendu un bras apathique et s'être laissé passivement faire sa prise de sang, Rolando laissa éclater son indignation et entra dans une colère noire. Repoussant violemment le chariot et le laborantin, il se mit à hurler : « Salauds, vous ne pouvez pas me laisser tranquille ? A quoi riment tous vos foutus examens ? Vous êtes donc aveugles et sourds ? Vous ne voyez pas que je suis en train de mourir de chagrin ? Pour l'amour de Dieu, laissez-moi mourir en paix ! » Ce furent les derniers mots qu'il prononça. Quatre jours plus tard, il mourut durant son sommeil, ou sa stupeur.

7

Miriam H.

Mlle H. naquit à New York en 1914, dans une famille juive profondément religieuse dont elle fut le deuxième enfant. Son père et sa mère moururent moins de six mois après sa naissance – c'était la première des nombreuses épreuves que la vie devait lui réserver. Elle fut séparée de sa sœur aînée, et envoyée dans le vieil orphelinat du Queens, où, tel Oliver Twist, elle fut nourrie d'un maigre gruau et de lourdes menaces. Elle s'avéra très tôt une enfant exceptionnellement précoce, et « se plongea » dans les livres dès l'âge de dix ans. A onze ans, ayant été poussée du haut d'un pont, elle souffrit de fractures des deux jambes, du pelvis et du dos. A douze ans, elle contracta l'encéphalite léthargique – ce fut la seule enfant atteinte parmi les quelque deux cents pensionnaires qu'abritait l'orphelinat. Elle demeura pendant six mois dans une torpeur intense, dormant nuit et jour et devant être réveillée pour s'alimenter et satisfaire ses besoins, puis fut sujette durant les deux années suivantes à d'innombrables accès de narcolepsie ou de paralysie survenant pendant le sommeil, à des cauchemars nocturnes et « éveillés » et à de la somnoloquie. Ces troubles du sommeil furent bientôt suivis par des symptômes parkinsoniens qui s'aggravèrent rapidement : dès l'âge de seize ans, Mlle H. avait le côté droit du corps extrêmement rigide et la main gauche atrophiée, laissait voir maintes déformations posturales, et avait une élocution et une pensée très accélérées. Sa brillante intelligence n'ayant pas été altérée par la maladie, elle put retourner au lycée et mener ses études secondaires à leur terme. A dix-huit ans, elle se retrouva si handicapée par ses symptômes qu'il fallut l'hospitaliser à Mount Carmel. Elle n'eut donc pas la possibilité de faire l'expérience du monde « extérieur », et ne le connut jamais qu'à travers ses livres, ou par ouï-dire.

Son état, durant les trente-sept ans qui suivirent, se détériora lentement, mais inexorablement. Sa rigidité et son akinésie hémi-parkinsoniennes se doublèrent d'une spasticité et d'une faiblesse de la jambe gauche et d'un raccourcissement et d'une déformation de la jambe droite, consécutifs à son accident, auxquels s'ajoutaient encore des troubles de l'équilibre et une festination marquée. A partir de 1966, elle devint totalement incapable de marcher, même avec des cannes. Ses difficultés d'élocution liées à son débit verbal précipité étaient aggravées par des mouvements de mâchonnement et de mastication très prononcés. Elle avait également souffert, au début de sa maladie, de douleurs paroxystiques associées à des affects d'angoisse et de terreur, qui apparaissaient et disparaissaient brusquement, se prolongeaient pendant plusieurs heures et étaient invariablement localisées à gauche ; un jour (bien des années plus tard) que je l'interrogeais à ce propos, elle me dit, citant Dickens (elle adorait cet auteur) : « Vous ne cessez de me poser des questions sur la *localisation* de ces douleurs. La seule réponse que je puisse vous faire, c'est celle de Mme Gradgrind : " J'avais bien l'impression qu'il y avait une douleur *quelque part dans la pièce,* mais je n'aurais pu affirmer que c'était moi qui la ressentais. " » Ces accès douloureux disparurent vers 1940, mais Mlle H. resta extrêmement sensible à la douleur dans toute la région gauche du corps.

Elle fut aussi sujette, jusqu'en 1945, à des dépressions orageuses et à de violents accès de colère qui furent ensuite progressivement remplacés par une dépression étale et un peu apathique. Elle me dit à propos de cette évolution : « Immédiatement après l'encéphalite, j'avais été sujette à des accès de violence tout à fait incontrôlables, mais ensuite la maladie m'a *domptée.* » Elle avait également développé un moment une tendance à l'impatience et à l'impulsivité, qui s'était elle aussi calmée au fil des années ; elle gardait un souvenir tout particulièrement honteux des hurlements qu'elle avait l'habitude de pousser à la moindre frustration ; elle me déclara : « C'était comme si quelque chose montait en moi, et tout à coup éclatait. Quelquefois, je ne me rendais pas compte que c'était moi qui criais : j'avais l'impression que ces hurlements provenaient de quelque chose qui était différent de moi, et que je ne contrôlais pas. Et, après, je me sentais affreuse, je me haïssais. »

Lorsqu'elle ne piquait pas de colères ni ne se mettait à hurler, elle retournait presque toute sa haine et son acrimonie contre elle-même – ou contre Dieu. « Au début, me dit-elle, je haïssais le monde entier, je n'aspirais qu'à la vengeance. J'avais le sentiment que mon entourage était d'une manière ou d'une autre responsable de la maladie. Ensuite, je devins résignée, je compris que c'était une punition de Dieu. » Mais elle ajouta aussi, après que je lui eus demandé si elle avait l'impression d'avoir fait quoi que ce soit qui mérite d'être puni par l'encéphalite, et pourquoi elle pensait avoir été frappée ainsi : « Non, je n'avais pas le sentiment d'avoir jamais mal agi. Je ne suis pas méchante. Mais j'ai été choisie – je ne sais pas pourquoi, Dieu est impénétrable. »

Ces sentiments d'autoculpabilité et de dépression s'exacerbaient à un point presque insupportable durant ses crises oculogyres. Ces crises, apparues pour la première fois en 1928, se reproduisaient chaque mercredi avec une telle régularité que j'avais pris l'habitude de demander à mes étudiants qui désiraient observer ce type de crises de venir le mercredi (cette ponctualité n'était pourtant pas inflexible ; un jour par exemple que je l'avais prévenue que mes élèves ne viendraient pas le mercredi, mais le jeudi, Mlle H. me déclara : « Très bien, je remettrai ma crise à jeudi », et tint parole). Elles duraient de huit à dix heures, et, pendant tout ce temps, Mlle H. était « forcée de regarder le plafond », sans qu'aucun opisthotonos ne soit à l'origine de ce symptôme. Elle ne parvenait même plus à faire avancer sa chaise roulante, et sa voix n'était plus qu'un murmure. Elle se sentait « morose... triste... dégoûtée de l'existence », et ne pouvait s'empêcher de ruminer obsessionnellement sa misérable vie dans cet hôpital où elle était enfermée depuis trente-sept ans, son manque d'amis, la mort de ses parents, sa laideur, son impotence, etc. Elle ne cessait de se répéter : « Pourquoi moi ? Qu'ai-je fait ? De quoi suis-je punie ? Pourquoi m'a-t-on volé ma vie ? A quoi bon rester en vie ? Pourquoi est-ce que je ne me tue pas ? » Cette sorte de litanie intérieure se prolongeait jusqu'à la fin de ses crises, et elle ne pouvait la chasser de son esprit : ces idées mélancoliques revenaient sans cesse, péremptoires, irrépressibles, et excluant toute autre pensée. Dès que ces crises s'interrompaient, elle se sentait « d'assez bonne humeur », avait l'impression de redevenir elle-même, et se disait que, après tout, tout n'allait peut-être pas aussi mal qu'elle le croyait. Elle était également sujette, parallèlement à ces crises d'oculogyrie ou se combinant à leurs symptômes, à des compulsions à compter (c'était une extraordinaire calculatrice mentale). Ces compulsions s'emparaient d'elle surtout la nuit, et elle ne pouvait alors s'arrêter de penser et trouver le sommeil qu'après avoir compté jusqu'à un nombre précis (par exemple 95 000), ou encore élevé le chiffre 7 à la puissance 15 ; mais elles se déclenchaient aussi quelquefois au cours de ses crises oculogyres (comme pour l'une des patientes de Jelliffe), et, dans ce cas, la crise ne prenait fin qu'après qu'elle fut arrivée au terme de ses énumérations ou de ses calculs mentaux : si elle s'interrompait, elle devait tout reprendre au début ; et, dès qu'elle atteignait le but qu'elle s'était fixé, la crise se terminait instantanément [23].

Malgré tous ses problèmes neurologiques et neuro-endocriniens et le profond désespoir qui si souvent l'envahissait, Mlle H. lutta bravement contre ses nombreux handicaps jusqu'en 1967 : elle s'intéressait aux activités de l'hôpital et de la synagogue, participait activement à toutes les conférences organisées à Mount Carmel, lisait énormément et suivait de très près l'actualité. Mais, après l'été 1967, son état neurologique et psychique se détériora brusquement – il avait fait extrêmement chaud, et, craignant les complications entraînées par l'hyperthermie et les insolations que nous avions déjà observées chez un certain nombre de nos patients postencéphalitiques, nous avions interrompu son traitement aux antiparkinsoniens. Son bras gauche devint extrêmement raide et elle se replia complètement sur elle-même ; elle sombra dans une apathie profonde, et parut avoir perdu tout intérêt pour la vie : elle se contentait de rester assise toute la journée dans son fauteuil, fixant le mur de ses yeux ternes. Les antidépresseurs ne modifièrent quasiment pas son état, et la reprise de son traitement antérieur aux solénacés ne réussit qu'à réduire sa salivation. Lorsque nous prîmes la décision de lui administrer de la L-DOPA, Mlle H. était considérée comme une patiente irrémédiablement « régressée », aux troubles irréversibles.

Avant la L-DOPA

Lorsque, en mai 1969 – donc très peu de temps avant que nous commencions à lui faire prendre de la L-DOPA –, je rencontrai pour la première fois Mlle H., je la découvris effondrée dans son fauteuil roulant, en proie à une apathie profonde. Son visage était figé et totalement inexpressif, mais les lunettes presque opaques – manifestement sales depuis des mois – qu'elle portait sur ses yeux protubérants et myopes suffisaient à montrer à quel point elle était atteinte. Lorsqu'elle les retirait, ses yeux semblaient fixer tristement le vide, et ne laissaient même pas voir les mouvements vifs et attentifs qui sont parfois le seul signe de vie des patients gravement akinétiques. Ses pupilles étaient rétrécies et de taille inégale (la gauche était un peu plus grande que la droite), mais son regard était normal dans toutes les directions et ne présentait qu'un léger défaut de convergence. Elle ne clignait pas des yeux spontanément, mais fermait longuement les paupières au moindre petit coup sur la glabelle ou dès que l'on approchait un objet de son visage. Elle avait une peau grasse et acnéique, couverte d'une dermatite séborrhéique, et transpirait abondamment, surtout dans la moitié gauche du corps.

Sa voix était claire et intelligible, alternativement hachée par des blocages soudains et des accélérations extrêmes, et s'affaiblissait rapidement en fin de phrase. Ces variations de la puissance de sa voix et de son débit verbal s'accompagnaient quelquefois de tics expiratoires et phonatoires (des grognements), qui interrompaient eux aussi ses paroles et altéraient la cohérence de ses propos. Sa respiration, généralement presque imperceptible, était périodiquement entrecoupée par des inspirations profondes et impulsives. Elle salivait beaucoup, sans pour autant réellement baver. Elle ne pouvait plus tirer la langue, et parvenait à peine, lorsqu'on lui demandait de la remuer le plus vite possible, à lui faire faire des petits mouvements latéraux lents et tremblants, tout en tordant la bouche. Dès que son attention restait inoccupée, ses mâchoires étaient agitées par des mouvements de mâchonnement intermittents, qui persistaient durant la première partie de son sommeil (je ne fis cette observation qu'ultérieurement). Elle présentait une rigidité et une akinésie unilatérales très marquées, qui affectaient essentiellement le côté gauche de son corps. Son bras gauche était extrêmement raide, et sa main gauche, atteinte d'une déformation et d'une contracture dystoniques prononcées, avait perdu presque toute possibilité de mouvement indépendant. La rigidité de son bras droit était beaucoup moins accentuée, et sa main droite était encore capable de faire six ou sept mouvements de contraction et d'extension avant d'être paralysée par l'akinésie. On constatait une rigidité axiale intense, qui interdisait presque tout mouvement des muscles du tronc ou du cou. On pouvait observer dans tout le côté gauche de son corps une combinaison étrange d'hypoalgésie et d'hyperpathie extrême, qui entraînait des réactions excessives aux stimuli douloureux. Ses deux jambes présentaient une spasticité et une faiblesse de type cérébro-spinal moteur : tous les réflexes tendineux étaient pathologiques, et l'excitation de la plante des pieds provoquait des deux côtés un signe de Babinski positif. Mlle H., enfin, ne pouvait plus se lever de son fauteuil et, même soutenue, était totalement incapable de tenir debout ou de marcher.

De temps à autre, à notre grande surprise, cette patiente si régressée et à l'aspect si peu engageant laissait voir quelques lueurs de l'intelligence, de l'esprit et du charme que dissimulaient son repliement extrême et ses « blocages ». Mais ses facultés étaient le plus souvent si amoindries que tous ceux qui ne la connaissaient pas bien la prenaient pour une arriérée mentale.

Le traitement à la L-DOPA

Nous commençâmes à lui administrer de la L-DOPA le 18 juin 1969. Durant une semaine, nous augmentâmes progressivement sa dose quotidienne sans constater le moindre changement : elle ne se plaignit même pas des nausées, des étourdissements ou des autres symptômes en général observés dès les premiers jours de traitement. Voici maintenant des extraits de mes notes journalières :

27 juin. Mlle H. prend maintenant 2 g de L-DOPA par jour. Elle semble plus éveillée, plus gaie, et paraît s'intéresser davantage à ce qui se passe autour d'elle.

1er juillet. Mlle H. continue à paraître plus vive et de meilleure humeur. Pour la première fois depuis bien des années, elle recommence à se soucier de son apparence : elle a demandé qu'on la rase trois fois par semaine et que ses problèmes de peau soient soignés, et a exprimé le désir de porter des robes à la place de sa tenue d'hôpital informe. Elle a emprunté un livre à la bibliothèque (elle n'avait plus lu depuis plus de deux ans), et a commencé à tenir un journal, d'une écriture encore minuscule, mais qui s'agrandit de jour en jour. Son bras gauche est nettement moins raide, et elle a inventé une série d'exercices destinés à « dérouiller » ce membre jusque-là pétrifié. Elle ouvre et ferme la main gauche sans difficulté, bien qu'elle reste incapable de remuer les doigts séparément. Devant ces réactions favorables et compte tenu de l'absence de tout effet indésirable, j'ai décidé de faire passer sa dose de L-DOPA de 3 à 4 g par jour.

9 juillet. L'état de Mlle H. continue de s'améliorer, bien que quelques effets indésirables, heureusement pas trop sérieux, aient fait leur apparition. Grâce à la physiothérapie, elle est devenue plus adroite du bras gauche, et parvient à bouger légèrement les doigts. Elle peut à nouveau se servir d'un couteau et d'une fourchette, et défait sans difficulté les papiers des bonbons et des chocolats, dont elle est très friande malgré son obésité et son diabète.

Elle est également devenue plus exigeante et plus impatiente ; elle exprime ses désirs d'une voix sonore, et se met à pousser des cris stridents si nous ne lui accordons pas ce qu'elle veut – ce dont elle s'excuse ensuite, en nous disant qu'elle n'est pas responsable de ces cris et qu'elle ne se reconnaît pas dans ces comportements. Son discours est beaucoup plus logique et cohérent et ne s'interrompt plus après chaque phrase ou partie de phrase, bien que son débit verbal soit toujours aussi accéléré. Je ne connais personne qui parle plus vite qu'elle : elle battrait très facilement n'importe quel présentateur de journal télévisé, car elle arrive à parler à la cadence de 500 mots/minute, sans sauter aucune syllabe. Sur ce plan, comme sur celui de la rapidité de pensée ou du calcul mental, aucun de mes étudiants ne peut prétendre rivaliser avec elle : elle est capable, par exemple, lorsque je le lui demande, de soustraire 17 de 1012, puis 17 de 995, et ainsi de suite à l'infini, aussi vite qu'elle parle.

[Dans le domaine des effets indésirables, ses mouvements de mastication s'étaient accentués. Ils étaient particulièrement marqués le soir, et persistaient après qu'elle s'était endormie. Elle ne s'en plaignit jamais, et ils ne semblaient pas trop la gêner. Par ailleurs, l'augmentation de sa dose de L-DOPA avait entraîné l'apparition d'un symptôme tout à fait nouveau consistant en un *tic* de la main droite : environ vingt fois par heure, elle portait sa main à son visage, en un mouvement fulgurant. Elle me déclara d'abord que c'était un « mouvement absurde », qui ne répondait à aucune finalité dont elle fût consciente, et qu'elle ne faisait pas volontairement. Elle me dit : « Je sens dans ma main une tension qui s'accroît progressivement. Au bout d'un moment, elle devient trop forte, et il *faut* que je bouge la main. » Moins de trois jours après être apparu, cependant, ce tic s'associa à une intention et acquit une foncion : il évolua en un maniérisme. Mlle H. ne se contenta plus de simplement porter sa main à son visage, mais se servit désormais de ce mouvement pour remonter ses lunettes, qui avaient tendance à glisser le long de l'arête de son nez. Elle me dit, avec beaucoup de finesse et d'humour : « Mieux vaut que mes lunettes ne tiennent pas. Autrement, il faudrait que je trouve un autre usage à ce mouvement de ma main. » Il est certain que cette transformation de ce tic en un maniérisme, de ce dynamisme « absurde » en une action à laquelle elle pouvait attribuer une fonction, la rassura : il fallait toujours qu'elle rationalise et essaie de s'expliquer ses mouvements « involontaires » ; contrairement par exemple à Mme Y., elle ne supportait pas l'idée d'être le jouet de simples « impulsions ».]

21 juillet. Les réactions de Mlle H. sont toujours aussi homogènes et satisfaisantes : elle est éveillée sans être insomniaque, de bonne humeur sans être surexcitée, se sert sans difficulté de son bras gauche, et peut à nouveau, grâce à la physiothérapie, tenir debout durant quelques secondes si on la soutient un peu (bien que la faiblesse spasmodique de ses jambes ne se soit pas atténuée).

1er août. Mlle H. a résumé les événements de juillet en me disant : « Ça a été le meilleur mois que j'ai passé depuis des années. » L'un des effets les plus positifs de la L-DOPA a été l'interruption des crises oculogyres qui la torturaient depuis plus de quarante ans [24]. Bien que calme dans des circonstances normales, elle recommence à avoir tendance aux sautes d'humeur auxquelles elle avait été sujette immédiatement après avoir contracté l'encéphalite.

Pendant tout le mois d'août, les améliorations constatées se sont maintenues. Elle tient sur ses jambes, et recommence à marcher un peu. La transformation de son apparence physique et de son comportement est encore plus spectaculaire que ces progrès neurologiques et fonctionnels : la pitoyable malade régressée, immobile et apathique, difforme et malsaine, engoncée dans une anonyme chemise blanche d'hôpital, qu'elle était encore deux mois plus tôt, s'est transformée en une vieille dame vêtue avec goût, épilée, poudrée, maquillée et impeccablement coiffée. Sa grâce et son élégance font maintenant facilement oublier son obésité, son acromégalie et ses traits un peu figés, notamment lorsque l'on écoute sa conversation admirablement spirituelle : le vilain caneton est presque devenu un cygne.

1969-1972

Quatre mois environ après le début de son traitement (en septembre-octobre 1969), à une dose de L-DOPA maintenue à 4 g par jour, un certain nombre d'« effets secondaires » d'ordre respiratoire firent leur apparition. Le premier de ces symptômes respiratoires consista en des accès de hoquet se déclarant chaque matin à six heures trente – c'est-à-dire peu après son réveil et *avant* qu'elle prenne sa première dose de L-DOPA – et se prolongeant durant des heures. Trois semaines plus tard, elle fut sujette à des quintes de toux et des raclements de gorge « nerveux », s'accompagnant de la sensation d'avoir quelque chose qui lui obstruerait ou lui gratterait la gorge : ces nouveaux symptômes firent immédiatement disparaître son hoquet, exactement comme s'ils l'avaient « remplacé ». Fin novembre, cette toux et ces raclements de gorge furent à leur tour « remplacés » par des essoufflements et suffocations qui se développèrent progressivement en de véritables « crises respiratoires » de plus en plus graves, assez voisines des crises de Mlle D. (Mlle H. et Mlle D. étaient à l'époque ce que l'on pourrait appeler des « ennemies de cœur » : elles étaient malheureuses dès qu'on les séparait, passaient presque toutes leurs journées assises l'une en face de l'autre, et *s'adressaient* mutuellement leurs crises). Vers la fin de l'année, ces crises atteignirent un niveau de gravité effroyable : elles commencèrent à s'accompagner non seulement d'une augmentation importante de la fréquence de son pouls et de sa tension artérielle, mais également d'une intense excitation émotionnelle, de blocages de la parole, et d'une recrudescence de troubles parkinsoniens et de symptômes oculogyres.

Outre ces symptômes physiologiques, ces crises s'accompagnaient de « réminiscences » et de fantasmes forcés, qui faisaient naître sur son visage une expression très spécifique (qui apparaissait également durant ses « blocages ») : elle « se souvint », par exemple, à cette occasion, d'avoir été sexuellement agressée en 1952 par un « cochon » de garçon d'ascenseur ; elle « comprit » (toujours au cours de ces crises) que cette horrible histoire était connue de tout le monde, et que tout l'hôpital riait sous cape du « relâchement » de ses mœurs et des suites pathologiques de son inconduite. Elle ne me parla de ces pensées que deux semaines après les avoir eues. Comme je lui demandai si cette agression sexuelle s'était réellement produite, etc., elle me répondit : « Bien sûr que non. Je sais que ce sont des idioties. Mais, quand j'ai une crise, je suis *forcée* de le penser. » Fin décembre, ces troubles respiratoires devinrent quasi permanents, et nous dûmes nous résoudre à interrompre la L-DOPA.

Un mois passa, durant lequel elle se remit de ses crises, mais fut sujette à des symptômes parkinsoniens beaucoup plus aigus qu'avant le début de son traitement à la L-DOPA. En février 1970, elle me dit : « Je pense que je suis prête à reprendre de la L-DOPA. Au cours du mois qui vient de s'écouler, j'ai beaucoup réfléchi, et je crois que j'ai dépassé toutes ces idioties. Je vous parie vingt contre un que je n'aurai plus de crises. » Nous la remîmes donc sous L-DOPA, et fîmes à nouveau progressivement passer sa dose quotidienne à 4 g.

Cette reprise du traitement donna de bons résultats, bien que moins impressionnants que la première fois. Elle resta en assez bonne forme jusqu'à l'été 1970, où réapparurent divers « effets secondaires ». Ces effets indésirables ne consistèrent pas en des accès de hoquet, des quintes de toux, des accès d'essoufflement ni en tel ou tel trouble respiratoire – comme elle l'avait prédit et parié ; ils prirent cette fois la forme de tics multiples, très étranges à observer : elle se mit à donner des « coups de poing » en l'air, un bras après l'autre, comme si elle voulait écraser des moustiques qui bourdonneraient au-dessus de sa tête. En juillet, la cadence de ces tics atteignit trois cents mouvements/minute : ses bras s'élevaient et redescendaient comme des éclairs, presque trop vite pour que leurs évolutions puissent être suivies à l'œil nu (le film tiré de *Cinquante Ans de sommeil* montre cette scène). Toute autre activité lui devint impossible, et elle nous demanda donc de suspendre à nouveau son traitement.

En septembre, elle me dit : « La troisième fois sera la bonne ! Si vous me redonnez de la L-DOPA, je vous promets qu'il n'y aura cette fois aucune complication. » J'accédai à sa demande, et il s'avéra qu'elle avait vu juste. Nous la maintenons depuis deux ans à une dose de 4 g de L-DOPA par jour, et, si les effets thérapeutiques du traitement sont beaucoup moins spectaculaires que lors de notre première tentative, ils sont néanmoins très nets. Elle pique de temps en temps une colère, ou a encore à l'occasion une crise, mais cela n'est jamais trop grave. Elle *n'a pas* renoncé à son maniérisme (son geste de « remonter » ses lunettes), qui semble lui permettre de résorber, décharger ou exprimer ses tendances aux tics, ou une excitation psychomotrice trop forte ; elle m'a dit : « Ça me canalise. N'y touchez pas. »

D'une façon générale, Mlle H. profite de la vie autant que son infirmité et sa situation le lui permettent : elle part en excursion ou va au cinéma chaque fois qu'elle en a la possibilité ; c'est une terreur au bingo, car personne à l'hôpital ne peut rivaliser avec elle sur le plan de l'astuce ou de la rapidité de pensée ; et elle est très attachée à sa sœur. Mais l'essentiel de son temps reste consacré à la lecture et à la tenue de son journal : elle lit très vite, et dévore livre après livre – toujours de la littérature « ancienne » (notamment Dickens), jamais rien de contemporain ; elle réfléchit beaucoup, et couche ses pensées, sans s'en ouvrir à personne, dans des cahiers qu'elle noircit les uns après les autres. On peut donc dire qu'au total elle se porte assez bien – étonnamment bien, si l'on pense à l'existence qu'elle a menée. Elle a toujours réussi, envers et contre tout, à demeurer un *être humain* dans toute l'acception du terme et à regarder la réalité en face, sans dénégation ni folie. Elle tire sa vitalité d'une force incompréhensible, d'une santé plus profonde que les abîmes de sa maladie.

8

Lucy K.

Mlle K. naquit à New York en 1924, et resta fille unique. Elle semble n'avoir été atteinte d'aucune maladie infantile grave, et notamment d'aucun accès fébrile s'accompagnant de léthargie ou d'agitation. A l'âge de deux ans, elle contracta toutefois une paralysie et une exotropie de l'œil gauche, qui, malgré la rapidité de leur installation (ces symptômes se développèrent en six semaines) et la normalité de son regard avant cet épisode, furent imputées à un « strabisme congénital ». Sa mère me la décrivit comme une enfant curieuse et rapide d'esprit, très « sage » et très obéissante jusque vers six ans, puis qui aurait pris un « sale caractère » (elle serait devenue têtue, désobéissante, voleuse, menteuse, coléreuse, etc.). Ses premiers symptômes indiscutablement parkinsoniens apparurent peu après la mort de son père, qu'elle perdit à l'âge de onze ans et auquel elle était extrêmement attachée.

Ses premiers symptômes physiologiques furent des difficultés à marcher : sa démarche devint progressivement de plus en plus raide, gauche et hésitante, notamment lorsqu'elle devait descendre un escalier (son pas avait irrésistiblement tendance à s'accélérer, et elle finissait régulièrement par se casser la figure). Après quoi, à l'âge de quinze ans, son visage devint « inexpressif et luisant – comme celui d'une poupée ». Ces symptômes moteurs s'accompagnèrent de divers troubles caractériels : elle se montra une élève de plus en plus inattentive et indisciplinée (elle n'alla à l'école que jusqu'à l'âge de quatorze ans), et noua un lien de plus en plus parasitaire avec sa mère ; elle se replia complètement sur elle-même, cessa de voir ses camarades, perdit tout intérêt pour la lecture et tous ses anciens passe-temps, rechigna de plus en plus à sortir de chez elle et se polarisa complètement sur sa mère, avec laquelle elle entretint des rapports de plus en plus fusionnels – auxquels ne faisaient obstacle ni la présence d'un père ni celle d'autres enfants, ni l'école, ni aucune amitié ou aucun autre intérêt ou attachement. Elle n'accepta jamais, malgré les « encouragements » répétés de sa mère, de sortir avec aucun garçon : elle prétendait mépriser, détester ou craindre l'autre sexe, et être « parfaitement heureuse » ainsi, seule à la maison avec sa mère. Mais ce prétendu bonheur domestique n'était pas aussi parfait qu'elle l'affirmait : sa mère m'apprit qu'elles avaient souvent de violentes querelles, déclenchées, semble-t-il, aussi bien par elle-même que par Lucy.

La rigidité apparut peu après son vingtième anniversaire ; le côté gauche, puis le côté droit de son corps furent successivement atteints, si bien qu'elle se retrouva dès vingt-sept ans incapable de marcher, clouée en permanence dans un fauteuil roulant, et totalement dépendante de sa mère, qui s'occupait d'elle vingt-quatre heures sur vingt-quatre. Un neurologue chez lequel on l'avait un jour emmenée lui prescrivit diverses pilules, lui demanda de revenir le voir régulièrement, et lui proposa de réfléchir à la possibilité d'une opération chirurgicale ; outrée par ces suggestions, sa mère jeta les pilules et ne la ramena plus jamais chez ce médecin.

En 1964, cependant, l'aggravation de son état finit par rendre inévitable son hospitalisation à Mount Carmel. D'après les observations faites lors de son admission, sa rigidité, son akinésie, son ophtalmoplégie et ses troubles neurovégétatifs étaient très prononcés, mais sa voix restait encore relativement audible. Après avoir d'abord, durant un mois, réagi à cette hospitalisation par de violentes colères et une forte poussée d'agressivité, elle se replia brusquement sur elle-même et son état neurologique se détériora : elle se mura dans le silence, cessa de s'alimenter, demeura immobile sur son lit et ne présenta plus aucun signe de fonctionnement indépendant.

Six mois plus tard environ, Mlle K. s'attacha à un garçon de salle qui lui avait témoigné un peu de sympathie et d'intérêt. Durant les deux mois au cours desquels ce garçon fut affecté à sa salle, elle recommença à parler et à manger toute seule, redevint capable de se retourner dans son lit, etc. Mais il dut quitter le service, et, très vite, son état se dégrada à nouveau : elle s'enfonça une nouvelle fois dans sa régression et son impotence, et n'en bougea plus.

Entre 1965 et 1968, les symptômes de Mlle K. furent d'une uniformité et d'une monotonie presque inhumaines : seules, de rares et violentes « rémissions » vinrent, de temps à autre, en interrompre le cours. Son immobilité était si tendue, si *intense,* qu'elle semblait presque surnaturelle, et différait de l'immobilité parkinsonienne ; et son silence, lui aussi, était si total, si profond et si absolu qu'il se différenciait également de l'aphonie parkinsonienne.

Il lui arrivait quelquefois, lorsqu'elle regardait un film, d'être tout à coup envahie par une vague de terreur ou de plaisir qui « brisait » sa pétrification et son mutisme ; poussant brusquement un cri aigu et sonore (une sorte de « Eeehhh ! »), elle se mettait alors à battre des mains comme un enfant, ou encore les portait brusquement à son visage, comme un nourrisson sujet à un réflexe de Moro. Elle était également connue pour ses colères subites, qui se déclenchaient toujours sans le moindre avertissement : le flot d'imprécations extrêmement violentes et de sarcasmes profondément blessants (escortés de regards furieux et sinistres, de grands mouvements de mains ou même de coups de poing violents) qu'elle proférait durant ces accès de fureur montrait avec quelle attention elle observait son entourage malgré son immobilité et son repliement apparents, et à quel point elle était douée pour la raillerie et la caricature. La tonalité indiscutablement meurtrière de ces emportements, ainsi que leur totale imprévisibilité, les rendait particulièrement effrayants à observer. Ces accès paroxystiques de terreur ou de plaisir, de fou rire ou de colère, duraient rarement plus d'une minute ou deux ; ils prenaient fin aussi brusquement qu'ils avaient commencé, et Mlle K. revenait alors, sans étape intermédiaire, au mélange de pétrification et de violence contenue qui constituait son état « normal ».

Son aspect physique était à la fois pathétique et grotesque. Elle était lourdement et puissamment bâtie, et donnait une impression de grande force physique, contenue et entravée. Comme la plupart de nos patients postencéphalitiques, elle paraissait plus jeune qu'en réalité – on lui aurait facilement donné autour de vingt-cinq ans, alors qu'elle avait dépassé la quarantaine. Son étrange allure de « poupée » était encore accentuée par le soin extrême avec lequel, chaque matin, sa mère la « préparait ». Après l'avoir « préparée », Mme K. emmenait sa fille dans la grande salle et l'asseyait sur une gigantesque chaise, dont elle ne bougeait plus. Elle restait là toute la journée, immobile et rigide, revêtue d'une chemise de nuit d'enfant ou de jeune mariée brodée et ambiguë, ses cheveux noirs comme jais tressés en nattes serrées, le visage recouvert d'une couche de poudre qui lui donnait une couleur blanc crayeux (elle transpirait en permanence et avait une peau séborrhéique). Ses doigts dystoniques et estropiés, invariablement fléchis en direction des paumes, portaient de lourdes bagues et se terminaient par de longs ongles écarlates, et ses pieds, déformés et retournés vers l'intérieur, étaient chaussés de coquettes pantoufles. Elle me faisait penser à une geisha, à Miss Haversham, ou à un robot, mais plus encore à une poupée, au sens le plus absolu et le plus littéral du terme : elle était le reflet vivant des folles lubies de sa mère.

Je découvris peu à peu, en effet, que, non seulement l'apparence de Mlle K., mais aussi une grande partie de sa pathologie étaient inséparablement liées au comportement de sa mère, et que ses symptômes ne pouvaient être pensés indépendamment de cette dernière.

Son mutisme, par exemple, provenait pour une part d'un *refus* de parler (d'un blocage, d'une prohibition ou d'un interdit de la parole) qui reflétait les avertissements de sa mère paranoïde. Il ne se passait pas un jour sans que celle-ci lui répète : « Tais-toi, Lucy ! Chut ! Pas un mot ! Ici, tout le monde est contre toi. Méfie-toi – ne fais pas un geste, ne dis pas un mot... Dans cet hôpital, tu ne peux faire confiance à personne » ; lorsqu'elle ne lui faisait pas ces terribles recommandations, elle lui chantonnait comme à un bébé, pendant des heures : « Lucy, mon bébé, ma petite *poupée* vivante... Personne ne t'aime comme moi... Personne au monde ne *pourrait* t'aimer comme je t'aime... Pour toi, ma petite Lucy, j'ai donné ma vie. »

Mme K. arrivait à l'hôpital très tôt le matin, sept jours sur sept ; elle faisait manger Lucy, lui donnait elle-même tous les soins dont elle avait besoin (malgré les efforts des infirmières pour lui faire abandonner ce despotisme), et ne quittait Mount Carmel qu'à la nuit tombée, une fois que sa fille était profondément endormie. Elle affirmait être extrêmement attachée à Lucy, et ne manquait jamais une occasion de souligner qu'elle avait « sacrifié » vingt-cinq ans de sa vie pour s'occuper d'elle et la « protéger ». Mais son attitude était visiblement très ambivalente, et au moins autant empreinte de haine, de sadisme et d'agressivité que d'amour et de dévouement. Chaque fois, par exemple, qu'elle me voyait passer accompagné de mes étudiants, Mme K. empoignait aussitôt sa fille et la redressait sur sa chaise, en lui faisant craquer vicieusement les vertèbres du cou ; puis, nous faisant signe d'approcher, elle commençait à la harceler cruellement : « Lucy, lui disait-elle, regarde, lequel préfères-tu ? Celui-là ? N'aimerais-tu pas l'embrasser, et te marier avec lui ? » Chaque fois, Lucy se mettait à pleurer, ou bien finissait par pousser un hurlement rauque et furieux.

Au début de l'année 1969, je proposai à Mlle K. d'essayer la L-DOPA, car j'estimais alors qu'elle n'avait rien à perdre à tenter une telle expérience. Son mutisme et son immobilité avaient beau s'expliquer partiellement par un refus « volontaire » de parler et de bouger et pouvoir parfaitement être interprétés en termes de « blocages » ou de conduites d'opposition, elle n'en était pas moins profondément et douloureusement parkinsonienne. Ses muscles présentaient une extrême rigidité plastique typiquement parkinsonienne – pour autant que celle-ci pouvait être détectée « sous » sa raideur catatonique –, plus marquée dans l'hémicorps gauche que dans le droit, et chacune de ses articulations majeures laissait voir très facilement le phénomène dit de « roue dentée ». Ses mains et ses pieds, estropiés par les contractures dystoniques (par sa « dystonie hémiplégique bilatérale ») que j'ai déjà évoquées, étaient glacés, cireux et légèrement atrophiés.

Des accès de tremblements du type astérixis, ainsi que quelques contractions myocloniques sporadiques, agitaient les deux côtés de son corps. Elle salivait abondamment : le flux de salive visqueuse qui coulait en permanence de sa bouche, non seulement nous avait contraints à lui faire porter une bavette, ce qui était en soi humiliant, mais encore – ce qui était beaucoup plus grave – la menaçait constamment de déshydratation, car elle perdait jusqu'à quatre litres de salive par jour. Ses lèvres tremblaient continuellement, et, lorsqu'elle était excitée, une grimace rythmique (sa mère disait qu'elle « montrait les dents ») qui lui découvrait toutes les dents apparaissait sur sa bouche.

Elle était aussi atteinte d'un strabisme divergent alternant qui la faisait gravement loucher. Lorsqu'ils étaient ouverts (ils étaient le plus souvent cachés par un tonus/clonus des paupières, ou une rotation anablepsique qui ne laissait voir que le sclérotique), ses yeux brillaient et paraissaient jeter des regards angoissés et malveillants ; ils constituaient la seule partie mobile de son visage, et exprimaient éloquemment les émotions intenses, douloureusement contradictoires et totalement insolubles qui la traversaient. Lorsque Mlle K. était dans une phase d'agressivité et de négativisme (ce qui était presque toujours le cas), toutes les demandes que nous pouvions lui adresser se heurtaient de sa part à une conduite de « refus » : si nous lui demandions de regarder l'un d'entre nous, elle regardait dans une autre direction ; si nous la priions de tirer la langue, elle serrait les mâchoires ; si nous lui suggérions de « se laisser aller », elle se raidissait et avait des spasmes. Mais il lui arrivait également, plus rarement, de « se donner » sans réserve aux personnes qui l'examinaient, avec une douceur et une soumission très attendrissantes bien que typiquement catatoniques ; quand elle se trouvait dans cette disposition d'esprit, Mlle K. se pliait à nos moindres demandes avec une *obéissance* que ne limitaient que ses infirmités : sa rigidité parkinsonienne elle-même semblait alors « se dissoudre », et elle parvenait même à bouger à nouveau sans difficulté ses jambes habituellement raidies. Le parkinsonisme, la catatonie et l'ambivalence psychotique formaient chez Mlle K. un éventail continu, et étaient inextricablement liés.

Mon enthousiasme pour la L-DOPA était à cette époque presque inconditionnel (j'avais tendance, je le compris par la suite, à simplifier les situations les plus complexes), et je revins donc à plusieurs reprises sur ma proposition. Je dis plusieurs fois à Lucy et à sa mère : « Lucy est désemparée. Il faut qu'elle guérisse.

La L-DOPA est son seul recours », mais Mme K. s'opposa farouchement à ma suggestion ; elle me déclara, devant sa fille : « Lucy est mieux comme ça. Si vous lui donnez de la L-DOPA, ça l'excitera trop, et elle *explosera* », allant même jusqu'à ajouter pieusement : « Si c'est la volonté de Dieu que Lucy meure, elle mourra. » Mlle K., naturellement, écoutait sa mère sans dire un mot, mais ses yeux disaient bien les horribles tourments que son ambivalence lui faisait endurer : ils semblaient dire « oui » et « non » à la fois, « je veux bien » et « j'en ai peur » tout en même temps.

1969-1972

Au cours de l'année 1969, mon point de vue sur la L-DOPA commença à évoluer : ayant effectivement eu l'occasion de *voir* plusieurs patients « exploser » sous l'effet de la L-DOPA, je devins beaucoup moins impatient de l'essayer sur Mlle K., et m'abstins donc de remettre la question sur le tapis, tant devant elle que devant sa mère. Mais, plus mon enthousiasme diminua, plus celui de Lucy augmenta : elle s'opposa de plus en plus à sa mère, et se montra de plus en plus rigide, entêtée et intransigeante. Leur relation devint un combat qu'elle « gagna » par la seule force de sa catatonie.

Fin 1970, Mme K. vint me voir et me dit : « Je suis épuisée. Je ne suis plus à la hauteur. La haine et la méchanceté de Lucy me tuent... Pourquoi lui avez-vous parlé de cette *maudite* L-DOPA ? C'est devenu entre nous un sujet de discorde permanent... Qu'elle en prenne donc, nous verrons bien ce qui arrivera ! »

Je commençai par lui administrer une très faible dose de L-DOPA, que je fis progressivement passer à 3 g par jour. Elle eut de légères nausées, et son parkinsonisme et sa catatonie s'atténuèrent quelque peu. Mais ce fut tout – j'avais simplement le sentiment que *quelque chose* allait se produire. Puis, brusquement, au cours de la quatrième semaine de traitement, elle réagit enfin à la L-DOPA, et – comme sa mère l'avait prédit – « explosa ». Un beau matin, l'infirmière de service, en général très calme, déboula dans mon bureau et me dit : « Vite ! Venez avec moi. Mlle Lucy vient de se remettre à bouger et à parler, à toute vitesse. C'est arrivé tout d'un coup, il y a quelques minutes. » La suivant jusqu'à la chambre de Mlle K., je découvris celle-ci en train de s'asseoir toute seule dans son lit, ce dont elle était incapable depuis bien des années. Elle semblait très excitée, avait retrouvé des couleurs, et faisait de grands gestes avec les bras. Je lui souris, l'air un peu abasourdi, et l'examinai rapidement : je constatai que ses bras et ses jambes avaient totalement perdu leur raideur, que son akinésie s'était évanouie et que ses mouvements avaient retrouvé leur souplesse, exception faite de quelques contractures locales.

D'une voix puissante et claire et l'air très excitée, elle me dit : « Regardez-moi, regardez-moi ! Je vole comme un oiseau ! » Toutes les infirmières entouraient son lit, poussant des cris, la félicitant et l'embrassant, mais sa mère, qui était aussi auprès d'elle, restait silencieuse et gardait un visage crispé et impénétrable. Dans la soirée, une fois Mme K. partie et les infirmières calmées, je revins la voir et poursuivis mon examen. Je lui demandai : « S'il vous plaît, voulez-vous bien me donner votre main ? » et elle me répondit : « Oui, oui, je vous la donne. »

Elle demeura surexcitée, exaltée et hyperactive toute la journée suivante. Le soir venu, tandis que je faisais ma dernière ronde, elle s'écria, les mots se bousculant dans sa bouche : « Docteur Sacks ! Vous m'avez demandé ma main. Elle est à vous !... Je veux que vous m'épousiez et que vous me sortiez de cet horrible endroit... Et promettez-le-moi : vous ne *la* laisserez plus jamais s'approcher de moi ! »

Je m'efforçai de mon mieux de la calmer, lui expliquant que j'étais son médecin, et rien d'autre ; que je l'aimais beaucoup, et ferais tout ce qui était en mon pouvoir pour l'aider, mais que... Après m'avoir jeté un long regard angoissé et furieux, Mlle K. me dit : « Ah bon, c'est comme *ça*... Je vous hais. Vous êtes un salaud, un sale type, vous... » Après quoi, épuisée, elle se laissa retomber en arrière et ne dit plus rien.

Le lendemain matin, Mlle K. était redevenue totalement muette ; elle était à nouveau intensément raide et bloquée, salivait abondamment et était agitée par des tremblements. Je demandai aux infirmières : « Que s'est-il passé ? Elle allait si bien, hier. Les effets de la L-DOPA ne peuvent pas s'interrompre aussi vite. » Lorsqu'elle arriva, sa mère me regarda en souriant et me dit : « Je savais que cela arriverait. Vous avez poussé Lucy à bout. »

Nous continuâmes la L-DOPA durant encore six semaines et élevâmes même sa dose quotidienne à 5 g par jour, mais, vu l'effet que le traitement avait sur elle, nous aurions aussi bien pu lui administrer du bicarbonate. Mlle K. *avait* explosé – et maintenant elle implosait, se contractant jusqu'à n'être plus qu'un minuscule point d'intransigeance, infiniment replié sur lui-même, rigide et parkinsonien. Elle s'était découverte, m'avait ouvert son cœur, et avait essuyé une rebuffade totale ; et c'était *fini,* elle n'éprouverait plus jamais de déconvenue : nous pouvions toujours la gaver de L-DOPA, *elle ne voulait plus* que ce produit lui fasse d'effet. Tels étaient du moins les sentiments que je lui prêtais et la façon dont j'interprétais ses réactions : le silence absolu (incluant un « silence moteur ») dans lequel elle s'était murée ne me permit pas d'en apprendre davantage ; lorsque nous stoppâmes complètement la L-DOPA, Mlle K. ne laissa plus voir aucun type de réactions.

Au cours des mois qui suivirent, son parkinsonisme resta toujours aussi profond, mais elle parvint peut-être à dépasser un peu l'événement que je viens d'évoquer : elle ne m'adressa plus jamais la parole, mais recommença néanmoins à me sourire de temps à autre.

Elle paraissait moins tendue, moins crispée et moins raide, et donnait l'impression d'éprouver des sentiments moins *violents.* Mais, pour autant que je pouvais en juger, elle semblait également beaucoup plus triste et repliée sur elle-même, un peu comme si quelque chose en elle s'était irrémédiablement brisé. Elle ne nous maudissait plus ni ne se mettait plus jamais en colère, et regardait les films que nous projetions sans y prêter attention, et sans réagir. Elle gardait les yeux fermés presque toute la journée – simplement fermés, et non serrés. On aurait dit un fantôme, ou un cadavre – elle se comportait comme quelqu'un qui avait *raté son coup,* et n'était déjà plus de ce monde.

Elle mourut, paisiblement et soudainement, en juillet 1972.

9

Margaret A.

Margaret A. naquit à New York, en 1908, d'un couple de pauvres immigrants irlandais ne travaillant que par intermittence et dont elle fut la dernière-née. Elle ne fut atteinte dans son enfance d'aucune maladie grave, ne présenta aucun signe de trouble émotionnel majeur et eut une croissance normale sur tous les plans. Elle semble avoir été une adolescente heureuse et équilibrée, aussi douée pour les études que pour le sport : elle passa son bac à quinze ans, et se révéla une athlète accomplie.

En 1925, à l'âge de dix-sept ans, Mlle A. tomba brutalement malade : elle commença par dormir presque continuellement pendant dix jours, ne sortant de son sommeil que lorsqu'on la réveillait pour la faire manger, puis resta extrêmement léthargique, angoissée et dépressive durant un an. Après avoir été d'abord mise sur le compte du « choc émotif » qu'elle avait subi lors du décès de son père (qui était mort peu après l'apparition de ses symptômes), sa maladie fut finalement reconnue comme un accès d'encéphalite léthargique.

Cette année de léthargie et de dépression fut suivie d'une rémission de deux ans : apparemment complètement rétablie, Mlle A. trouva un emploi de secrétaire et de comptable, recommença à jouer au tennis et se remit à fréquenter ses amis. Mais, en 1928-1929, les premiers symptômes d'un syndrome postencéphalitique très complexe se manifestèrent.

Dans un premier temps, ses mains se mirent à trembler violemment, son pas se ralentit, son appétit devint « monstrueux » (elle prit quarante-cinq kilos en deux ans), elle commença à être sujette à des troubles de l'équilibre, eut tendance à somnoler durant la journée et à être insomniaque la nuit, souffrit d'une soif insatiable et fut la proie de brusques accès d'exaltation et de dépression paraissant n'avoir aucun rapport avec sa vie quotidienne. Puis, quelques années plus tard, ces premiers troubles furent suivis par deux autres symptômes paroxystiques : d'une part, de violentes crises oculogyres pouvant parfois durer entre dix et vingt heures d'affilée et se répétant, de façon très caractéristique, tous les mercredis, et, d'autre part, de brefs mais fréquents accès de fixité oculaire (« des crises de regard fixe », selon les propres termes de Mlle A.) qui se déclaraient très brusquement et la maintenaient dans « une sorte d'état de transe » pendant plusieurs minutes. A partir de 1932-1933, sa boulimie et l'inversion de son rythme de sommeil s'atténuèrent, mais ses autres symptômes ne cessèrent de s'aggraver durant quarante ans.

Mlle A. arrêta de travailler en 1935. Jusqu'en 1958, année de son hospitalisation à Mount Carmel, elle vécut avec sa mère, ne la quittant que pour faire quelques brefs séjours à l'hôpital dont elle ne nous parla jamais qu'avec beaucoup de réticences : il ressort des maigres informations qu'elle a bien voulu nous fournir que ces hospitalisations furent rendues nécessaires par des symptômes dépressifs et hypocondriaques et des ruminations suicidaires. La difficulté du traitement tenait à ce que, en dépit de leur gravité, ces périodes de dépression ne duraient que quelques jours, et étaient suivies par des poussées d'exaltation durant lesquelles elle niait tous ses problèmes. Elle ne semble pas avoir subi de traitement de choc, ni avoir jamais pris d'antidépresseurs. Les médecins se contentèrent chaque fois de la renvoyer chez elle avec le diagnostic assez vague de « parkinsonisme à tendance psychotique » ou de « parkinsonisme s'accompagnant d'une schizophrénie atypique ».

Durant ses dix premières années d'hospitalisation à Mount Carmel, son état s'aggrava très lentement. Elle était encore capable de marcher sans aide (malgré une forte tendance à la festination et d'innombrables chutes), de manger et de s'habiller toute seule, et même, dans ses « meilleurs moments », de taper à la machine, mais sa soif restait toujours aussi inextinguible : elle buvait entre cinq et huit litres d'eau par jour et émettait une importante quantité d'urine diluée, en rapport avec sa consommation d'eau. Sa vigilance, son activité motrice et son humeur laissaient voir des cycles très marqués et un certain nombre de modifications paroxystiques. Chaque après-midi, par exemple, entre dix-sept heures et dix-huit heures trente, Mlle A. était prise d'une irrésistible envie de dormir pouvant l'amener à s'endormir très brusquement pendant qu'elle mangeait, se lavait, etc. Ces accès de sommeil s'accompagnaient d'un blépharospasme clonique très prononcé, d'un ptosis des paupières et d'incontrôlables mouvements de fermeture des yeux. Elle pouvait leur résister durant quelques minutes, mais finissait toujours par s'endormir. Ils tendaient à être précédés, en début d'après-midi (peu après treize heures), par des accès de somnolence en général plus bénins, bien que pouvant quelquefois être d'une soudaineté presque narcoleptique. Ses capacités motrices étaient à leur apogée entre quatorze heures et seize heures trente (sa voix, habituellement basse et monocorde, devenait puissante et modulée, et ses petits pas traînants étaient alors remplacés par de grandes enjambées accompagnées d'un balancement exagéré des bras impliquant tous les muscles du tronc), et à leur niveau le plus bas entre cinq et huit heures du matin (sa voix était alors presque inaudible, et, bien que tout à fait réveillée, elle avait le plus grand mal à se lever). Après dix-neuf heures, son activité motrice s'accroissait et elle avait tendance à faire de l'insomnie, si bien qu'elle rechignait toujours à aller au lit (nos patients se couchent généralement vers vingt et une heures). Elle ne s'endormait jamais avant vingt-deux heures, et son activité motrice se poursuivait durant son sommeil : elle se tournait et se retournait dans son lit, parlait en dormant, et était de temps en temps sujette à des accès de somnambulisme. Ces manifestations s'interrompaient vers une heure du matin, et elle dormait alors d'un sommeil tranquille jusqu'au lendemain. Elle n'était jamais fatiguée au réveil, et ne gardait aucun souvenir de ses accès de somniloquie ni de ses autres activités nocturnes.

Ses phases de dépression et d'exaltation étaient assez stéréotypées. Lorsqu'elle était déprimée, elle se voyait comme « méchante, repoussante... », etc., et se haïssait ; elle s'imaginait que les autres patients la détestaient aussi, et pensait qu'ils la méprisaient à cause de son air abattu et parce qu'elle allait cinquante fois par jour boire à la fontaine ; elle se disait qu'elle menait une vie misérable, ne valant pas la peine d'être vécue, et se torturait en se persuadant qu'elle allait devenir aveugle. Ces peurs hypocondriaques de la cécité avaient quelque chose d'obsessionnel : elle ne cessait de se répéter : « Je vais devenir aveugle, j'en suis sûre, je vais vraiment devenir aveugle », et *rien* ne réussissait à apaiser ses craintes.

Dans ses moments d'exaltation, elle se sentait « gaie comme un pinson » (c'était l'une de ses expressions favorites, et elle la répétait très souvent), avait l'impression que tous ses soucis et toutes ses douleurs s'étaient envolés (elle disait : « Je n'éprouve pas la moindre douleur ni la moindre souffrance corporelles. Je me sens si bien... Je n'ai plus aucun problème »), débordait d'énergie, se montrait très active et très sociable, et avait tendance à être bavarde comme une pipelette. D'une manière générale, ces brusques accès de tristesse ou de gaieté n'avaient aucun rapport avec les circonstances de sa vie quotidienne (elle disait elle-même : « Je suis souvent déprimée alors que je n'ai aucun souci particulier, et gaie comme un pinson alors que j'ai tout un tas de problèmes »). Seules faisaient exception à cette règle certaines de ses crises oculogyres (au cours desquelles l'extrême déviation de son regard vers le haut à laquelle elle était alors sujette la rendait effectivement aveugle), qui pouvaient à l'occasion s'accompagner de poussées de dépression hypocondriaques se prolongeant après leur interruption, ou d'affects dépressifs se transformant en exaltation au cours même de la crise.

Sur un *plan physiologique et neurologique plus général* (étant bien entendu que son état variait beaucoup au cours d'une même journée et dépendait intimement de son humeur), Mlle A. était une femme plutôt mince, à la peau assez grasse et très poilue, qui faisait beaucoup plus jeune que son âge (elle avait soixante et un ans). Elle n'était pas acromégale, et ne paraissait souffrir d'aucun trouble thyroïdien ou endocrinien. Elle salivait abondamment, et devait s'essuyer très fréquemment la bouche. Les traits de son visage étaient raides et figés, et elle avait tendance à garder la bouche ouverte (notamment lorsqu'elle était inattentive ou dormait). Un tremblement de repos agitait ses lèvres, et elle tournait sans cesse sa langue à l'intérieur de sa bouche. Il était rare qu'elle clignât spontanément des yeux, mais le moindre petit coup sur la glabelle ou tout stimulus traversant son champ visuel provoquaient très facilement des clignements d'yeux involontaires, un blépharospasme clonique et des mouvements forcés de fermeture des paupières. Elle était sujette dès qu'elle commençait à avoir sommeil à d'incessants accès de blépharospasme clonique, ainsi qu'à des « micro-crises » durant lesquelles ses paupières se fermaient et ses globes oculaires étaient déviés vers le haut pendant plusieurs secondes. Elle parlait d'une voix grave et étouffée, monocorde et sans inflexion, qui souvent s'affaiblissait progressivement jusqu'à devenir inaudible. Son débit verbal avait tendance à s'accélérer (festination vocale), mais elle n'était pas sujette à la palilalie. Ses pupilles étaient petites (elles mesuraient deux millimètres) et de taille égale, et conservaient un réflexe photomoteur. Ses yeux étaient en permanence mouillés de larmes, et son regard, mobile dans toutes les directions, ne présentait qu'un léger défaut de convergence.

Ses membres étaient nettement moins raides que les muscles de sa tête et de son tronc : ils avaient conservé une certaine souplesse, alors que sa rigidité axiale était si prononcée qu'elle ne pouvait quasiment plus faire de mouvements du cou. Des tremblements accusés (du type astérixis) agitaient ses membres dès qu'elle était angoissée, excitée ou restait debout – à l'exclusion de toute autre circonstance. Lorsqu'on lui demandait de serrer et de desserrer les poings, ses mouvements commençaient par perdre de leur ampleur après avoir été répétés deux ou trois fois, puis s'accéléraient, et, au bout de six à huit répétitions, s'automatisaient, se décomposaient rythmiquement et se transformaient en un astérixis incontrôlable. Elle ne pouvait s'asseoir ou se tenir debout sans avoir aussitôt tendance à courber fortement le tronc en avant, et n'était capable de se redresser que durant quelques secondes. En général, elle ne parvenait à se lever de sa chaise que lentement et avec difficulté, et marchait en traînant les pieds, à tout petits pas, plaquant ses bras raides, fléchis, immobiles, contre ses flancs. Elle avait tendance à la propulsion, la rétropulsion et la latéropulsion, et tombait souvent en avant, notamment lorsqu'elle était sujette à une incontrôlable festination. Bien que très raide et extrêmement bradykinétique au début de chaque examen, Mlle A. parvenait très facilement à « activer » ou détendre ses muscles en faisant des exercices (ses capacités fonctionnelles avant et après les séances de physiothérapie étaient très différentes) ou en éternuant (tout éternuement activait ses muscles durant plusieurs minutes, même durant les accès aigus d'akinésie qui suivaient son réveil), et, lorsqu'elle était déprimée, cette activation motrice s'accompagnait d'une amélioration très spectaculaire de son humeur. Avant de prendre de la L-DOPA, Mlle A. n'avait pas eu de crise oculogyre à part entière depuis plus d'un an. Un traitement à base de solénacés et de diverses autres substances similaires avait réduit sa salivation et ses tremblements, mais n'avait eu presque aucun effet sur la courbure de son tronc, sa bradykinésie, ses difficultés à marcher, son hypophonie, ses crises ou ses brusques changements d'humeur. Le 7 mai 1969, nous commençâmes à lui administrer de la L-DOPA.

Le traitement à la L-DOPA

Les premiers effets du traitement n'apparurent que cinq jours plus tard, après que sa dose quotidienne de L-DOPA eut été portée à 2 g : le 12 mai, Mlle A. commença à souffrir de légères nausées et d'étourdissements et se mit à ouvrir très fréquemment la bouche (un peu comme si elle bâillait, mais ce n'étaient pas des bâillements), en serrant quelquefois les dents entre deux mouvements. Elle me dit que ces symptômes étaient « automatiques » et involontaires.

Vers le 15 mai, alors qu'elle prenait 3 g de L-DOPA par jour, son état s'améliora de façon très spectaculaire : elle avait l'air plus éveillée et plus vive, et les traits de son visage étaient plus mobiles ; elle ne somnolait ni ne dormait plus dans la journée et se tenait bien droite, sans effort ; elle était beaucoup moins raide, et faisait moins de mouvements anormaux avec la bouche ; elle disait se sentir envahie par une énergie et un bien-être qu'elle n'avait jamais connus.

Le 17 mai, à une dose de L-DOPA de 4 g par jour, sa rigidité et son akinésie se réduisirent encore. Elle redevint capable d'accomplir toute seule un certain nombre de tâches qui lui étaient auparavant impossibles sans aide (par exemple, s'habiller et se déshabiller). Elle se levait de sa chaise sans la moindre hésitation, et pouvait traverser le couloir à grands pas, en balançant les bras. Son visage était plus expressif, et elle souriait facilement. Ses yeux restaient grands ouverts toute la journée, et paraissaient très « brillants ». Ses mouvements involontaires d'ouverture et de contraction des mâchoires, néanmoins, redevenaient très marqués.

Le 19 mai, sa dose de L-DOPA étant restée inchangée, Mlle A. commença à être sujette à des symptômes très déroutants. Elle se sentait extrêmement éveillée, et n'avait pas pu dormir deux nuits de suite. Ses pupilles, bien que réagissant normalement à la lumière, étaient dilatées (leur diamètre était de cinq millimètres). Ses jambes ne pouvaient rester immobiles : elle les croisait et les décroisait sans cesse, frappait le sol avec ses pieds et allait et venait dans sa chambre. Elle passait son temps à faire et à refaire ses exercices de physiothérapie, même lorsqu'elle était couchée. Les mouvements de sa bouche s'accentuèrent encore, et formèrent le noyau d'une angoisse paranoïde – elle s'imaginait que les autres patients et le personnel infirmier l'« épiaient », riaient d'elle, etc. Devant cette surexcitation à base d'akathisie, d'agitation et d'agrypnie, je pris la décision de ramener sa dose de L-DOPA à 3 g par jour.

Durant plusieurs jours (du 19 au 25 mai), elle parut moins excitée et les améliorations constatées au niveau de sa posture, de sa marche et de sa voix se maintinrent, sans que sa rigidité et son akinésie ne s'intensifient. Nous espérâmes un moment que son état s'était stabilisé.

Le 26 mai, cependant, sa surexcitation réapparut et s'exacerba. Elle était constamment assoiffée et avait en permanence une faim de loup – elle ne cessait d'aller boire à la fontaine, et la voracité de son appétit lui rappelait ses accès de boulimie des années trente. Elle paraissait extrêmement exaltée : elle disait éprouver « une merveilleuse sensation de voler et de flotter à l'intérieur d'elle-même », abordait tout le monde, parlait continuellement, trouvait toutes sortes de prétextes pour monter et descendre les escaliers (elle prétendait « faire des commissions ») et voulait danser avec les infirmières. Elle me déclara, de grands sourires à l'appui, être certaine d'être ma « patiente vedette ». Elle passa une partie de la journée à noter ses souvenirs dans son journal, et écrivit douze pages entières de réminiscences joyeuses, fiévreuses ou érotiques. Elle passa de nouveau une mauvaise nuit, ne cessant de se tourner et se retourner dans son lit après que l'effet du sédatif que nous lui avions administré se fut dissipé. Cette journée fut aussi marquée par l'apparition d'un nouveau symptôme : environ deux heures et demie ou trois heures après chacune de ses prises de L-DOPA, elle traversa une période de prostration s'accompagnant de somnolence et de faiblesse physique.

Le lendemain (27 mai), son activité connut une nouvelle recrudescence. Elle répétait désormais ses exercices de physiothérapie des centaines de fois de suite ; elle nous déclara plus tard : « Cette *tempête* d'activité me faisait peur. *J'étais incapable* de tenir en place. » Nous constatâmes également l'apparition de *mouvements ressemblant à des tics* – des impulsions fulgurantes, l'amenant à se toucher l'une ou l'autre oreille, à se gratter le nez, etc.

Deux jours plus tard, son akathisie s'accentua encore (bien que sa dose quotidienne de L-DOPA eût été ramenée à 2 g) : elle avait l'impression d'être « obligée » *(sic)* de remuer continuellement les bras et les jambes, de traîner les pieds en marchant, de pianoter avec ses doigts, de prendre des objets dans ses mains et de les reposer immédiatement, de « se gratter » (tout en ayant le sentiment qu'il n'y avait rien à gratter), ou encore de porter en un geste fulgurant ses mains à son nez et à ses oreilles. Elle nous dit à propos de ces sortes de tics : « Je ne sais pas pourquoi je fais tout cela. Je n'ai aucune raison de le faire. Tout ce que je sais, c'est que, tout à coup, je *dois* le faire. » Elle commença également à répéter des mots ou des phrases ; ces accès de palilalie, jamais observés jusque-là, restèrent néanmoins assez limités : son symptôme majeur, au niveau du langage, consista essentiellement en de la tachyphémie – autrement dit, une accélération paroxystique de son débit verbal. Son insomnie était toujours aussi prononcée, et ne fut guère atténuée par l'hydrate de chloral et les barbituriques que nous lui administrâmes ; lorsqu'elle réussissait à dormir, elle faisait des rêves hauts en couleur, souvent entremêlés de cauchemars. Sur le plan de l'humeur, elle oscillait, tout en ne cessant d'être surexcitée, entre une hypomanie orageuse et une dépression s'accompagnant d'angoisse et d'agitation. Ses mouvements intermittents d'ouverture de la bouche disparurent, et elle se mit à la place à serrer très fort les dents. Sa faim et sa soif restaient tout aussi insatiables : elle déchirait la nourriture à grands coups de dents et l'enfournait à toute vitesse dans sa bouche – alors que, jusque-là, elle s'était toujours parfaitement tenue à table –, et buvait de quinze à vingt litres d'eau par jour. Cette soif énorme semblait avoir une origine compulsionnelle ou maniaque, car tous les examens que nous lui avions fait subir pour vérifier si elle ne serait pas atteinte de diabète insipide s'étaient avérés négatifs.

Une nouvelle réduction de sa dose de L-DOPA (nous la fîmes passer à 1,5 g par jour) la stabilisa durant une semaine : elle fut euphorique mais non exaltée, retrouva le sommeil (uniquement sous sédatifs) et se montra active, sociable et bavarde. Son akathisie ne se manifesta plus que lorsqu'elle était obligée de rester immobile, comme par exemple à l'heure des repas : elle avait alors l'impression que ses « muscles étaient impatients », et devait donner des coups de pied sous la table, ou frotter ses pieds contre le sol.

Au cours de la deuxième semaine de juin, sa tendance à la festination s'accentua : dès qu'elle rencontrait un obstacle ou devait tourner, sa progression, jusque-là à peu près normale (elle marchait, lorsqu'elle n'avait rien devant elle ou avançait en ligne droite, d'un pas vif et pressé, mais assuré), était aussitôt interrompue par un brusque accès de festination qui la propulsait en avant et la faisait tomber. Elle devint de plus en plus impatiente et exigeante, allant même parfois jusqu'à trépigner de colère si ses demandes ne recevaient pas immédiatement satisfaction. Par ailleurs, s'aggravèrent les accès de « prostration », qui se déclenchaient environ trois heures après ses prises de L-DOPA, auxquels elle était sujette depuis le 26 mai : en deux ou trois minutes à peine, elle paraissait passer d'une hyperactivité bruyante et incontrôlable à une akinésie presque totalement silencieuse, s'accompagnant d'une somnolence intense. Nous décidâmes, pour essayer de limiter ces manifestations, de lui administrer de plus petites doses de L-DOPA, à intervalles plus rapprochés.

Le 13 juin (ce fut une journée très chaude, presque caniculaire), l'excitation de Mlle A. atteignit une intensité véritablement maniaque. Elle dansait et chantait continuellement, et ne s'arrêta même pas lorsque je l'examinai. Elle semblait en proie à une tension nerveuse et une exaltation extrêmes. Elle me dit, très excitée et hors d'haleine : « Oh! docteur Sacks ! Je suis heureuse, je suis si heureuse. Je me sens si bien. J'ai l'impression d'être pleine d'énergie... J'ai des fourmis dans tout le corps, comme si mon sang était du champagne. Je pétille, ça fait des bulles, plein de bulles à l'intérieur de moi. Dansez avec moi !... Non ? Alors, je vais vous chanter une chanson » – et elle se mit à me chanter : *« Oh, What a Beautiful Morning! Oh, What a Beautiful Day! »*, en entrecoupant les paroles de répétitions palilaliques.

Son exaltation maniaque et sa tension nerveuse avaient pour toile de fond d'intenses pulsions motrices, boulimiques ou autres : elle ne tenait pas en place, et ne cessait de danser et de sautiller ; elle traînait les pieds, croisait et décroisait les jambes, rotait, rajustait sa robe, s'aplatissait les cheveux, rotait à nouveau, applaudissait, se touchait le nez et rotait encore, sans la moindre retenue ni sans s'excuser le moins du monde de son comportement. Elle était bouillante et congestionnée, avait les pupilles très dilatées et le cœur qui battait à cent vingt pulsations par minute. Et elle mangeait à toute vitesse, avec une insatiable gloutonnerie : elle déchirait la nourriture comme un animal, tout en grognant d'excitation, l'enfournait avidement dans sa bouche, puis, lorsqu'elle avait fini son assiette, se rongeait les ongles avec une voracité tout aussi incroyable. Je remarquai que sa langue sortait de sa bouche un peu comme si elle s'en servait pour amener chaque bouchée de nourriture jusqu'à ses lèvres : j'eus l'impression que sa langue était attirée par la nourriture exactement comme si celle-ci exerçait sur elle une *séduction* irrésistible, et que ce mouvement lui évoquait des plaisirs sensuels.

A ces pulsions s'ajoutaient enfin divers automatismes, également oraux : elle avait tendance à avancer les lèvres en avant *(schnauzkrampf)*, à faire des bruits de succion avec la bouche, et – symptôme plus surprenant encore – à *laper* le lait comme un chat : les mouvements de sa langue, lorsqu'elle lapait ainsi, étaient étonnamment rapides et adroits, et visiblement tout à fait involontaires – elle me les décrivit comme des mouvements « automatiques » et me dit « faire cela naturellement » (voir Maria G.).

Durant l'après-midi, son excitation et sa tachycardie s'aggravèrent encore. Elle me dit : « Je me sens débordante d'énergie, comme une fusée prête au décollage. Je vais décoller, décoller, décoller... » Nous la mîmes sous tranquillisants, et, à notre grande surprise, une simple injection de 10 mg de thorazine réussit à la faire sombrer en à peine une heure dans une somnolence épuisée, presque akinétique. Nous ramenâmes sa dose de L-DOPA à 1 g par jour.

Le lendemain (le 14 juin), Mlle A. fut somnolente et abattue et nous parut un peu raide et akinétique. Elle eut en outre une crise oculogyre qui dura plusieurs heures et au cours de laquelle elle resta aussi immobile qu'une statue. Elle me la décrivit plus tard en ces termes : « Je n'éprouvais, me dit-elle, aucun besoin de bouger, et je ne pense pas que j'en aurais été capable... Il fallait que je me concentre sur le bout de plafond que j'étais forcée de regarder – il occupait tout mon esprit, je ne pouvais penser à rien d'autre. Et, comme chaque fois que j'ai ce genre de crises, j'avais peur, épouvantablement peur, tout en sachant très bien qu'il n'y avait aucune raison à cela. »

Nous décidâmes à la suite de cette crise d'interrompre la L-DOPA durant quarante-huit heures. Pendant ces deux jours, les symptômes dont Mlle A. souffrait avant de prendre de la L-DOPA réapparurent et *s'exacerbèrent :* elle redevint très raide, ne bougea ni ne parla presque plus, et parut à nouveau extrêmement dépressive. Sa langue recommença à faire des « mouvements de trombone » extrêmement violents. Nous essayâmes d'enrayer ces symptômes en lui administrant du halopéridol (0,5 mg de « haldol », deux fois par jour), mais ne réussîmes qu'à les aggraver. Le 18 juin, nous recommençâmes à lui administrer de la L-DOPA, mais à une dose très faible (750 mg par jour).

Durant une semaine, elle retrouva partiellement sa voix et ses capacités motrices, mais fut également sujette à de nouveaux symptômes très inquiétants. Elle nous reconnaissait et savait toujours où elle se trouvait, mais semblait néanmoins un peu hébétée et avait l'esprit confus. De nouveau, sa voix n'était plus qu'un murmure hypophonique et parler paraissait lui demander des efforts considérables, même si ces efforts étaient très différents de ceux qu'elle devait faire avant de prendre de la L-DOPA : elle nous expliqua, d'une voix étouffée, qu'elle avait l'impression qu'« une force, une sorte de résistance » l'empêchait de parler à voix haute, et qu'elle ne pouvait donc s'adresser à nous qu'en chuchotant. Les mouvements de sa bouche évoluèrent : la protraction de ses lèvres devint permanente, et sa langue commença à jaillir hors de sa bouche et à faire des mouvements choréiques. Son symptôme le plus inquiétant était sans aucun doute l'aggravation de sa tendance à la festination, qui, après s'être progressivement accentuée durant les dix derniers jours (en dépit de toutes nos réductions successives de sa dose de L-DOPA et malgré ses autres symptômes), prenait maintenant une forme paroxystique. Ces accès de festination ne se produisaient plus uniquement lorsqu'elle rencontrait un obstacle, mais à tout moment, et la faisaient désormais se ruer droit devant elle, une expression de folle terreur sur le visage, dans une sorte de course frénétique à tout petits pas s'accompagnant de cris stridents et de mouvements des bras ressemblant à des tics ; au bout de quelques pas, elle ne pouvait plus lever les pieds du sol et tombait immanquablement en avant. Dans leur forme la plus aiguë, ces accès la « clouaient sur place » (c'étaient ses propres termes) tout en la propulsant en avant. Nous prîmes l'habitude de l'accompagner pour l'aider à ralentir son pas et lui éviter de tomber, et cela nous permit de faire une observation : si nous la faisions marcher (ou la persuadions de marcher) lentement et doucement, tout se passait pour le mieux ; mais, sitôt qu'elle accélérait d'elle-même son pas (ou était conduite à accélérer son allure par une poussée ou une traction), une brusque résistance au mouvement apparaissait et la « clouait » aussitôt sur place. Ce phénomène nous sembla s'apparenter à ses difficultés à parler : toute tentative de sa part de pousser des exclamations provoquait immédiatement une résistance et un « blocage », alors que ses chuchotements étouffés « passaient » sans problème.

Il était clair que, quelle que fût leur nature, ces symptômes paroxystiques, non seulement la terrifiaient, mais étaient dangereux, et que, même à une dose aussi infime, la L-DOPA avait développé chez elle une instabilité fonctionnelle (ou plusieurs) qui ne paraissait pas en voie de s'atténuer. A regret, mais en ayant le sentiment que c'était nécessaire, nous remplaçâmes la L-DOPA par un placebo. Ses difficultés d'expression et ses accès de festination s'atténuèrent progressivement, puis disparurent totalement au bout de quarante-quatre jours. Mais sa rigidité, sa bradykinésie et ses autres symptômes revinrent au niveau qui étaient le leur avant le début du traitement, et nous recommençâmes donc vers la fin juillet à lui administrer 750 mg de L-DOPA par jour. Trois semaines plus tard, son élocution, sa marche et son équilibre nous semblèrent s'être un peu améliorés, sans aucune réapparition des effets contraires et paroxystiques que nous avions déjà observés.

1969-1972

Après avoir vécu, en mai 1969, son zénith et son apothéose, Mlle A. entama aussitôt son déclin et sa chute. Dès juin 1969, elle avait commencé à voler en éclats à la manière de la fusée à laquelle elle se comparait, et son morcellement, ses fractures, n'ont fait que s'accentuer au cours des trois années suivantes. Pourquoi, si ces manifestations pouvaient être imputées à la L-DOPA (c'est-à-dire à la réactivité individuelle à la L-DOPA de cette personne si excitable, si fragile), n'avons-nous pas interrompu le traitement ? *Parce que nous ne le pouvions pas :* tout comme Maria G., Hester Y. et d'autres patients, Mlle A. était devenue totalement dépendante de la L-DOPA. A partir de 1970, sa pharmacodépendance atteignit un tel niveau que, si nous arrêtions un seul jour de lui administrer ses doses quotidiennes, non seulement son parkinsonisme et sa dépression s'exacerbaient, mais encore elle tombait immédiatement dans le coma ou un état stuporeux. Nous étions donc forcés de poursuivre le traitement, et Mlle A. était parfaitement consciente du dilemme auquel nous étions confrontés : elle me disait souvent : « La L-DOPA me rend folle. Mais, si vous l'arrêtez, je mourrai. »

Elle ne connaît quasiment plus aucun état « intermédiaire », modulé, entre le coma et l'hypervigilance, le parkinsonisme et la surexcitation, la dépression et la manie, etc. ; ses réactions sont devenues extrêmes, brutales et de l'ordre du tout ou rien, et se réfléchissent, ou rebondissent, d'un pôle comportemental à l'autre. Ces pôles opposés peuvent d'ailleurs se manifester *simultanément,* et Mlle A. nous dira alors, en l'espace de deux ou trois minutes à peine, se sentir merveilleusement bien et être terriblement mal, voir parfaitement et être aveugle, ne plus pouvoir bouger et ne pas tenir en place, etc. Elle est hésitante, ou paralysée ; elle veut ce qu'elle craint, et craint ce qu'elle veut ; elle aime ce qu'elle hait, et déteste ce qu'elle aime. Elle est ballottée entre d'intenses contradictions, tiraillée par d'impossibles décisions, écartelée entre d'impossibles choix.

Sa surexcitation et ses perpétuelles contradictions ont clivé Mlle A. en une douzaine de personnalités – la Mlle A. qui boit, celle qui a des tics, celle qui trépigne de colère, celle qui pousse des hurlements, celle qui vous regarde, celle qui dort, celle qui éprouve des désirs, qui a peur, qui aime, qui hait, etc. – qui se combattent entre elles et visent toutes à la « posséder ». Son intérêt pour le monde extérieur et ses activités ont presque totalement disparu, et été remplacés par d'absurdes stéréotypies, sans cesse broyées de plus en plus finement sous la meule de son être. Elle se réduit, la plupart du temps, à un « répertoire » d'une douzaine de pensées et d'impulsions, de plus en plus fixées dans leur style comme dans leur forme, et qu'elle répète et répète encore, compulsivement. La *véritable* Mlle A. – la Mlle A. si enjouée et si attachante que nous avions connue – a été *dépossédée* d'elle-même par une horde de sous-soi grossiers et dégénérés, issus du morcellement schizophréniforme de son soi de base, jadis unifié.

Trois choses lui rendent son unité, ou ont le pouvoir de réveiller son ancien soi non divisé : la musique la calme, atténue sa confusion mentale, et lui prête – brièvement – un peu de sa cohérence et de son harmonie ; la nature, lorsqu'elle s'assoit dans le jardin, a sur elle des effets similaires ; mais sa personnalité est avant tout réunifiée par les visites de sa sœur, qui est la seule personne pour laquelle elle éprouve des sentiments non ambivalents et à laquelle elle reste profondément attachée. Bien que ne vivant pas dans l'État de New York, cette jeune femme s'arrange pour venir la voir deux fois par mois. Chaque fois, elles sortent ensemble pour la journée et vont en ville assister à un opéra, voir un spectacle ou faire un bon repas. Mlle A. revient toujours de ces escapades l'air rayonnant de bonheur, et nous raconte ensuite ses sorties d'une voix émue et de façon très spirituelle : dans ces moments-là, ses pensées ou son comportement n'ont plus rien de schizophrénique, et le monde paraît avoir retrouvé à ses yeux tout son sens. Sa sœur me dit un jour : « Je ne comprends pas pourquoi on dit que Margaret est folle, morcelée ou bizarre. Nous avons " fait la foire " toute la journée, c'était merveilleux. Elle s'intéressait à tout, semblait passionnée par tout le monde – elle était débordante de vie, s'en donnait à cœur joie... Elle paraissait calme, détendue – complètement libérée de la festination et du besoin de boire dont, tous, vous me rebattez tant les oreilles... Elle parlait et riait comme dans les années vingt, avant qu'elle tombe malade... Ce qui la rend folle, c'est de vivre dans votre maison de fous, totalement coupée de la vie. »

10

Miron V.

Miron V., né à New York en 1908, contracta en 1918 la grippe espagnole et souffrit à cette occasion de symptômes très aigus, qui ne furent pas à l'époque reconnus comme ayant un caractère encéphalitique. Une fois ses études terminées, Miron V. commença à travailler dans une cordonnerie, puis il s'installa à son compte. A trente ans, propriétaire de son propre magasin de chaussures, il se maria et eut un fils.

Ses premiers symptômes parkinsoniens se manifestèrent en 1947 : il devint nerveux et impulsif, commença à être sujet à des tics et à des maniérismes, des accès de fixité oculaire et des « transes » cataleptoïdes – on reconnaît là tous les traits d'un syndrome postencéphalitique [25]. M. V. continua à travailler jusqu'en 1952, puis il vécut trois ans dans sa famille avant de devoir finalement être hospitalisé (en 1955). Son admission à Mount Carmel le précipita dans une « psychose d'admission » de type paranoïaque s'accompagnant de fantasmes de castration, d'idées de déchéance, d'abandon et de vengeance, et d'affects de haine et de colère (les patients hospitalisés contre leur volonté dans des établissements où ils ont toutes les chances de finir leurs jours sont assez couramment sujets à ces « psychoses d'admission ». J'ai personnellement observé des douzaines d'épisodes de ce type). Une dizaine de jours après la fin de cet accès psychotique, M. V. s'enfonça dans un parkinsonisme et une catatonie intenses, et une immobilité et un silence quasi absolus [26], qui ne se modifièrent plus jusqu'à ce que nous lui administrions de la L-DOPA.

Cette immobilité mi-parkinsonienne, mi-catatonique s'accompagnait, sur le plan psychique, d'un refus de communication, d'un négativisme et d'un repliement sur soi poussés à un point extrême. Sa femme me dit un jour : « Miron a changé une première fois quand il a arrêté de travailler, et, ensuite, lorsqu'il a dû quitter la maison et entrer à l'hôpital. Avant, c'était un homme très chaleureux... il aimait son travail plus que tout... Et puis, il a changé... Il a fini par nous détester, et par détester le monde entier. Peut-être se détestait-il lui-même. » La froideur glaciale et l'agressivité de M. V. perturbaient tant les membres de sa famille qu'ils interrompirent leurs visites peu après son hospitalisation, parachevant et attisant ainsi un cercle vicieux de réactions névrotiques.

Au cours des quatorze années suivantes, M. V. contracta en outre une séborrhée et une sialorrhée profuses, mais, pour l'essentiel, son état n'évolua pas. Je le vis souvent entre 1966 et 1969, et je fus toujours extrêmement impressionné par l'intensité de son immobilité : il pouvait rester assis sur une chaise pendant quinze heures d'affilée sans faire le moindre mouvement spontané, ou en étant simplement de temps à autre sujet à des tics et des impulsions – prenant la forme de brusques gestes de « salut », faits de la main gauche ou de la main droite, de raclements de gorge, de « gloussements », etc. – qui contrastaient de façon saisissante avec l'immobilité et le silence presque absolus qui constituaient la toile de fond de son comportement. Il ne sortait de son mutisme que pour prononcer d'une voix saccadée de courtes phrases exclamatives qui suffisaient à révéler son intelligence, son amertume, son désespoir et sa profonde indifférence pour le monde extérieur. Il était, d'autre part, absolument incapable de se mettre debout ou de marcher sans aide. Lorsque je lui demandai s'il désirait essayer la L-DOPA, il me dit : « Je m'en fiche... faites comme vous voulez. »

Nous commençâmes le traitement en juillet 1969, et ses réactions, comme chez tant de postencéphalitiques très gravement atteints, furent d'une rapidité presque magique. Moins de vingt-quatre heures après avoir pris sa première dose de L-DOPA, M. V. retrouva une motilité et une élocution presque normales, et abandonna même un peu sa méfiance, sa froideur et sa retenue habituelles pour laisser transparaître sa joie et son étonnement. Deux semaines plus tard, ses symptômes s'inversèrent totalement : il devint impulsif et hyperactif, hypomaniaque, provocateur, insolent et libidineux – il ne fut plus que vitesse, audace et lubricité. Ses tics, jusque-là peu fréquents, se multiplièrent, et il se mit à « remonter » ses lunettes sur son nez ou à s'éclaircir la gorge de deux à trois cents fois par heure.

Durant les neuf mois suivants, ses réactions à la L-DOPA furent extrêmes, erratiques et contradictoires. Il passait brusquement de l'immobilité la plus absolue à une hyperactivité et une impulsivité des plus dangereuses, qui lui firent faire d'innombrables chutes – au point qu'il se cassa trois fois la hanche [27]. Ces mois difficiles, il est vrai, ne furent pas entièrement négatifs : il témoigna davantage d'intérêt à son entourage, parut moins agressif et moins replié sur lui-même, et se montra même affectueux avec sa femme et son fils, qui avaient repris leurs visites après une interruption de douze ans. Il commença également à faire ici et là des petits travaux de bricolage – il était extraordinairement adroit de ses mains –, et nous dit plusieurs fois qu'il aimerait que nous lui trouvions un travail.

Le vrai changement se produisit lorsque, en mai 1970, nous installâmes un établi de cordonnier et une forme à chaussures dans notre atelier protégé. Sa joie et sa surprise, quand nous lui montrâmes cette installation, furent immenses et sans mélange. Sa dextérité manuelle lui revint à une vitesse stupéfiante, en même temps que l'admiration et l'amour qu'il portait à son travail. Il se mit à faire des travaux de cordonnerie pour tous les pensionnaires de l'hôpital, et créa des chaussures qui révélaient un véritable talent d'artiste. Cette remise au travail, et cette reprise de la *relation* à son travail, améliorèrent et stabilisèrent ses réactions à la L-DOPA : il cessa d'être sujet à ces dangereuses « montées » d'impulsivité, et ses « retombées » dépressives-parkinsoniennes-catatoniques ne furent plus aussi graves qu'auparavant. Il devint beaucoup plus courtois et accessible, et retrouva le respect de soi-même ; il me dit : « J'ai l'impression d'être redevenu un homme. Je me sens à nouveau utile, ayant une place dans ce monde... Sans cela, un homme ne peut pas vivre. »

Depuis l'été 1970, M. V. va extraordinairement bien – si l'on pense à l'extrême gravité de son état avant le début du traitement, et aux réactions erratiques que la L-DOPA commença par déclencher chez lui, son évolution est véritablement miraculeuse. Sa motilité et ses capacités d'expression ne peuvent certes pas être qualifiées de « normales » – il marche et parle toujours très vite, et se pétrifie souvent au milieu d'un mouvement ou d'une phrase –, mais elles lui permettent néanmoins de faire tous les jours des journées de travail complètes à son établi, de se promener dans l'hôpital et aux alentours, de converser avec qui il veut sans trop de difficulté, et d'aller de temps en temps passer le week-end dans sa famille. Parmi la quarantaine de postencéphalitiques ayant présenté des syndromes parkinsoniens-catatoniques extrêmement graves qu'abrite Mount Carmel, M. V. est, tout compte fait, celui auquel la L-DOPA a le mieux réussi ; il a été le *seul* à supporter de rester en permanence sous L-DOPA, et à faire preuve d'une telle stabilité après des débuts aussi difficiles.

11

Gertie C.

Mme C. naquit en 1908, dans une famille très unie du New Hampshire dont elle était la dernière-née. Elle eut une enfance heureuse, sans angoisses névrotiques ni difficultés particulières. Elle n'avait aucun mal à se faire des amis. Elle fit de bonnes études, travailla comme sténodactylo jusqu'à l'âge de vingt-cinq ans, puis se maria. Tout en continuant à mener une vie sociale très active, elle se consacra ensuite à l'éducation de ses trois enfants, et sembla jouir, jusqu'à trente-huit ans, d'une parfaite santé. A cet âge, elle commença malheureusement à souffrir de tremblements très violents des deux mains (initialement mis sur le compte de l'hiver extrêmement rigoureux qui sévissait à New York, puis reconnus quelques semaines plus tard comme des symptômes parkinsoniens), et, durant les six années suivantes, sa maladie s'aggrava rapidement et inexorablement : de la rigidité, de l'akinésie, des pulsions diverses, une transpiration, une salivation et une séborrhée abondantes vinrent dans un premier temps s'ajouter à ces tremblements initiaux, puis, à l'âge de quarante-quatre ans, Mme C. s'enfonça dans une immobilité totale et un silence quasi absolu. Ses tremblements et sa rigidité furent un peu atténués par l'atropine et d'autres substances similaires, mais son akinésie et son aphonie ne se réduisirent pas. Malgré d'immenses difficultés et les soins constants qu'imposait son état, sa famille la garda encore dix ans avec elle (c'est-à-dire jusqu'en 1962).

Lorsque, en 1966, j'examinai pour la première fois Mme C., ses mains et ses pieds présentaient des contractures dystoniques, et tous ses muscles étaient extrêmement raides. Elle pouvait à peine chuchoter, mais il était clair qu'elle comprenait parfaitement tout ce que nous lui disions : elle ne paraissait pas du tout inerte, indifférente ou impassible comme par exemple Mme B., mais donnait au contraire l'impression d'une activité intérieure intense, immobilisée et emprisonnée. On lisait dans son regard une paix profonde, un peu comme si ses yeux contemplaient un magnifique paysage, ou un tableau de maître. Elle ne semblait pas apathique, mais *en extase.*

Je lui administrai pour la première fois de la L-DOPA en 1969, à la mi-juin, et observai des effets immédiats : à une dose d'à peine 1 g de L-DOPA par jour, son élocution et sa motilité s'améliorèrent de façon très frappante, et sa rigidité et sa salivation s'atténuèrent considérablement ; et, lorsque nous portâmes sa dose quotidienne à 1,5 g, sa voix reprit un volume et un timbre quasiment normaux, et présenta toute une gamme d'intonations et de modulations subtiles, que nous n'avions jamais entendues jusque-là. Mme C. retrouva suffisamment de force pour pouvoir recommencer à manger toute seule et tourner elle-même les pages des livres qu'elle lisait, malgré les contractures dystoniques irréversibles de ses mains. Elle semblait calme et heureuse, ne paraissait absolument pas angoissée et ne présentait pas le moindre signe d'instabilité émotionnelle. Elle pouvait à nouveau, pour la première fois ou presque depuis vingt ans, s'exprimer sans difficulté, et elle en profita donc pour me parler longuement de l'état dans lequel elle s'était trouvée.

Elle m'expliqua avoir éprouvé durant toutes ces années un sentiment à la fois de « grande paix intérieure » et de profonde « acceptation ». Son attention se fixait pendant des heures entières sur tout objet ou toute pensée traversant son champ de vision ou lui passant par la tête, et elle avait l'impression d'être totalement « absorbée » et « accaparée » par ses postures, ses perceptions et ses pensées. Elle me dit : « Mon esprit était comme un étang calme qui se refléterait lui-même. » Elle passait des jours, des heures ou même des semaines à revivre des scènes paisibles de son enfance – elle se voyait enfant, prenant un bain de soleil, somnolant dans un pré, ou encore nageant dans une petite crique près de la maison de ses parents –, et pouvait apparemment, en se concentrant sur ces souvenirs délicieux, les prolonger indéfiniment. Elle ajouta qu'elle avait toujours eu beaucoup d'imagination et avait toujours été capable de se représenter très clairement tout ce à quoi elle pensait, mais que la puissance de son imagination avait encore été accrue par cette sorte de concentration immobile dont s'était accompagné son parkinsonisme. Elle me précisa, enfin, que, durant ces deux dernières décennies, son sens du temps et de la durée s'était profondément altéré ; elle restait consciente de ce qui se passait autour d'elle et demeurait capable de dire quel jour on était, mais elle *n'avait plus la sensation que quelque chose avait lieu :* il lui semblait que le temps lui-même s'était arrêté, et que chaque moment de son existence n'était qu'une répétition de lui-même.

Quatre semaines après le début du traitement, ses réactions devinrent moins favorables : elle se mit à suffoquer et à faire des mouvements de déglutition à vide après chacune de ses prises de L-DOPA ; son parkinsonisme et son aphonie réapparurent. Ayant le sentiment que Mme C. était en voie de développer des réactions de plus en plus pathologiques, je décidai d'interrompre l'administration de L-DOPA pendant quelques jours, ce qui eut pour effet de la plonger à nouveau dans un parkinsonisme intense, s'accompagnant en outre de dépression et de somnolence – symptômes qui ne faisaient pas partie du tableau clinique initial.

Lorsque, vers la fin juillet, nous reprîmes la L-DOPA, les merveilleux effets thérapeutiques que nous avions observés fin juin et début juillet ne se reproduisirent pas. L'addition d'une petite dose d'amantadine (100 mg, administrés deux fois par jour) à son gramme quotidien de L-DOPA donna des résultats absolument catastrophiques (chez beaucoup de patients, cette mesure s'était avérée très efficace et avait réussi à rétablir les premiers effets du traitement). Moins de trois heures après avoir pris sa première dose d'amantadine, Mme C. entra dans un grand état d'excitation et fut sujette à un véritable délire hallucinatoire : me saisissant brusquement le bras, elle se mit à hurler, d'une voix suraiguë et terrorisée : « Des voitures foncent sur moi, elles me pressent ! Elles me pressent ! » Elle ajouta qu'elle voyait nos visages comme « des masques apparaissant et disparaissant brusquement », qui essayaient de la mordre, se moquaient d'elle et la regardaient avec un sourire narquois, ou jappaient comme de jeunes chiens. Certains de ces délires semblaient la plonger en extase – un sourire béat apparaissait alors sur ses lèvres, des larmes de plaisir perlaient aux coins de ses yeux, et elle s'écriait : « Regardez comme cet arbre est beau ! Il est magnifique ! » –, mais, en général, ils se traduisaient par une terrifiante et chaotique paranoïa hallucinatoire, s'accompagnant de multiples hallucinations visuelles et auditives de type lilliputien, de violents battements latéraux de la tête, d'une protrusion rythmique de la langue, de cris aigus et de mouvements oculaires ressemblant à des tics. Ces hallucinations et ces mouvements atteignaient leur paroxysme lorsque nous la laissions seule, ou si nous éteignions la lumière dans sa chambre ; à l'inverse, une présence familière, quelques paroles amicales, le simple geste de lui prendre la main la délivraient rapidement de ses fantasmes et de ses symptômes, et lui permettaient de reprendre ses esprits en quelques secondes ou quelques minutes. En dépit de notre interruption de la L-DOPA et de l'amantadine immédiatement après l'apparition de ces symptômes, cet état délirant se prolongea pendant plus de trois semaines, et nous dûmes durant tout ce temps lui administrer des doses importantes de sédatifs et de tranquillisants afin d'atténuer sa surexcitation. En septembre, enfin, son délire s'interrompit brusquement, laissant la place à une sorte d'épuisement torpide. Elle retrouva toute sa raison, et oublia totalement cet épisode : nous nous aperçûmes, en bavardant avec elle et en l'observant, qu'elle n'avait gardé aucun souvenir conscient des fantastiques hallucinations qui l'avaient possédée, ou l'avaient dépossédée de sa raison, durant trois semaines.

Début octobre, nous essayâmes très prudemment de lui faire reprendre de la L-DOPA, en ne lui en administrant plus cette fois que 0,25 g par jour. Cette reprise du traitement accrut considérablement le volume de sa voix et sa force physique, mais entraîna également l'apparition d'un nouveau symptôme : elle se mit à agiter les bras et à donner des coups de poing en l'air, un peu comme si elle voulait chasser ou écraser des mouches ou des moustiques. La disparition, dix jours plus tard, de ces sortes de tics fut immédiatement suivie d'une reprise de son délire hallucinatoire, ce qui donne à penser que ceux-ci jouaient en quelque sorte un rôle de « paratonnerre » par rapport à son délire, et lui permettaient de décharger son excitation de manière relativement inoffensive. Devant cette évolution, nous interrompîmes aussitôt la L-DOPA, sans réussir à calmer sa surexcitation. Nous dûmes placer des garde-fous de chaque côté de son lit pour éviter qu'elle ne tombe, et demander à une infirmière de rester avec elle en permanence pour l'empêcher de se blesser. Durant la nuit du 10 octobre, profitant de ce que son infirmière s'était absentée une minute de sa chambre, Mme C. poussa un cri de terreur, enjamba les garde-fous de son lit et, tombant lourdement sur le sol, se cassa les deux hanches et le pelvis.

Les mois suivants furent pour elle un véritable calvaire, tant physique que mental : ses fractures la faisaient beaucoup souffrir ; des escarres qu'il fallait sonder et laver plusieurs fois par jour s'étaient formées sur son sacrum ; elle perdit dix-huit kilos ; sa rigidité et ses contractures dystoniques s'aggravèrent ; et les hallucinations qui avaient recommencé à la harceler persistèrent pendant encore cinq mois malgré l'interruption de la L-DOPA. Au cours de l'été 1970, enfin, ses escarres guérirent, sa raideur et sa dystonie s'atténuèrent, et, chose plus importante encore, son délire hallucinatoire commença à se dissiper.

L'atténuation de son délire et l'allongement de ses périodes de lucidité ne parurent, bizarrement, guère enchanter Mme C. ; elle nous dit : « Ils s'en vont tous ; tous les petits personnages et toutes les *choses* qui m'avaient tenu compagnie disparaissent. Hélas, je vais retrouver ma véritable personnalité. » Mais sa prédiction ne se réalisa pas. Un jour très exactement après que son délire se fut définitivement interrompu, elle vécut une expérience très étrange : alors qu'elle se reposait sur son lit, elle eut tout à coup la sensation mystérieuse que quelque chose d'extraordinaire allait lui arriver ; ayant soudain l'impulsion de regarder par la fenêtre, elle jeta un coup d'œil à travers la vitre, et, à son immense surprise, elle vit alors un homme masqué en train de grimper le long de l'escalier de secours, un bâton à la main ; cet individu arriva à sa hauteur, pointa son bâton dans sa direction, puis, après lui avoir fait un « sourire diabolique » qui la remplit de terreur, il redescendit à toute vitesse *en emportant l'escalier de secours avec lui*. Ce dernier détail lui fit comprendre qu'elle avait eu une « vision », et avait halluciné, non seulement un homme masqué, mais par-dessus le marché un escalier de secours inexistant. Elle me décrivit dès le lendemain son hallucination en frissonnant d'horreur, mais son intonation comme le choix de ses mots montraient qu'elle évoquait ce fantasme avec une secrète délectation. Le soir venu, l'homme masqué grimpant le long de l'escalier de secours lui apparut à nouveau, et, cette fois-ci, il ne se contenta pas de la menacer, mais, s'approchant d'elle à la toucher, lui brandit son bâton sous les yeux avec une impudeur effroyablement suggestive. Trois jours après cette seconde vision, Mme C. décida d'« avoir une explication » avec moi ; elle me déclara : « Ce n'est pas de ma faute ! Je n'ai pas eu de rapports sexuels depuis vingt ans, et ce n'est pas *maintenant* que je vais en avoir... Vous ne pouvez pas interdire à une vieille dame frustrée comme moi d'avoir une petite hallucination de temps en temps ! », ce à quoi je lui répondis que, si ces hallucinations lui étaient agréables et n'échappaient pas à son contrôle, je n'avais rien contre, et qu'elles me paraissaient même, compte tenu des circonstances, être une assez bonne idée. Après cet épisode, ses rencontres hallucinatoires n'eurent plus rien de paranoïde, et prirent un caractère purement amical et amoureux. Elle continua à halluciner, mais avec davantage d'humour et de discrétion, et en gardant le contrôle de ses fantasmes : elle ne se permit plus, par exemple, d'être sujette à ces hallucinations avant huit heures du soir, et fit en sorte que leur durée n'excède jamais trente ou quarante minutes ; si les membres de sa famille prolongeaient un peu trop leur visite, elle leur expliquait, poliment mais fermement, qu'elle attendait d'une minute à l'autre « un *gentleman* de la ville », et qu'elle pensait qu'il se vexerait s'il devait attendre dehors.

Aujourd'hui, Mme C. est toujours en vie. Si l'on considère la gravité de la maladie, on peut dire qu'elle se porte étonnamment bien. Son regard est à nouveau paisible et profond, et elle semble avoir repris sa contemplation sans fin des scènes et des moments de son enfance. La L-DOPA n'a entraîné qu'un seul changement dans son état : maintenant, chaque soir, elle reçoit la visite d'un *gentleman* imaginaire, qui vient fidèlement lui offrir son amour, son attention, et toutes sortes de présents invisibles.

12

Martha N.

Martha N. naquit à New York, en 1908, dans une famille de catholiques irlandais très pieux dont elle devait être la seule enfant. Elle contracta la grippe espagnole en 1918 et faillit en mourir, mais ne développa cependant sur le moment aucun symptôme typiquement encéphalitique. Elle devint une très belle jeune fille très courtisée (elle fut élue trois fois « reine de beauté »), et, une fois ses études secondaires terminées, commença à travailler dans une compagnie de téléphone. Son parkinsonisme commença à se manifester peu après son vingt et unième anniversaire, d'abord par des tremblements si prononcés qu'elle dut arrêter de travailler, puis par des accès de somniloquisme et de somnambulisme. Après cet accès initial, sa maladie n'évolua pas durant vingt-deux ans ; elle vécut durant tout ce temps avec ses parents, sans être trop handicapée par ses symptômes : elle marchait, rendait souvent visite à ses amis, jouait au golf, aidait sa mère à entretenir la maison et à faire les courses.

La mort de ses parents, survenue en 1951, entraîna une brusque aggravation de ses symptômes : sa rigidité et sa dystonie se développèrent tant qu'elle devint en moins de deux ans totalement incapable de marcher ou de tenir debout, et sa voix et ses capacités de déglutition furent également atteintes. Cette détérioration très rapide de son état finit par rendre son hospitalisation inévitable, et, en 1954, Mlle N. fut donc admise à Mount Carmel. Sa maladie parut ensuite se stabiliser une seconde fois : le seul symptôme nouveau apparu après son admission fut diverses déformations dystoniques.

Entre 1966 et 1969, tous les entretiens que j'eus avec elle me permirent de prendre la mesure de son intelligence et de son charme. A l'examen, ses deux jambes présentaient une rigidité dystonique immuable, son cou était tordu par un torticolis prononcé, sa voix était très faible, et elle salivait abondamment. Contrairement à tant de postencéphalitiques, elle était très sociable et se montrait toujours très aimable avec tout le monde. Mais l'« équilibre » et la santé mentale dont elle jouissait ne se maintenaient que cinquante et une semaines sur cinquante-deux, car elle avait aussi pour particularité d'être chaque année sujette à une « psychose de Pâques » marquée, physiologiquement, par une aggravation de sa rigidité, une réduction de sa motilité et de ses capacités d'élocution et de déglutition, un affaiblissement de sa voix et parfois même des crises oculogyres, et, psychiquement, par des accès de dépression : chaque vendredi saint, se sentant mourante, elle nous demandait d'une voix presque inaudible de faire venir un prêtre pour qu'il lui administre les derniers sacrements, puis, après la visite du prêtre, elle tombait en « pâmoison » et restait totalement immobile et muette jusqu'au dimanche de Pâques, au cours duquel elle « revenait à elle-même », assez brutalement, et en éprouvant une véritable sensation de renaissance. Après quoi, durant deux ou trois semaines, sa voix, ses capacités de mouvement et toutes ses facultés laissaient voir une nette amélioration, et son parkinsonisme et tous ses autres problèmes s'atténuaient considérablement.

Je lui administrai pour la première fois de la L-DOPA en juin 1969. Ses premières réactions furent de la rétropulsion et une compulsion à se sucer la langue, si marquée qu'elle était continuellement en danger de l'avaler et ne put bientôt plus parler. Devant ces symptômes, nous interrompîmes un moment le traitement (nous avions progressivement fait passer sa dose quotidienne à 2 g par jour), et ne la remîmes sous L-DOPA que vers la mi-juillet. Cette fois, sa compulsion à se sucer la langue et les haut-le-cœur qu'elle déclenchait ne se manifestèrent plus, et nous observâmes, au contraire, une amélioration frappante : le volume de sa voix augmenta, son hypersialie disparut presque totalement, ses bras perdirent quasiment toute trace de rigidité et d'akinésie, et, exception faite de quelques contractures irréversibles des pieds et du cou, Mlle N. nous parut complètement « normalisée ». Ces superbes résultats thérapeutiques s'étaient produits en moins d'une heure, et avaient été déclenchés par une dose très faible de L-DOPA (750 mg par jour).

Cette fantastique amélioration se prolongea jusqu'au 4 août (le lendemain de mon départ pour Londres) : ce jour-là, brusquement, Mlle N. fut la proie d'une agitation, d'une angoisse et d'une dépression intenses, s'accompagnant de violents tremblements des jambes alternant avec des accès de rigidité ; le visage aussi pâle et figé que celui d'un cadavre, elle supplia que les derniers sacrements lui fussent administrés. La L-DOPA fut une nouvelle fois interrompue, et elle revint à l'état dans lequel elle se trouvait avant le début du traitement. Dès mon retour, elle me demanda de reprendre le traitement, en me disant : « Ce n'est pas la L-DOPA qui m'a rendue malade, mais votre départ. Je n'étais pas sûre que vous reviendriez. J'ai eu si peur que j'ai cru que j'allais mourir. »

Lorsque, en septembre, je lui administrai pour la troisième fois de la L-DOPA, ses réactions furent tout à fait différentes de celles que nous avions observées à l'occasion des deux précédentes tentatives. Elle se plaignit de respirer trop vite et d'avoir du mal à reprendre son souffle, et présenta un début de crises respiratoires constituées ; elle se mit à nous « saluer » trois ou quatre fois par minute, en portant en un geste fulgurant sa main droite ou sa main gauche de ses genoux à son visage, et commença également à être sujette à des accès de palilalie qui l'amenaient à répéter tel ou tel mot un nombre incroyable de fois : ces réactions ressemblaient tant à celles de sa compagne de chambre (Mlle D.) que je finis par me demander jusqu'à quel point un automatisme d'« imitation » ne pourrait pas entrer ici en jeu. Fin septembre, Mlle N. avait des tics soixante fois par minute et soixante minutes par heure, et répétait sans cesse, sur un mode palilalique, les vers suivants, qu'elle avait appris dans sa jeunesse :

> Chaque seconde, chaque instant, je me disais :
> Je suis malade, malade, malade.
> Oh! mort, viens vite, viens vite, viens vite !
> Viens vite, viens vite, viens vite, viens vite !

Son épuisement croissant et l'exaspération que son comportement finissait par provoquer chez les autres patients me conduisirent à suspendre encore une fois l'administration de L-DOPA.

Ce nouvel arrêt du traitement eut de violents « contrecoups » : sa rigidité musculaire, ses tremblements, son akinésie et son aphonie s'exacerbèrent, et elle eut de telles difficultés à avaler que nous dûmes la nourrir à la sonde. Ce « syndrome de manque » particulièrement aigu se prolongea jusqu'à la fin septembre.

Je fis en octobre une quatrième tentative, et, cette fois encore, Mlle N. alla mieux durant plusieurs semaines. Elle avait toujours tendance à être un peu nerveuse et à être sujette à des tics et de la palilalie dans ses moments de surexcitation, mais nous n'observâmes pas de symptôme véritablement inquiétant. Les infirmières remarquèrent que ses tics étaient d'autant plus virulents que je me trouvais dans les parages : Mlle N. savait que ses tics me fascinaient, et éveillaient toujours mon attention et mon intérêt.

Courant décembre – il faisait, je m'en souviens, un temps particulièrement épouvantable –, Mlle N. s'enfonça à nouveau dans la stupeur et l'immobilité quasi cadavériques que nous avions déjà observées en août (ou, avant que nous lui administrions de la L-DOPA, lors de ses « psychoses de Pâques » annuelles). Cette fois, ma présence et mes efforts restèrent sans effet sur son état : elle demeura, malgré toutes mes tentatives pour la réveiller, aussi pétrifiée et glacée qu'un cadavre, et l'arrêt de la L-DOPA, trois jours plus tard, ne donna pas plus de résultat. Cet état stuporeux se prolongea durant encore dix jours, et, de nouveau, nous fûmes obligés de l'alimenter à la sonde. Le jour de Noël, quelques rayons de soleil firent leur apparition pour la première fois depuis plus de deux semaines, et nous la transportâmes donc dans la véranda afin qu'elle profite du beau temps : cinq minutes plus tard à peine, nous la vîmes tout à coup « revenir à elle » et, en quelques secondes, reprendre tous ses esprits. Mlle N. nous décrivit son réveil en termes très émouvants ; elle nous dit : « Je vis le soleil. Je vis les gens autour de moi qui bougeaient et avaient l'air vivants. Je compris que je n'étais pas morte ou en enfer. Je sentis la vie bouillonner en moi, un peu comme si une carapace se brisait à l'intérieur de moi. Et, soudain, je m'aperçus que je pouvais de nouveau bouger et parler. »

Après lui avoir laissé trois mois pour se remettre de cette expérience et retrouver son équilibre physiologique et psychologique, en mars 1970, à sa demande, nous la mîmes pour la cinquième fois sous L-DOPA. Cette fois encore, son parkinsonisme et ses autres troubles s'atténuèrent pendant quelque temps, puis d'autres symptômes se manifestèrent : trois semaines après la reprise du traitement, d'étranges hallucinations prenant toujours la même forme et se reproduisant chaque soir firent leur apparition. Mlle N. commençait chaque fois par éprouver l'impression extrêmement *mystérieuse et inquiétante* que quelque chose d'incroyablement étrange allait se produire, quelque chose qui lui serait déjà arrivé en rêve ou dans une vie antérieure et constituerait donc une répétition d'événements passés. Puis, soudain, elle voyait deux hommes barbus pénétrer dans sa chambre, s'avancer d'un pas lent jusqu'à la fenêtre, et une fois arrivés là, allumer une antique lanterne qu'ils balançaient d'un côté à l'autre de la pièce (« comme un encensoir »), un peu comme s'ils voulaient capter son attention ou l'« ensorceler ». Elle se sentait d'abord irrésistiblement tentée de fixer la lumière, puis tout à coup, détournant brusquement la tête, elle s'écriait : « Allez-vous-en, allez-vous-en ! Vous êtes des démons, des démons ! » (Ces brusques mouvements de tête et ces cris finirent par attirer l'attention de sa compagne de chambre, et celle-ci vint nous prévenir que Mlle N. avait des « expériences bizarres ».) Ces louches visiteurs s'approchaient ensuite de la tête de son lit, sortaient de leur poche des morceaux de gaze chatoyants et les agitaient devant ses yeux en un mouvement circulaire : ne sachant si ces gestes étaient une bénédiction ou une malédiction, Mlle N. se recroquevillait sur elle-même, et se sentait sur le point de s'évanouir. Là-dessus, enfin, après s'être penchés vers elle et l'avoir embrassée en lui effleurant les joues des poils de leurs barbes, les deux hommes sortaient gravement de sa chambre, initiative qu'elle accueillait avec un mélange inextricable de soulagement et de regrets. L'impression d'« étrangeté » qu'elle éprouvait jusqu'à la fin de ces hallucinations – qui duraient de dix à vingt minutes, et se reproduisaient chaque soir, à huit heures sonnantes – disparaissait alors, et Mlle N. se sentait à nouveau elle-même. Je lui demandai un jour si elle pensait que ses visiteurs étaient « réels », et elle me fit deux réponses ; elle me dit, d'abord : « Oui et non. Ils ne sont pas réels à la manière dont vous l'êtes, docteur Sacks, ou dont les infirmières, ou cet endroit, sont réels. Ils ont une sorte de réalité différente, un peu comme s'ils venaient d'un autre monde » ; et elle ajouta, par la suite : « D'abord, j'avais pensé que ce devaient être les fantômes des patients morts dans cette chambre, puis j'ai compris qu'ils avaient quelque chose d'encore plus surnaturel. Je n'ai jamais pu déterminer s'ils venaient du ciel ou de l'enfer... C'est drôle – d'une manière générale, je ne suis pas superstitieuse, je ne crois pas aux fantômes ou aux apparitions, mais, quand je suis sujette à ces hallucinations, je *ne peux m'empêcher* d'y croire. »

Durant deux semaines, ces hallucinations *n'évoluèrent pas :* ces personnages continuèrent à lui apparaître à huit heures du soir et à disparaître immanquablement à huit heures dix. Nous ne modifiâmes donc pas sa dose de L-DOPA, d'autant plus que Mlle N. commençait à prendre un plaisir évident à ces fantasmes : elle se maquillait chaque soir avec le plus grand soin, prétendant qu'il lui fallait « se tenir prête » pour ces visites. Au cours de sa sixième semaine sous L-DOPA, cependant, ses visions prirent une tournure beaucoup plus inquiétante : à ces deux hommes s'ajoutèrent un troisième, un quatrième, un cinquième, puis un sixième personnage, et, bientôt, sa chambre fut totalement remplie de barbus en train de faire des gestes surnaturels ; ces barbus, par ailleurs, semblaient s'attarder de plus en plus dans sa chambre, et continuaient maintenant leurs silencieuses et sinistres activités jusqu'à neuf, dix ou même onze heures du soir. Arrivée à ce stade, Mlle N. reconnut qu'il vaudrait peut-être mieux arrêter la L-DOPA, ce que nous fîmes immédiatement. Ses hallucinations persistèrent durant encore trois semaines, puis s'interrompirent brusquement – un beau soir, contrairement à ses habitudes, Mlle N. ne se maquilla pas après le souper. Elle nous répondit, comme nous l'interrogions sur les raisons de ce changement : « Aujourd'hui, je n'aurai pas de visite. » Et, effectivement, ses étranges « visiteurs » ne revinrent plus jamais la voir.

Nous lui laissâmes la fin du printemps et tout l'été pour récupérer, puis, en octobre 1970, nous lui administrâmes de l'amantadine (un produit dont les effets sont similaires à ceux de la L-DOPA). Là encore, sa voix, ses mouvements, sa rigidité, etc., furent d'abord améliorés, puis, trois semaines plus tard, des effets parasites apparurent : Mlle N. commença cette fois par se plaindre d'un prurit vulvaire – nous l'envoyâmes consulter un gynécologue, qui ne trouva rien ; cette démangeaison se transforma ensuite en une formication – elle disait avoir des fourmillements, un peu comme si des milliers de fourmis lui couraient dans tout le corps –, qu'elle nous décrivit en frissonnant d'horreur, mais aussi avec une incontestable délectation ; enfin, ces prétendues fourmis devinrent de minuscules homoncules qui grimpaient le long de son vagin et essayaient de pénétrer au plus profond d'elle-même. Ne pouvant supporter cette atteinte à son intégrité physique, Mlle N. nous supplia d'arrêter l'amantadine, ce que nous fîmes sur-le-champ. Six semaines plus tard, ce fantasme de viol disparut aussi brusquement que les hallucinations de barbus.

Ces six tentatives de traitement à la L-DOPA ou à l'amantadine suscitèrent donc chez Mlle N. des réactions extrêmement différentes. On peut dire que ces produits eurent des effets imprévisibles, au sens où ils déclenchèrent chez elle l'apparition de toutes sortes de comportements très différents – des comportements thérapeutiques aussi bien que de la catatonie, des tics et de la palilalie, des sensations de formication aussi bien que des hallucinations –, mais il est clair, également, qu'une fois ce comportement initial installé, toutes ses autres réactions étaient bâties sur le même modèle. Les réactions de Mlle N. se caractérisèrent donc par une extrême hétérogénéité physiologique d'une phase de traitement à l'autre, mais présentèrent tout en même temps, une fois telle ou telle première réaction apparue, une unité dramatique frappante. Après ces six épisodes si étrangement disparates, mais tous, fondamentalement, incontrôlables, nous ne lui administrâmes plus ni de L-DOPA ni d'amantadine. Mlle N. retrouva son ancienne personnalité et redevint la vieille dame aimable, accommodante, spirituelle et terre à terre que nous connaissions. En 1971 et 1972, pour la première fois depuis vingt ans, elle « oublia » même d'être sujette à ses « psychoses de Pâques » annuelles – elle me dit : « Des visions et tous les trucs de ce genre, j'en ai eu pour jusqu'à la fin de mes jours. »

13

Ida T.

Mme T., née en 1901 dans un village de Pologne, eut une enfance calme et sans histoires, se maria à seize ans et fut mère un an plus tard. Vers l'âge de vingt ans, cependant, sa vie fut brisée par une double tragédie : le décès de son jeune mari entraîna d'abord une brusque et monstrueuse modification de son caractère, qui la transforma en un rien de temps en une harpie impatiente, irritable, impulsive et violente, à l'appétit d'ogre – la violence et la faim dévorante de leur fille inquiétèrent tant ses très pauvres mais très pacifiques parents qu'ils finirent par craindre qu'elle fût possédée par le diable ; puis, peu après son vingt et unième anniversaire, Mme T. – dont le poids avait triplé et qui terrorisait maintenant tout le village – commença à être sujette à un autre type de symptômes : une raideur musculaire de plus en plus marquée, une lenteur de mouvement de plus en plus prononcée et divers autres signes de parkinsonisme vinrent *mettre un frein* à l'expression de sa violence, sans diminuer en rien la force des impulsions agressives qui l'agitaient. Se décidant enfin à demander l'aide de la médecine, ses parents mirent leur tonneau de fille dans un bateau et l'expédièrent vers le Nouveau Monde, dont les légendaires médecins, ils n'en doutaient pas, sauraient la guérir.

Au bout de quatre mois de traversée, la « Grosse Bertha » (car tel était le surnom que ses compagnons de voyage avaient fini par lui donner) était aussi immobile et muette qu'une statue, et aussi raide qu'une planche. Conduite dès son arrivée au port au « Foyer pour infirmes et mourants » qui venait de s'ouvrir à New York, Mme T. (que le personnel de l'établissement dénomma à son tour la « Grosse Bertha ») passa les quarante-huit ans suivants étendue sur un lit – on pourrait presque dire un catafalque – spécialement renforcé autour duquel se relayaient des armées de minces infirmières, toujours aussi raide, silencieuse et pétrifiée, mais les yeux brillant de mille lueurs de colère, totalement oubliée de sa famille polonaise, qui ne lui envoya même pas de nouvelles de son bébé, une petite fille désormais virtuellement orpheline. Il pouvait lui arriver, notamment lorsqu'elle souffrait ou se sentait frustrée, de soudain exploser et se mettre à jacasser furieusement, comme une mitrailleuse en folie, mais ces manifestations étaient rares, et, en règle générale, ses demandes se bornaient à des demandes de lavements ou de nourriture (car son appétit vorace avait fini par s'accompagner d'une analité tout aussi insatiable). L'attention et la gentillesse du personnel soignant ne la laissaient cependant pas totalement indifférente, puisqu'il lui arrivait parfois aussi de remercier les infirmières en leur adressant quelques sourires ou en les couvrant de baisers bruyants, aussi explosifs que ses accès de gloutonnerie ou ses colères. En fait, toutes les infirmières qui connurent la « Grosse Bertha » se prirent d'affection pour elle, et s'en occupèrent avec dévouement ; sans leurs soins empressés et assidus, elle serait très certainement morte dès les années vingt.

Lorsque, en 1966, je fis sa connaissance, Mme T. était une sorte de baleine de cent quatre-vingts kilos, entièrement chauve, à la peau séborrhéique et à la nuque totalement aplatie par un demi-siècle d'alitement. Son corps immuablement raide se terminait par des mains et des pieds ressemblant à des nageoires, estropiés par de considérables déformations dystoniques-dystrophiques. (Cette masse gigantesque, graisseuse, profilée, aux extrémités en forme de nageoires, me faisait un peu penser à une énorme nageuse, miraculeusement et stroboscopiquement « pétrifiée » entre deux brassées.) Ses yeux clignaient très peu, et jetaient des regards aussi durs et menaçants que ceux d'un basilic. Elle ne faisait presque aucun mouvement, et avait une respiration à peine perceptible. Elle supportait très mal ma présence, et ne répondait à mes questions que par des grognements, des expectorations ou des monosyllabes qu'elle semblait me cracher au visage.

Mme T. resta dans cet état jusqu'à ce que, trois ans plus tard, je la fasse transférer dans notre « communauté » de postencéphalitiques et commence à lui administrer de la L-DOPA. Je dois avouer que sa première réaction à ma proposition d'essayer ce nouveau traitement fut un refus, et que, au début, je lui fis prendre sa L-DOPA sans le lui dire, en la mélangeant à sa nourriture. Je ne pris cette décision qu'après un long conflit intérieur, sous l'influence des infirmières qui avaient toutes le sentiment que, sous ces dehors si formidables, la « Grosse Bertha » cachait en fait une « charmante personne », emprisonnée par la maladie mais n'aspirant qu'à se libérer des entraves qui la liaient. Elle n'avait, d'autre part, ni famille ni amis qui puissent dire « oui » ou « non » à sa place.

Les premiers effets apparurent à une dose de 4 g par jour, de façon aussi soudaine que spectaculaire : brusquement, la carapace de rigidité qui emprisonnait le corps de Mme T. se « fissura » et fondit, rendant à ses mouvements leur liberté d'antan, et sa voix, jusque-là explosive ou éteinte, aboyante ou bégayante, retrouva un volume et un débit à peu près normaux. Encore toute stupéfaite et surexcitée, une infirmière vint me chercher pour que j'aille voir Mme T., et je la suivis immédiatement. Arrivant dans sa chambre, je découvris la « Grosse Bertha » toute souriante, en train de bavarder comme une pie avec les infirmières et faisant de grands gestes avec les mains ; elle me dit : « Merveilleux, c'est merveilleux ! Je bouge à l'intérieur. Cette drogue, c'est une vraie *Mitzphah*... Dieu merci, vous avez eu l'intelligence de me la faire prendre malgré moi ! » Afin de célébrer ce « réveil », Mme T. annonça d'une voix de stentor qu'elle voulait désormais un litre de crème glacée au chocolat à chaque repas, ainsi qu'« un grand, un très grand lavement à l'huile d'olive » matin et soir. Les trois semaines suivantes, elle eut de longues conversations avec elle-même, en yiddish ou dans un anglais guttural au fort accent yiddisho-polonais, entrecoupées de force gloussements et petits rires et entièrement consacrées au village où elle était née et avait été élevée. Elle se mit aussi à chanter de vieilles chansons populaires et ballades yiddish d'une belle voix de basse et avec une jovialité digne d'un marin au long cours – pour le plus grand amusement, ou le plus grand désespoir, des auditeurs. La Belle au Bois Dormant s'était assurément éveillée, mais elle restait très régressive et nostalgique ; elle n'avait pour le moment d'autre intérêt que sa bouche, son côlon et son passé. Il lui restait encore à accepter d'avoir une relation avec le *présent*.

J'eus alors l'idée de lui faire un petit cadeau symbolique : je lui offris un cactus charnu aux bulbes épineux, à la fois hideux et d'une certaine beauté. Cette plante lui plut beaucoup : elle s'y attacha immédiatement, et se mit à la soigner et à l'observer durant des heures entières. J'eus le sentiment que ce végétal était non seulement sa première possession depuis son hospitalisation à Mount Carmel, mais aussi le premier objet avec lequel elle établissait une *relation* depuis quarante-huit ans.

Au cours de l'automne 1969, Mme T. commença à reconnaître et à apprécier une physiothérapeute qui la baignait et massait ses mains chaque jour, et avait inventé tout spécialement pour elle certains appareils qu'elle pouvait tenir en les pinçant entre ses doigts. Jusque-là, je pense que Mme T. ne distinguait pas très bien les unes des autres les différentes infirmières qui s'occupaient d'elle, et qu'elle les regardait et les traitait comme si elles ne faisaient qu'*une seule et même personne* – un peu comme la reine d'une termitière doit traiter ses minuscules ouvrières. Lorsqu'elle était séparée de sa plante bien-aimée ou ne se trouvait pas en présence de cette physiothérapeute adorée, elle se montrait encore extrêmement agressive, entêtée, négative, batailleuse, vindicative et semblait nous accuser de tous les maux de la terre. Mais son cactus et cette physiothérapeute avaient le pouvoir d'éveiller le meilleur d'elle-même.

L'événement le plus émouvant parmi tous ces changements se produisit durant les derniers mois de 1970, lorsque, après trois ans de recherches intensives, notre assistante sociale réussit enfin à retrouver la trace de la fille de Mme T. ; nous découvrîmes qu'elle avait immigré en Amérique dans les années trente, et n'avait jamais cherché à prendre contact avec sa mère parce que le reste de sa famille lui avait dit qu'elle était morte. Leurs retrouvailles ne furent pas simples : elles commencèrent par s'observer et se jauger mutuellement sans mot dire, puis il y eut des mois de malentendus et de colères, de silences et de disputes ; mais – tant bien que mal –, vers le milieu de 1971, leur relation s'approfondit et Mme T. et sa fille finirent par se fréquenter avec un plaisir sans mélange. Au fil des mois, nous vîmes Mme T. s'humaniser progressivement, et sortir peu à peu de son abîme de dépression, de solitude et d'irréalité. L'amélioration de sa relation avec sa fille lui permit d'échapper au labyrinthe de sa folie et la tira hors des profondeurs de son non-être.

Depuis un an, certaines complications sont apparues (sa rigidité, sa tendance à bégayer, notamment, se sont à nouveau accentuées). Si l'on considère qu'elle fut durant quarante-huit ans une sorte de morte vivante, les bénéfices qu'elle a retirés de la L-DOPA n'en sont pas moins extraordinaires.

14

Frank G.

M. G., né en 1910, eut jusqu'à l'âge de treize ans une enfance sans histoires : ce fut jusque-là un enfant équilibré, au comportement normal et aux résultats scolaires assez satisfaisants. La maladie du sommeil, qu'il contracta en 1923, fut à l'origine de ses premiers symptômes : après être d'abord resté neuf semaines dans un état de stupeur si profond qu'il dut durant tout ce temps être nourri à la sonde, M. G. se réveilla atteint à la fois de graves troubles oculaires (une stéréodéviation de l'œil droit, ainsi que divers autres symptômes révélateurs d'une paralysie du troisième nerf crânien) et de divers troubles du comportement (son entourage le trouva « dérangé », « un peu étrange », « plus tout à fait le même », etc.). Incapable de poursuivre ses études et catalogué désormais comme déficient mental, Frank G. entra dans la vie active et commença à travailler dans une fabrique de boîtes en carton ondulé, où il mena, durant vingt ans, une vie monotone et exemplaire : il arrivait chaque matin à l'usine avec une ponctualité d'horloge, travaillait jusqu'à cinq heures du soir sans prendre une seule minute de repos, rentrait sagement chez ses parents, soupait puis restait un peu assis à côté d'eux, allait se coucher à dix heures tapantes, se relevait le lendemain matin à six heures, et recommençait inexorablement le même train-train. Son comportement, durant ces vingt années, fut conventionnel jusqu'à la stéréotypie : il saluait chaque jour les mêmes personnes en leur adressant les mêmes paroles, puis s'enfonçait toujours de la même manière dans le silence après quelques brefs commentaires sur le temps qu'il faisait ; chaque jour, il lisait les manchettes et les grands titres des journaux, et rien d'autre ; il n'avait ni passe-temps ni amis, pas la moindre vie sociale ou sexuelle d'un type ou d'un autre. Il menait une terne vie de robot, sans joie ni imprévu – comme le million de « schizophrènes chroniques non hospitalisés » que l'on peut croiser dans les rues des États-Unis. Il n'échappait à cette grisaille que deux ou trois fois l'an, pour entrer subitement dans de violentes colères : il s'attaquait alors à quelqu'un – toujours un vieillard –, l'accusant de l'avoir dévisagé et d'avoir cherché à le séduire.

Mais, à l'âge de trente-cinq ans, les mouvements et la vitesse d'élocution de M. G. commencèrent à se ralentir, et il eut de plus en plus de mal à garder la cadence à son usine ; il fut licencié deux ans plus tard, et rejoignit donc le demi-million de parkinsoniens au chômage que comptaient alors les États-Unis. Dans un premier temps, cet éclatement des routines monotones qui structuraient sa vie lui fit complètement « perdre les pédales » : très agité, profondément déprimé et insomniaque, il passa des jours et des jours à déambuler dans les rues, sale et hirsute, jurant et marmonnant dans sa barbe, avant d'être finalement admis dans un hôpital psychiatrique où il retrouva progressivement une partie de sa régularité d'humeur et de son uniformité de caractère, et d'où, en 1950, il fut transféré à Mount Carmel.

Durant les vingt années que M. G. passa à Mount Carmel, son état se « détériora » lentement sur divers plans : bien que conservant des capacités de mouvement et de déplacement satisfaisantes – il demeurait capable de manger, de s'habiller et de se laver sans aide, de se promener dans l'hôpital ou les rues aux alentours, etc. –, il se replia de plus en plus sur lui-même, et réduisit ses activités d'année en année ; il développa une multitude de comportements rituels et routiniers invariables, et eut de moins en moins de rapports avec le monde ou les gens ; il commença à être sujet plusieurs heures par jour à des accès de fixité oculaire, s'accompagnant d'hallucinations dont il ne parlait à personne et qui ne transparaissaient ni dans son comportement ni dans ses actions ; ses accès de panique et de colère (toujours liés à l'impression que l'on avait manqué d'égards envers lui, ou tenté de faire insidieusement pression sur sa personne) devinrent plus fréquents, et se reproduisirent désormais deux ou trois fois par mois.

En 1969, juste avant que nous lui fassions prendre de la L-

DOPA, M. G. avait les deux bras agités par un tremblement du type astérixis, et le cou raide et fléchi. Il salivait abondamment, et avait les deux paupières abaissées par un ptosis bilatéral qui lui fermait presque les yeux. Ses réflexes de posture étaient considérablement altérés. Ses bras, bien que nullement rigides, étaient légèrement akinétiques. M. G. présentait également, en plus de l'« étrangeté » extérieure que j'ai déjà évoquée, des signes de déficit neuromoteur supérieur bilatéral et de légère arriération mentale (symptômes très rares chez les postencéphalitiques que j'ai eu l'occasion de rencontrer). Il avait enfin tendance à accompagner chacune de ses expirations d'un fredonnement (une sorte de mmmm... mmmm... mmmm) mélodieux qui constituait un véritable tic.

Nous lui administrâmes pour la première fois de la L-DOPA en mai 1969, et fîmes progressivement passer sa dose quotidienne à 2 g. Durant les trois premières semaines de traitement, ses tremblements s'exacerbèrent, son pas s'accéléra et il fut sporadiquement pris de brusques contractions myocloniques et de spasmes musculaires. Ses fredonnements expiratoires s'accentuèrent, et il commença à avoir tendance à s'agiter, à grogner et à grommeler dans son sommeil.

Au bout d'un mois, tous ces effets se dissipèrent, et M. G. revint à son état antérieur. Durant trois mois, bien que maintenu à 2 g de L-DOPA par jour, il parut ne *plus du tout* réagir au traitement, puis, en octobre, de violents mouvements de protraction commencèrent tout à coup à « propulser » sa langue hors de sa bouche douze à quinze fois par minute. Lorsque, deux jours plus tard, nous lui proposâmes d'arrêter la L-DOPA, il nous répondit : « Non – ils s'arrêteront tout seuls », et, *effectivement,* une heure plus tard, ses pulsions de la langue s'interrompirent et ne réapparurent plus jamais. Il n'eut ensuite plus aucune réaction durant six mois, puis, brusquement, en mars 1970, il fut à nouveau la proie d'une autre vague de manifestations diverses. Il devint irascible et susceptible, et nous dit ressentir en permanence une démangeaison dans la joue droite (cette sensation l'amenait à se gratter si impulsivement et si violemment que sa joue saignait continuellement). Ses pulsions sexuelles s'intensifièrent, le forçant à se masturber plusieurs heures par jour et entraînant de fréquentes exhibitions dans le couloir. Et ses fredonnements se transformèrent en une verbigération palilalique – une sorte de *tic d'incantation* * – de la phrase « calme-toi » : il se mit désormais à murmurer : « calme-toi, calme-toi, calme-toi... » des centaines, si ce n'est des milliers, de fois par jour.

Vers le mois de mai 1970, les actes exhibitionnistes de M. G. et ses agressions sur la personne des autres patients devinrent si fréquents que la direction de l'hôpital menaça de le faire transférer dans un hôpital public – perspective qui le terrorisa et le plongea dans une fureur impuissante. Dès le lendemain, M. G. eut une crise oculogyre s'accompagnant de catatonie – la première de toute sa vie. Les globes oculaires bloqués vers le haut, le cou violemment rétracté et le reste du corps présentant à la fois une immobilité de statue et une flexibilité cataleptique, il se replia complètement sur lui-même, et parut même incapable d'avaler. Cette crise oculogyre, ou cet accès de stupeur, se prolongea dix jours entiers, durant lesquels nous dûmes le nourrir à la sonde et nous occuper de lui comme si c'était un nourrisson. Lorsque, enfin, il « revint à lui », ce n'était plus le même homme – on aurait dit qu'il s'avouait vaincu, ou était intérieurement brisé. Ses impulsions, ses démangeaisons, ses tics, son excitation sexuelle et son agressivité avaient complètement disparu, et il se déplaçait désormais comme un somnambule, ou comme on marche dans un rêve. Il était poli, aimable et ne paraissait pas désorienté, mais tout son être semblait emprisonné dans une sorte de « sommeil », ou de pâmoison ; il donnait l'impression très mystérieuse d'être absent du monde, de ne plus lui appartenir. Il semblait presque désincarné – un peu comme une apparition, ou un spectre.

En août 1970, M. G. mourut dans son sommeil. Nous ne découvrîmes pas, *post mortem,* la cause de son décès.

* En français dans le texte.

15

Maria G.

Maria G., née en 1919, fut la première enfant d'un couple de paysans siciliens très pieux, qui l'élevèrent dans un catholicisme austère et névrotique. Elle paraît avoir été une enfant intelligente et éveillée, mais aussi un peu « vive » et très rêveuse, si bien que les gens de son village lui attribuaient le « don de seconde vue ». A huit ans, Mlle G. fit un terrible cauchemar, qui dura toute une nuit : elle rêva qu'elle était devenue folle, et qu'on l'avait emmenée en enfer. Cet horrible cauchemar fut suivi d'un délire qui se prolongea pendant un mois et s'accompagna de fièvre, d'hallucinations et de mouvements extraordinaires, ainsi que d'une agitation et d'une insomnie rebelles à tout traitement. Lorsque ce délire aigu finit par se dissiper, il apparut que le caractère de Maria avait profondément changé : elle était devenue une enfant extrêmement nerveuse et violente, coléreuse, impudique et insolente, toujours prête à s'attirer tout un tas d'« ennuis ». Ses parents furent si choqués par sa nouvelle conduite qu'ils se mirent à la haïr et la menacèrent de toutes sortes de punitions. Évoquant devant moi ces événements plus de quarante ans plus tard, sa mère me dit : « Le ciel l'a punie parce qu'elle était mauvaise. C'était une enfant méchante et désobéissante, absolument odieuse, et elle méritait sa maladie – elle a mérité tout ce qui lui est arrivé. »

Dès douze ans, une rigidité musculaire et une lenteur de mouvement de plus en plus marquées commencèrent à affecter l'un après l'autre tous les niveaux de son comportement, si bien que, à quinze ans, Mlle G. était déjà profondément parkinsonienne. Par la suite, ses parents – qui avaient entre-temps immigré aux États-Unis – la gardèrent enfermée dans une chambre où personne ne pouvait la voir : elle y resta trente ans, couchée par terre comme une bête, le visage contre le sol, mordant ou mâchonnant quelquefois le tapis de rage, ne recevant d'autres visites que celles des membres de sa famille qui venaient de temps en temps lui jeter sa nourriture comme on lance des restes à un animal, ou du prêtre qui passait la voir chaque dimanche.

En 1967, le poids des années et la maladie de cœur dont sa mère souffrait interdirent à ses parents de la garder plus longtemps chez eux, et Maria G. fut donc hospitalisée à Mount Carmel. Lorsque je l'examinai, elle me parut très gravement parkinsonienne et catatonique. Elle présentait un strabisme divergent et une paralysie internucléaire, et des flots de salive visqueuse coulaient en permanence de sa bouche. Sa rigidité et son akinésie étaient très prononcées, de violents tremblements du type astérixis agitaient sporadiquement sa main droite, ses paupières se fermaient ou se contractaient continuellement, et ses réflexes de posture s'étaient tellement dégradés que sa tête touchait presque le sol lorsqu'elle était assise. Elle parlait d'une voix très douce mais impulsive, et presque inintelligible. Elle donnait l'impression d'être une femme intelligente, car elle parvint très vite à reconnaître et pouvoir nommer les autres patients et le personnel soignant. Elle était sujette à des crises oculogyres deux fois par mois, et pouvait aussi, plus rarement, piquer de très violents accès de colère au cours desquels elle redevenait capable de se mettre debout et de marcher, hurlait à pleins poumons et tapait énergiquement sur tout ce qui l'entourait. Mais ces accès restaient exceptionnels, et, en général, elle restait totalement immobile. Tel était le tableau clinique de Mlle G. avant que, le 18 juin 1969, nous lui administrions pour la première fois de la L-DOPA.

Ses premières réactions, apparues peu après que sa dose quotidienne eut été élevée à 1,2 g par jour, furent particulièrement spectaculaires : en moins de quelques heures, Mlle G. se sentit brusquement envahie par une vague de force et d'énergie et vit sa rigidité disparaître complètement ; elle se mit à arpenter le couloir de long en large, luttant de toutes ses forces contre sa tendance à se tenir pliée en deux ; sa voix redevint puissante et intelligible, malgré quelques accélérations périodiques de son débit verbal et une tendance à ne s'exprimer que par des phrases très brèves ; son hypersialie cessa presque complètement ; elle semblait d'humeur joyeuse, avec une touche d'exaltation. Ses parents, prévenus par nos soins, vinrent la voir immédiatement, pour la première fois depuis deux ans. Fou de bonheur et ivre de reconnaissance, son père la serra dans ses bras cependant que sa mère s'écriait : « C'est un miracle... ce n'est plus du tout la même. » Cette résurrection fut suivie par une semaine merveilleuse, au cours de laquelle Mlle G. se transforma de toutes les façons possibles. Sa mère célébra sa « renaissance » en lui achetant toute une garde-robe, ce qui lui permit de faire de la toilette. Vêtue avec goût, maquillée et pomponnée avec soin, Mlle G. était très belle et semblait avoir rajeuni ; les infirmières saluèrent cette transformation en la dénommant la « beauté sicilienne ».

La première semaine de juillet, cependant, divers problèmes apparurent. Sa gaieté devint de la violence et de la manie, et elle se mit à imaginer que nous essayions de la « séduire » et de l'« exciter » : elle se persuada que les patients et le personnel médical conspiraient pour « la posséder », perspective qui semblait tout à la fois l'électriser, la terroriser et la mettre en fureur. Elle hurlait ou nous bombardait de tous les objets qui se trouvaient à portée de sa main dès que nous la regardions. Elle me demanda à maintes reprises comment les enfants venaient au monde, et si le sexe était une activité « naturelle », ou punie de mort. La santé de sa mère commença également à l'angoisser, et elle lui passa donc d'incessants coups de fil pour prendre de ses nouvelles, lui demandant chaque fois : « Maman, tu vas bien ? Tu ne vas pas mourir ? », puis fondant en larmes et tremblant de tous ses membres après avoir raccroché. Vers la mi-juillet, sa vie devint une véritable montagne russe ontologique tout « en montées et en descentes », une suite ininterrompue de fureurs et d'épuisement, de violences et de repentirs se succédant cinq ou six fois par jour, sans la moindre transition. Ses explosions de colère, d'autre part, prirent des proportions de plus en plus effrayantes : elle se ruait dans les couloirs de l'hôpital en poussant des hurlements de gorille en furie et en frappant tous ceux qui avaient le malheur de la croiser, ou, si elle ne rencontrait personne, en donnant de grands coups de poing contre les murs ;

puis, lorsque sa colère retombait, elle commençait à se taper la tête contre les murs en criant : « Tuez-moi, tuez-moi ! Je suis mauvaise, je dois mourir. » Ces accès de colère pouvaient être « enrayés » en quelques minutes par 5 mg de thorazine (largactil), mais elle sombrait alors dans un état profondément parkinsonien et catatonique, presque stuporeux.

Le 16 juillet, la réduction de sa dose de L-DOPA (je la ramenai de 1,2 g à 1 g par jour) eut les mêmes effets qu'une dose importante de thorazine : une sorte de paralysie stuporo-parkinsonienne la gagna immédiatement, et elle fut pendant quatre jours beaucoup plus impotente et déprimée qu'elle ne l'était avant de commencer à prendre de la L-DOPA. Elle me supplia tant d'augmenter à nouveau sa dose que, le 20 juillet, j'acceptai de la faire passer à 1,1 g par jour. Cette augmentation infinitésimale suffit à déclencher chez elle le pire accès de fureur que nous eûmes jamais l'occasion d'observer : une rage meurtrière remplaçant soudain sa catatonie, Mlle G. se mit brusquement à gronder, crier, hurler et grogner, tout en griffant, lacérant, brisant, projetant tous les objets qui se trouvaient à sa portée et en nous lançant des regards haineux, menaçants et bestiaux de grand carnivore prêt à tuer. Durant tout cet épisode, de violents mouvements de protraction firent sans cesse jaillir sa langue hors de sa bouche, et ses lèvres restèrent en état de protrusion tonique permanente *(schnauzkrampf)*. Puisqu'elle semblait hors d'état de parler, je lui tendis un crayon et un papier, qu'elle fourra immédiatement dans sa bouche et mit en pièces à coups de dents. Après vingt-cinq heures de cette folie furieuse – que n'atténua ni l'arrêt de la L-DOPA ni plusieurs piqûres de calmants –, Mlle G. tomba dans un état d'épuisement extrême et s'endormit comme un bébé, le corps couché en chien de fusil et le pouce dans la bouche. Sentant qu'elle avait besoin de plusieurs semaines pour se calmer et profitant de ce que je serais absent un mois de Mount Carmel, je suspendis toute administration de L-DOPA jusqu'au mois de septembre.

A mon retour de vacances, Mlle G. était toujours aussi intensément parkinsonienne, catatonique et dépressive, et faisait toujours autant immuablement « implosion » à l'intérieur du même « trou noir » physiologique – son état, qui demandait maintenant des soins infirmiers presque permanents, était donc beaucoup plus grave qu'avant le début de son traitement à la L-DOPA. Elle me donnait l'impression, depuis que nous avions interrompu la L-DOPA, d'être suspendue entre la vie et la mort, mais je craignais par ailleurs qu'une reprise du traitement ne déclenche à nouveau d'incontrôlables accès de violence. Si horrible que fût l'alternative dans laquelle ses réactions me plaçaient, je n'avais cependant d'autre choix possible (et d'autre espoir) que d'essayer malgré tout de trouver un état intermédiaire entre ces extrêmes, et je repris donc le traitement, ayant cette fois recours à des doses de L-DOPA si faibles que nous dûmes fabriquer nous-mêmes les gélules que nous lui fîmes prendre. Dans un premier temps, des doses de 100, 150, 200 puis 250 mg par jour ne parurent lui faire aucun effet, puis, tout à coup, à une dose de 300 mg, elle *explosa,* et se transforma à nouveau en une « supernova ».

Cette nouvelle explosion fut encore plus brutale que les précédentes, car, cette fois, l'ensemble de son comportement vola en éclats. Durant les deux mois qui suivirent, le comportement de Mlle G. perdit toute unité et se fragmenta en une multitude de « sous-comportements » tous parfaitement organisés et profondément régressifs – même chez des schizophrènes, je n'ai jamais observé de processus plus aigu et plus brutal. J'eus le sentiment que nous avions ouvert la boîte de Pandore, ou donné un coup de pied dans un nid de serpents ontologiques. Mais il était impossible de stopper la L-DOPA, ou même simplement de réduire tant soit peu sa dose quotidienne, car la moindre tentative en ce sens la précipitait immédiatement dans un état comateux s'accompagnant de troubles respiratoires et de signes d'anoxie. Je tentai à deux reprises l'expérience et, par deux fois, elle faillit lui être fatale. Mlle G. n'avait le choix qu'entre la mort ou la folie ; depuis son « explosion », tout état intermédiaire entre ces deux extrêmes paraissait lui être totalement *inaccessible.*

Au cours des deux mois qui suivirent, son caractère devint de plus en plus ombrageux. Elle protégeait craintivement sa nourriture et ses possessions en les entourant de ses bras, et fusillait furieusement du regard tous les « voleurs » potentiels. Une insatiable compulsion à amasser des objets la poussait à s'entourer de toutes sortes de trésors – des bouts de papier, des bonbons à demi mangés, des crayons et des fruits, le contenu de son sac à main, des morceaux de pain et parfois même des matières fécales – qu'elle rassemblait sur sa chaise et son lit. Son regard, que des impulsions ou des tics oculaires fulgurants avaient rendu extraordinairement mobile, était souvent « capturé » ou subjugué par tel ou tel objet venant à traverser son champ de vision ; les mouches la fascinaient tout particulièrement, et, lorsque ses yeux étaient ainsi prisonniers, seul un violent effort de tout le corps lui permettait de « libérer » son regard de cette emprise. Elle était sans cesse « ensorcelée » par les objets qui l'entouraient, et ne pouvait, lorsqu'elle ne résistait pas à leur pouvoir d'attraction en se « bloquant », s'empêcher de les regarder, de les toucher ou de les lécher. Son appétit et sa voracité étaient insatiables : elle léchait goulûment son assiette, suçait avidement ses doigts et ses couverts après avoir terminé de manger, et buvait la langue sortie et tendue, ou en lapant à toute vitesse, comme un chat.

Elle ne cessait de se plaindre d'être dégoûtante et horrible et passait son temps à s'épousseter et à se brosser, avec des mouvements de mains si différents que l'on aurait pu croire que sa main gauche et sa main droite étaient indépendamment contrôlées, ou même, parfois, époussetait et brossait quiconque passait à sa portée. Certains jours, le monde entier la blessait comme une accumulation d'empiétements insupportables, et, alors, elle se tassait sur sa chaise en se cachant le visage entre les mains, ou bien s'allongeait sur le sol en position fœtale. Elle était de plus en plus prisonnière des fantômes intérieurs qu'elle combattait ou devant lesquels elle capitulait, de jour en jour plus narcissique et régressive, et plus indifférente au monde extérieur. Elle contracta d'innombrables habitudes et maniérismes étranges, défiant toute interprétation ou manifestement autodestructeurs – elle se mordait et se donnait des coups de pied, s'étranglait et s'écorchait, plaçait sa tête dans un nœud coulant ou sur un billot invisibles, mimait toutes sortes de violences et de morts. Ses tourments ne s'atténuaient que le soir : reprenant subitement son calme, elle se remettait alors à tresser un panier en osier qu'elle avait commencé plusieurs mois auparavant, et qui, on ne sait pourquoi, avait toujours échappé à sa rage destructrice. Je la vis pour la dernière fois le 21 décembre au soir, tressant paisiblement son panier. Le lendemain matin, on la trouva morte et froide dans son lit, étreignant encore son panier chéri entre ses bras raides.

16

Rachel I.

Atteinte de symptômes parkinsoniens à la suite d'un accès d'encéphalite léthargique, Mme I. avait, en 1964, fini par être totalement immobilisée par la rigidité et la dystonie intenses qui avaient progressivement gagné son tronc et ses extrémités. Ses capacités d'expression, cependant, n'avaient, fort curieusement, été que très peu atteintes par ce parkinsonisme par ailleurs si envahissant, et sa conversation attestait que le long « emmurement » dans ce syndrome d'immobilité par lequel s'était soldée sa maladie n'avait en rien affecté son intelligence, sa mémoire et son humour. Deux fois par mois, en général le dimanche, l'état de Mme I. se modifiait : elle était brusquement submergée par des vagues successives de douleurs diffuses et d'angoisse, et se mettait à pousser des hurlements aigus et ininterrompus. Ces accès, qui se reproduisaient depuis vingt ans et prenaient fin aussi subitement qu'ils avaient commencé, n'avaient jamais pu être mis en relation avec aucune maladie organique caractérisée, et paraissaient donc constituer des *crises* ou des « accès thalamiques » d'un type inhabituel. Ils démontraient une potentialité d'excitation affective et catatonique qui ne se manifestait clairement en nulle autre circonstance.

Vers la fin de 1967, bien que conservant des capacités intellectuelles tout à fait intactes et même supérieures à la moyenne, Mme I. commença à présenter quelques signes de détérioration sénile de la mémoire récente. Après avoir d'abord répondu : « Non, je n'essaierai pas – je volerais en éclats », à toutes mes propositions d'essayer la L-DOPA, elle finit en septembre 1970 par changer d'avis et me dit : « Je suppose qu'au stade où j'en suis, je n'ai rien à perdre. »

Ses réactions furent d'emblée catastrophiques. Dix jours après le début du traitement, alors que nous lui administrions 1 g de L-DOPA par jour, Mme I. « explosa » littéralement, sans aucun avertissement et sans que cette explosion ait été précédée par le moindre effet thérapeutique. Elle devint terriblement excitée, et fut sujette à un véritable délire hallucinatoire : elle voyait des minuscules personnages et des visages partout autour d'elle, et entendait des voix s'élever dans tous les coins de sa chambre. Elle fut aussi en proie à une incontrôlable écholalie, et se mit à répéter tout ce que nous disions des centaines ou des milliers de fois à la suite, d'une voix aiguë et perçante. Hantée par ses hallucinations, faisant indéfiniment écho aux moindres stimuli extérieurs, elle donnait l'impression d'être une maison vide peuplée de revenants, ou d'avoir été « dépossédée » d'*elle-même* par des échos et des fantômes.

L'interruption immédiate de la L-DOPA et l'administration de doses massives de sédatifs et de tranquillisants ne parvinrent pas à réduirc cettc monstrucuse excitation : son délire se poursuivit avec la même violence durant trois semaines, presque vingt-quatre heures sur vingt-quatre, ne faisant rémission que pendant de brefs moments d'épuisement stuporeux. Son état intellectuel, en même temps, commença à se détériorer : nous nous aperçûmes qu'elle était chaque jour moins capable de reconnaître les visages familiers, et que ses hallucinations devenaient moins complexes. On ne pouvait s'empêcher d'avoir l'impression que l'intensité ininterrompue de son excitation cérébrale était en train de la consumer, ou de la « vider » de sa substance. Puis, au bout de trois semaines, sa surexcitation se dissipa brusquement et fut remplacée par un état comateux qui se prolongea un mois (durant lequel nous dûmes la nourrir à la sonde, nous occuper d'elle comme d'un nourrisson, etc.). Lorsqu'elle sortit de ce coma, Mme I. ne reconnaissait plus personne ni quoi que ce soit, ne pouvait plus émettre que des sons inarticulés et ne donnait aucun signe de « présence » mentale. Son esprit semblait totalement vide, dénué de toute structure, comme celui des déments au stade terminal de la maladie. Après être restée sept semaines dans cette sorte d'état de décérébration fonctionnelle, elle mourut d'une pneumonie.

17

Aaron E.

M. E. [28] naquit en 1907, d'un couple d'immigrants arrivés aux États-Unis quelques années avant sa naissance et qui, en très peu de temps, devinrent propriétaires d'une pâtisserie prospère située dans la partie ouest de Brooklyn. Enfant et adolescent sérieux et très travailleur, il trouva le moyen de livrer des journaux et d'exercer une demi-douzaine d'autres métiers tout en complétant parallèlement son éducation par des cours du soir, des conférences et de longues séances de lecture à la bibliothèque de Brooklyn. A l'âge de vingt-trois ans, ayant réussi à devenir comptable, il se maria et acheta un logement à crédit.

Durant les trente années suivantes, M. E. fut extraordinairement actif et entreprenant : il engagea six employés, et jouit durant toutes ces années d'une santé si parfaite qu'il ne s'absenta pas un seul jour de son bureau pour cause de maladie ou d'« indisposition ». Franc-maçon, membre éminent de la synagogue de son quartier, vice-président du conseil d'administration de l'école locale, il s'intéressait de très près à la vie de sa communauté. Il avait beaucoup d'amis ou de relations de travail, allait au théâtre chaque jeudi, jouait au golf tous les dimanches, et partait chaque été faire du camping dans les Adirondacks avec sa femme et ses enfants. C'était l'exemple même du *self-made man* et de la réussite à l'américaine.

Il est probable, rétrospectivement, que le premier symptôme parkinsonien de M. E. se manifesta durant ses excursions à la montagne : la tension ou les efforts inhabituels que ces exercices entraînaient avaient tendance à le faire bégayer, et rendaient ses mouvements plus impatients, vifs et nerveux qu'à l'accoutumée ; il se fatiguait également anormalement vite, et avait beaucoup de mal à « se remettre en route » une fois qu'il s'était « installé » sur sa chaise. Mais, si ces symptômes furent bien les premières manifestations de son parkinsonisme, ils ne furent à l'époque pas reconnus comme tels, et ses premiers troubles indiscutablement parkinsoniens – des tremblements des mains, et une rigidité croissante des bras et du dos – n'apparurent qu'en 1962, après son cinquante-sixième anniversaire. Aidé par l'artane et d'autres médicaments similaires qui atténuaient considérablement ces symptômes, il lutta contre la maladie avec toute l'énergie dont il était capable et put continuer à travailler à plein temps jusqu'en 1965, sans renoncer à aucune de ses nombreuses activités ni jamais manquer ses parties de golf dominicales.

En 1965, cependant, M. E. baissa les bras. Depuis déjà un an, il pensait à suspendre ses activités, et sa décision, lorsqu'il finit par se résoudre à cette idée, fut aussi soudaine que brutale : sans préavis et se départissant pour une fois de la prudence et de la sage lenteur qui le caractérisaient, il annonça tout de go à ses proches qu'il prenait sa retraite, démissionnait des conseils d'administration de la synagogue et de l'école de son quartier, et comptait se dégager au maximum de toutes ses autres responsabilités. « Renonçant » donc à sa vie d'homme actif, sinon même à celle de simple membre de la société, il passa désormais la majeure partie de son temps chez lui, à lire les journaux, regarder la télévision et bricoler dans son jardin. Il continua au début à s'intéresser aux cours de la Bourse et resta en contact avec son courtier, mais son intérêt pour les affaires décrut au fil des mois, et, en 1966, il cessa totalement de suivre l'évolution du marché financier. Cette retraite anticipée, qui ne lui permettait plus de subvenir aux besoins de sa famille, entraîna une détérioration de sa position familiale. Mi-déchu malgré lui, mi-démissionnant volontairement de son rang de *pater familias* et de chef de famille, il laissa désormais sa femme et ses fils prendre toutes les décisions majeures. Montrant chaque jour davantage de signes de dépression, d'angoisse, de passivité et de dépendance, il se mit à s'apitoyer sur lui-même et à se plaindre de plus en plus de son sort – ce qui, pour tous ceux qui se rappelaient quel homme actif, énergique, entreprenant et plein de ressources il était quelques années auparavant, était une transformation incroyable. Sa déchéance au sein de sa famille, sa dépendance croissante et ses symptômes parkinsoniens semblaient interagir et se renforcer mutuellement : en 1967, M. E. était non seulement devenu physiquement totalement impotent, mais avait encore adopté la personnalité type et tous les traits de caractère de l'invalide.

L'été 1967, son invalidité, sa dépression et sa dépendance croissantes finirent par rendre inévitable son admission à Mount Carmel. Son hospitalisation entraîna une forte aggravation de tous ses symptômes, parkinsoniens ou autres, car les tentatives de sa famille de lui présenter – ainsi que les prospectus publicitaires de l'hôpital l'affirmaient – son admission à Mount Carmel comme un « nouveau départ » ou une « forme de thérapie » ne le firent pas démordre une seconde de la conviction que cet événement était une « mise au rancart » définitive, et signifiait qu'en ce qui le concernait « tout était fini ». La première fois que je le rencontrai, il me parut gravement parkinsonien, mais ne pouvait toutefois être confondu avec un postencéphalitique. Il parlait ou bougeait très peu spontanément, mais retrouvait une partie de sa verve et de sa vivacité d'antan lorsqu'on lui adressait la parole. Il était incapable de se lever de sa chaise sans aide, de commencer à marcher tout seul ou de garder l'équilibre une fois en mouvement, et avait de fortes tendances à la « pétrification », à la festination et à la propulsion. C'était un homme maigre et décharné, très voûté, qui faisait plus vieux que son âge. Il était apathique, et son masque parkinsonien exprimait un désespoir intense. Ses membres n'étaient pas trop raides, mais ses mains tremblaient énormément dès qu'il était fatigué ou angoissé. Il paraissait tout à la fois gravement handicapé et psychiquement brisé, et l'on avait beaucoup de mal à croire que, deux ans auparavant seulement, c'était encore un homme vigoureux et actif, en pleine possession de ses moyens. Cette déroute physique et mentale dura jusqu'à ce que nous lui fassions prendre de la L-DOPA.

Nous lui administrâmes pour la première fois de la L-DOPA en mars 1969. Durant trois semaines, nous portâmes progressivement sa dose quotidienne à 4 g sans résultat *apparent*, puis, un jour, passant par hasard devant la chambre de M. E. à une heure inhabituelle et ayant entendu à l'intérieur des bruits de pas réguliers, j'entrai voir ce qui se passait, et eus une énorme surprise : à ma grande stupéfaction, je le découvris – alors qu'il ne quittait plus son fauteuil roulant depuis 1966 – en train de marcher de long en large dans sa chambre en balançant énergiquement les bras, le dos bien droit et un sourire radieux sur les lèvres. Mes questions, lorsque je l'interrogeai sur cette transformation, eurent l'air de l'embarrasser ; il me répondit : « Oui ! J'ai ressenti les premiers effets de la L-DOPA voici trois jours – c'était comme si une vague de force et d'énergie m'emportait. Je me suis aperçu que je pouvais de nouveau me lever et marcher tout seul, et faire tout ce que je voulais, sans avoir besoin de personne – mais j'avais peur que vous me trouviez si bien que vous me renvoyiez de l'hôpital... Voyez-vous, j'ai tellement pris l'habitude de dépendre des autres et d'avoir des gens qui s'occupent de moi que j'ai perdu toute confiance en moi-même... Je suppose qu'il faudra que je désapprenne à dépendre de mon entourage... Il faudra que vous me donniez du temps, vous savez. » Je m'efforçai de mon mieux de le tranquilliser, en l'assurant que je comprenais sa position et qu'en aucun cas je ne le pousserai ou le forcerai à aller au-delà de ses désirs ou de ses capacités.

La dose de 5,5 g de L-DOPA par jour (à laquelle nous parvînmes deux semaines plus tard) entraîna, sur tous les plans, une quasi-« normalisation » de son état. M. E. parlait et marchait désormais parfaitement, et pouvait faire tout ce qu'il voulait : personne, en le voyant agir, n'aurait pu croire qu'il était parkinsonien. Mais il avait toujours très peur de se libérer des routines étroites qui avaient ces dernières années structuré sa vie, et était loin d'exploiter à leur maximum toutes ses potentialités nouvelles. Il lui fallut un mois pour trouver le courage de sortir de sa chambre et se promener dans l'hôpital ; quatre mois pour oser s'aventurer hors de Mount Carmel, faire le tour des bâtiments, et jeter un regard sur le monde « extérieur » ; et il ne se décida à nous annoncer qu'il se sentait suffisamment bien et avait retrouvé assez de confiance en lui pour retourner vivre dans sa famille et reprendre son ancienne vie que neuf mois plus tard. M. E., à cette époque, avait à nouveau l'air d'un homme en bonne santé : il avait repris du poids, des couleurs, et ne paraissait plus aussi âgé. Vaincre son parkinsonisme n'avait donc été l'affaire que de quelques jours, mais sa mentalité d'invalide, sa peur de la vie et son pessimisme n'avaient pu être surmontés qu'au bout de neuf longs mois.

Son départ de l'hôpital et son retour chez lui furent aussi émouvants que triomphaux : la moitié des pensionnaires vinrent le voir partir, et le *New York Times* lui-même publia une photo de l'événement, car c'était la première fois en cinquante ans qu'un patient parkinsonien hospitalisé à Mount Carmel rentrait chez lui. Les trois mois suivants furent pour M. E. aussi agréables que bien remplis : maintenu à une dose de 5 g de L-DOPA par jour, il reprit une vie familiale et sociale assez active, revit des amis et des voisins qu'il n'avait plus vus depuis 1965, fit un peu de jardinage, se remit à jouer au golf le dimanche et recommença même à discuter du marché financier avec son courtier. Il paraissait retrouver son calme et sa confiance en lui.

Treize mois après le début du traitement, quelques problèmes apparurent, concernant essentiellement ses mouvements et ses réactions émotionnelles. Il commença à être sujet à des contractions musculaires (chorée), notamment faciales et péribuccales, tendant à danser d'un groupe de muscles à un autre [29] ; ses actions devinrent brutales et précipitées, et il se mit à gesticuler et à s'agiter en parlant (il n'était pas, jusque-là, sujet à cette exubérance gestuelle) ; il devint impatient et nerveux, irascible et agressif, et dissimula son angoisse derrière des manières de plus en plus autoritaires et tyranniques. La L-DOPA, autrement dit, semblait désormais le plonger dans un état d'excitation psychomotrice de plus en plus prononcé. Il avait tendance à minimiser l'importance de ces symptômes : « Ce n'est rien, me disait-il, c'est sans importance... Je n'y fais même pas attention, pourquoi s'en inquiéter ? » Et, effectivement, l'espèce de précipitation choréique qui caractérisait maintenant tous les aspects de son comportement n'était pas un réel handicap ; elle ne l'empêchait pas de se livrer à toutes les activités qu'il voulait, n'était pas trop voyante, et restait largement préférable à l'immobilité parkinsonienne et dépressive qu'il connaissait avant de prendre de la L-DOPA. La diminution de sa dose quotidienne de L-DOPA n'atténua que partiellement ces mouvements ; je découvris que la meilleure dose était de 4 g : à 4,5 g par jour, il était beaucoup trop choréique, et, à 3,5 g, son parkinsonisme se réveillait. Au point où il en était, M. E. marchait donc sur une corde raide : sa « normalité » était fragile, et il était à chaque moment menacé de chuter dans les gouffres béants des « effets secondaires ».

Seize mois après le début du traitement, ses symptômes parkinsoniens, sa fatigue et sa dépression réapparurent spontanément. D'abord rares et brèves, ces rechutes devinrent très vite de plus en plus soudaines, aiguës et fréquentes, si bien que, moins de deux semaines après leur apparition, M. E. commença à passer plusieurs fois par jour d'une excitation choréique incontrôlable à un parkinsonisme et un abattement intenses. A la longue, ces états d'excitation choréique disparurent, et il se retrouva pris en permanence dans l'étau d'un parkinsonisme atroce – *beaucoup* plus grave qu'avant que nous lui administrions de la L-DOPA. Toutes nos tentatives de modifier son état en augmentant sa dose de L-DOPA – traitement recommandé dans ce type de cas – s'avérèrent infructueuses, et bientôt, immobile comme une statue, presque totalement muet, en proie à une hypersialie intense et le corps raide comme jamais, il dut réintégrer Mount Carmel. Cette réhospitalisation l'humilia profondément, et inquiéta beaucoup nos soixante-dix autres patients parkinsoniens traités à la L-DOPA qui l'avaient vu quitter triomphalement l'hôpital, et étaient maintenant témoins de ce tragique retour. Je surpris souvent des commentaires tels que : « C'était leur patient vedette – c'était celui à qui la L-DOPA faisait le plus d'effet. Si, *lui,* il a ces ennuis, qu'est-ce qui va nous arriver à *nous ?* »

J'interrompis immédiatement la L-DOPA, ce qui eut d'abord pour effet de le plonger dans un état de grande faiblesse s'accompagnant d'une dépression apathique, et provoqua également une violente résurgence de ses tremblements parkinsoniens. Puis, au bout de deux semaines, ce « syndrome de manque » aigu s'atténua, et M. E. sembla retrouver l'état dans lequel il se trouvait avant de prendre de la L-DOPA. Dès qu'il me parut à nouveau stabilisé, je recommençai à lui administrer de la L-DOPA, espérant que ses premières réactions se répéteraient peut-être. Ce ne fut malheureusement pas le cas : sa réactivité à la L-DOPA s'avéra être devenue si extraordinaire et si pathologique qu'une simple dose de 1,5 g par jour suffit à immédiatement réveiller sa chorée, et le plongea à nouveau dans le cycle d'excitation et de dépression que nous avions déjà observé, et qui, une fois de plus, se termina par une akinésie parkinsonienne intense et contractée. Il nous fallut donc à nouveau interrompre le traitement, et je décidai cette fois de suspendre l'administration de L-DOPA durant deux mois, espérant toujours voir se rétablir ses réactions originelles. Lorsque, en octobre 1970, je fis un troisième essai, en lui administrant les plus petites doses possibles de L-DOPA et en ne les augmentant que très lentement, ses réactions furent encore plus extrêmes que lors des précédentes tentatives : une dose de 250 mg par jour – c'est-à-dire un vingtième de celle que nous lui administrions quelques mois plus tôt – entraîna l'apparition de mouvements choréiques si violents que nous dûmes pour la troisième fois arrêter la L-DOPA. Je pris la décision de ne pas faire de nouvelle tentative avant six mois.

Durant cette période, M. E. sombra dans un état étrange, ne ressemblant à rien de ce que nous avions déjà observé. Il passait toutes ses journées assis dans son fauteuil roulant, au milieu du couloir, les yeux grands ouverts mais le regard curieusement vide ; il semblait totalement indifférent, non seulement au monde extérieur, mais aussi à son propre destin ; chaque fois que je lui demandais comment il allait, il me répondait : « Comme ci comme ça * », ou encore : « On fait aller », sur un ton totalement inexpressif ; il enregistrait ce qui se passait autour de lui de façon mécanique, mais ne s'intéressait activement à rien. Tous mes efforts pour provoquer chez lui des réactions émotionnelles échouèrent complètement – lui-même disait, d'ailleurs : « Je n'ai pas de sentiments – intérieurement, je suis mort. » Et c'était en effet l'impression qu'il donnait : il semblait comme mort, et ressemblait de plus en plus à un fantôme, une goule ou un zombie ; on ne le sentait plus vivant et présent, il était devenu une simple absence, assise dans un fauteuil roulant. En mars 1971, je lui administrai pour la quatrième fois de la L-DOPA, sans

* En français dans le texte.

aucun résultat : alors que, six mois plus tôt, une dose de 250 mg par jour suffisait à déclencher les intenses réactions que j'ai décrites plus haut, 5 g de L-DOPA restèrent maintenant sans effet sur lui. Il me dit : « Je savais que ça arriverait – je me sens vidé de l'intérieur. Vous pouvez tenter tout ce que vous voulez, ça n'y changera rien. » Je ne pouvais m'empêcher de penser qu'il avait peut-être raison, et que nous avions peut-être bien, d'une certaine manière, totalement détruit ses capacités de réaction à la L-DOPA ou à toute autre substance médicamenteuse.

L'été 1971, M. E. – à qui nous n'avions plus administré de L-DOPA ni aucun autre médicament depuis le printemps – parut, et se sentit, revenir un peu à la *vie,* et retrouva les capacités de réaction physiologiques et émotionnelles dont il avait été privé depuis neuf mois. Je le remis sous L-DOPA en octobre 1971, et, si les effets de cette cinquième tentative ont été jusqu'ici (c'est-à-dire en septembre 1972) beaucoup moins spectaculaires que ceux de 1969, ils n'en sont pas moins tangibles. M. E. ne saurait plus être pris pour une personne « normale » : il a des accès de chorée, de parkinsonisme, de dépression, ou même, parfois, de festination, et souffre d'un nouveau symptôme – des spasmes dystoniques dans la région du cou ; mais, malgré tous ces problèmes, ses capacités de mouvement sont beaucoup plus importantes qu'avant que nous lui administrions de la L-DOPA, et il est moins dépressif. Il peut se déplacer dans l'hôpital, est en général physiquement autonome, et se sent une ou deux fois par mois assez bien pour aller passer le week-end dans sa famille. Il lit les journaux, se tient au courant de tous les derniers potins et s'intéresse à tout ce qui l'entoure. Sa vie – comme hélas celle de tant de malades hospitalisés dans ce genre d'établissement – reste étriquée et monotone, mais il semble néanmoins avoir ces dix derniers mois réussi à trouver un équilibre dont il tire le plus grand profit, et qu'il conservera peut-être indéfiniment.

18

George W.

M. W., né dans le Bronx en 1913, arrêta ses études à quatorze ans pour travailler dans la blanchisserie de son père. Marié vers vingt ans, il partagea ensuite son temps entre son pénible travail de blanchisseur, sa famille et ses amis.

A l'âge de cinquante ans, M. W. s'aperçut que sa main droite avait tendance à trembler dès qu'il s'énervait ou se fatiguait trop – son médecin traitant ne vit dans ce symptôme qu'un simple « tremblement nerveux ». Deux ans plus tard, il commença à avoir du mal à effectuer des mouvements rapides ou précis avec cette même main, et se mit à écrire de plus en plus petit. Puis, tout le côté droit de son corps devint raide.

Ces symptômes et d'autres encore se développèrent très lentement : lorsque, huit ans après l'apparition de ces tremblements, M. W. vint me consulter dans mon cabinet privé, il travaillait toujours à plein-temps dans l'atmosphère étouffante de sa blanchisserie, conduisait encore sa voiture, continuait à se promener dans son quartier et demeurait à tous égards indépendant et autonome. Il avait tout l'hémicorps droit extrêmement raide et akinétique, ne balançait pas le bras droit en marchant et avait tendance à traîner le pied droit, mais sa voix demeurait quasiment normale, et les traits de son visage n'étaient pas trop figés. Le seul changement important entraîné par sa maladie avait été l'obligation d'apprendre à écrire de la main gauche – ce qui ne l'avait pas trop gêné, car il était par bonheur « ambidextre » depuis l'enfance. Bien que le côté gauche de son corps ne présentât aucun signe de parkinsonisme, j'eus cependant l'impression que son bras gauche était légèrement hyperactif, car il l'agitait beaucoup et avait tendance à remonter ses lunettes sur son nez toutes les deux ou trois minutes, un peu comme sous l'effet d'un tic ou d'un maniérisme.

Il prenait depuis 1970 de l'artane et d'autres produits similaires avec de très bons résultats, et donc, lorsque, en 1970, je lui proposai d'essayer la L-DOPA, il se montra très hésitant. Il me dit : « J'ai entendu dire que c'était un merveilleux médicament. On lit dans tous les journaux que c'est un " remède miracle ". J'en ai souvent discuté avec ma femme, mais nous ne sommes pas parvenus à nous décider. Je travaille toujours à plein-temps et demeure capable de faire presque tout ce que je veux, bien que cela me devienne de plus en plus difficile d'année en année. Peut-être pourrais-je continuer comme ça encore quelques années... Bien sûr, si je pouvais retrouver le plein usage de mon côté droit, ce serait fantastique. Mais il y a aussi tous ces fameux " effets secondaires " dont tout le monde parle. »

Il n'y avait pas urgence, et M. W. et moi-même différâmes par conséquent notre décision jusqu'à l'été 1971. Ayant excellemment réagi à l'amantadine en avril et en mai, il finit par accepter d'essayer la L-DOPA, et celle-ci, de façon assez étrange, commença par provoquer l'apparition de symptômes parkinsoniens dans le côté gauche de son corps, qui, jusque-là, avait toujours été parfaitement « normal ». Mais cette réaction négative ne dura pas ; elle disparut au bout de quelques jours, et M. W. vit alors son hémicorps droit retrouver sa souplesse et sa mobilité – cet assouplissement et cette mobilisation furent si spectaculaires que, dès la troisième semaine de traitement, il me dit avoir l'impression d'être redevenu un homme normal sur tous les plans. Une semaine plus tard, cependant (à une dose de L-DOPA de 3,5 g par jour), il commença à être sujet à une pénible impatience musculaire, le forçant à marcher trop vite – il me dit à cette époque : « Ces *pulsions* me font un peu peur. J'accélère tellement le pas que je cours presque... J'ai peur d'avoir une crise cardiaque ou quelque chose de ce genre-là. Je dois sans cesse me répéter de marcher plus lentement » –, se mit à faire des mouvements choréiques et des grimaces, eut tendance à respirer irrégulièrement et à bégayer, et traversa des périodes d'épuisement et de rigidité en milieu de journée. Je lui suggérai d'interrompre la L-DOPA, mais il me répondit : « Attendons encore un peu – tout cela va peut-être se tasser, et je vais peut-être finir par m'adapter à ce truc. »

Comme il l'avait prédit, ces symptômes se « tassèrent », et il finit effectivement par s'adapter à la L-DOPA : tous ces « effets secondaires » se dissipèrent au bout d'un mois sans que nous ayons modifié sa dose quotidienne, et, à nouveau, il retrouva une « normalité » complète ou apparente. A la date où j'écris ces lignes – c'est-à-dire plus d'un an après –, cette amélioration se maintient, mais M. W. est parfaitement conscient, ainsi que tous ceux qui le connaissent, que cette « normalité » retrouvée comporte un hiatus ; voici ce qu'il m'a écrit, dans une lettre qu'il m'a adressée en septembre 1972 : « Cela fait maintenant quinze mois que je suis sous L-DOPA. C'est un produit épatant, mais il y a un " mais "... Dans mes meilleurs moments, je me sens parfaitement normal et peux faire tout ce que je veux. Dans ces moments-là, personne ne se douterait des problèmes que j'ai eus... mais, en même temps, je suis devenu hypersensible à l'extrême, et, dès que je me dépense ou m'excite un peu trop, ou que je suis soucieux ou fatigué, tous les " effets secondaires " dont j'ai souffert se réveillent immédiatement, de même que si quelqu'un prononce devant moi le mot " effets secondaires ", ou si je me mets à y penser. Avant que je prenne de la L-DOPA, j'avais des symptômes parkinsoniens en permanence. Ils étaient toujours là, et ne changeaient jamais beaucoup. Maintenant, je vais bien. Quand tout se passe convenablement, ça va à la *perfection,* mais j'ai aussi l'impression de marcher sur une corde raide, ou d'être comme une épingle en équilibre sur sa pointe [30]. Si vous me demandez si la L-DOPA réussit ou non, je dirais que c'est *les deux à la fois.* Elle a des effets merveilleux, mais il y a un fichu " mais "... »

19

Cecil M.

Cecil M. [31], né à Londres en 1905, contracta la maladie du sommeil au cours de la grande épidémie, et parut d'abord se rétablir totalement. Ses premiers symptômes, parkinsoniens ou autres, ne firent leur apparition que vingt ans plus tard (en 1940) : dans un premier temps, M. M. eut tendance à élever la voix et à brailler (mégaphonie), à pousser des grognements, à serrer les mâchoires et à grincer des dents, puis, au bout de quelques mois, ces manifestations initiales furent remplacées par un syndrome parkinsonien se manifestant par des troubles de l'équilibre, une tendance à tomber en arrière, de la festination et des accès de pétrification, ainsi que des tremblements et une rigidité croissante affectant essentiellement son hémicorps droit. Son tableau clinique se stabilisa en 1942, et, durant tout le quart de siècle suivant, il ne varia quasiment plus. M. M. était un homme intelligent et plein de ressources, et il ne se laissa donc pas abattre par ces symptômes : il persista malgré sa maladie à prendre chaque jour sa voiture pour se rendre à son travail, continua à mener une vie familiale et sociale très active, ne renonça à aucun de ses multiples champs d'intérêt et passe-temps, et n'interrompit pas ses activités physiques – notamment la natation, qu'il appréciait tout particulièrement parce qu'il retrouvait dans l'eau une souplesse et une fluidité de mouvement qui lui étaient interdites lorsqu'il marchait.

M. M. commença à prendre de la L-DOPA en 1970. Voici, telles qu'il me les a décrites, quelles furent ses premières réactions au traitement : « Dans un premier temps, je me suis senti renaître. Je me sentais tout ragaillardi, j'avais l'impression de rajeunir. Toute raideur disparut de mon bras et de ma jambe gauches. Je recommençai à me raser et à taper à la machine de la main gauche. Je pus de nouveau me baisser sans difficulté pour nouer mes lacets. Et, naturellement, je retrouvai une totale liberté de mouvement, et repris plaisir à me promener, ce que j'avais fini par prendre en horreur. Et mes tremblements dans le bras gauche disparurent eux aussi. »

Le seizième jour de traitement, alors qu'il savourait encore avec ravissement cette mobilité et cette énergie retrouvées, le symptôme de constriction des mâchoires *(trismus)* dont il avait un moment souffert en 1950 se réveilla et s'aggrava si rapidement que, au bout d'une semaine, ouvrir la bouche pour manger ou parler lui devint absolument impossible. Constatant d'autre part que sa tendance à la pétrification, sa rigidité et ses tremblements réapparaissaient eux aussi et même s'exacerbaient, M. M. déclara qu'il préférait arrêter le traitement.

Il repoussa par la suite toute proposition de reprendre de la L-DOPA. Il dit : « Je suis dans cet état depuis plus de trente ans, et j'ai appris à vivre avec. Je sais exactement où j'en suis, ce que je peux faire et ce que je ne peux pas faire. Mes symptômes ne changent pas d'un jour à l'autre – ou c'était du moins le cas avant que vous me donniez de la L-DOPA. Au début, les effets ont été très agréables, mais ensuite j'ai eu trop d'ennuis pour avoir envie de continuer. J'arrive parfaitement à m'en passer – pourquoi ferais-je un nouvel essai ? »

20

Leonard L.

Je fis la connaissance de Leonard L. au printemps 1966. Agé alors de quarante-six ans, M. L. avait complètement perdu l'usage de la parole et était presque totalement immobile : les seuls mouvements volontaires qu'il était encore capable de faire étaient de tout petits gestes de la main droite, qui lui permettaient de désigner des lettres sur un petit alphabet – c'était son seul mode de communication depuis quinze ans, et il continua à me transmettre ses messages de cette façon jusqu'à ce qu'il prenne de la L-DOPA. Cette immobilité et ces handicaps presque incroyables ne l'empêchaient pourtant pas de lire énormément (il fallait que quelqu'un d'autre lui tourne les pages), de s'occuper personnellement de la bibliothèque de Mount Carmel, et d'être enfin l'auteur d'un flot ininterrompu de brillants comptes rendus littéraires qui paraissaient chaque mois dans le magazine de l'hôpital. Je compris dès notre première entrevue – et toutes nos rencontres ultérieures ne firent que confirmer cette impression initiale – que M. L. était un homme exceptionnellement intelligent et de grande culture, aux goûts particulièrement raffinés : il semblait se souvenir parfaitement de ses moindres lectures, pensées et expériences, et paraissait avoir pour l'introspection et l'auto-analyse une passion que je n'avais observée chez aucun de mes autres patients. Cette association de symptômes aussi intenses et d'une intelligence analytique aussi aiguë faisait en quelque sorte de lui le « patient idéal » : durant les six ans et demi pendant lesquels nous avons été en relation, il m'a plus appris sur le parkinsonisme, la maladie postencéphalitique, la souffrance et la nature humaine que tous mes autres patients réunis. Je dois me contenter ici de brosser un tableau bien élémentaire et très imparfait de son état avant, pendant et après son traitement à la L-DOPA, mais il est certain qu'il mériterait un livre à lui tout seul.

Le tableau clinique qu'il présentait en 1966 n'avait pas évolué depuis l'époque de son admission à Mount Carmel. Comme tant de postencéphalitiques « momifiés » par leur maladie, il paraissait beaucoup plus jeune qu'en réalité : il avait notamment le visage sans rides d'un jeune homme de vingt ans. Son cou, son tronc et ses membres étaient très raides, et ses mains, déformées par des troubles dystrophiques marqués, n'étaient pas plus grandes que celles d'un enfant. Les traits de son visage étaient profondément figés : lorsqu'un sourire venait rompre son masque d'impassibilité, il restait des minutes ou des heures sur ses lèvres, un peu comme celui du Chat du Cheshire. Sauf dans ses moments de grande excitation, au cours desquels il pouvait être amené à hurler ou à brailler de toutes ses forces, M. L. était totalement muet. Il était sujet à des « micro-crises » qui ne duraient chacune que quelques secondes, mais se reproduisaient des dizaines ou parfois même des centaines de fois par jour et se déroulaient toujours en deux temps : ses globes oculaires, pour commencer, se portaient très brusquement vers le haut, puis, jusqu'à la fin de l'accès, il perdait toute capacité de mouvement et de réaction. Mais ses yeux lisaient ou se posaient sur nous avec des mouvements rapides et sûrs, et son regard suffisait à indiquer à l'observateur extérieur quelle intelligence attentive et en éveil emprisonnait ce corps immobile.

A la fin de notre premier entretien, je lui demandai : « Que ressentez-vous ? A quoi compareriez-vous votre état ? » Me désignant une à une des lettres sur son alphabet, il me répondit d'abord : « Je suis en cage. Privé de liberté. Comme la " Panthère " de Rilke [32] » ; puis, regardant tout autour de lui : « C'est un zoo humain. » Sans relâche, par ses descriptions pénétrantes et ses riches métaphores, puisant dans son inépuisable stock d'images poétiques, M. L. essayait de me faire comprendre la nature de son existence et de son expérience ; il me dit un jour, toujours par le même moyen de communication : « Il y a une terrible présence, et une affreuse absence. La présence est un mélange de harcèlement, de poussée et de pression, et de retenue, de contrainte et d'immobilisation – je nomme souvent cela " l'aiguillon et la longe ". L'absence est un isolement, une froideur, un rétrécissement terribles – beaucoup plus que vous ne pouvez l'imaginer, docteur Sacks, beaucoup plus que quiconque ne se trouvant pas dans cette situation pourra jamais l'imaginer –, une obscurité et une irréalité insondables. » M. L. adorait citer, les épelant lettre par lettre sur son alphabet ou les murmurant silencieusement dans une sorte de soliloque, des passages de Dante ou de T. S. Eliot, notamment ces vers :

Descends plus bas, descends seulement
Dans le monde de la solitude perpétuelle,
Un monde non pas monde, mais cela même qui n'est pas monde,
Obscurité interne, privation,
Destitution de toute propriété
Dessication du monde du sentir
Évacuation du monde des images
Inopérance du monde de l'esprit *...

« D'autres fois, m'expliqua-t-il également, je ne ressens pas cette sensation d'être poussé, ou emporté, mais, au contraire, une sorte de calme total, de néant, nullement désagréables. C'est un répit dans la torture. Mais cela fait aussi penser à la mort. Durant ces moments, j'ai l'impression d'avoir été castré par ma maladie, et me sens dégagé de tous les désirs qu'ont les gens. » Lorsqu'il se trouvait dans *cet* état d'esprit, M. L. pensait à Abélard, et il citait alors les vers suivants :

Pour toi les Parques, dans leur implacable bonté, ordonnent
Un froid suspens du plaisir et de la douleur,
Une longue vie calme et morte d'interminable repos ;
Plus de pouls qui s'emballe ni de sang qui bouillonne.
Une paix étale comme la mer avant que les vents n'apprennent
    à souffler,
Ou que l'esprit mouvant commande aux flots des eaux.

* T. S. Eliot, « Burnt Norton », in *Poésie*, trad. fr. de P. Leyris, Paris, Éd. du Seuil, 1969, p. 163-164 [*NdT*].

Il me décrivit aussi certains états de perception et d'être auxquels il était sujet à l'état de veille comme dans ses rêves – états que j'ai dans un autre livre dénommés vision dynamique et vision cinématique en mosaïque [33]. Les quelques lumières que j'ai pu acquérir sur cette question proviennent essentiellement des descriptions détaillées de M. L. et de certains patients comme Hester Y. (voir p. 131-134) – sans oublier naturellement tous ceux dont l'histoire n'est pas rapportée dans ce livre et qui faisaient souvent l'expérience de ces états, sans savoir pour autant les décrire avec la passion et le talent de M. L.

Il me fallut bien des années, et l'aide à la fois de M. L. et de sa mère – elle lui était très attachée, et ne le quittait jamais –, pour parvenir à cerner d'un peu plus près son état d'esprit et me faire une idée de son évolution au fil des années. M. L. avait été un enfant précoce et replié sur lui-même depuis le plus jeune âge, et la mort de son père, survenue alors qu'il avait six ans, avait encore accentué ces tendances. Il répétait souvent, à dix ans : « Je veux passer ma vie à lire et à écrire. Je veux m'enfouir dans les livres. On ne peut absolument pas faire confiance aux êtres humains. » M. L. passa effectivement son adolescence continuellement plongé dans ses livres, sans amis ou presque, sans s'adonner à aucune des activités sexuelles, sociales ou autres communes aux garçons de son âge. Lorsque, à l'âge de quinze ans, il vit sa main droite commencer à se raidir et à s'affaiblir, à pâlir et à s'atrophier, il interpréta ces symptômes – qui étaient les premières manifestations de ses troubles postencéphalitiques – comme une punition de ses activités masturbatoires et de ses pensées impies : il se murmura souvent les vers du psaume 137 (« Si je t'oublie, Jérusalem, que ma main droite se dessèche ») ainsi que les paroles de l'Évangile selon saint Matthieu (« Et si ta main droite est pour toi une occasion de péché, coupe-la »), et l'attitude de sa mère, qui voyait effectivement dans sa maladie une punition divine (voir Maria G.), ne fit bien évidemment que renforcer ces fantasmes morbides. Le développement progressif de ses symptômes ne l'empêcha pas d'entrer à Harvard et de réussir brillamment à tous ses examens jusqu'au niveau du doctorat en philosophie. A l'âge de vingt-sept ans, contraint par son invalidité croissante d'interrompre totalement ses études et ses activités, il quitta Harvard et retourna vivre avec sa mère. A trente ans, presque totalement pétrifié, il fut finalement admis à Mount Carmel, où il prit immédiatement en charge la bibliothèque de l'hôpital. Il ne pouvait guère avoir d'autre activité que la lecture, et il ne *fit* effectivement, à partir de cette époque, plus rien d'autre que lire : il s'ensevelit littéralement dans les livres, ce qui, en un sens, était une épouvantable façon d'accomplir son vœu d'enfant.

Bien que notre pénible mode de communication (je rappelle qu'il ne pouvait répondre à mes questions qu'en désignant des lettres sur son alphabet, les unes après les autres) donnât à nos entretiens un tour nécessairement sommaire et déséquilibré, et à ses réponses une forme souvent trop abrégée, télégraphique ou même hermétique, j'eus entre 1966 et 1969 de nombreuses conversations avec lui. Il me disait le plus souvent, chaque fois que je lui demandais comment il allait, se sentir « doux et résigné », mais il m'expliquait également quelquefois avoir l'impression qu'une violence et une force intenses étaient « enfermées » en lui, et ne se réveillaient que dans ses rêves : « Je n'ai pas d'issue, me dit-il plusieurs fois. Je suis pris au piège à l'intérieur de moi-même. Ce corps stupide est une prison avec des fenêtres, mais sans porte. » En général, il se haïssait, et haïssait sa maladie et le monde, de mille manières, mais son goût pour la lecture comme les comptes rendus littéraires pleins d'une joie de vivre et d'un humour souvent rabelaisiens qu'il écrivait montraient qu'il n'en avait pas moins une très grande capacité d'amour ; la façon dont il réagissait à son état en était aussi une preuve : il me dit un jour, par exemple : « Je suis ce que je suis. Je fais partie du monde. Ma maladie et ma difformité font partie du monde. Elles sont belles, à la façon dont un nain ou un crapaud ont aussi leur propre beauté. Mon aspect plutôt grotesque fait partie de mon destin. »

M. L. et sa mère étaient intensément liés, et profondément dépendants l'un de l'autre : chaque jour, Mme L. passait jusqu'à dix heures avec son fils, s'en occupant véritablement comme d'un bébé. Le visage de M. L., lorsque sa mère changeait son alèse ou son bavoir, exprimait en même temps une satisfaction béate digne d'un nourrisson et la colère impuissante que provoquait en lui cette infantilisation et cette dépendance avilissantes. Le même mélange de plaisir et de ressentiment s'observait chez sa mère : si ce maternage prolongé et ce rôle de mère attentive et aimante qu'il lui fallait tenir semblaient manifestement procurer à Mme L. un plaisir évident, on percevait bien, par ailleurs, toute la rancœur qu'elle éprouvait à la pensée d'avoir dû « sacrifier » sa vie à son « parasite » de fils, adulte mais impotent (cf. la relation entre Lucy K. et sa mère). Pour ce qui était du traitement à la L-DOPA, M. L. et sa mère avaient les mêmes hésitations et étaient tout aussi ambivalents, car, bien qu'ils aient tous deux lu des articles sur la question, ils n'en avaient jamais réellement observé les effets. M. L. fut le premier patient de Mount Carmel à être traité à la L-DOPA.

Le traitement à la L-DOPA

Nous lui administrâmes pour la première fois de la L-DOPA au début du mois de mars 1969. Durant deux semaines, nous fîmes progressivement passer sa dose quotidienne à 5 g sans observer aucun effet notable, puis, soudain, une « conversion » survint : ses membres perdirent totalement leur raideur, et il se sentit envahi par une grande vague d'énergie et de puissance ; il put de nouveau écrire, taper à la machine, se lever de sa chaise, faire quelques pas en étant un peu soutenu, et s'adresser à nous d'une voix forte et claire – toutes choses qui ne lui étaient plus possibles depuis l'âge de vingt-cinq ans. A la fin du mois de mars, M. L. avait retrouvé sa mobilité et sa santé, et connaissait un bonheur qu'il n'avait plus goûté depuis trente ans. Tout le rendait heureux : il trouvait tout magnifique, et se grisait de la beauté du monde comme un homme s'éveillant d'un cauchemar, guéri d'une maladie grave, sortant du tombeau ou libéré de prison. Durant deux semaines, la réalité l'enivra – il retrouva avec ivresse ces sensations, ces sentiments, ces relations dont il avait été privé depuis des décennies, ou qui avaient été si dénaturés par la maladie. Il adorait par-dessus tout se promener dans le jardin entourant l'hôpital : il touchait les fleurs avec un mélange d'étonnement et de ravissement, allant même parfois jusqu'à les embrasser ou les presser contre ses lèvres. Il exprima le désir de voir New York la nuit, ce qu'il n'avait plus pu, ou voulu, faire depuis vingt ans (bien que New York fût tout près de Mount Carmel), et nous l'y emmenâmes donc en voiture ; chaque fois, il revint de ces balades nocturnes profondément ému, le souffle presque coupé, un peu comme si New York était un pur joyau, ou comme s'il avait vu la Nouvelle Jérusalem. La lecture du « Paradis » de Dante – il n'avait lu, ces dernières années, que le « Purgatoire » et l'« Enfer » – lui fit verser des larmes de joie ; il me dit : « Je me sens sauvé, ressuscité, né à nouveau. La sensation de santé que j'éprouve équivaut à la grâce divine... Je me sens comme un homme amoureux. J'ai franchi les barrières qui me séparaient de l'amour. » Trois types d'émotions prédominaient à cette époque en lui : il se sentait libre, ouvert, et communiquant pleinement avec le monde ; il avait l'impression que le monde réel, non déformé par ses fantasmes, lui était soudain révélé, et en éprouvait une sorte d'exaltation lyrique ; et, enfin, il était profondément satisfait du monde et de lui-même – il me déclara : « J'ai été toute ma vie affamé et envieux, mais maintenant je me sens comblé. Apaisé. Satisfait. Je ne veux rien de plus. » Il sentait son agressivité, son angoisse, ses tensions, toute sa petitesse le quitter, et céder la place à un bien-être, une harmonie intérieure, une sûreté de soi, une sensation de communion et de fraternité avec tous et tout, qu'il n'avait jamais connus – « pas même avant de devenir parkinsonien ». Chaque page du journal qu'il commença alors à tenir témoignait de sa stupéfaction et de sa gratitude : la phrase latine *« Exaltavit humiles ! »* revenait sans cesse, et l'on pouvait y lire des propos tels que : « *Cela* valait bien une vie de maladie », « La L-DOPA est une *bénédiction,* elle m'a rendu la vie. Elle m'a permis de m'ouvrir, alors que j'étais fermé comme une huître », ou encore : « Si tout le monde se sentait aussi bien que moi, personne ne penserait à se quereller ou à faire la guerre. Personne ne penserait à dominer autrui, ou à posséder. Les gens se contenteraient d'être heureux, et d'aimer leur prochain. Ils comprendraient que le Ciel est ici et maintenant, sur terre. »

Les premières complications apparurent en avril. Le flux de

santé et d'énergie – de « grâce », pour parler comme M. L. – qui l'avait envahi devint *trop* abondant ; ce regain de vitalité commença à prendre une forme de plus en plus extravagante, maniaque et délirante, et toutes sortes de mouvements et de phénomènes étranges firent pour la première fois leur apparition. La sensation d'harmonie et de bien-être et l'impression de rester maître des événements qu'il avait eues jusque-là laissèrent la place à la sensation d'un *trop,* et il se sentit de plus en plus débordé, déchiré, par une force et une pression plus puissantes que lui – par des mécanismes pathologiques dont la puissance augmentait de jour en jour, et qui chaque jour fragmentaient davantage son comportement et sa personnalité. Le monde réel cessa de l'enivrer, et il s'imagina avoir une mission ou une destinée particulières : il commença à se prendre pour le messie, ou le fils de Dieu, et « vit » que le monde était « pollué » par d'innombrables démons, que lui, Leonard L., était « appelé » à combattre. Il écrivit à cette époque dans son journal : « Je me suis Levé d'entre les morts. Je m'élève encore. Des cendres de la Défaite à la Gloire de la Grandeur. Maintenant, il faut que je Sorte, et que je Parle au Monde. » Il prit l'habitude de haranguer des groupes de patients dans les couloirs de l'hôpital, écrivit des flots de lettres aux journaux, aux membres du Congrès, et même à la Maison-Blanche [34], et nous supplia de lui organiser une sorte de tournée de conférences évangéliques, afin qu'il puisse se montrer dans tous les États-Unis et prêcher l'Évangile de la vie selon la L-DOPA.

La merveilleuse sensation de bien-être et de satisfaction qu'il avait éprouvée en mars fut remplacée par des sentiments de malaise et d'insatisfaction, dus aux inassouvissables désirs et appétits qui s'éveillaient en lui. Sa soif de vivre se mua en des passions et des avidités insatiables. Ses désirs et ses fantasmes étaient tels que nulle réalité n'aurait pu les satisfaire – du moins, pas l'étroit et sinistre cadre d'un « hôpital total » qui n'était qu'un asile pour mourants et impotents [35], ou – comme il l'avait dit lui-même quelques années plus tôt – un « zoo humain ». Ses désirs les plus violents et les plus contrariés étaient d'ordre sexuel, et s'associaient à des envies de puissance et de possession. Insatisfait par les baisers pastoraux et innocents qu'il donnait jusque-là aux fleurs, il voulut désormais toucher et embrasser toutes les infirmières, et, après avoir été d'abord accueillies par des sourires, des plaisanteries et avec bonne humeur, ses tentatives furent bientôt repoussées de plus en plus rudement. La situation s'envenima très rapidement, car, dès le mois de mai, M. L. passa de l'amour platonique à une érotomanie furieuse et frustrée. Il me demanda début mai si je pouvais faire en sorte que diverses infirmières et aides médicales « soient à son service » la nuit, et me proposa – si cela n'était pas possible – qu'un bordel soit installé à Mount Carmel, afin que les besoins et les appétits des patients traités à la L-DOPA puissent être satisfaits [36].

Vers la mi-mai, M. L. était, pour reprendre son expression, « envahi, envahi et hyperenvahi » par des pulsions sexuelles et agressives d'une *violence* extrême, et une avidité et une voracité prenant des formes multiples. Dans ses fantasmes, son journal et ses rêves, il ne se voyait plus comme un homme doux, résigné et mélancolique, mais comme un solide homme des cavernes à la massue et au phallus invincibles, un dieu dionysiaque débordant de virilité et de puissance, un sauvage homme-bête merveilleux et féroce, un personnage royal, artistiquement et sexuellement tout-puissant. « Avec la L-DOPA dans mon sang, écrivit-il, il n'y a rien au monde qui me soit impossible si je le veux. La L-DOPA, c'est la puissance et la force irrésistibles. La L-DOPA, c'est la puissance égotiste pour le plaisir de la puissance. La L-DOPA m'a donné la puissance à laquelle j'aspirais. J'attends la L-DOPA depuis trente ans. » Il se mit à se masturber plusieurs heures par jour, férocement, sans retenue, et en ne se cachant presque pas. Certaines fois, son avidité prenait d'autres formes – elle pouvait aussi se manifester par de la faim et de la soif, des lèchements et des lappements, des mouvements de mordillement et de mastication, de succion de la langue, etc. – qui, toutes, l'excitaient beaucoup et lui procuraient des satisfactions très voisines du plaisir sexuel (cf. Margaret A., Rolando P., Maria G., etc.).

Cette surexcitation généralisée s'accompagna de toutes sortes d'excitations spécifiques – des formes particulières de besoins et d'impulsions, de répétitions, de compulsions, de suggestion et de persévération – constituant autant de « réveils » distincts.

Il commença par exemple à parler très vite et à répéter continuellement les mêmes mots ou les mêmes phrases (palilalie). Ses yeux se posaient sans cesse sur les objets comme s'il voulait les attirer à lui et les retenir, et il était ensuite incapable de détacher volontairement son regard de leur emprise. Il se mit à haleter et à battre des mains, sans être capable de s'arrêter : une fois commencés, ces halètements ou ces mouvements devenaient de plus en plus violents et s'accéléraient progressivement, jusqu'au moment où une sorte de blocage ou de pétrification y mettait fin (M. L. disait que ces crescendos frénétiques – équivalents catatoniques de l'accélération et de la festination parkinsoniennes – déclenchaient chez lui une « montée d'excitation pareille à un orgasme »). Fin mai, son incontrôlable tendance à l'accélération et à la persévération lui rendit la lecture de plus en plus pénible : dès qu'il commençait à lire, sa vitesse de lecture s'accélérait progressivement, et, incapable de ralentir volontairement cette lecture festinante, il devait, s'il voulait assimiler le sens de ce qu'il avait lu, refermer brutalement son livre à la fin de chaque phrase ou de chaque paragraphe. Et il commença également à être sujet à toutes sortes de tics (des impulsions et des tics oculaires, des grimaces, des gloussements soudains, de fulgurantes compulsions à se gratter) chaque jour plus nombreux. Au début du mois de juin, affolé et déstructuré par cette fragmentation frénétique de sa personnalité, il prit la décision, afin de reprendre le contrôle de la situation et de retrouver sa cohérence, d'accomplir un acte éminemment cathartique : il décida d'écrire son autobiographie, me disant : « Cela me réunifiera. Cela exorcisera les démons. Tout sera mis pleinement en lumière. »

Les trois premières semaines d'août, ne se servant que de ses index déformés et dystrophiques, M. L. tapa à la machine une autobiographie de cinquante mille mots. Il tapait presque sans arrêt, douze ou quinze heures par jour, et, *tant qu'*il se livrait à cette activité, il était effectivement « réunifié », et se trouvait libéré de ses tics et de sa confusion, comme des forces qui le conduisaient et le terrorisaient ; dès qu'il s'arrêtait de taper, la palilalie et les tics frénétiques et incontrôlables déjà évoqués s'emparaient à nouveau de lui.

Son autobiogaphie est un document remarquable, unique en son genre. Son style comme son contenu montrent clairement les conflits qui, à cette époque, se déchaînaient en M. L. En règle générale, son récit fait preuve d'un humour, d'un détachement et d'une passion de la précision tout à fait extraordinaires, et décrit de façon pénétrante et émouvante son enfance, l'évolution de son parkinsonisme et de ses réactions face à la maladie, les autres patients de Mount Carmel, ses réactions à la L-DOPA, et les sentiments qu'éveillaient en lui ce produit, moi-même, ou d'autres personnes. Son texte était *par ailleurs* entrelardé de ces flots de fantasmes sexuels, de plaisanteries, de pseudo-réminiscences, etc., qui, périodiquement, montaient en lui et le submergeaient.

En même temps qu'il lui fit retrouver un sentiment de force et de liberté, ce travail d'écriture développa chez lui un intense besoin de solitude et de concentration, et M. L. dit donc à cette époque à sa mère : « Pourquoi ne partirais-tu pas en voyage une semaine ou un mois ? Tu pourrais peut-être aller en Floride – ça te permettrait de te reposer. Maintenant, je suis indépendant – je n'ai plus autant besoin de toi. Je me débrouille très bien tout seul. » Mme L. fut très choquée par ces propos, ce qui montra bien à quel point *elle* avait besoin de leur relation de symbiose et de dépendance. Elle devint très nerveuse, et vint nous voir plusieurs fois, moi-même ou d'autres médecins, pour nous dire que nous lui avions « enlevé » son fils, et qu'elle ne s'en irait pas avant que nous le lui ayons « rendu » ; elle me déclara : « En ce moment, je ne supporte pas Len. Il est beaucoup trop actif et sûr de lui. Il m'a rejetée. Il ne pense qu'à lui-même. J'ai besoin de me sentir utile – c'est mon principal besoin. Durant trente ans, Len a été mon bébé, et, avec votre satanée L-DOPA, vous me l'avez enlevé [37] ! »

La dernière semaine de juin et tout le mois de juillet, l'agitation et la fragmentation apparues en mai se manifestèrent à nouveau, et échappèrent cette fois totalement à son contrôle ; M. L. réagit en mettant en place d'ultimes défenses physiologiques, en elles-mêmes extrêmement pénibles ou handicapantes.

Ses fantasmes sexuels et agressifs prenant désormais une forme hallucinatoire, il fut harcelé sans répit par des visions sensuelles et démoniaques, et se mit à faire des rêves érotiques et des cauchemars chaque nuit.

Dans un premier temps, il contrôla fort habilement ces hallucinations en les confinant à l'intérieur de l'écran vide de son poste de télévision, ou du tableau accroché au mur qui faisait face à son lit. Ce tableau – qui représentait une ville du Far West – « s'animait » dès que M. L. le fixait : des cow-boys à cheval se mettaient alors à galoper dans les rues, et de voluptueuses prostituées sortaient des saloons ; et l'écran de son poste de télévision était quant à lui « réservé » à la production de visages démoniaques, grimaçants et narquois. Les derniers jours de juillet, cependant, cette hallucinose « contrôlée » (que l'on peut comparer à celles de Martha N. et de Gertie C.) tourna court, et, s'« échappant » du tableau et de la télévision, ses hallucinations envahirent irrésistiblement son esprit et son être [38].

Ses tics, sa palilalie et sa surexcitation augmentèrent. Des pensées parasites, des associations d'idées incongrues, des calembours, des associations sonores et rythmiques répétées rendirent son discours de plus en plus haché et incohérent. Il commença aussi à être sujet à des « blocages » moteurs et psychiques analogues à ceux de Rose R. et de Margaret A. ; je l'entendais parfois s'écrier : « Docteur Sacks ! Docteur Sacks ! Je veux... », mais il était incapable de finir sa phrase et de me dire ce qu'il voulait. Ces blocages se manifestaient également lorsqu'il écrivait : les lettres qu'il m'adressa à cette époque étaient remplies d'exclamations brutales (en général, mon nom, suivi de deux ou trois mots : dans l'une de ces lettres, cette séquence se répétait vingt-trois fois) qui s'arrêtaient brusquement ; et sa marche et ses mouvements laissaient voir le même phénomène : il se bloquait tout à coup au milieu d'une séquence motrice, exactement comme s'il s'était heurté à un mur invisible.

En même temps, ses réactions commencèrent à s'émousser ou à s'inverser – à suivre un profil en dents de scie, ou en « yo-yo », rappelant tout à fait celui des réactions d'Hester Y., de Margaret A., de Maria G., de Rolando P. et de tant d'autres patients gravement atteints – de plus en plus rapidement. Nous commençâmes à le voir passer, en quelques minutes (et, lorsque ces oscillations s'aggravèrent, en quelques secondes), d'un état d'éveil et d'excitation intenses à un état d'épuisement profond, s'accompagnant d'une recrudescence marquée de son immobilité et de sa rigidité parkinsoniennes et catatoniques. Dans un premier temps, ces passages de plus en plus fréquents et brutaux d'une akathisie agitée, maniaque et accompagnée de tics à une akinésie épuisée, dépressive et parkinsonienne furent en rapport avec l'heure de ses prises de médicament, et purent être partiellement contrôlés en jouant sur les dosages et les horaires d'administration de la L-DOPA ; mais, par la suite, ils cessèrent « spontanément » d'entretenir aucun lien avec l'horaire de ses prises ou la dose de L-DOPA que nous lui administrions : nous ramenâmes sa dose quotidienne de L-DOPA de 5 g à 0,75 mg, sans constater aucun effet sur le profil de ses réactions, et la tentative, inspirée de la méthode du docteur Cotzias, de lui faire prendre sa L-DOPA à toutes petites doses, administrées à intervalles très rapprochés – nous essayâmes même des doses horaires –, ne modifia pas davantage la violence et la rapidité de ces oscillations. Toutes ses réactions étaient désormais de l'ordre du tout ou rien. L'« arrière-plan » de santé, de calme, d'harmonie, de modération sur lequel s'inscrivaient jusque-là ses symptômes disparut totalement, et M. L. se « désintégra » en toutes sortes de dérèglements pathologiques (voir Appendice).

De multiples causes pouvaient expliquer cette réaction catastrophique : elle pouvait être due à l'accumulation de la L-DOPA dans son organisme ; une conflagration « fonctionnelle » l'avait peut-être conduit d'un type d'excitation physiologique à un autre ; les intenses stimulations produites par la L-DOPA rendaient peut-être inéluctables ces épuisements et ces « effondrements » ; l'achèvement de son autobiographie l'avait laissé désœuvré, et privé de toute catharsis efficace ; sa mère, enfin, avait implicitement (si ce n'est explicitement) reconnu le besoin qu'elle avait de sa maladie et de sa dépendance, et désapprouvé, ou « interdit », toute amélioration de son état. Il était vraisemblable que *tous* ces facteurs jouaient un rôle dans l'évolution de ses réactions.

Le dénouement de cet été si fertile en événements fut précipité par l'attitude de la direction, qui voyait d'un très mauvais œil ses débordements libidineux. Après quelques menaces et réprimandes initiales, son tempérament finit par lui valoir l'horrible punition d'être enfermé dans une « cellule disciplinaire » – une minuscule pièce à trois lits dans laquelle vivaient déjà deux déments décrépits et agonisants, au stade terminal de la maladie. Dépossédé de sa chambre et de ses affaires personnelles, privé de son identité et de son statut de membre de notre communauté de postencéphalitiques, rejeté dans les oubliettes de Mount Carmel, M. L. sombra dans une dépression suicidaire et une abominable psychose [39].

Les derniers jours de juillet furent particulièrement atroces : il fut obsédé par des idées de torture, de mort et de castration ; il imagina que sa chambre était un réseau de « pièges » ; qu'il avait des « cordes » dans le ventre, et que celles-ci allaient l'étrangler ; que nous avions dressé un gibet à l'extérieur de sa cellule, et que nous allions l'exécuter pour le châtier de ses « péchés » ; qu'il allait éclater, et que ç'allait être la fin du monde. Il se blessa deux fois le pénis, et essaya une fois de s'étouffer en se mettant la tête sous un oreiller.

Nous interrompîmes la L-DOPA vers la fin juillet. Sa psychose et ses tics se poursuivirent durant trois jours, puis s'interrompirent brusquement. En août, M. L. redevint aussi immobile qu'avant le début de son traitement.

Durant tout le mois d'août, il parla très peu et ne bougea presque pas – il avait réintégré sa chambre –, mais réfléchit profondément aux semaines qui venaient de s'écouler. Puis, en septembre, il « s'ouvrit » de nouveau à moi ; recommençant à communiquer avec moi au moyen de son alphabet, il me dit : « Ce fut un grand, un extraordinaire été [il paraphrasait comme à son habitude un poème de Rilke], mais tout ce qui s'est passé ne se renouvellera plus. J'ai pensé que je pourrais trouver une place dans la vie. Mais j'ai échoué, et maintenant je me contente d'être comme je suis ; j'aimerais peut-être aller *un petit peu* mieux, mais sans... tout cela. » A sa demande, je le remis sous L-DOPA en septembre 1969, et sa sensibilité au traitement s'avéra tout à fait extraordinaire : alors que, lors de notre première tentative, ses premières réactions n'étaient apparues qu'à une dose quotidienne de 5 g, 50 mg de L-DOPA par jour suffirent cette fois à provoquer des effets particulièrement violents. Par ailleurs, ses réactions étaient maintenant *totalement* pathologiques : nous n'observâmes aucun effet thérapeutique, mais seulement des tics, de la tension et des blocages psychiques. Par la suite, M. L. me dit : « Vous voyez, je vous l'avais bien dit. Ce qui s'est passé en avril ne se reproduira plus jamais. »

Ces trois dernières années, j'ai à diverses reprises (onze fois au total) essayé de remplacer la L-DOPA par de l'amantadine, substance qui produit des effets assez voisins de ceux de la L-DOPA, mais plus bénins. Bien que moins intenses que celles que nous avions observées lors de notre tentative de traitement à la L-DOPA, ses premières réactions à l'amantadine furent tout à fait favorables. Durant l'automne 1969, l'amantadine lui permit de parler et de se déplacer assez facilement, sans déclencher trop d'« effets secondaires » ; vers la fin de l'année, néanmoins, ses réactions devinrent plus pathologiques : les effets thérapeutiques constatés disparurent, et furent remplacés par, d'une part, un retour de son parkinsonisme et de ses « blocages », et, d'autre part, une aggravation de ses tics et de son agitation. D'une phase de traitement à l'autre, les effets thérapeutiques de l'amantadine s'atténuèrent et durèrent de moins en moins longtemps, cependant que les effets pathologiques s'accentuaient. A la onzième et dernière tentative, en mars 1972, nous n'observâmes plus que des réactions pathologiques, M. L. me dit : « C'est fini. Avec les médicaments, c'est *foutu.* Il n'y a plus rien que vous puissiez faire pour moi. »

Depuis cette dernière et vaine tentative de traitement à l'amantadine, M. L. a retrouvé son « flegme » et son sang-froid. Il a, apparemment, surmonté les espoirs et les regrets, les violents sentiments de promesses et de menaces qui l'avaient envahi durant plus de trois ans. Il a fini par assimiler son expérience dans toute son hétérogénéité, et par mettre sa force de caractère au service de ses facultés d'accommodation. Il m'a dit récemment : « Docteur Sacks, je pensais que la L-DOPA était la chose la plus merveilleuse du monde, et je vous bénissais de m'avoir donné l'Élixir de Vie. Puis, quand tout tourna mal, je me dis que c'était la pire chose au monde, un poison mortel, un médicament capable de précipiter n'importe qui au fin fond de l'enfer ; et je vous maudissais. J'étais terriblement partagé entre la peur et l'espoir, la haine et l'amour... Maintenant, j'accepte toute la situation. C'était merveilleux, terrible, dramatique et comique. En fin de compte, c'est – *triste,* voilà le fin mot de l'histoire. Je me porte mieux tout seul – sans médicaments. Ces trois dernières années, j'ai beaucoup appris. J'ai franchi des barrières que j'avais eues toute ma vie. Et, maintenant, je resterai moi-même, et vous pouvez garder votre L-DOPA. »

PERSPECTIVES

Si la terreur de la souffrance, de la maladie et de la mort, la peur de nous perdre et de perdre le monde sont les angoisses les plus élémentaires et les plus intenses que nous connaissions, nos rêves de guérison et de renaissance, notre désir d'être miraculeusement rendus à nous-mêmes et au monde nous sont tout aussi essentiels.

L'impression que *quelque chose ne va pas*, d'être malade ou dans l'erreur, d'avoir perdu la santé, d'être perturbé et de ne plus être soi-même est une intuition aussi fondamentale que l'idée de *rétablissement* ou de réveil, de résipiscence ou de guérison, d'être rendu à soi-même et au monde – de pouvoir vivre pleinement, en bonne santé et heureux, en ce monde.

Les *perversions* de notre être sont à peine moins constitutives. Dans certaines conditions données, nous créons nos propres maux ; nous imaginons et construisons d'innombrables maladies, des mondes entiers de morbidité qui peuvent protéger ou détruire :

> De même que l'autre *monde* produit des *Serpents*, et des *Vipères*, créatures malignes et venimeuses, et des *Vers*, et des *Chenilles*, qui essaient de dévorer le monde qui les a engendrés (...) de même ce monde que nous sommes nous-mêmes produit tout cela en nous, en engendrant des *maladies* et des *maux* de toutes sortes ; des maladies venimeuses et infectieuses, des maladies qui dévorent et consument, et des maladies innombrables et enchevêtrées, composées de plusieurs (...) Ô misérable abondance, ô pauvres richesses !
>
> Donne

Et, tout comme nous admettons les maladies, nous pouvons aussi nous faire leurs alliés et leurs complices en étreignant avidement nos maux et nos souffrances, en complotant notre propre ruine, dans un horrible péché du corps et de l'esprit :

> Nous participons à notre propre *ruine* non seulement *passivement* mais *activement ;* nous ne nous tenons pas seulement sous une *maison qui s'effondre,* mais l'*abattons* au-dessus de nos têtes ; et nous ne sommes pas seulement les *exécutés,* mais aussi les *exécuteurs,* et même ***nos propres exécuteurs.***
>
> Donne

Mais nous pouvons également résister à nos maladies et les combattre, en employant non seulement les remèdes que les médecins et d'autres nous offrent, mais aussi les ressources et les forces innées ou acquises que nous recelons en nous. Sans ces profondes et immenses potentialités de santé, qui sont, finalement, les forces les plus puissantes que nous possédions, nous ne survivrions jamais. Et cela, même si nous les connaissons bien moins que les mécanismes de la maladie :

> Pour maîtriser nos maladies, et les chevaux sauvages de *Platon,* il y a les hauts Jeux du Cirque ; et le très noble Combat se déroule dans le Théâtre de nos âmes ; car, là, nos Adversaires intérieurs s'élancent vers nous avec leurs Armes ordinaires et nous menacent de leurs Coups directs, mais aussi, tels des Rétiaires et des Gladiateurs Laquéaires, cherchent à nous prendre au piège de leurs Rets, de leurs Tromperies et de leurs Ruses. Les Armes de tels combats ne sont pas forgées à *Lipara ;* l'*Art de Vulcain* est étranger à une telle Milice Intérieure...
>
> Sir Thomas Browne

Tels sont les termes dans lesquels nous faisons l'expérience de la santé et de la maladie, et qui nous viennent naturellement à l'esprit lorsque nous en parlons. Ils n'exigent ni n'admettent de définition ; ils sont immédiatement compris, mais défient toute explication ; ils sont tout à la fois exacts, intuitivement perçus, évidents, mystérieux, irréductibles et indéfinissables. Ce sont des termes *métaphysiques* – ils font partie de ces termes dont nous nous servons pour parler de choses infinies. Ils sont communs à la langue de tous les jours, à la langue poétique et à la langue philosophique. Et ils sont indispensables au discours médical, qui participe de ces trois langues. Les questions : « Comment allez-vous ? », « Comment ça va ? » sont des questions métaphysiques, à la fois infiniment simples et infiniment complexes.

Ces questions – « Comment allez-vous ? », « Comment ça va ? » – sont au centre de ce livre : nous ne faisons rien d'autre, ici, en quelque sorte, que de les poser à certains patients placés dans une situation extraordinaire. Elles admettent de nombreuses réponses, toutes aussi légitimes : on peut répondre : « Très bien ! », « Comme ci comme ça », « Très mal ! », « Je fais aller », « Je ne me sens pas dans mon assiette », etc. ; répondre par des gestes évocateurs ; ou simplement *montrer* comment on va, où en sont les choses, sans se servir nécessairement de mots ou de gestes particuliers. Toutes ces formes de réponses sont intuitivement comprises, et *dépeignent* très bien l'état du patient. Mais on ne saurait répondre à ces questions métaphysiques par une liste de « données » ou de mesures portant sur ses signes vitaux, sa chimie sanguine, ses examens d'urines, etc. Mille données de cet ordre n'apportent pas le moindre début de réponse à ces questions essentielles : elles sont inappropriées, et, en outre, très grossières si on les compare à la finesse de nos impressions et de nos intuitions :

> Le *pouls*, l'*urine*, la *sueur* ont juré de ne rien dire, de ne donner aucun Indice, sur les *maux* dangereux... Et pourtant... je sens qu'imperceptiblement, la *Maladie* l'emporte.
>
> Donne

En matière de santé, le dialogue n'est possible qu'en termes humains, familiers, qui viennent facilement et naturellement aux lèvres de tous ; et il ne peut avoir lieu que dans le cadre d'une confrontation directe et humaine, d'une relation de « je » à « tu », entre les mondes discursifs des médecins et des patients.

La situation est radicalement différente pour ce qui est de

l'objet et du discours de la logique, des mathématiques, de la mécanique, de la statistique, etc. Car, ici, les termes de référence – les quantités, les localisations, les durées, les classes, les fonctions, etc. – sont nets et définis, et admettent donc des définitions, énumérations, estimations et mesures précises. Par ailleurs, on a, en ces domaines, une attitude tout à fait différente : on n'est plus « un homme dans son intégralité, intégralement présent » ; on se dépersonnalise, et l'on dépersonnalise l'objet que l'on étudie, en ne voyant plus que des choses [1]. Ici, par conséquent, la question fondamentale est : qu'en est-il exactement de *ceci,* à cet instant et à cet endroit précis ? Et la réponse à cette question est exprimée en termes de quand, de où et de combien : le monde est réduit à des ponctuations et à des points.

Ces deux types de discours sont complets en eux-mêmes ; aucun ne peut ni inclure ni exclure l'autre ; ils sont complémentaires ; et tous deux sont essentiels à la compréhension du monde. Leibniz, par exemple, comparait en ces termes les approches métaphysiques et mécaniques :

> Je trouve même que plusieurs effets de la nature se peuvent démontrer doublement, savoir par la considération de la cause efficiente, et encore à part par la considération de la cause finale (...) L'un et l'autre est bon, l'un et l'autre peut être utile, non seulement pour admirer l'artifice du grand ouvrier, mais encore pour découvrir quelque chose d'utile dans la physique et dans la médecine. Et les auteurs qui suivent ces routes différentes ne devraient point se maltraiter (...) Le meilleur serait de joindre l'une et l'autre considération... *.

Leibniz souligne, néanmoins, la primauté de la métaphysique : il estime que, bien que les œuvres du monde ne contredisent jamais les lois mécaniques, elles ne prennent sens et ne deviennent pleinement intelligibles qu'à la lumière des considérations métaphysiques, et que la mécanique du monde est subordonnée au dessein qui le sous-tend [2].

* Leibniz, *Discours de Métaphysique*, art. 21 et 22, Paris, J. Vrin, 1970, p. 59 [*NdT*].

Si cela était clairement compris, aucun problème ne se poserait. La déraison commence quand nous essayons de « réduire » des termes et des questions métaphysiques à des données mécaniques : les mondes à des systèmes, les particularités à des catégories, les impressions à des analyses, et les réalités à des abstractions. Telle est la folie des trois derniers siècles, la folie dont tant de nous sont – individuellement – atteints, et qui nous tente tous. En médecine, en biologie, en politique comme en économie, nous avons du monde une vision newtonienne-lockéenne-cartésienne, qui réduit les hommes à des machines, des automates, des marionnettes, des poupées, des tablettes vierges, des formules, des chiffres, des systèmes et des réflexes. C'est cette vision, notamment, qui a rendu une bonne partie de notre littérature médicale récente et contemporaine inféconde, illisible, inhumaine et irréelle.

Il n'est rien de vivant qui ne soit individuel : notre santé est *nôtre ;* nos maladies sont *nôtres ;* nos réactions sont *nôtres* – non moins que nos esprits ou nos visages. Notre santé, nos maladies et nos réactions ne peuvent être comprises *in vitro,* en elles-mêmes ; elles ne peuvent être comprises qu'en référence à *nous-même,* comme des expressions de notre nature, de notre vie, de notre être-là *(da-sein)* dans le monde. La médecine moderne, cependant, tient de moins en moins compte de notre existence, soit en nous réduisant à des doubles identiques réagissant à des stimuli invariables de façon tout aussi invariable, soit en considérant nos maladies comme des phénomènes négatifs purement *étrangers* à l'individu malade, et sans rapport organique avec sa personnalité. Ces conceptions ont naturellement pour corollaire thérapeutique l'idée qu'il faut *s'attaquer* à la maladie avec toutes les armes dont on dispose, et que l'on peut déclencher cette attaque en toute impunité, sans la moindre pensée pour la *personne* du malade. Ce point de vue, qui domine de plus en plus tout le paysage médical, est aussi mystique et manichéen que mécanique et inhumain, et d'autant plus pernicieux qu'il n'est pas explicitement perçu, déclaré ou avoué. On dit souvent que Pasteur concevait les agents responsables de la maladie et les agents thérapeutiques comme des choses-en-soi, et il n'est donc pas inutile de rappeler les derniers mots qu'il prononça sur son lit de mort :

> Bernard a raison ; le pathogène n'est rien ; le *terrain* est tout.

Les maladies ont un caractère propre, mais elles participent également de notre caractère ; nous avons chacun notre caractère, mais nous participons aussi du caractère du monde : le caractère est monadique ou microcosmique, c'est un monde à l'intérieur de mondes à l'intérieur d'autres mondes, un monde qui exprime des mondes. La maladie, l'homme et le monde vont de pair, et ne peuvent être conçus séparément, comme des choses-en-soi. Un concept qui caractériserait de façon parfaitement pertinente un homme (Adam, dans l'exemple de Leibniz) embrasserait tout ce qui lui serait arrivé, tout ce qui l'aurait affecté, et tout ce qu'il aurait lui-même affecté ; et ses termes associeraient la contingence et la nécessité, en admettant la possibilité permanente d'« autres Adam ». L'idéal de Leibniz est donc une histoire, ou une révélation, ou une biographie parfaitement constituées et détaillées, une combinaison intégrale d'art et de science [3].

A notre époque, les plus parfaits exemples de ce type de biographie (ou de pathologie) sont les innombrables cas présentés par Freud. Dans tous ces textes, Freud a montré, avec une clarté absolue, que la nature évolutive de la névrose comme son traitement *ne* peuvent être démontrés et cernés *que* par une approche biographique.

Mais l'histoire de la neurologie n'a rien, ou presque rien, de cet ordre à nous offrir [4]. C'est un peu comme si une distinction absolue et catégorique avait été établie entre la nature de la maladie névrotique et celle de la maladie neurologique, cette dernière étant vue comme des collections de « faits » sans but ni lien. En un sens, tout ce qui est réel et concret a une histoire et une vie : l'*Histoire d'une chandelle* de Faraday ne nous en fournit-elle pas un charmant exemple ? Pourquoi les maladies feraient-elles exception ? Et pourquoi tout particulièrement des maladies aussi extraordinaires que le parkinsonisme et les « syndromes » postencéphalitiques, qui ont des affinités si profondes (bien que souvent ignorées) avec la névrose ? Si une maladie et un « remède » ont appelé une présentation dramatique et biographique, c'est bien le parkinsonisme et la L-DOPA. Si l'on désire avoir un « bref résumé » de la condition humaine – d'une maladie, d'une souffrance et d'une tristesse très anciennes ; d'un « réveil » soudain et complet, presque surnaturel ; et, hélas, des complications que le « remède » peut entraîner –, il n'en est pas de meilleur que l'histoire de ces patients.

On ne peut dire que ce soit là un sujet sur lequel on a peu écrit : d'innombrables textes, articles, rapports, comptes rendus, éditoriaux, procès-verbaux de conférences, etc., ont suivi l'article novateur publié par le docteur Cotzias en février 1967, sans même parler du flot de publicité et d'articles de journaux dithyrambiques (et souvent peu scrupuleux) qui les ont accompagnés. Je crois cependant que quelque chose de tout à fait fondamental est absent de cette littérature. On rumine des bibliothèques entières d'articles rédigés dans le style plat et « objectif » qui est *de rigueur* en neurologie ; nos têtes bourdonnent de « faits », de chiffres, de listes, de tableaux, d'inventaires, de calculs, d'évaluations, de quotients, d'indices, de statistiques, de formules, de graphiques et de toutes sortes de trucs ; tout est « calculé, additionné, pesé et prouvé » avec une minutie qui aurait ravi Thomas Gradgrind. Et nulle part, *nulle part*, on n'y trouve de couleur, de réalité ou de chaleur ; de trace de l'expérience vivante ; d'empreinte ou de description de ce que *ressent* le malade atteint de parkinsonisme, traité à la L-DOPA, et qui voit sa vie totalement changer. Si jamais sujet a exigé d'être abordé en termes non mécaniques, c'est bien celui-ci ; mais on chercherait en vain la vie dans ces articles ; ils sont les plus affreux produits de la médecine à la chaîne : tout ce qui est humain, tout ce qui est vivant y est broyé, pulvérisé, atomisé, quantifié, et autrement encore « traité » jusqu'à être anéanti.

Et pourtant, il n'est pas de sujet plus ensorcelant, plus dramatique, tragique et comique à la fois. Mes premières réactions, lorsque j'observai pour la première fois les effets de la L-DOPA, furent de la stupeur, de l'émerveillement, et presque de l'effroi. Chaque jour qui passait accroissait ma stupéfaction en me faisant découvrir de nouveaux phénomènes, des nouveautés, des bizarreries, des mondes entiers dont je n'aurais jamais osé rêver – je me sentais comme un enfant des quartiers pauvres qui se trouverait subitement transporté au Pérou ou en Afrique.

Depuis ma première rencontre, en 1966, avec mes patients postencéphalitiques, et le début de leur traitement à la L-DOPA en 1969, ce sentiment de mondes superposés à d'autres mondes, d'un paysage continuellement en expansion bien au-delà de ma vision ou de mon imagination, ne m'a jamais quitté. J'avais le sentiment de contempler un paysage très complexe, mi-familier mi-mystérieux, avec ses hautes terres ensoleillées, ses gouffres sans fond, ses volcans, ses geysers, ses prairies et ses marécages ; un peu comme Yellowstone – une contrée archaïque, préhumaine, presque préhistorique, donnant l'impression de forces immenses prêtes à éclater. Freud compara un jour la névrose à un paysage préhistorique, jurassique, et cela est encore plus vrai de la maladie postencéphalitique, qui semble nous faire visiter le cœur le plus sombre de l'être.

Wittgenstein remarqua un jour qu'un livre pourrait – tout comme le monde – n'exprimer ce qu'il cherche à communiquer que par des *exemples*, tout le reste n'étant que redondance. Mon intention première, dans cet ouvrage, a été d'offrir des exemples.

Jusqu'ici, nous avons voyagé en imagination *avec* nos patients, en suivant avec eux le cours de leurs vies, de leur maladie et de leurs réactions à la L-DOPA. Maintenant, nous pouvons nous éloigner de cet itinéraire historique et événementiel, pour observer plus attentivement certains *aspects* de ce paysage, certains profils de réactions particulièrement importants.

Point n'est besoin de regarder plus loin – par-dessus, par-dessous, par-derrière ou par-delà tout ce que nous avons déjà vu. Point n'est besoin de rechercher des « causes », ou des théories et des explications – quelque chose qui serait *extérieur* à nos observations :

> Tout ce qui est factuel est, en un sens, théorie (...) Chercher quelque chose derrière les phénomènes n'a pas de sens : ils *sont* théorie.
>
> Goethe

Nous n'avons pas à aller au-delà de l'évidence de nos sens. Mais nous avons besoin, par contre, d'une approche, d'un langage qui soient adaptés à notre sujet. Les termes de la neurologie contemporaine, par exemple, sont loin d'indiquer ce qui se passe chez le patient ; or nous n'avons pas simplement affaire à une poignée de « symptômes », mais à une *personne,* et à la relation changeante qu'elle entretient avec le monde. En outre, le langage dont nous devons user doit être à la fois particulier et général, faire tout autant référence au patient et à *sa* nature qu'au monde et à *sa* nature. Un tel langage – qui sache être à la fois personnel et universel, concret et métaphorique – est celui de la *métaphysique,* ou de la langue de tous les jours. Les termes de *santé* et de *maladie,* qui sont les mots les plus simples et les plus profonds que nous connaissions, en sont naturellement la plus parfaite expression. Notre tâche – dans le contexte des réactions des patients à la L-DOPA – est d'explorer la signification de ces termes, d'éviter les définitions et dichotomies superficielles, et de *sentir* (par-delà les limites des formulations) la nature secrète, essentielle, de chacun d'entre eux

Les appréciations statistiques et quantitatives de la santé sur lesquelles reposent les études contemporaines de la L-DOPA sont une parfaite illustration du calcul de la félicité selon Bentham (« le plus grand bonheur du plus grand nombre »), ou du « calcul hédonique » de F. Y. Edgeworth. Si la concision et l'utilité d'une telle approche actuarielle peuvent être reconnues immédiatement, ses limitations (et ses cruautés) sont voilées et implicites, et doivent être mises en pleine lumière. L'approche utilitariste ignore autant le particulier que l'universel, et les dérobe nécessairement à nos regards ; elle ne nous éclaire pas sur le dessein général auquel répond le comportement, ou les façons dont il s'exemplifie chez des patients donnés ; elle fait même obstacle à la compréhension de ce type de problèmes.

Pour que notre étude nous apprenne quelque chose de *nouveau,* nous devons prêter attention aux formes et aux relations précises de tous les phénomènes observés, en concevant la « santé » et la « maladie » en termes de dessein. Des états (des mondes) infinis exigeant des termes infinis, c'est chez Leibniz, et non chez Bentham, que nous devons rechercher les concepts dont nous avons besoin. L'*optimum* leibnizien – la santé – n'est pas un quotient numérique, mais une allusion à la plus grande perfection relationnelle possible dans un monde total infiniment varié, à l'organisation la plus riche et la plus réelle possible. Les maladies, en ce sens, s'écartent de l'*optimum,* car leur organisation ou le dessein auquel elles répondent est appauvri et rigide (malgré les épouvantables forces qu'elles mettent en branle). La santé est infinie et expansive, et tend à s'emplir de la perfection du monde ; la maladie, au contraire, est finie et réductrice, et vise à réduire le monde à elle-même.

La santé et la maladie sont vivantes et dynamiques, et chacune détentrice de forces, de tendances et de « volontés » qui leur sont propres. Leurs modes d'être sont intrinsèquement antithétiques : elles se livrent une guerre sans fin – ce sont, comme disait Sir Thomas Browne, nos « Milices Intérieures ». L'issue de leur combat n'est pas plus prédéterminée, et ne peut pas plus être prévue, que celle d'une partie d'échecs ou d'un tournoi. Mais, si les règles sont fixes, la stratégie, elle, ne l'est pas, et nous pouvons apprendre à jouer mieux que notre adversaire, la maladie. Nos armes, lorsque nous avons perdu la santé, ont pour nom les soins, l'attention, le sang-froid, l'astuce, l'habileté, la chance.

La maladie, la santé, les soins – ce sont là les concepts les plus élémentaires dont nous disposions, et les seuls qui soient adaptés à l'objet de notre débat. Lorsque nous administrons de la L-DOPA à un patient, nous le voyons d'abord émerger de la maladie – c'est le RÉVEIL ; puis, vient le temps de la rechute et de la multiplication des problèmes et des troubles – ce sont les TRIBULATIONS ; enfin, le patient peut éventuellement parvenir à une sorte de « compromis » avec ses symptômes, à un point d'équilibre – que l'on peut appeler l'ACCOMMODATION. C'est dans ces termes – le réveil, les tribulations, l'accommodation – que les conséquences de la L-DOPA peuvent être saisies le plus clairement [5].

Le réveil

Quasiment tous les patients atteints de parkinsonisme authentique vivent, lorsqu'on leur fait prendre de la L-DOPA, une sorte de « réveil ». Ceci est vrai de tous les patients que j'ai présentés dans ce livre sauf trois (Robert O., Frank G. et Rachel I.) et des quelque deux cents parkinsoniens auxquels j'ai administré de la L-DOPA, à l'exception d'une vingtaine [6]. En général – il y a quelques exceptions –, ce réveil est le plus profond et intervient le plus rapidement chez les patients le plus gravement touchés : il peut même, chez les patients sujets à un parkinsonisme catatonique « implosé » de type « trou noir » (comme par exemple Hester Y.), être presque instantané. Chez les sujets atteints de la maladie de Parkinson proprement dite, ses effets peuvent ne se prolonger que pendant quelques jours, bien qu'ils atteignent le plus souvent leur point culminant au bout d'environ deux semaines. Les cas que j'ai décrits montrent que le réveil des postencéphalitiques tend à être beaucoup plus rapide et plus dramatique que celui des parkinsoniens classiques : en outre, étant en général beaucoup plus sensibles à la L-DOPA, ces patients peuvent quelquefois être réveillés par des doses de L-DOPA cinq fois moins importantes que celles employées avec les parkinsoniens « ordinaires ».

Abstraction faite de son parkinsonisme, qui peut d'ailleurs être bénin et d'installation assez récente, un patient « ordinaire » peut très bien être en excellente santé (comportementalement parlant) : chez un tel patient, le rétablissement ou le réveil se manifeste principalement par une réduction ou une disparition apparente de son parkinsonisme. Le réveil, même chez ces patients, *a* d'autres aspects, mais ceux-ci seront beaucoup plus facilement étudiés chez les postencéphalitiques chroniquement handicapés, qui souffrent de toutes sortes de troubles en plus de leur parkinsonisme. Ces patients, nous l'avons vu, peuvent voir s'atténuer considérablement, non seulement leur parkinsonisme, mais d'innombrables *autres* problèmes – spasmes de torsion, athétose, chorée, tics, catatonie, dépression, apathie, torpeur, etc. – auxquels ils ont parallèlement été sujets. De tels patients se rétablissent, non d'une maladie, mais d'une multitude de maux, en un temps extrêmement court. Toutes sortes de troubles en général non rattachés à une insuffisance en dopamine ni supposés susceptibles d'être traités à la L-DOPA peuvent disparaître en même temps que leur parkinsonisme. Bref, ces patients peuvent recouvrer presque *totalement* la santé, et connaître une guérison que nos connaissances de l'action locale et des fonctions de la L-DOPA, etc., ou les données physiologiques couramment admises sur le cerveau, n'auraient jamais laissé prévoir. L'existence de tels réveils, quasiment simultanés et instantanés, soulève des problèmes capitaux sur les plans non seulement thérapeutique, mais également physiologique et épistémologique.

Les réveils profonds s'accompagnent invariablement de certaines sensations que les patients décrivent en des termes très proches de ceux qui peuvent venir à l'esprit de l'observateur « extérieur ». La soudaine délivrance du parkinsonisme, de la catatonie, des tensions, des torsions, etc., est vécue comme un dégonflement ou une détumescence, une brusque réduction d'une pression intérieure ; les patients comparent souvent cette expérience à une expulsion de gaz intestinaux, une éructation, ou une miction. Et c'est exactement l'image qu'en a l'observateur extérieur : la raideur, le spasme ou le gonflement disparaissent, et, tout à coup, le patient « se détend » et retrouve une sensation de bien-être. Les patients qui parlent de la « pression » ou de la « force » de leur parkinsonisme, etc., n'emploient manifestement pas ces mots au sens physiologique du terme, mais plutôt au sens ontologique et métaphysique qui correspond à leur expérience. Les termes de « pression » ou de « force » disent quelque chose de l'*organisation* de la maladie, et donnent une première indication sur la nature de l'espace ontologique ou « intérieur » de ces patients, comme de chacun d'entre nous.

Ce retour à soi, cette résipiscence, cette « renaissance » constituent un événement infiniment spectaculaire et émouvant, notamment chez les patients que la maladie a *dépossédés* de leur riche personnalité durant des années ou des décennies (par exemple, Hester Y.). Ils nous montrent en outre, d'une façon merveilleusement claire, la relation dynamique qui existe entre la maladie et la santé, le « faux soi » et le vrai soi, le monde de la maladie et un monde *optimum*. Le retour automatique de l'être véritable et de la santé, *parallèlement* au drainage de la maladie, démontre que celle-ci n'est pas une chose en soi, mais un parasite de la vie, de la santé et de la réalité : un vampire ontologique, dévorant et consumant la terre du vrai soi (« asséchant le *da-sein* », selon l'expression de Binswanger). Ils nous montrent la nature dynamique et implacable de nos « Milices Intérieures », et comment des formes d'être opposées se combattent pour nous posséder, se déposséder et se perpétuer.

Ces liens unissant santé et maladie sont tout à fait apparents même en l'absence de L-DOPA. On voit souvent, dans la pratique, des symptômes parkinsoniens apparaître brusquement chez une personne malade, épuisée, en état de choc, déprimée, etc., ou, à l'inverse, le parkinsonisme « disparaître » dès que le patient retrouve des forces et la santé.

Le fait qu'un retour à la santé ou une résipiscence soient *possibles* chez ces patients très gravement malades depuis un demi-siècle – que les potentialités de santé et, si j'ose dire, de « soiïté » puissent *survivre* après de telles déperditions vitales et structurelles et une telle immersion dans une maladie aussi longue et aussi exclusive – est proprement ahurissant, et d'une importance capitale sur le plan thérapeutique comme sur le plan théorique [7].

Pour comprendre la *qualité* du réveil, et de l'état éveillé – de la santé –, nous devons renoncer à recourir au vocabulaire physiologique et neurologique généralement en usage, et être à l'écoute des termes que les patients emploient eux-mêmes. Si un patient ne permet qu'un mode de communication fantasque, hiéroglyphique ou surréaliste, c'est *cette* forme de communication que nous devons adopter. Un dialogue est un dialogue, quelques formes qu'il prenne, et, tôt ou tard – du moins, d'après l'expérience qui est la mienne –, les défenses, les confusions, les illusions se dissipent, et l'on finit par faire face au patient lui-même, à cette Identité centrale auparavant dissimulée, à ce « Tu » que l'on peut engager dans un dialogue authentique.

Le vocabulaire neurologique et neurophysiologique en usage fait référence à des modifications du niveau et de la distribution de l'énergie cérébrale ; nous devons aussi employer des concepts énergétiques et économiques, mais en un sens radicalement différent de celui dans lequel ils sont généralement employés.

Les neurologues se partagent entre deux écoles – les holistes et les topistes, ou encore, dans leur propre jargon, les « rassembleurs » et les « cliveurs ». Les holistes se réfèrent à l'« énergie totale » du cerveau comme si celle-ci était uniforme, indifférenciée et quantifiable. Ils parlent, par exemple, d'excitation et d'activation, d'activité accrue dans un système d'activation – accroissement pouvant être défini et (en principe) mesuré en comptant le nombre total d'impulsions qui passent par ce système. En termes plus spécialisés, ils disent que les patients sont « mis en marche » ou « allumés » par la L-DOPA, comme on peut ouvrir un circuit électrique à l'aide d'un interrupteur. Les limites et, finalement, l'irréalisme de ces termes tiennent à ce qu'ils sont purement quantitatifs, et parlent de grandeurs sans se référer aucunement aux qualités. En réalité, il n'y a *pas* de grandeur sans qualité. Même s'ils disent bien avoir plus d'énergie, de « dynamisme », de « tonus », etc., les patients distinguent clairement les qualités respectives de la pathologie et de la santé; l'un de mes patients éveillé par la L-DOPA me déclara par exemple : « Avant j'étais *galvanisé,* mais maintenant je me sens *vivifié.* »

Les topistes, au contraire, envisagent une mosaïque de « centres » ou de « systèmes » différents, chacun imprégné d'un type différent d'énergie ; ils voient l'énergie comme morcelée ou compartimentée en d'innombrables paquets tous mystérieusement « corrélés » entre eux. Ainsi les patients traités à la L-DOPA se voient-ils attribuer des « indices de vigilance », des « indices de motilité », des « indices d'émotivité », etc., entre lesquels des coefficients de corrélation sont établis. De telles conceptions sont tout à fait étrangères tant à l'expérience du patient qu'à celle de l'observateur compatissant qui *communique* avec ses patients. Car *personne* ne perçoit leur « émotivité », par exemple, comme distincte de leur « vigilance » : on a simplement conscience d'être actif, attentif et en éveil – et du caractère total, infini de son attention et de sa vigilance. Briser cette unité en des composantes isolées revient à commettre un solécisme épistémologique de premier ordre, tout en étant aveugle aux sentiments de ses patients.

Le réveil se traduit par un changement conscient de la relation totale que le patient entretient avec lui-même et avec le monde. Tous les postencéphalitiques (en fait tous les *patients*) souffrent plus ou moins, chacun à leur manière, de troubles et de distorsions de l'attention : ils se sentent, d'une part, coupés ou retirés du monde, et, d'autre part, engloutis ou *absorbés* dans leur maladie. Ce retournement pathologique de l'attention sur elle-même, qui est particulièrement marqué dans les formes cataleptiques de la maladie, fut admirablement mis en lumière par l'un de mes patients cataleptiques qui me dit un jour : « Ma posture cède continuellement devant elle-même. Ma posture s'impose continuellement à elle-même. Ma posture se suscite elle-même continuellement. Je suis totalement absorbé dans une absorption de posture. »

Le réveil, fondamentalement, est un renversement de ce processus : le patient cesse de sentir la présence de la maladie et l'absence du monde, et finit par ressentir l'absence de la maladie et la pleine présence du monde. Il devient (selon le mot de D. H. Lawrence) « un homme dans son intégralité, intégralement présent ».

Le patient réveillé *se tourne* donc vers le monde, et ne s'occupe ni ne se préoccupe plus de sa maladie. Il prête au monde une attention d'autant plus passionnée et ardente, une attention d'autant plus aimante, joyeuse et innocente, qu'il en a été si longuement coupé, ou est resté aussi longtemps « endormi ». Le monde, à nouveau, lui apparaît sous des couleurs merveilleusement éclatantes. Tout ce qui l'entoure l'intéresse, le stupéfie et l'amuse – comme s'il était redevenu enfant, ou venait d'être libéré de prison. Il tombe amoureux de la réalité en tant que telle.

Lorsque, enfin, il est réconcilié avec le monde et avec lui-même, son existence et son attitude changent totalement. Son malaise, sa gêne, son manque de naturel et sa contrainte disparaissent, laissant la place à une impression de bien-être et d'unité avec le monde. Tous les aspects de son existence – ses mouvements, ses perceptions, ses pensées et ses sentiments – attestent simultanément la réalité de son réveil. Le flux de la vie cesse d'être entravé ou pétrifié, et s'écoule à nouveau librement en lui ; il n'a plus l'impression que « ça ne marche pas * », ne se sent plus figé dans une sorte de stase intérieure [8]. Il retrouve une sensation d'espace et de liberté. Les instabilités et les déséquilibres de sa maladie se dissipent, et sont remplacés par de l'équilibre, de la souplesse et du bien-être.

Les dispositions et les goûts individuels peuvent donner des colorations multiples à leurs réveils, mais tous les patients pleinement éveillés par la L-DOPA éprouvent, plus ou moins intensément, de telles sensations. Ils nous montrent une plénitude d'être, un zénith, que la plupart des individus « en bonne santé » ne côtoient jamais ; ils nous laissent entrevoir quelque chose que nous avons connu – et presque totalement oublié : quelque chose que, tous, nous possédions jadis – et que nous avons ensuite perdu.

Cette sensation de retrouver quelque chose de primordial, qui serait à la fois très simple et très profond, m'a merveilleusement été décrite par Leonard L. Il m'a dit (au cours de son réveil si bref) : « C'est un sentiment très doux, très doux, très agréable et très paisible. Je rends grâce à chaque moment d'être ce qu'il est... Je suis si heureux, un peu comme lorsque l'on rentre chez soi après une rude et longue journée de travail. Je me sens comme un chat bien au chaud et tranquille devant un bon feu. » Et c'était exactement l'*impression* qu'il donnait ; il semblait...

Comme un chat endormi sur une chaise
en paix, en paix
ne faisant qu'un avec le maître de maison, avec la maîtresse,
chez lui, chez lui dans la maison des vivants,

* En français dans le texte.

endormi dans l'âtre, bâillant devant le feu.
Endormi dans l'âtre du monde vivant
bâillant chez lui devant le feu de la vie
éprouvant la présence du Dieu vivant
comme une grande rassurance
un profond calme du cœur
une présence
comme du maître assis à la table
dans son être et dans le grand être
dans la maison de la vie.

D. H. Lawrence *

Les tribulations

Thanne shal be greet tribulacionn
(BIBLE DE WYCLIFFE).

Car le Destin ourdit le Complot de nos Infortunes à la source même de nos Bonheurs, ne nous comblant le premier quart d'heure que pour finir par nous frapper encore plus cruellement (SIR THOMAS BROWNE).

Presque tous les patients traités à la L-DOPA recouvrent durant un certain temps la santé ; mais, chez presque tous également, cette merveilleuse embellie ne dure pas, et, tôt ou tard, d'une manière ou d'une autre, les problèmes et les ennuis réapparaissent. Certains patients sont sujets à des troubles tout à fait bénins après des mois ou des années de réactions favorables ; d'autres n'échappent que pour quelques jours à leurs symptômes – le temps d'un clin d'œil comparé à la durée d'une vie –, puis sont à nouveau précipités dans les ténèbres de l'affliction.

Dire quels patients rechutent le plus rapidement et sont sujets aux troubles les plus graves est aussi délicat que prévoir à coup sûr la forme exacte, ou la date précise d'apparition, des premières complications. Mais on peut cependant raisonnablement affirmer que les patients originellement les plus atteints – que leurs problèmes soient d'ordre neurologique, émotionnel, socio-écono-

* D. H. Lawrence, « Pax », in *Poèmes*, trad. fr. de J.-J. Mayoux, Paris, Aubier, 1976 [*NdT*].

mique ou de toute autre nature – *ont tendance* (toutes choses égales d'ailleurs) à être en proie aux complications les plus marquées après avoir pris de la L-DOPA.

Une affirmation aussi générale exige des compléments et des réserves. Généralement parlant, les patients atteints de la maladie de Parkinson proprement dite – qui constituent la grande majorité de la population parkinsonienne – peuvent espérer bénéficier des plus longues périodes d'amélioration et être sujets aux « effets secondaires » les plus bénins lorsque ceux-ci apparaîtront : les réactions indésirables précoces et drastiques semblent être beaucoup plus fréquentes chez les patients atteints de parkinsonisme postencéphalitique. Mais cette « règle » a des exceptions, souvent très importantes (cf. p. 374, n. 9). L'infinie diversité des réactions individuelles (que masquent les présentations statistiques généralement adoptées) montre à quel point les réactions à la L-DOPA doivent être déterminées par des causes nombreuses et complexes, et dépendre largement de forces et de faiblesses latentes *(in posse),* imprévisibles parce que inexprimées. Un groupe de patients, néanmoins, réagit presque invariablement de façon catastrophique à la L-DOPA : ce sont les patients atteints, outre leurs symptômes parkinsoniens, de démence. Ces sujets sont les plus vulnérables à la L-DOPA, ainsi qu'aux stress de toutes sortes. L'histoire de Rachel I. illustre les dangers particuliers que la L-DOPA fait courir à ces patients.

La littérature médicale a tendance à classer toutes ces manifestations dans la catégorie des « effets secondaires », terme qui tout en même temps rassure et clôt le débat. Ce terme d'« effets secondaires » est quelquefois employé pour de simples raisons de commodité, et ne recèle pas toujours d'implications particulières ; le plus souvent, conformément au précédent du docteur Cotzias et à la pratique médicale courante, il dénote une distinction essentielle entre les effets indésirés et les effets désirés ou espérés – distinction qui légitime, si on le souhaite, l'*éradication* des premiers. Rien n'est plus étrange qu'une telle hypothèse, et rien ne doit être discuté plus impartialement. Les patients les plus lucides comprennent très bien les problèmes qui sont ici en jeu, souvent mieux que les médecins qui les soignent. Lillian T., l'une de nos pensionnaires de Mount Carmel, avait par exemple déclaré à l'un des médecins d'un grand hôpital neurologique de New York où elle avait été admise pour la neuvième fois afin de « traiter ses effets secondaires » (en l'occurrence, de violents mouvements latéraux de la tête) : « C'est *ma* tête qui fait ces mouvements. Ils ne sont pas plus un " effet secondaire " que ma tête n'en est un. Pour les supprimer, il faudrait que vous me coupiez la tête ! »

Le terme d'« effets secondaires » me paraît contestable, et même inacceptable, pour trois séries de raisons, d'ordre respectivement pratique, physiologique et philosophique. D'abord, la plupart des réactions que nous qualifions maintenant d'« effets secondaires » ont depuis longtemps été observées chez des animaux « normaux » auxquels on avait administré de la L-DOPA ; ces expériences n'avaient pas suscité les hypothèses, les intentions et l'acharnement thérapeutiques actuels, et personne n'avait pensé à introduire des distinctions aussi catégoriques. D'autre part, l'emploi d'un tel terme masque la structure et l'interrelation réelles des « effets secondaires », et en interdit par conséquent toute étude : bien qu'horribles pour le patient, les innombrables et si complexes « effets secondaires » déclenchés par la L-DOPA constituent pour nous une occasion unique de développer nos connaissances sur la nature de la maladie et de l'être en général, mais cet élargissement de notre savoir n'est possible que pour autant que l'on ne considère pas le terme d'« effets secondaires » comme une sorte de point final. En troisième lieu, enfin, parler d'« effets secondaires », en ce domaine comme dans un contexte technologique, économique ou de toute autre nature, me semble revenir à diviser arbitrairement le monde en parties, et à nier la réalité d'un *plenum* organisé.

Le corollaire thérapeutique de cette conception, c'est que nous en arrivons parfois (ainsi que nos patients) à caresser l'espoir chimérique d'« abolir les effets secondaires », tout en ne prêtant en fait aucunement attention aux moyens réels de les modifier, ou de les rendre plus « supportables ». L'inanité de ces tentatives d'éradication des « effets secondaires » et la nécessité, au contraire, de considérer « l'ensemble de la complexion et de la constitution de notre corps » et la totalité de ce qui y arrive n'ont jamais été mieux mises en lumière que par notre poète métaphysique sur son lit de mort :

> Notre *labeur,* une fois que nous avons corrigé quelque violent et dangereux *accident* causé par une *maladie* qui nous aurait sans cela *rapidement* détruit, n'est pas plus achevé que lorsque nous coupons une *mauvaise herbe* dès qu'elle commence à pousser ; même lorsque nous croyons être *entièrement* et *profondément* rétablis de cette *maladie particulière* et pensons avoir arraché jusqu'à ses *racines,* il n'est pas plus fini que lorsque nous arrachons une *mauvaise herbe ;* car la *terre* dans laquelle nos maladies prennent naissance est notre *mauvaise nature* et le sol qui les nourrit nos *mauvaises dispositions.* Notre *corps* a des inclinations, une propension aux *maladies,* à partir desquelles, sans qu'aucun autre *désordre* n'intervienne, les *maladies* se développeront, et cette *ferme* nous astreint donc à un labeur continuel, une continuelle *étude* de l'ensemble de la *complexion* et de la *constitution* de notre corps.
>
> Donne

Nous préférons donc dire, plutôt que d'employer ce terme d'« effets secondaires », que tous les patients traités à la L-DOPA affrontent tous, tôt ou tard, des *difficultés profondes :* tous développent une « propension aux maladies » susceptible de produire d'innombrables surgeons. Pourquoi cela ? Ce phénomène tient-il à la L-DOPA *en tant que telle ?* Est-il le reflet de la réactivité individuelle de chaque patient – de cette réactivité universelle que laissent voir tous les organismes soumis à des stimulations ou des stress continuels ? Dépend-il des attentes et des motivations des patients, des médecins et d'autres personnes importantes à l'époque du traitement ? Le style de vie et l'histoire du patient jouent-ils ici un rôle ? Toutes ces questions sont réelles et essentielles ; elles doivent être posées, et recevoir, si possible, des réponses scientifiques ; elles se chevauchent et s'imbriquent, et concernent *tous les aspects* de l'être-au-monde des patients.

Donne a recours, pour qualifier la nature de la maladie – il parle de disposition, d'inclination, de propension, de complexion, de constitution, etc. –, à un vocabulaire très riche qui tout à la fois distingue et unit ces deux aspects de la maladie que sont, d'une part, sa *structure* et, d'autre part, la *stratégie* qui la sous-tend. Freud, pour sa part, insista sans cesse sur la nécessité de distinguer la *prédisposition à la maladie* du *besoin de maladie :* une chose est, par exemple, d'être sujet à la migraine, et une autre de désirer avoir un accès de migraine afin de ne pas se rendre à un rendez-vous déplaisant. Schopenhauer soutient que le monde se présente à nous sous deux aspects – comme Volonté et comme Idée – qui, toujours, sont tout à la fois distincts et conjoints, et s'englobent, ou *s'informent,* mutuellement et totalement. Se référer à l'un de ces aspects en excluant l'autre revient à donner prise à une dualité destructrice, rendant impossible la construction d'un monde signifiant : des phrases aussi épistémologiquement inexactes que : « Il a mal réagi à la L-DOPA simplement parce qu'il nous en veut », ou bien encore : « Il a mal réagi à la L-DOPA parce qu'il a trop (ou pas assez) de dopamine dans le cerveau », sont un parfait exemple de ce type de clivage. La rancune peut être là, les excès ou les insuffisances de dopamine peuvent exister, ces deux facteurs sont importants, cruciaux, et sont des aspects de la question. Mais ni l'un ni l'autre ne peuvent, considérés isolément, rendre compte de la situation globale dans laquelle se trouve le patient, ou même nous laisser espérer la comprendre. La « rancune » du patient peut avoir été la « cause finale » de sa réaction, et la dopamine sa « cause efficiente » ; ces deux points de vue, ces deux façons de penser, sont utiles et, ainsi que nous le rappelle Leibniz, *doivent être associés.* Mais comment unir la « cause finale » à la « cause efficiente », la volonté à la matière, la motivation à la molécule, alors qu'elles paraissent si éloignées et si disparates ? Ici encore – comme toujours –, nous sommes sauvés des gâchis du mécanisme et du vitalisme par le bon sens, la langue de tous les jours et la métaphysique : par des termes qui unissent, par leur double sens, les concepts de structure et d'intention – des mots tels que *plan,* et les innombrables expressions de ce type que le langage courant nous offre, et que nous sommes, parce que nous sommes des scientifiques, si souvent amenés à rejeter et à ignorer.

Durant une brève période, comme nous l'avons vu, le patient

traité à la L-DOPA connaît donc une sorte de perfection et de plénitude : ses mouvements, sa vie émotionnelle et sa pensée sont libérés de toute entrave, et il retrouve des relations harmonieuses tant avec lui-même qu'avec le monde extérieur. Puis cette félicité – son monde – commence à se lézarder, se fissurer, s'altérer et se désagréger ; il tombe de ses cimes, et s'enfonce de plus en plus dans la perversion et la corruption [9]. Seuls des mots de cette nature, si déplacés qu'ils puissent paraître dans un tel contexte, peuvent nous aider à comprendre la dynamique de ces dissolutions, de ces transgressions et de ces perversions qui constituent l'essence de cette chute qu'est la maladie. Nous avons dramatiquement besoin – et pas seulement en médecine – d'une anatomie de la misère, d'une épistémologie de la maladie qui, poursuivant l'œuvre de Burton, Schopenhauer, Freud, etc., étendent leurs réflexions à tous les autres « niveaux » (monadiques) du processus pathologique : il faut bien voir, par exemple, que le *circulus vitiosus,* le cercle vicieux, de Galien est un universel de la pathologie, à tous les niveaux possibles ; et qu'il en va de même de la démesure et de l'extravagance, et de toutes les déviations auto-amplificatrices par rapport au bien-être, à l'harmonie, à la liberté de la santé. Donne, lorsqu'il retomba malade, passa son temps à se demander : qu'est-ce qui a mal tourné ? pourquoi ? etc., et, ainsi, inexorablement, étape par étape, il fut amené à concevoir la maladie, et la « propension aux maladies », sous un angle universel.

Le premier symptôme du retour de la maladie, de la rechute, est la *sensation* que quelque chose ne va pas. Cette évidence ne saurait être trop soulignée, car, pour le patient, la maladie n'est pas une liste de symptômes précisément formulés et soigneusement répertoriés, mais d'abord et avant tout une sensation et une intuition : son corps, qui ne le trompe pas, lui dit simplement qu'il « ne va pas bien ». Il n'est donc pas raisonnable d'attendre de lui qu'il soit capable de définir exactement sa souffrance, car, pour lui comme pour nous, c'est justement cette indéfinissable impression que « ça ne va pas » qui caractérise la nature *générale* de son malaise : elle le fait, en quelque sorte, entrer dans un *monde faussé* [10]. Cette impression a un caractère prodromique parfaitement précis : tout ce qui est vécu dénote ou annonce tout ce qui sera ou pourra être vécu dans le futur, qui n'apparaîtra que comme l'expansion, ou le développement, d'un caractère déjà présent. Ressentant les premières « offensives » de sa maladie, Donne écrivit par exemple :

> Dès l'instant où je sentis les premières atteintes de la maladie, je pressentis sa victoire.

Le mal-être et la discorde – aux sens les plus généraux du terme – sont le signe et la source du retour de la maladie. Les formes et les transformations sont infiniment variées, et toujours différentes d'un patient à l'autre. L'individualité est inhérente à la maladie, comme à tout le reste : les maladies sont des créations individuelles « perverses » – des mondes, des mondes de base, plus simples et plus rigides que les mondes de la santé.

Tous les mondes de la maladie donnent lieu à des sensations de pression, de coercition et de contrainte ; tous entraînent une perte de la latitude, de la liberté et du bien-être véritables, de l'équilibre et de la disponibilité illimitée ; et, dans tous, se retrouvent ces contractions, contorsions et postures spécifiques à la maladie : tous se caractérisent par le développement d'une rigidité et d'une répétition pathologiques.

Chez les patients atteints de la maladie de Parkinson proprement dite, les premiers « effets secondaires » de la L-DOPA affectent très facilement le mouvement et l'action : ils se manifestent par une certaine hâte, alacrité et précipitation de mouvement, un accroissement de la force et de l'ampleur des gestes (« syncinésie ») et le développement de divers mouvements « involontaires » (choréiques, athétosiques, dystoniques, etc.). Les postencéphalitiques, pour diverses raisons, sont particulièrement portés à toutes sortes d'excès de « tempérament », qui laissent peut-être plus clairement entrevoir la forme générale de la maladie. Des patients comme Rolando P., Margaret A., Leonard L., etc., mais aussi Aaron E., dont le parkinsonisme n'avait pas une étiologie postencéphalitique, en sont un parfait exemple.

Paradoxalement, trompeusement, ces excès ressemblent d'abord à des excès de santé, à un bien-être démesuré, extravagant et extraordinaire ; des patients tels que Leonard L. passent progressivement, presque insensiblement, du bien-être total à des euphories pathologiques et des extases de mauvais augure. Ils « décollent », franchissent toutes les limites du raisonnable, et, ce faisant, sèment les graines de leurs écroulements futurs. En fait, la démesure est *déjà* un premier signe d'écroulement : elle dénote la présence d'un besoin inassouvissable. L'incomplétude, l'insatisfaction la sous-tendent : quelque part, un *pas assez* est là, qui conduit à des appétits excessifs, à un *trop,* une voracité et une avidité qui *ne peuvent* être satisfaits [11].

Si nous nous demandons où s'ancrent ce manque, cette insatisfaction, cette avidité, nous devons reconnaître qu'ils peuvent s'enraciner n'importe où, dans la *totalité* de l'être du patient : dans ses molécules et dans ses motivations, comme dans ses relations avec le monde. Ces besoins insatisfaits, cet appétit insatiable caractérisent la position finale de *tous* les patients traités à la L-DOPA. Ce qui nous mène à une conclusion économique inexorable : nous ne pouvons qu'en déduire qu'existe quelque part une lacune, une béance incomblable, qui se retrouve chez chaque patient. Une telle béance peut être de tout ordre – elle peut consister en un hiatus structurel du mésencéphale lui-même ; une blessure ou une lacune affective ; un isolement tel que le monde extérieur a presque été oublié : d'une manière ou d'une autre, il y a un gouffre qui ne peut être comblé *et le demeurer ;* ou, qui, du moins, ne peut être comblé par la seule L-DOPA. Un abîme se creuse entre la demande et l'offre, entre le besoin et la capacité de le satisfaire ; l'être se divise intérieurement, finissant par souffrir simultanément d'indigestion et de faim – comme Donne l'écrivit à propos de sa maladie : « une moitié est affamée, tandis que l'autre digère ».

Les réactions des patients maintenus de façon continue ou en permanence sous L-DOPA montrent – si l'on ne s'en est pas aperçu avant – que leurs besoins vont bien au-delà de leur besoin physiologique de L-DOPA (ou de dopamine cérébrale) ; et que, passé un certain point ou une certaine période, aucune *substance* – si miraculeuse soit-elle – ne peut à elle seule compenser, assouvir ou dissimuler ces autres besoins. Ce n'est pas seulement tel ou tel aliment, mais l'estomac lui-même qui fait défaut à ces patients : qu'est-ce qui se passe si l'on fait s'empiffrer un homme à qui manque une partie de l'estomac ? Voilà une question passée sous silence par les théoriciens qui pensent qu'en administrant aux patients la dose de L-DOPA qui « leur convient », en adaptant en quelque sorte parfaitement l'offre à la demande, il devrait être possible d'enrayer indéfiniment les réactions indésirables. *Dans un premier temps,* les patients sont aidés par la L-DOPA un peu à la manière dont un terrain érodé peut être arrosé, ou une région économique en crise soutenue financièrement ; mais, tôt ou tard, des complications surviennent ; et cela parce qu'à la base existe un dérèglement complexe – non pas simplement un tarissement ou une déplétion d'une substance précise, mais une anomalie ou une perturbation de l'*organisation* elle-même, localisées invariablement dans le cerveau et aussi, parfois, ailleurs.

Ce danger, ce dilemme, fut très bien perçu par Kinnier Wilson voici déjà quarante ans (voir p. 44) : il remarquait en effet que, si réussir à apporter aux cellules pathologiques l'« aliment » qui leur manque serait une bonne chose, aller au-delà et tenter de « stimuler » les cellules affaiblies et en voie de délabrement serait aussi vain que dangereux. Que nous essayions de gaver les cellules au-delà de leurs limites d'absorption ou que, faisant preuve d'une inassouvissable « avidité », les cellules elles-mêmes « essaient » d'assimiler plus d'aliments qu'elles ne le peuvent, ou de fonctionner au-delà de leurs capacités, le résultat final sera le même. En outre, une métaphore statique – comme celle comparant le patient à un homme privé de la moitié de son estomac et que l'on gaverait – ne peut décrire ce qui se produit réellement ; l'image de cellules délabrées et à bout de force dont on précipiterait l'écroulement en voulant leur donner un « coup de fouet » rend bien mieux compte des conséquences finales de la L-DOPA. Car, ce que nous observons chez tout patient maintenu sous L-DOPA, c'est que sa tolérance à cette substance diminue progressivement, alors même que son besoin de L-DOPA s'accroît de plus en plus : cette situation crée un insoluble cercle vicieux de « dépendance », dans lequel le patient ne peut que s'enfoncer toujours davantage.

Voyons maintenant quelles sont les étapes de ce processus, quelles positions successives le patient adopte lorsqu'il s'engage dans ce jeu qu'il ne peut ni gagner ni arrêter. Sa stimulation, sa réactivité, son excitation atteignent un niveau excessif – démesuré ; mais, derrière tout cela, il y a aussi un besoin ou un manque qui s'accroît ; pour ainsi dire, il s'évertue à acquérir par des moyens illégitimes ce qu'il ne peut plus obtenir par des moyens légitimes. Ou bien, pour revenir à notre métaphore économique : il ne « gagne plus de quoi vivre » ; son avoir et ses réserves réels diminuent continuellement ; il subsiste grâce à un prêt, du temps et de l'argent empruntés, qui – tout en sauvant les apparences – ne font qu'épuiser encore ses propres réserves et ses possibilités de gain, et le rapprocher du jour où il devra faire ses comptes et rembourser ses dettes ; tôt ou tard, le boom passager dont il bénéficie sera suivi d'un krach.

Cette évolution – une tension vers un moment suprême, unique, qui, une fois atteint, sera à jamais inaccessible – n'est que trop connue des alcooliques, des opiomanes et de tous les consommateurs de stimulants et autres substances toxicomanogènes. De Quincey écrit : « ...le mouvement suit toujours une sorte d'arche : le Buveur s'élève par des ascensions continuelles jusqu'à une apogée, ou un *apex,* à partir de laquelle il redescend en passant par des stades de déclin correspondants. Le mouvement ascendant se poursuit jusqu'à un sommet qui, une fois atteint, est à jamais inaccessible. »

De même, nos patients franchissent un à un tous les degrés de la démesure, devenant chaque jour plus actifs, excités, impatients, agités, choréiques et akathisiques, plus dominés par leurs tics, leurs impulsions et leurs envies, plus fiévreux, passionnés et ardents, plus dirigés par leurs manies, leurs passions et leurs appétits, leur avidité, leurs emportements et leurs délires orgastiques... jusqu'au jour où ils finissent par s'effondrer [12].

La forme et le tempo de l'« effondrement » final sont infiniment variés ; beaucoup de parkinsoniens particulièrement stables ou chanceux donnent davantage l'impression d'une détumescence ou d'un affaissement progressifs que d'un écroulement soudain et brutal. Mais, quelles que soient les modalités et le rythme de la chute, le patient descend des dangereux sommets pathologiques qu'il avait atteints – et cette descente est tout à la fois protectrice et destructrice [13]. Les patients ne redescendent pas de leurs cimes comme un ballon crevé, ils ne sont pas arrêtés par un sol. Ils s'enfoncent ou s'écrasent dans les profondeurs souterraines de l'épuisement et de la dépression, ou de leurs équivalents parkinsoniens.

Chez les parkinsoniens « ordinaires » (par exemple, Aaron E.), ces effondrements peuvent n'intervenir qu'au bout d'un an de traitement ou plus, et, lorsqu'ils *finissent* par se produire, demeurer assez bénins. En général, les « épisodes akinétiques » de ces patients (car tel est le nom que l'on donne à leurs effondrements) restent dans un premier temps brefs et discrets et se déclenchent deux à trois heures après chacune de leurs prises de L-DOPA. Puis leur gravité et leur durée s'accroissent progressivement, leur installation et leur interruption se font de plus en plus brutales, et ils perdent tout lien avec l'heure des prises.

Ces états sont beaucoup plus variés et complexes que la littérature spécialisée ne l'admet généralement : ils s'accompagnent, entre autres manifestations, de lassitude, de fatigue, de somnolence, de torpeur, de dépression, de tensions névrotiques et – plus spécifiquement – d'une recrudescence du parkinsonisme lui-même. Ils peuvent se traduire pour le patient par une gêne et des handicaps légers, ou des troubles intenses, profondément invalidants ; Aaron E., par exemple, souffrit à cette occasion de symptômes beaucoup plus pénibles et invalidants que ceux auxquels il avait été sujet avant de prendre de la L-DOPA, et que la soudaineté et l'imprévisibilité de leur survenue ne rendaient que plus insupportables.

Chez les postencéphalitiques, ces effondrements tendent à être beaucoup plus sévères, peuvent se produire en quelques secondes, et se répètent parfois des vingtaines de fois par jour (voir notamment Hester Y.). Mais leur complexité et leur gravité sont riches en enseignements, car elles nous font voir très clairement ce qui se passe en de telles circonstances. Les réactions de ces patients montrent que nous n'avons pas affaire ici à un simple épuisement de leur réactivité – hypothèse assez généralement émise, et souvent invoquée par ceux qui caressent l'espoir de réussir à maintenir indéfiniment les effets thérapeutiques en augmentant ou en diminuant les doses de L-DOPA. Les variations que laissent voir leurs réactions s'expliquent sans aucun doute partiellement par un épuisement de leur réactivité ; mais l'instantanéité, la profondeur, la complexité de ces fluctuations montrent que d'autres transformations – d'un ordre fondamentalement différent – interviennent *également*. Nous avons vu, par exemple, que des patients tels que Leonard L., Rolando P., Hester Y., etc., pouvaient passer presque instantanément d'une « expansion » violemment explosive à une « implosion » intensément contractée – ou encore, pour reprendre les métaphores astronomiques de Leonard L., de l'état de « supernova » à celui de « trou noir », et inversement. Ces deux types d'états – que nous avons également qualifiés de « montées » et de « retombées » – ont une structure analogue ; chacun est constitué par différentes phases, ou transformations, qui appartiennent aussi à l'autre ; ils représentent, pour nous comme pour nos patients, les « pôles » opposés d'un continuum ontologique.

Ces états profondément pathologiques semblent nous faire déboucher sur de très étranges images de l'« espace intérieur » ; ces images, il faut le souligner, viennent spontanément à l'esprit des patients les plus imaginatifs : dans ses pires moments de pétrification, Leonard L., par exemple, se comparait à une mouche enfermée dans une bouteille de Klein.

Les « retombées » de ces patients ne sont donc pas de simples épuisements, des épuisements « normaux » – si l'on peut dire – aux fonctions protectrices et récupératrices ; et on ne peut non plus les voir comme des « inhibitions protectrices » (selon le terme de Pavlov) ou des « égalisations » protectrices (selon l'expression de Goldstein). Elles sont beaucoup moins bénignes, car elles consistent en des *reculs*, des contrecoups ou des renversements, qui précipitent les patients d'un pôle à l'autre de leur être ou de leur « espace », selon une trajectoire incontrôlable [14]. A chacune de ces démesures s'oppose une contre-démesure, et les patients peuvent rebondir entre ces extrêmes comme à l'intérieur d'un espace sans friction : leurs limites et leurs excursions tendent à *s'accroître*, nous laissant voir un effrayant exemple de rétroaction positive ou d'« anticontrôle » ; et les « états intermédiaires » (les états de contrôle) tendent à *décroître* jusqu'à disparaître complètement. Par conséquent, une fois que ces oscillations ou réverbérations ontologiques ont commencé, les possibilités de « normalité » sont de plus en plus restreintes, et les états « intermédiaires » de plus en plus rares. Presque tous mes patients s'étant retrouvés dans cette situation m'ont dit avoir l'impression de marcher sur une *corde raide :* cette image doit être presque prise au pied de la lettre, car ils sont effectivement devenus des funambules ontologiques, en équilibre au-dessus du gouffre de la maladie ; on peut dire aussi, pour recourir à une autre métaphore du même ordre, qu'ils recherchent, sans jamais l'atteindre, un point fixe au milieu de leur totale démesure – Leonard L. me disait : « Si seulement je pouvais trouver l'œil de mon cyclone ! »

Lorsque ces états se prolongent – ils peuvent, comme par exemple dans le cas de Rachel I., persister longtemps après l'arrêt de l'administration de L-DOPA –, d'autres fractures ou décompositions, d'autres démesures clivant le patient en d'innombrables facettes ou aspects qui ne sont que de pauvres « équivalents » de l'être peuvent se produire ; Hester Y., qui fut sujette à cette sorte de clivage cristallin, me décrivit son expérience avec beaucoup de finesse. Cette nouvelle scission conduit à un délire ontologique fragmentant le comportement en une multitude de facettes comportementales se succédant sans transition, un peu comme si le patient pouvait instantanément « sauter » de l'une à l'autre. Ces délires effervescents et étincelants, ainsi que la vision cinématique et les états d'« immobilisation » qui peuvent leur être associés (cf. Hester Y.), nous font découvrir un aspect de l'« espace intérieur » encore plus étrange et plus difficile à imaginer que les espaces courbes que nous évoquions ; les phénomènes cinématiques nous dévoilent un « espace » sans dimensions, dans lequel la succession n'implique pas l'étendue, les moments ne supposent pas le temps, et le changement peut s'opérer sans transition : le monde qu'ils nous révèlent est celui de la mécanique quantique.

Ces remarques me semblent rendre compte de la forme ou du schéma *généraux* des réactions à la L-DOPA. Elles ne se sont pas écartées des données générales de l'énergétique et de l'économie physiologiques. Elles ont décrit à grands traits diverses positions, ou phases énergétiques-économiques, de l'état du cerveau et les interrelations que celles-ci entretiennent, c'est-à-dire des phénomènes qui, en principe, seraient susceptibles de relever d'une exposition mathématique précise.

L'administration de L-DOPA est un traitement *général,* dont on espérerait qu'il puisse exactement s'harmoniser avec les réactions ou les phases cérébrales. Mais la théorie nous conduit à penser, et la pratique nous laisse constater, que cette harmonisation devient au fil du traitement de moins en moins possible. Car les doses que nous administrons n'ont qu'une seule dimension ou un seul paramètre : nous pouvons les augmenter ou les diminuer – et rien de plus (le rapprochement ou l'espacement des prises aboutit au même résultat) ; les réactions et le comportement cérébraux, au contraire, se développent dans des dimensions multiples, qui cessent d'être descriptibles ou déterminables en termes linéaires. Affirmer ou supposer que les réactions indésirables devraient pouvoir être indéfiniment enrayées par des modifications des doses de L-DOPA administrées revient à voir le cerveau comme une sorte de baromètre, et donc à sous-estimer sa complexité véritable. « L'organisation biologique, nous rappelle Needham, ne peut être réduite à une organisation physico-chimique, car rien ne peut être réduit à rien. » Et l'on s'aperçoit, en pratique, que, dès que les patients sont entrés dans des états de perturbation et de turbulence particulièrement complexes, leurs réactions à la L-DOPA deviennent singulièrement difficiles à prévoir – sinon même, quelquefois, intrinsèquement imprévisibles. Une fois, par exemple, que des épisodes akinétiques sont apparus, leur gravité peut être atténuée en augmentant la dose de L-DOPA administrée, en la diminuant, ou encore en ne la modifiant pas – cela dépend. Tout cela dépend, en fait, de deux, dix ou cinquante variables interdépendantes et entretenant entre elles des liens complexes. Jevons comparait les situations économiques complexes au *climat,* et nous devons recourir ici à la même image : le climat cérébral, ou le climat ontologique, de ces patients se complexifie singulièrement, se charge de sensibilités excessives et de changements soudains qui ne sont plus susceptibles d'être analysés point par point, mais doivent être considérés comme un tout, comme une *carte.*

Imaginer qu'une telle situation météorologique puisse « se jouer » sur la base de formules et de règles fixes du type le plus simple revient à jouer à « colin-maillard » dans le monde de la réalité ; à se conduire comme un alchimiste ou un astrologue – un pourvoyeur de « secrets » ; à être une « chimère mathématique s'enflant dans un vide biologique » (pour emprunter à Huxley sa paraphrase de Rabelais). Le jeu thérapeutique ne peut se jouer de cette manière, quelque désir que nous en ayons ; il n'est jouable – en imaginant qu'il puisse l'être – que « d'oreille », en sentant intuitivement ce qui se déroule véritablement. Il faut abandonner toutes les présuppositions, toutes les doctrines et toutes les règles – car elles ne mènent qu'à la paralysie ou au désastre ; il faut cesser de regarder les patients comme identiques et accorder à chacun une attention véritable, en considérant chaque patient comme unique et en prenant en compte *son* comportement, *ses* réactions individuelles et *ses* tendances personnelles ; ainsi, en voyant le patient non comme une marionnette que l'on dirigerait à sa guise mais comme son égal, comme un co-explorateur, l'on peut découvrir des voies thérapeutiques meilleures que d'autres, des tactiques susceptibles d'être modifiées lorsque les circonstances l'exigent. Si l'on postule un « espace stratégique » qui ne soit plus simple ou convergent, le « senti » intuitif est le seul guide sûr ; et, en cela, le patient peut parfaitement surpasser le médecin.

Je tiens à souligner à nouveau – afin d'éviter les malentendus ou les angoisses inutiles – que les patients présentés dans ce livre ne constituent pas, et ne prétendent pas constituer, un « échantillon exact » de la population parkinsonienne dans son ensemble ; le fait que tant de nos patients aient rencontré des problèmes aussi aigus, complexes et réfractaires à tout traitement témoigne de la gravité de *leur* situation, qui est bien plus effroyable, à presque tous les niveaux, que celle de leurs frères parkinsoniens qui ont la chance de ne pas être hospitalisés. Sur presque tous les plans, leurs réactions à la L-DOPA sont extrêmes et hyperboliques : ils vivent les réveils les plus intenses, et passent ensuite par les tribulations les plus mouvementées ; quantitativement, leurs réactions dépassent largement, par leur ampleur, toutes celles que l'on peut observer chez la plupart des parkinsoniens classiques ; mais elles ne s'en différencient pas qualitativement, et jettent donc une lumière sur la réactivité et la nature de *tous* les parkinsoniens, et de *tous* les êtres humains en général.

Les réactions à la L-DOPA des patients dont j'ai raconté l'histoire révèlent l'existence d'une autre qualité universelle qui ne peut être comprise dans les termes énergétiques et économiques dont nous nous sommes servis jusque-là. Bien que nécessaires, les termes de « montée », de « retombée », de « démesure », d'« épuisement », de « recul », de « décomposition », de « scission », etc., sont ici insuffisants ; car leurs réactions sont également imprégnées d'une qualité *personnelle,* qui s'exprime en termes dramatiques ou théâtraux ; elles constituent une continuelle révélation ou épiphanie de la personnalité du patient, qui, par leur intermédiaire, ne cesse jamais de se mettre lui-même en scène dans le théâtre de son soi [15]. Tous les théâtres de la mémoire se mettent en branle. Des scènes du passé le plus lointain sont remémorisées, rejouées avec un réalisme qui efface le passage du temps ; des scènes passées et des scènes possibles adviennent à l'existence – des pressentiments et des reconstructions de ce qui aurait pu être jadis et pourrait toujours être aujourd'hui, en supposant qu'une différence entre un instant et l'autre soit encore pensable. La L-DOPA, ainsi, peut devenir une étrange machine individuelle à explorer le temps, transformant le temps passé et le temps possible de chaque patient, *son* passé et *son* possible, en un présent palpable. Les mondes passés et les mondes possibles défilent devant lui, telles des apparitions, infiniment réels – et en même temps aussi irréels que des fantômes. Le réel, le possible, le virtuel se mêlent dans une mystérieuse mais magnifique rencontre, une multiplicité d'être que nous ne pouvons qualifier que de *transport* (les visions de Martha N. en sont un parfait exemple). Rose R. retrouva *son* année 1926, et celle de personne d'autre ; Frances D. retrouva *ses* idiosyncrasies respiratoires depuis longtemps disparues ; au cours de ses crises, Miriam H. crut se souvenir d'un « incident » lui étant arrivé à *elle,* et à personne d'autre ; Magda B. hallucina la présence ou l'absence, les infidélités, de *son* mari. Quelle absurdité que d'appeler ces manifestations des « effets secondaires » ! Ou d'imaginer qu'elles peuvent être comprises sans tenir compte de l'expérience et de la personnalité, du tempérament total, du patient [16] ! Nous ne pouvons comprendre la nature de telles réactions qu'en les reliant à la nature de chaque patient, et la nature des patients qu'en prenant en considération la nature du monde : nous sommes ainsi amenés à constater (ce que tout un chacun savait déjà) que la Nature, comme toutes les natures, est essentiellement dramatique (« Une pièce de théâtre universelle ») et se présente, chaque fois que cela est possible, comme une épiphanie :

> Bien que le Monde soit théâtral (...) ne sois que ce que tu es, et n'incarne que toi-même (...) Les choses ne peuvent pas plus échapper à leur nature qu'être, ou ne pas être, en dépit de leurs constitutions.

Sir Thomas Browne, notre médecin métaphysicien, nous le rappelait clairement voici trois siècles. Nous possédons, il est vrai, un grand nombre de natures, qui, dans leur totalité, constituent notre nature totale possible – comme l'exemple célèbre de Leibniz sur les « autres Adam » le met en lumière. Les réactions de nos patients à la L-DOPA nous en offrent une autre démonstration : les cinq fois où nous lui administrâmes de la L-DOPA, Martha N., par exemple, réagit de façon différente ; toutes ses réactions avaient leur propre unité dramatique [17] – elles mettaient en scène une floraison ou un bouquet d'« autres Martha », qui, dans son cas, restèrent soumises à la plus complète et la plus réelle, c'est-à-dire la *vraie* Martha. Dans le cas de Maria G., qui souffrait d'une schizophrénie profonde, la L-DOPA engendra une situation bien plus complexe et tragique : au bout de quelques jours seulement, le *vrai soi* de Maria se décomposa, et fut remplacé par un grouillement de petits « soi » – constituant autant de minuscules et pathologiques contrefaçons d'elle-même [18].

Ces observations nous conduisent à approfondir et élargir le concept de « réveil », en incluant dans ce terme, non seulement le premier réveil provoqué par la L-DOPA, mais tous les réveils possibles qui le suivent. Les « effets secondaires » de la L-DOPA doivent être envisagés comme une actualisation de toutes les natures possibles, une mobilisation de tous les répertoires latents de l'être. Nous voyons s'actualiser, ou ressortir, des natures assoupies, jusque-là « en sommeil » et inactualisées, et qui, peut-être, eussent mieux fait de rester *in posse.* Le problème des effets secondaires n'est pas seulement d'ordre physiologique, mais aussi d'ordre métaphysique : il pose la question de savoir jusqu'à quel point nous pouvons appeler un monde à l'existence alors que d'autres sont là, qui ne demandent eux aussi qu'à se réveiller, ainsi que des forces et des ressources qui correspondent à ces différents mondes. Cette équation infinie que représente l'être total de chaque patient d'un moment à l'autre de son existence ne peut être réduite à une question ou à des systèmes, ni à une commensurabilité du stimulus et de la réponse : nous sommes contraints de parler de natures entières, de mondes entiers, et (selon l'expression de Leibniz) de la « compossibilité » qui existe entre eux.

Nous sommes donc ramenés, une fois de plus, au torturant « pourquoi ? » que nous évoquions plus haut. Pourquoi tant de nos patients, après avoir d'abord si bien réagi à la L-DOPA, voient-ils leurs réactions s'altérer et « mal tourner », et connaissent-ils de telles difficultés ? Ils ont manifestement en eux la *possibilité* d'être en parfaite santé : même les plus profondément atteints de nos patients ont pu, durant un temps, se porter à merveille. Mais, par la suite, ils semblent avoir « perdu » cette possibilité de santé, et n'avoir jamais été en mesure de la retrouver – tel est, du moins, le cas de tous les parkinsoniens que j'ai connus. Or l'idée de « perdre » de cette manière une possibilité est difficilement compréhensible, pour des raisons tant théoriques que pratiques : pourquoi, par exemple, des patients ayant conservé durant cinquante ans la possibilité d'être « réveillés » de la plus terrible des maladies devraient-ils la « perdre » quelques jours après avoir pris de la L-DOPA ? On doit admettre, plutôt, que cette possibilité de demeurer en bonne santé leur fut interdite, ou dut être activement écartée, parce qu'elle était devenue incompatible, *incompossible,* avec d'autres mondes, avec la totalité de leurs relations, extérieures et intérieures. Bref, que l'incompatibilité de leurs situations physiologiques ou sociales et de leur maintien en bonne santé exclut la perpétuation de leur bien-être, et les précipita à nouveau dans la maladie.

La chute dans la maladie, une fois commencée, peut continuer sur sa propre lancée, engendrant implacablement d'innombrables cercles vicieux, rétroactions positives, réactions en chaîne de plus en plus intenses – une première tension entraînant d'autres tensions, un premier effondrement déclenchant d'autres effondrements, la perversion appelant la perversion, tout cela avec le dynamisme et l'ingéniosité qui sont l'essence de la maladie :

> Les maladies elles-mêmes se consultent, et conspirent la meilleure manière de se multiplier, et de s'unir, et d'accroître mutuellement leurs forces...
>
> Donne

Dans cette spirale destructrice, le besoin de maladie rejoint la prédisposition à la maladie, cette perversion associée que constitue la *tendance* pathologique. Le premier de ces facteurs est inévitablement très puissant chez certains de nos patients les plus profondément handicapés et régressifs, qui ont été malades presque toute leur vie. Chez ces patients, la soudaine disparition de leur maladie laissera une sorte de *trou :* elle les confrontera brusquement à un vide existentiel, qu'ils devront, pour éviter que des activités pathologiques ne s'y engouffrent à nouveau, combler le plus rapidement possible par une vie et une activité réelles. Le besoin pervers de maladie qui peut exister chez eux – ainsi que, parfois, chez leurs proches – est sans aucun doute une cause majeure de leurs rechutes, et l'ennemi le plus insidieux de leur volonté de guérir :

> BURNLEY : Comment va le pauvre Smart, monsieur ? Va-t-il se rétablir ?
> JOHNSON : On dirait que son esprit a cessé de lutter contre la maladie ; car elle le fait engraisser.
>
> Boswell

> Dans les cas où l'avantage (...) que la maladie procure ainsi au *moi* est considérable, et ne peut être remplacé par aucun autre avantage plus réel, le traitement de la névrose risque fort de rester inefficace *.
>
> Freud

* S. Freud, *Introduction à la psychanalyse*, Paris, Payot, 1984, p. 361 [*NdT*].

Il est certain que les mécanismes de compensation mis en branle par la maladie et la misère de la réalité « extérieure » ne peuvent être qu'une *partie* du problème ; mais c'est néanmoins un élément que nous sommes bien placés pour étudier, et, parfois, pour changer.

Les exemples de Lucy K., de Leonard L. et de Rose R. nous contraignent à prendre ces facteurs en considération. Lucy K. avait passé la majeure partie de sa vie dans un état de dépendance symbiotique et parasitique : sa mère était la personne dont elle avait le plus besoin, et elle la haïssait et l'adorait tout à la fois ; et, inversement, rien ne comptait davantage dans la vie de Mme K. que la maladie de Lucy. A peine réveillée par la L-DOPA, Lucy K. me demanda de l'épouser et de la sauver de sa mère en ne la laissant plus jamais approcher d'elle ; lorsque je lui dis que c'était impossible, elle retomba en moins de quelques heures dans les abîmes de sa maladie. Leonard L., quant à lui, avait avec *sa* mère une relation comparable, bien qu'un peu moins pathologique, et, ainsi que nous l'avons vu, ce fut Mme L. qui s'effondra lorsque son fils alla mieux ; Leonard ne comprit que trop bien à quel point le bien-être de sa mère était incompatible avec le sien propre, et, peu de temps après qu'il s'en rendit compte, il eut une rechute. Le cas le plus triste est peut-être celui de Rose R., qui « retrouva » joyeusement le monde de 1926 – et s'aperçut que celui-ci n'existait plus ; le monde de 1969, dans lequel elle s'était réveillée, était incompatible avec celui de 1926, et elle revint donc à ses années vingt. Dans ces trois cas, la situation de ces patients était sans remède, car leurs besoins étaient incompatibles avec la réalité. Chez d'autres patients – notamment chez Miron V. –, le traitement se solda par des résultats beaucoup plus heureux, car le rétablissement des liens affectifs et familiaux, des sécurités centrales, brisés par la maladie, contribua à largement réduire les « effets secondaires » de la L-DOPA.

Nous conclurons donc en disant que les patients traités à la L-DOPA se portent toujours aussi bien que les circonstances globales de leurs vies le leur permettent ; et que les dérèglements biochimiques de leurs organismes sont peut-être la condition préalable de tous leurs autres dérèglements, mais qu'ils ne sauraient, en eux-mêmes, suffire à tout expliquer. Les limites de la L-DOPA sont aussi évidentes que ses bienfaits, et, si nous espérons réduire les uns tout en accroissant les autres, il nous faut aller *au-delà* de la L-DOPA, au-delà de toutes les données purement chimiques, et prendre en considération une *personne* et son être-dans-le-monde.

L'accommodation

> Ou bien prendre les armes contre une multitude de désordres
> Et en les combattant y mettre fin ?

Nombre de neurologues (et de patients) confondent l'intransigeance et la force : tel le roi Canut, ils se campent devant les symptômes qui déferlent, et, tentant de les arrêter par la seule force de leur volonté, les *mettent au défi* d'avancer ; ou bien, tel Podsnaps, ils *nient* leur réalité, disant en quelque sorte : « Je ne veux pas le savoir ; je refuse d'en discuter ; je ne l'admets pas ! » En cette matière, le défi et le déni sont aussi vains : ici, prendre les armes ne peut consister qu'à apprendre à négocier avec ses symptômes, en naviguant, comme un marin sur la mer déchaînée, sur les océans de son soi. Les pages précédentes, traitant des « tribulations » des patients, nous ont fait découvrir les tempêtes qu'ils affrontent ; ces pages consacrées à l'« accommodation » nous montreront comment étaler ces tempêtes, et y survivre.

> Les Armes de tels combats ne sont pas forgées à *Lipara ;*
> l'*Art de Vulcain* est étranger à une telle Milice Intérieure...
>
> Sir Thomas Browne

Contre les tribulations entraînées par la L-DOPA, les armes efficaces sont celles-là mêmes que nous utilisons tous dans la conduite de nos vies : ce sont toutes ces forces puissantes et ces profondes réserves de santé dont nous ne soupçonnions pas l'existence ; le bon sens, la prévoyance, la prudence et les *soins* ; ce surcroît de vigilance et de ruse qu'exige tout surcroît de danger ; toutes les bonnes relations que nous avons pu établir, et, naturellement, la capacité de réussir, en dernier ressort, à accepter l'inévitable. Les difficultés des patients (et de leurs médecins) proviennent en grande part de leurs tentatives irréalistes de dépasser l'indépassable, de refuser les limites du possible, et de rechercher l'impossible ; l'accommodation à la réalité est une tâche plus laborieuse et bien moins exaltante : elle consiste, en effet, à péniblement explorer tout l'éventail du réel et du possible.

Accepter ce que l'on est et accepter le monde, face aux changements continuels qui affectent notre personne et l'univers, implique des opérations que résume parfaitement le concept d'*homéostasie* cher à Claude Bernard. La notion d'homéostasie, ainsi que Claude Bernard lui-même le reconnut le premier, est fondamentalement un concept leibnizien : réaliser une homéostasie signifie atteindre le meilleur équilibre possible (ou compossible) dans des circonstances données – autrement dit, savoir « tirer le meilleur parti des circonstances ». Des tentatives d'homéostasie, toutes intimement liées, peuvent être observées à tous les niveaux de l'existence, des niveaux moléculaire et cellulaire aux niveaux social et culturel.

Les formes d'homéostasie les plus profondes et les plus générales s'opèrent « automatiquement », à l'insu de tout contrôle conscient. Ces activités, qui se déroulent dans tous les organismes soumis à des stress, mettent en jeu des mécanismes profondément complexes, encore très mal connus. Nos forces les plus profondes et les plus mystérieuses proviennent de ces niveaux.

Certains des patients évoqués dans ce livre – Rose R., Rolando P., Leonard L., etc. – ne purent jamais parvenir à un niveau d'accommodation « satisfaisant », et n'eurent donc le choix qu'entre arrêter complètement de prendre de la L-DOPA et se contenter d'un très misérable *modus vivendi.* D'autres patients – et peut-être la majorité des parkinsoniens « ordinaires » traités à la L-DOPA – finirent par aboutir à un compromis plus acceptable. Chez tous, cependant, les effets de la L-DOPA s'atténuèrent progressivement et finirent par se stabiliser en une sorte de plateau. L'atteinte de ce plateau peut être vue à la fois comme un gain et une perte : ce type de stabilisation permet un niveau de fonctionnement relativement stable et satisfaisant, avec le drame du « réveil », ou des « effets secondaires » *en moins.* Les patients ne vont plus ni très bien ni très mal ; leurs « réveils » et leurs « tribulations » appartiennent au passé ; ils ont pénétré dans des eaux relativement calmes et, finalement, accédé à un état somme toute largement « préférable » à celui dans lequel ils se trouvaient avant de prendre de la L-DOPA. Le cas de Frances D. est un exemple de cette évolution.

Je ne connais pas de moyen simple ni de série de critères universellement valables permettant de prédire si le patient pourra ou non en arriver à un compromis satisfaisant. La gravité du parkinsonisme ou du syndrome postencéphalitique ne sont certainement pas en eux-mêmes un critère suffisant : j'ai vu, par exemple, des patients atteints de troubles parkinsoniens tout à fait bénins être sujets à des « effets secondaires » réfractaires à tout traitement, dont ils ne sont jamais dégagés, et, à l'inverse, des patients aussi cruellement atteints que Magda B. bien réagir à la L-DOPA et conserver, malgré la virulence de leurs symptômes originels, les acquis du traitement.

De telles différences de réactions montrent que d'*autres* parties du cerveau (ou de l'organisme) doivent déterminer ou codéterminer les capacités d'homéostasie profonde. Il est clair, par exemple, que l'intégrité fonctionnelle du cortex cérébral est ici une condition nécessaire, car toute lésion corticale tend à saper les potentialités d'accommodation.

Mais même ces processus de base ne peuvent, je pense, expliquer la portée et l'envergure de ce phénomène de l'accommodation. Nous devons admettre la possibilité que, depuis les niveaux cellulaire, chimique, hormonal jusqu'au niveau de la réorganisation du soi – de la « volonté d'aller bien » –, existent des réorganisations et accommodations fonctionnelles de tous types, couvrant un répertoire presque infini. Nous observons sans cesse, non seulement dans le contexte du parkinsonisme et du traitement à la L-DOPA mais également dans celui du cancer, de la tuberculose, de la névrose – dans *toutes* les maladies – de remarquables, inattendus et *inexplicables* rétablissements, dans des circonstances où tout paraissait perdu. Nous devons admettre – à notre grand étonnement et pour notre plus grande joie – que ces phénomènes sont bien réels et peuvent aussi s'observer chez les patients traités à la L-DOPA. *Pourquoi* se produisent-ils et *que* se produit-il exactement, voilà cependant des questions auxquelles nous ne pouvons pas encore répondre ; car la santé est quelque chose de bien plus complexe que la maladie.

Lorsque nous nous élevons au niveau des accommodations qui sont (partiellement) accessibles à notre conscience et dépendent (en partie) de notre contrôle volontaire, nous découvrons ce que nous avons déjà constaté à chaque étape de notre discussion : à savoir que la sphère « privée », la sphère des actions et des sentiments individuels, se trouve partout intriquée à la sphère « publique » que constitue l'environnement humain et non humain. Nous ne pouvons vraiment séparer les entreprises individuelles des entreprises sociales, car celles-ci soutiennent (ou entravent) l'être-dans-le-monde des patients ; les efforts thérapeutiques des patients dépendent du bon vouloir du monde, tout comme les efforts thérapeutiques des médecins dépendent du bon vouloir des patients. L'atteinte du possible suppose une coopération.

Les médecins parlent souvent de mesures « préventives », « de précaution » ou « de soutien », un peu comme si celles-ci différaient des mesures « radicales ». Cette distinction ne résiste pas à l'examen : les mesures thérapeutiques que nous allons maintenant évoquer ne sont pas moins radicales que la prise de L-DOPA, et sont un complément *essentiel* du traitement à la L-DOPA. De même que le concept central de la maladie est le mal-être, le concept nodal de la thérapie est le *bien-être* : tout ce qui développe le bien-être du patient réduit ses potentialités pathologiques et favorise la plus large accommodation possible.

Tous les patients qui continuent à prendre de la L-DOPA voient leur tolérance physiologique se réduire : ils ont, notamment, de plus en plus besoin de tranquillité, et supportent de plus en plus mal la tension ou l'inconfort. Le besoin de repos devient particulièrement important, que le patient le satisfasse en dormant la nuit, en faisant des « petits sommes » dans la journée, en « évitant de se fatiguer » ou en se « relaxant ». Et, si ce besoin de repos ou de sommeil n'est pas satisfait, ces patients voient invariablement resurgir les « effets secondaires » auxquels ils avaient été sujets : même les parkinsoniens classiques non hospitalisés qui, dans leurs meilleurs moments, ne souffrent d'aucun symptôme (cf. par exemple George W.) connaissent ce genre de rechutes. Chaque patient devra découvrir en ce domaine la « nature de ses besoins personnels », qui peuvent largement excéder ceux d'un individu « normal ». Certains de mes patients se portent à merveille s'ils ont la possibilité de dormir douze heures par jour, et sont sujets à des « effets secondaires » réfractaires à tout traitement dès que leur temps de sommeil est inférieur à cette durée. Le besoin tout particulier de sommeil supplémentaire, de repos, de récupération qu'éprouvent ces patients fragiles et convalescents, luttant de toutes leurs forces pour parvenir à une accommodation satisfaisante, relève, je pense, d'une interprétation aussi bien métaphysique que physiologique :

Et si ce soir mon âme peut trouver sa paix
dans le sommeil et sombrer dans le bon oubli
et au matin s'éveiller comme une fleur qui s'ouvre
alors j'ai été de nouveau trempé en Dieu, et créé de nouveau.

D. H. Lawrence *

L'intolérance à la tension est tout aussi marquée, que celle-ci soit provoquée par la fièvre ou la douleur, les handicaps fonctionnels, la frustration, l'angoisse ou la colère. Cette intolérance à toutes les formes de stress est particulièrement courante chez les patients auxquels la L-DOPA a permis de retrouver un fonctionnement « presque normal [19] ». Mais la vie implique tout autant l'*action* que la « relaxation » ; personne ne peut rester très longtemps tranquillement assis dans un fauteuil sans avoir irrésistiblement envie de bouger, et, lorsque cette envie de mouvement se trouve pour une raison ou pour une autre contrariée, on ne peut que se sentir extrêmement mal. Les difficultés ou impossibilités de mouvement que connaissent ces patients sont l'un de leurs symptômes majeurs et déclenchent chez tous une angoisse susceptible de provoquer l'apparition de toutes sortes d'autres symptômes. Diverses techniques, visant à faciliter le mouvement et donc à briser ce cercle vicieux de l'angoisse et des symptômes peuvent être ici d'un secours précieux et doivent être employées. Elles constituent un complément indispensable de la L-DOPA, et permettent des accommodations d'une importance cruciale.

* D. H. Lawrence, « Shadows », in *Poèmes, op. cit.* [*NdT*].

Nous n'en mentionnerons ici que quelques-unes. Les méthodes d'« auto-injonction » et de « stimulation » employées avec succès par Frances D. et d'autres patients en sont un exemple [20]. Lorsque l'auto-injonction n'est pas possible – c'est là un problème critique chez tous les parkinsoniens –, les injonctions externes et la suggestion peuvent également s'avérer efficaces. La musique a des effets thérapeutiques remarquables : elle rend quelquefois aux patients une liberté de mouvement qui leur est autrement interdite. Le dessin du mobilier et l'architecture intérieure des locaux ont également leur importance. Tous les obstacles aux déplacements peuvent se révéler extrêmement dangereux pour les patients maintenus sous L-DOPA, et ils doivent donc être supprimés. Ainsi et autrement encore, l'adaptation de l'environnement au patient et, inversement, les capacités d'adaptation du patient à son environnement déterminent (codéterminent) les effets de la L-DOPA.

De cette façon et de mille et une autres manières, certains parkinsoniens et patients traités à la L-DOPA peuvent devenir des marins astucieux et expérimentés, capables de naviguer sur les mers agitées qu'ils doivent affronter, et sur lesquelles des patients moins habiles feraient sans aucun doute mille fois naufrage. Leur capacité d'apprendre ces ruses et ces artifices et de les employer dans leur vie quotidienne dépend, entre autres facteurs, de leur créativité et de leurs ressources personnelles, de leur attitude face à la maladie et de celle de leur entourage, et des occasions qu'ils ont eues de réfléchir à leur être-dans-le-monde. En général, les postencéphalitiques semblent être en ce domaine beaucoup plus inventifs et malins que les parkinsoniens « ordinaires » ; ils ont, depuis des décennies (même avant la découverte de la L-DOPA), dû apprendre à naviguer sur les mers tempétueuses de leur soi, à ruser avec leurs symptômes et à mieux les pénétrer : Ulysses obscurs guidés par le destin, ils ont chacun vécu leur propre odyssée [21].

De « profondes » capacités d'accommodation, beaucoup de repos, d'attention, d'ingéniosité – tout cela est essentiel au patient traité à la L-DOPA. Mais l'établissement de relations satisfaisantes avec le monde, et – surtout – avec d'autres êtres humains, ou *un* être humain en particulier, est plus important encore, et constitue peut-être une condition préalable, car la qualité des relations humaines que nous entretenons détermine la qualité de notre être-dans-le-monde. On ne peut être sensible à la richesse du monde qu'en reconnaissant la richesse d'*autrui,* en tant qu'autre ; la réalité nous est donnée par la réalité des personnes et enlevée par l'irréalité des non-personnes ; notre sentiment de réalité, de confiance, de sécurité dépend, fondamentalement, de nos relations humaines. *Une* relation satisfaisante (point n'est besoin de plusieurs) *est* une ligne de sauvetage dans la tempête, une étoile polaire et une boussole sur les flots en furie : l'histoire de ces patients montre et remontre à quel point nouer une relation privilégiée peut contribuer à les arracher à leurs symptômes. La fraternité guérit, nous sommes les uns pour les autres des médecins – « Un ami fidèle, écrivait Browne, est la médecine de la vie. » Le monde est l'hôpital où cette guérison s'opère.

Le principal, pour tous ces patients, est de parvenir à se sentir *chez eux* dans le monde, en sachant, du plus profond d'eux-mêmes, qu'ils ont une place dans la maison du monde. La fonction essentielle d'hôpitaux tels que Mount Carmel – qui, dans le monde entier, abritent plusieurs millions de parkinsoniens – est de se montrer *hospitaliers* au sens propre du terme, ce qui, dans le cas de ces patients qui n'ont plus de foyer, ne peut signifier que leur faire retrouver un chez-soi. Chaque fois qu'il a joué convenablement ce rôle de *foyer,* notre hôpital de Mount Carmel a eu des effets profondément thérapeutiques sur tous nos patients ; chaque fois, par contre, qu'il n'a su être pour eux qu'un *établissement hospitalier* et rien d'autre, il a contribué à leur enlever tout sentiment de réalité et de sécurité, et les a contraints à rechercher les refuges artificiels et les trompeuses compensations de la régression et de la maladie. Et il en est allé de même des espoirs irréalistes suscités par la L-DOPA, des illusions de faux abris « miraculeusement » trouvés dans le giron d'une drogue qu'elle a pu nourrir. Nos patients ont enduré leurs plus pénibles épreuves durant l'automne 1969 – c'est-à-dire à une époque où l'atmosphère en vigueur à Mount Carmel s'était modifiée, où tous les liens humains (y compris mes propres relations avec mes patients) s'étaient tendus ou détériorés, et où, enfin, les attentes et les craintes névrotiques avaient atteint des sommets particulièrement extravagants. Durant cette période, les patients qui étaient *auparavant* parvenus à des accommodations satisfaisantes et avaient réussi à se sentir relativement bien dans leur peau et dans le monde perdirent ces acquis et furent profondément perturbés, socialement, physiologiquement, et à tous les niveaux.

Bon nombre d'entre eux ont depuis lors *retrouvé* une stabilité, des capacités d'accommodation et des relations satisfaisantes, et, du même coup, ont vu leurs réactions à la L-DOPA considérablement s'améliorer. L'histoire de Miron V., qui, après avoir retrouvé grâce au travail le sentiment d'avoir une place dans le monde, fut si totalement transformé, est un parfait exemple de ce processus, de même que les cas si émouvants de Magda B., Hester Y. et Ida T., pour lesquelles la reprise de relations avec leurs enfants joua la même fonction. On le voit à l'œuvre chez *tous* les patients, pour autant qu'ils soient capables de s'aimer, et d'aimer le monde.

La profonde et magnifique vérité métaphysique énoncée par les poètes, les médecins et les métaphysiciens de tous les âges – par Leibniz et par Donne aussi bien que par Dante et par Freud – se voit donc ici aussi confirmée : nous observons une nouvelle fois qu'Éros est bien le plus ancien et le plus puissant de tous les dieux ; que l'amour est *l'alpha et l'oméga* de notre existence ; et que le travail de guérir, de retrouver toute son intégrité, est, en premier et en dernier lieu, le travail de l'amour.

Me voici parvenu à la fin de mon récit. J'ai vécu avec ces patients presque sept ans, et ces sept années m'ont paru ne durer qu'une seule journée : à la longue nuit de la maladie a fait suite le réveil du matin, puis l'agitation de midi, et enfin une longue soirée de repos. Ils ont aussi composé une étrange odyssée, qui les a conduits à travers les plus sombres et les plus profonds océans de leur être ; et, s'ils n'ont pas tous trouvé le havre idéal, certains ont atteint, par leurs luttes, une Ithaque amicale ceinte de rochers, une île qui leur donne un foyer et les protège des périls qui les cernent.

Il leur appartient et leur échoit, bien malgré eux et sans qu'ils aient rien fait pour cela, d'explorer les ultimes profondeurs, les ultimes possibilités de l'être humain et de la souffrance. Si elles contribuent à aider ou éclairer d'autres personnes, si elles nous permettent de comprendre plus profondément la nature de la détresse, de l'acte de soigner et de la guérison, leurs crucifixions ne sont pas inutiles. Beaucoup de ces patients ont d'ailleurs eux-mêmes l'impression de souffrir un martyre authentique et généreux, bien qu'involontaire – Leonard L., par exemple, écrivait à la fin de son autobiographie : « Je suis une chandelle vivante. Je me consume pour que vous puissiez apprendre. A la lumière de ma souffrance, de nouvelles choses seront vues. »

Ce que la souffrance de ces malades nous *fait* surtout voir, c'est la totale insuffisance de la médecine mécanique et de la vision du monde mécaniste. Ces patients sont la vivante réfutation de la pensée mécaniste, et les exemples vivants de la justesse de la pensée biologique. Dans leur maladie, leur santé, leurs réactions s'exprime l'imagination vivante de la nature elle-même, que notre propre imagination, lorsque nous tentons de dépeindre la nature, doit s'efforcer d'égaler. Ils nous montrent que, partout, la nature est réelle et vivante, et que notre pensée de la nature doit avoir autant de réalité et de vie. Ils nous rappellent que, si nos compétences mécaniques sont surdéveloppées, notre intelligence, notre intuition, notre conscience biologiques sont insuffisantes ; et que c'est cela, avant tout, qu'il nous faut retrouver, non seulement en médecine, mais dans toute la science.

Pendant ces sept années – et plus particulièrement durant les années au cours desquelles nous leur avons administré de la L-DOPA –, ces patients ont vécu des expériences que n'ont pas l'occasion de vivre, et que ne désirent pas faire, la majorité des gens. Beaucoup d'entre eux, si l'on se fie à des critères d'appréciation superficiels, semblent maintenant avoir décrit un cercle parfait, et être revenus à leur point de départ ; mais cette impression est tout à fait fausse.

Ils peuvent, dans certains cas, être encore (ou toujours) profondément parkinsoniens, mais ils ne sont plus les mêmes. Ils ont acquis une profondeur, une dimension, une richesse, une conscience d'eux-mêmes et de la nature des choses peu communes, et que seules peuvent donner l'expérience et la souffrance. J'ai essayé, autant que cela est possible à un observateur extérieur et notamment un médecin, de pénétrer leurs expériences et leurs émotions, de les partager avec eux, et d'approfondir, à leurs côtés, mes perspectives ; et, s'ils ne sont plus ce qu'ils étaient, j'ai, moi aussi, changé. Nous sommes plus âgés et plus meurtris, mais, également, plus calmes et plus mûrs.

Leur foudroyant réveil de l'été 1969 ne s'est plus jamais reproduit. Mais cette fulguration a été suivie par autre chose – un réveil plus lent, plus profond, plus imaginatif, qui s'est développé progressivement et a eu une tonalité et une signification, les a nimbés d'une lumière et d'une force qui n'avaient plus rien de *pharmacologique,* de chimérique, d'artificiel ou de fantastique : ils ont fini – pour paraphraser Browne – par reposer à nouveau dans le giron de leurs causes. Ils ont finalement réussi à re-sentir les fondements de leur être, à se ré-enraciner dans le sol de la réalité, à retrouver cette terre natale, cette terre nourricière, cette patrie dont leur maladie les avait si longtemps éloignés. Ils me semblent, en quelque sorte, avoir retrouvé un foyer. Leurs expériences m'ont guidé, et guideront certains de mes lecteurs, au long de cet interminable voyage qui conduit à soi :

> ...il éprouva à son arrivée à Celle-les-Bois une joie de revoir son pays, telle qu'il n'en avait encore jamais connue. Il était tenté de croire que cette Celle était non seulement sa patrie et le plus bel endroit du monde, mais qu'entre-temps elle était encore devenue plus charmante et plus intéressante ou qu'il avait lui-même rapporté de son voyage des yeux nouveaux et qui savaient mieux voir... « Il me semble, dit-il à son ami Tegularius... il me semble que j'ai passé toutes mes années ici à dormir... et que maintenant je me suis réveillé, et que je vois tout confirmer nettement et clairement sa réalité... »
>
> Herman Hesse, *Le Jeu des perles de verre* *

Et le terme de notre quête
Sera d'arriver là d'où nous étions partis
Et de savoir le lieu pour la première fois.

T. S. Eliot **

* Trad. fr. de J. Martin, Paris, Calmann-Lévy, 1955, p. 182.
** T. S. Eliot, « Little Gidding », in *Poésie, op. cit.* [*NdT*].

ÉPILOGUE

Introduction

Dix ans se sont maintenant écoulés depuis que j'ai achevé ce livre, dix ans durant lesquels j'ai continué à travailler avec nos patients survivants et à observer leurs réactions à la L-DOPA. On m'a beaucoup interrogé sur ce livre ; mais les questions centrales, que tout le monde m'a posées, ont été : « Ces patients si extraordinaires... sont-ils toujours en vie ? Après toutes ces années, que pensez-vous de la L-DOPA ? Voyez-vous toujours les choses comme lorsque vous avez publié *Cinquante Ans de sommeil ?* »

Lorsqu'en parut la première version, sept des vingt patients dont j'avais raconté l'histoire étaient déjà morts. Sur les treize patients et patientes restants – que nous retrouverons un peu plus loin –, dix nous ont depuis quittés (Martha N. est décédée en octobre 1981, juste après que j'ai fini de rédiger cette remise à jour, et j'ai donc dû, comme à la fin du cas de Rolando P. dans la première édition de ce livre, ajouter une conclusion quelque peu tragique à mon texte), si bien qu'aujourd'hui – en février 1982 – seuls trois de ces vingt patients originels (Hester Y., Miriam H. et Gertie C.) sont encore en vie – ils sont, tous les trois, pleins de vigueur, et très *heureux* de vivre.

Les vingt patients dont j'ai présenté en détail l'histoire n'étaient qu'un simple échantillon de mes nombreux autres malades : j'ai pu parfois, ici ou là, brièvement évoquer le cas de certains de ces autres patients – je pense notamment à Seymour L., Francis M., Lillian T., Lillian W., Maurice P., Edith T., Rosalie B., Ed M., Sam G., etc., dont j'ai un peu parlé en notes ou dans le corps du texte –, mais je n'ai rien dit de la plupart d'entre eux. Outre les trois « survivants » cités plus haut, vivent aujourd'hui à Mount Carmel plus de trente postencéphalitiques ayant fait partie de notre groupe originel – et donc le plus souvent hospitalisés chez nous depuis les années vingt ou trente –, auxquels sont venus par ailleurs s'ajouter vingt nouveaux patients atteints également de la maladie postencéphalitique, que j'ai fait admettre dans notre établissement depuis ces quinze dernières années – et tout particulièrement depuis la publication de *Cinquante Ans de sommeil.* De nos jours encore (c'est-à-dire soixante-cinq ans après le début de l'épidémie), Mount Carmel abrite donc au total plus de cinquante rescapés de l'encéphalite léthargique, dont la plupart doivent être maintenus sous L-DOPA.

Outre cette « colonie » centrale de Mount Carmel, j'ai également la charge de trente autres postencéphalitiques placés dans d'autres hospices et établissements hospitaliers ou (comme Cecil M.) continuant à vivre avec leur famille. A ma connaissance, aucun autre médecin au monde n'a, comme moi, la responsabilité permanente, tant d'années après la maladie du sommeil, de plus de quatre-vingts postencéphalitiques, ni n'a eu la possibilité d'observer les effets de la L-DOPA sur une aussi longue période. Je suis le seul témoin, à part ces malades eux-mêmes, d'une situation unique – cinq décennies de « sommeil », suivies d'un « réveil » qui dure depuis plus de douze ans.

Généralement parlant – en dépit de l'inévitable et triste tribut prélevé par les années, la maladie et la mort –, je suis devenu beaucoup plus optimiste que je ne l'étais lorsque je rédigeai cet ouvrage, car, après toutes les vicissitudes des premières années de traitement à la L-DOPA, un nombre important de mes patients ont fini par se porter extrêmement bien – et *continuent* à bien se porter. Leur réveil a été *durable,* et ils peuvent aujourd'hui faire des choses qui leur étaient impossibles ou inimaginables avant la découverte de la L-DOPA. Je raconterai plus loin l'évolution de certains d'entre eux, telles Hester Y., Miriam H., ou Gertie C., mais je connais des *douzaines* d'autres patients se trouvant dans ce cas : tous mènent depuis plus de dix ans une vie satisfaisante, et peuvent espérer voir ce réveil réussi se prolonger jusqu'à la fin de leurs jours. J'aimerais pouvoir raconter toutes ces autres histoires, qui sont souvent très heureuses, mais cela ne m'a malheureusement pas été possible : j'ai dû me contenter d'évoquer très brièvement le cas de ces patients, le plus souvent en note (cf. par exemple p. 382, n. 36, où je dis quelques mots de l'histoire d'Ed M.).

Pour résumer, je dirais que, dans les cas de traitement prolongé, les postencéphalitiques, même très gravement atteints, ont *finalement* tendance à mieux réagir à la L-DOPA que les patients atteints de la maladie de Parkinson « ordinaire » (voir p. 374, n. 9). Il y a plusieurs raisons à ce phénomène : tout d'abord, lorsque, en 1969, nous commençâmes à leur administrer de la L-DOPA, nos patients postencéphalitiques étaient *plus jeunes,* à quelques exceptions près, que nos parkinsoniens « ordinaires ». D'autre part – paradoxalement ! –, du fait justement qu'ils étaient malades depuis de très nombreuses années, tous nos postencéphalitiques avaient acquis une très grande expérience de leur maladie et des moyens de lui résister, et étaient donc beaucoup plus combatifs, beaucoup plus *rusés* que nos patients parkinsoniens « ordinaires ». Enfin, et c'est là à mon sens le facteur essentiel, contrairement à la maladie de Parkinson qui est toujours évolutive, les syndromes postencéphalitiques sont souvent essentiellement *statiques,* d'où il s'ensuit que les postencéphalitiques qui réussissent à s'adapter à la L-DOPA pourront maintenir ce niveau d'adaptation durant toute leur vie. Les histoires qui suivront illustreront ces trois points.

Abandonnant un moment ces considérations très spécifiques pour revenir aux questions plus vastes et profondes que j'abordais dans le chapitre intitulé « Perspectives », je voudrais dire, sur un plan très général, que, bien que ne reniant rien de ce que j'écrivais à l'époque et que mes « intuitions » ou orientations restent fondamentalement identiques, je me suis efforcé, dans ces lignes, de formuler des réflexions – j'espère y avoir parfois réussi – tout à la fois plus approfondies et plus simples que celles auxquelles j'avais abouti voici dix ans. Si théoriques qu'elles puissent paraître, ces réflexions sont issues de ma pratique thérapeutique, et ont été continuellement éprouvées et vérifiées dans et par l'expérience

– car l'expérience est la seule pierre de touche de la réalité. La pratique quotidienne de la médecine clinique, ou du moins de ce qui me semble l'être, *exige* de la part du médecin des points de vue théoriques et même « philosophiques », et le guide avec précision vers les points de vue qui lui sont nécessaires. Découvrir que la médecine *offre* un enseignement philosophique – bien meilleur et bien plus vrai que tous ceux que les philosophes nous proposent ! – a été pour moi une merveilleuse surprise, et il me paraît étrange que cette vérité n'ait pas été plus généralement reconnue. Nietzsche, contrairement à presque tous les autres philosophes, pensait que la philosophie s'enracinait dans notre compréhension (ou notre incompréhension) du *corps,* et avait donc pour idéal la figure du Médecin Philosophe (voir notamment sa préface de *Fröliche Wissenschaft* [*le Gai Savoir*]).

Tant que la médecine ne consiste qu'à donner des médicaments, elle n'exige pas beaucoup d'intelligence ni de réflexion ; mais le médecin doit être un peu plus qu'un dispensateur de remèdes. Si la L-DOPA était, ou était demeurée, un remède miraculeux ou parfait, si une médication ou un médicament *quelconques,* une quelconque approche « purement médicale » pouvaient résoudre pour toujours les problèmes de ces patients, nous n'aurions plus aucune « situation » ou quoi que ce soit de ce type à prendre en considération. Mais la L-DOPA – comme toute approche chimique, toute médecine médicinale – a des limites, et c'est précisément pourquoi existent et se répètent les problèmes particuliers que connaissent les postencéphalitiques. Ces problèmes, qui s'ajoutent chez eux aux problèmes à peine moins spécifiques que pose toute médication, rendent nécessaires d'autres formes de compréhension et de thérapie, allant *au-delà* du médicinal, et *au-delà* de ce que nous nommons habituellement ou conventionnellement « médecine ».

Nous avons besoin, parallèlement à la médecine conventionnelle, d'une médecine beaucoup plus profonde, fondée sur une compréhension nettement plus approfondie de l'organisme et de la vie, et les patients atteints de troubles neurologiques (et neuropsychologiques) sont sans aucun doute ceux pour lesquels ce besoin d'une nouvelle médecine est le plus évident et le plus urgent. L'innovateur le plus hardi, en ce domaine, fut certainement le grand A. R. Louriia, qui nous a quittés récemment. Mais les extraordinaires patients dont j'ai relaté l'histoire soulèvent néanmoins des problèmes que Louriia lui-même n'a jamais envisagés : l'homme qui, le premier, a été pratiquement confronté à ces problèmes, et les a théoriquement affrontés, est un vieux médecin aussi important que modeste et toujours très actif malgré son âge, qui a pour nom le docteur Purdon Martin. Ce médecin, à qui l'on doit un magnifique livre sur les postencéphalitiques qu'il a observés et étudiés durant de nombreuses années au Highlands Hospital (Purdon Martin 1967), a *compris* ces patients mieux que personne d'autre – sa compréhension repose sur une observation fidèle, minutieuse et infiniment patiente, alliée à un amour pur et désintéressé de la science et étayée sur des connaissances et une perspicacité physiologiques profondes. Ses intuitions sont tout à la fois d'une importance théorique capitale, et littéralement salvatrices. Il a décrit, notamment, la manière dont certains patients incapables de faire le moindre mouvement ont pu retrouver leurs capacités motrices grâce à diverses méthodes – certains, en étant doucement balancés ; d'autres, en ayant un objet à tenir dans la main ; ou bien, de façon plus fascinante encore, grâce à une sorte de mécanisme de régulation ou d'injonction externes, consistant par exemple en des lignes transversales peintes à intervalles réguliers sur le sol.

Une telle médecine est radicale parce que, tout en étant physiologique, elle s'occupe délicatement et directement de la *fonction*. Elle est radicale parce qu'elle est *active* plutôt que passive – le patient n'est plus un récepteur passif, mais un agent actif de sa propre guérison. Elle est radicale, et rationnelle, parce qu'elle s'appuie sur des *procédures* universelles, que chaque patient peut apprendre et appliquer de façon avantageuse. Elle constitue une médecine physiologique active et *interactive*, impliquant une collaboration entre le patient et son médecin et les associant dans l'apprentissage, l'enseignement, la communication et la compréhension. La médecine de Louriia et de Purdon Martin est le plus parfait exemple de cette médecine universelle et rationnelle qui doit impérativement venir compléter la médecine conventionnelle et empirique qu'est le traitement à la L-DOPA.

Tout comme Louriia, Purdon Martin cherche à découvrir des *algorithmes,* ou des procédures universelles, applicables aux patients neurologiquement handicapés. De tels algorithmes sont *essentiels* – mais également insuffisants. Je ne veux pas dire par là qu'il nous faut découvrir une sorte de super-super-algorithme, bien plus puissant : ce dont nous avons besoin, ce dont les patients ont besoin, est beaucoup plus simple qu'un algorithme, et peut leur permettre de se déplacer et de fonctionner comme aucun algorithme ne le pourra jamais. Quel est ce mystère qui dépasse toute méthode ou toute procédure, et diffère *essentiellement* de tout algorithme ou de toute stratégie ? C'est l'art.

Un aphorisme de Novalis que j'aime beaucoup dit : « Toute maladie est un problème musical, toute guérison est une solution musicale. » Les patients parkinsoniens et postencéphalitiques nous montrent à quel point cette formule est incroyablement vraie : l'on peut voir, par exemple, des patients incapables de faire le moindre pas se mettre brusquement à danser avec une aisance et une grâce consommées, ou encore des patients incapables d'articuler ou de prononcer le moindre mot commencer à *chanter* sans difficulté, avec toute la puissance vocale, toute la richesse et la délicatesse d'intonation, toute la *sensibilité* d'exécution requises ; l'on peut voir des patients sujets à la micrographie écrire péniblement, avec des gestes contractés, hachés ou saccadés, jusqu'au moment où, « se prenant » soudain à ce qu'ils font, ils retrouvent tout à coup une écriture normale et recouvrent totalement ce que Louriia appelle la « mélodie kinétique » de l'écriture ; l'on peut voir – et cela, tout comme les patients eux-mêmes, n'a jamais cessé de me ravir – des patients incapables de commencer le moindre mouvement soudain attraper et renvoyer sans la moindre difficulté des balles qu'on leur lance, avec une précision parfaite et un *style* qui n'appartient qu'à eux.

Il faut également ajouter, à cette liste d'exemples, le plus courant et le plus important des phénomènes qu'il m'a été donné de constater – à savoir l'importance que revêtent, pour les parkinsoniens, les *autres personnes.* Maints parkinsoniens sont incapables de marcher *tout seuls* sans se pétrifier, piétiner ou être sujets à d'incontrôlables accès de festination, mais retrouvent quelquefois tous leurs moyens si quelqu'un marche *à leurs côtés*

– il n'est pas nécessaire que l'accompagnateur les touche, un simple contact *visuel* suffit. Beaucoup a été écrit sur ce que l'on appelle les « réflexes de contact », mais il est certain que cette littérature est insuffisante, et que l'explication de telles manifestations doit être recherchée *ailleurs*.

L'une de mes patientes (voir p. 370, n. 5), un ancien professeur de musique qui avait de grandes difficultés à se déplacer toute seule mais retrouvait ainsi toutes ses capacités motrices dès que quelqu'un marchait à côté d'elle, me dit ceci, qui me paraît extrêmement intéressant : « Lorsque vous marchez avec moi, me déclara-t-elle, je sens en moi votre propre capacité de marcher. Je *participe* à votre puissance et à votre liberté. Je *partage* vos capacités motrices, vos perceptions, vos sentiments, votre existence. Sans le savoir, vous me faites un magnifique présent. » Pour elle, cette expérience était très semblable, sinon totalement identique, aux expériences que la musique lui faisait vivre ; elle me dit également : « Je *participe* à l'essence des autres personnes comme je participe au rythme de la musique. Que cela me vienne des autres, par l'intermédiaire de leur propre mouvement naturel, ou du mouvement de la musique elle-même, une impression de mouvement, de mouvement vivant, m'est communiquée. Et pas seulement le mouvement, mais l'existence elle-même. » Cette patiente décrivait certainement là une expérience transcendante, allant bien au-delà de tous lesdits « réflexes de contact ». Le contact, en fait, est quelque chose d'*essentiellement* musical – tout comme la musique est essentiellement un contact : il faut être « touché » avant de pouvoir s'émouvoir. Cette patiente, qu'elle parle de son rapport à autrui ou de la musique, ne parlait que du mystérieux « frôlement », du contact, de deux existences. Elle décrivait, en un mot, le sentiment de *communion*.

Peut-être tout ceci semble-t-il trop poétique, mais la *réalité* de ces réveils est aisément confirmée sur les plans aussi bien clinique que physiologique. Je possède quelques électroencéphalogrammes et enregistrements vidéo effectués simultanément, qui démontrent à merveille la puissance de l'art en matière de réveil et de modulation : l'un de ces films, par exemple, montre un patient (Ed M.) qui était un excellent pianiste et organiste ; ce patient, dont l'électroencéphalogramme était typiquement asymétrique, avait la moitié gauche du corps akinétique et la moitié droite agitée par des tics et une chorée frénétiques, et, quel que fût le traitement essayé, toute atténuation de ses symptômes de tel ou tel côté de son corps entraînait une aggravation immédiate de ses troubles dans l'autre hémicorps. Il suffisait néanmoins qu'il se mette à jouer du piano pour que son akinésie, ses tremblements et sa chorée se dissipent, et que les deux côtés de son corps fonctionnent à nouveau parfaitement de concert : simultanément, l'asymétrie marquée et les profils pathologiques que révélait ordinairement son électroencéphalogramme disparaissaient et son tracé EEG redevenait symétrique et normal. Dès qu'il s'arrêtait de jouer, ou que sa musique intérieure s'interrompait, son état clinique et son électroencéphalogramme se dégradaient brusquement (voir l'Appendice).

Je m'empresse d'ajouter que, chez ce patient comme chez tous les autres, cette étrange et mystérieuse magie *ne marche pas toujours.* Cela, déjà, suffit à la rendre très différente d'une procédure ou d'un algorithme généraux, ou de tous nos médicaments, qui, eux, produisent *effectivement* toujours des effets, car ils opèrent de façon mécanique. Pourquoi l'art, ou les interactions personnelles, « marchent »-ils certaines fois, et d'autres non ? E. M. Forster a écrit à ce sujet : « Les arts ne sont pas des médicaments. Rien ne garantit qu'ils agiront. Pour qu'ils opèrent, quelque chose d'aussi mystérieux et capricieux que l'élan créateur doit être libéré. »

La *réalité* de ces phénomènes est indiscutable – mais quel *ordre* de réalité se trouve ici impliqué ? Cet ordre de réalité appartient-il au domaine de la science naturelle ? La science peut-elle même *appréhender* ces phénomènes, qui sont en même temps si réels et si difficiles à conceptualiser ? Nous avons tendance à parler du « regard » de la science – et, de fait, tout édifice de concepts scientifiques a, structurellement, quelque chose de visuel : mais, ici, nous avons affaire à des phénomènes qui, d'une certaine manière, concernent plutôt l'« oreille » – à quelque chose qui est essentiellement musical et tonal, est essentiellement action, et non structure. Le regard, l'œil de la science peut-il *être sensible* au caractère spécifique de la musique, et au pouvoir unique qu'elle possède d'animer l'être humain ? Même Kant (à regret, peut-être !) ressentait cette dimension, puisqu'il écrivit que la musique était l'« Art vivifiant ». Si la science, si la pensée considèrent la musique, qu'en diront-elles ? Elles en diront précisément ce que Leibniz en pensait, à savoir qu'elle n'est rien qu'une arithmétique inconsciente, rien d'autre que le plaisir que l'âme humaine prend en comptant, sans être consciente qu'elle compte. Tout cela est très subtil, mais ne nous dit rien du *sens* de la musique, de son mouvement intérieur essentiel, ni de sa capacité d'émouvoir : bref, de tout ce qui la rend à la fois vivifiante et vivante. Tout cela ne nous dit rien de la *vie* intérieure de la musique.

La remarque de Leibniz recèle une vérité profonde : la musique comporte *bien* une part de calcul inconscient. Il suffit pour s'en rendre compte de se mettre à nager ou à courir : nous commençons, consciencieusement et consciemment, à compter chaque pas ou chaque brasse ; puis – souvent assez soudainement, et sans que nous en ayons conscience – nous « sentons » ce que nous faisons, et nous mettons alors à courir ou à nager sur un tempo, ou selon un temps musical intérieur, parfait, sans plus du tout consciemment compter. Nous sommes passés, involontairement, du métronomique au musical.

Leibniz, toutefois, semblerait dire que la musique n'est *rien d'autre* qu'un calcul, une sorte de compteur inconscient, un régulateur ou un métronome intérieurs. De tels centres rythmogènes, de tels métronomes internes existent bel et bien, et leur fonctionnement, dans le parkinsonisme, est gravement défectueux – voilà, en partie, ce que la patiente que j'évoquais plus haut voulait dire lorsqu'elle déclarait être « démusicalisée ».

Le parkinsonien a en effet perdu, à un niveau tout à fait fondamental, son sens intérieur des échelles et des rythmes – de là les accélérations et les ralentissements irrépressibles, les grossissements et les rapetissements incontrôlables auxquels il est sujet. Le parkinsonien est perdu dans l'espace et le temps – il a totalement perdu ses échelles ou ses métriques intérieures ; ou n'a plus que des échelles et des métriques fantastiquement capricieuses, gauchies et instables : j'ai, dans *Cinquante Ans de sommeil,* qualifié cet état de « délire relativiste ». Le parkinsonien a *besoin,* au sens le plus fondamental du mot, d'échelles. Et c'est précisément en ce qu'ils peuvent lui en offrir que les algorithmes et l'art, l'éducation et l'action peuvent finalement se rejoindre. Mais que voulons-nous dire en parlant ainsi d'échelles, et plus particulièrement de *sens* des échelles ? Car c'est bien le *sens* des échelles qui fait défaut au parkinsonien, et ce *sens* qu'il lui faut retrouver. Une échelle, au sens physique, est une constante, une convention – un peu comme une règle graduée ou une horloge. Et nous pouvons dire du parkinsonien que ses règles et horloges intérieures sont toutes faussées – comme dans le célèbre tableau de Salvador Dali représentant une multitude de montres dont les aiguilles avancent à des vitesses différentes et indiquent chacune des heures contradictoires (ce tableau est peut-être une métaphore du parkinsonisme : Dali le peignit à l'époque où il commençait à souffrir de troubles parkinsoniens). Purdon Martin, en fait, propose des règles et des horloges susceptibles de compenser ce chaos métrique délirant – ce chaos d'horloges et de règles graduées brisées – qui règne dans l'esprit du parkinsonien [1].

Mais aucune échelle, aucune mesure, aucune règle ne peut fonctionner si elle ne fonctionne pas de manière personnelle, vivante, individuelle. Notre posture, peut-on dire, est la conséquence de la pesanteur et d'autres forces physiques et physiologiques agissant sur nous ; elle est la résultante et l'expression de ces forces ; mais elle est aussi la manifestation et l'expression de notre *personnalité,* l'expression active et absolument *personnelle,* et non simplement mécanique ou mathématique, de ce que nous sommes. Chacune de nos postures est unique et personnelle, aussi bien que mécanique et rationnelle : chaque posture est un « je » tout autant qu'un « ça ». Chaque posture, chaque action, est imprégnée de sensibilité et de grâce (« la grâce est la relation particulière qui unit l'acteur et l'action », écrit Winkelman). Et c'est précisément ce qui manque au parkinsonien : ses postures et ses actions ont perdu tout naturel, toute sensibilité et toute grâce naturelles ; le « je » vivant, chez lui, est perdu – tel est l'autre regard que l'on peut porter sur l'inertie, l'impersonnalité, de l'état parkinsonien, et telle est aussi la raison d'être d'une thérapie de l'« existence » : il s'agit non d'instruire, mais d'*inspirer* – d'insuffler par l'art la force de combattre l'inerte (inerte signifie, littéralement, « sans art »), d'inspirer grâce à la puissance du personnel et du vivant, et, au sens le plus direct possible, d'éveiller et de ranimer.

La fonction des médications, de la chirurgie ou des procédures physiologiques pertinentes, est de rectifier un mécanisme – le (ou les) mécanisme(s) qui, chez ces patients, est si défectueux. La fonction de la médecine scientifique est de rectifier le « ça ». La fonction de l'art, du contact vivant, de la médecine existentielle, est de s'adresser à la volonté latente, à l'agent, au « je », de mobiliser leurs pouvoirs de commandement et de coordination, afin que le sujet puisse à nouveau retrouver son hégémonie et sa suprématie – car l'arbitre souverain, l'autorité suprême, ne doit pas être les mètres ou les heures des règles graduées ou des horloges, mais les lois et les mesures du « je ». Ces deux formes de médecine doivent s'unir et coexister, tout comme l'âme et le corps.

Ce qui, ici, est le plus fondamental est difficile à préciser. On peut dire qu'il n'y a pas, à proprement parler, de *sujet* parkinsonien, car le sujet, le « je », ne peut jamais être « parkinsonianisé ». La seule part de nous-même susceptible d'être « parkinsonianisée », c'est notre « allant » subcortical, ce que Pavlov dénommait la « force aveugle du subcortex ». Cette force n'est pas un « je » mais un « ça », et, cependant, le « je » peut être subjugué, réduit en esclavage par ce « ça ». Telle est en partie l'origine de la mortification particulière que son état – état qu'il peut à la fois connaître et détester, mais auquel il ne peut directement s'opposer – fait endurer au parkinsonien. Et tel est précisément le phénomène que Gaubius décrivait lorsque, presque un siècle avant Parkinson, il écrivait à propos de la festination *(scelotyrbe festinans)* : « Il peut arriver que les muscles, qui sont normalement excités par les impulsions de la volonté, se mettent en mouvement de leur propre chef, avec une agilité spontanée et une force irrépressible, bien que l'esprit ne le veuille pas. » Il est clair que Gaubius, ici, emploie le terme de volonté en deux sens opposés : dans celui, d'une part, de volonté du « ça » – c'est-à-dire d'automatisme ; et dans celui, d'autre part, de volonté du « je » – qui est liberté et autonomie.

Les approches scientifiques peuvent moduler un automatisme ;

mais seule une approche « existentielle » peut libérer le « je » – le libre arbitre ou l'autonomie, qui ne meurent jamais mais sont parfois simplement *en sommeil* et passifs, et ont été asservis par le « ça ». J'écrivais plus haut que le parkinsonien était comme « perdu dans l'espace et le temps », et qu'un « chaos d'horloges et de règles graduées brisées » régnait dans son esprit. On pourrait dire que ces images sont des formulations *kantiennes* de l'état parkinsonien, car elles s'accordent avec la thèse centrale de Kant selon laquelle l'espace et le temps (ou plutôt l'*intuition* de l'espace et du temps) seraient les formes essentielles de l'expérience, et des *constructions* de l'organisme ou de l'esprit. Nous pourrions donc, plutôt que de parler comme nous le faisions de délire relativiste ou einsteinien, parler, à un niveau encore plus fondamental, de délire « kantien » – et dire de l'akinésie poussée au dernier degré qu'elle est « akantienne ».

Si Kant, dans sa *Critique de la Raison pure,* décrit l'espace et le temps comme les formes essentielles « synthétiques *a priori* » de l'expérience (et donc de la perception et du mouvement), il traite, dans ses autres *Critiques,* de l'action, de la volonté et du « je » (du « je » en tant qu'il est *défini* par sa volonté – *« Volo ergo sum »*). Ainsi les considérations auxquelles nous avons été amenés exigent-elles que nous prenions en compte l'*ensemble* de la pensée de Kant.

De telles considérations sont-elles extérieures au domaine de la « science » en tant que tel ? Elles *sont* extérieures au domaine d'une science purement empirique, d'une science humienne, qui, non seulement refuse les formes idéales de l'expérience, mais rejette toute « identité personnelle ». Mais elles indiquent, ou du moins je le crois, ce que pourrait être une conception plus large et plus généreuse de la « science », et quel pourrait être le visage d'une science qui *puisse* appréhender tous les phénomènes que nous avons discutés. Une telle science « kantienne » est, je pense, la science du futur.

Le territoire en apparence aussi extraordinairement restreint que nous explorons ici – l'étude et le traitement des patients postencéphalitiques – nous ouvre donc, l'on s'en aperçoit, des horizons dont nous n'aurions pas soupçonné l'ampleur. Nous voyons se dessiner devant nous, avec une netteté exemplaire, les contours émouvants de la médecine du futur, médecine scientifique parfaitement rationnelle et néanmoins pratique, médecine « existentielle » superbe et élémentaire. Ces deux formes de médecine sont pour toujours séparées, et pourtant inséparables ; non pas contradictoires, mais complémentaires, et appelées à être réunies – ainsi que Leibniz le comprit voici trois siècles :

> Je trouve même que plusieurs effets de la nature se peuvent démontrer doublement, savoir par la considération de la cause efficiente, et encore à part par la considération de la cause finale (...) L'un et l'autre est bon, l'un et l'autre peut être utile, non seulement pour admirer l'artifice du grand ouvrier, mais encore pour découvrir quelque chose d'utile dans la physique et dans la médecine. Et les auteurs qui suivent ces routes différentes ne devraient point se maltraiter (...) Le meilleur serait de joindre l'une et l'autre considération... *.

Un jour que je demandai à Louriia ce qui l'intéressait le plus, il me répondit : « Je ne peux le dire en un mot, il m'en faut deux. Je devrais dire : la " science romantique ". Toute ma vie, j'ai espéré découvrir et redécouvrir une science romantique. » Je pense que j'aurais fait exactement la même réponse, et le plaisir particulier que j'ai pris, ces quinze dernières années, à travailler avec mes patients postencéphalitiques provient précisément de ce que mes intuitions scientifiques et mon romantisme se sont trouvés devoir fusionner, ma recherche engageant et touchant autant mon esprit que mon cœur et toute autre attitude n'ayant pu déboucher que sur une double trahison.

Lorsque j'étais plus jeune, j'étais déchiré entre deux champs d'intérêts et séries d'ambitions contradictoires – la science et l'art –, et je ne parvins à réconcilier ces deux passions que lorsque je devins médecin. Je pense que les médecins ont la chance singulière de pouvoir exprimer pleinement les deux faces de leur nature, et de n'être jamais obligés d'étouffer l'une au profit de l'autre.

* Cf. p. 264 [*NdT*].

On peut lire dans l'*Autobiographie* de Darwin ces lignes très pathétiques :

> J'ai dit plus haut que mon esprit, au cours des vingt ou trente dernières années, avait changé sur un point (...) J'ai aussi dit qu'autrefois j'aimais beaucoup la peinture, et surtout la musique. Or, depuis des années (...) j'ai également perdu tout goût à la peinture et la musique (...) Cette lamentable déperdition des goûts esthétiques les plus marqués est d'autant plus bizarre que tout ce qui est histoire, biographies, voyages (indépendamment des faits scientifiques qu'ils peuvent contenir) ou essais de toute sorte, continue à m'intéresser comme par le passé. Mon esprit ressemble désormais à une sorte de machine à moudre les lois générales à partir de grandes séries de faits... Perdre ces goûts, c'est perdre du bonheur ; peut-être est-ce dommageable à l'intellect, ainsi que, plus probablement, au caractère moral, puisque cela affaiblit notre côté émotif *.

Ce que Darwin décrit dans ces lignes n'est pas encore pris en compte par notre science médicale, ou notre médecine scientifique : elles excluent ou ignorent le « côté émotif de notre nature ». En tant que médecins, nous ne pouvons nous garder de ce danger d'exclusion qu'en ne restant pas insensibles face à nos patients. La sensibilité ne s'oppose pas à la précision scientifique – chacune, me semble-t-il, est la garantie de l'autre. On ne peut étudier scrupuleusement tel ou tel groupe de patients durant de nombreuses années sans finir par les aimer ; et cela est d'autant plus vrai des postencéphalitiques, qui, tout en exerçant sur le scientifique une inépuisable fascination, ne peuvent que lui devenir de plus en plus chers d'année en année, à mesure qu'il les connaîtra mieux individuellement. Un tel attachement n'est ni sentimental ni contraire à l'esprit scientifique. Quiconque étudie ces patients finit par les aimer, et les aimer permet de les comprendre : l'étude, l'amour, la compréhension ne font qu'un. Les neurologues passent souvent pour des créatures au sang froid, déchiffrant des syndromes comme on fait des mots croisés ; ils

* C. Darwin, *Autobiographie*, trad. fr. de J.-M. Goux, Paris, Belin, 1985, p. 122-123 [*NdT*].

n'osent guère avouer éprouver des émotions – et pourtant l'émotion, la chaleur humaine éclairent toute œuvre authentique. Les études si méticuleuses des postencéphalitiques réalisées par Purdon Martin ne sont pas froides, mais chaleureuses et empreintes de compassion. L'émotion qui les sous-tend est explicitée dans la dédicace qui ouvre son livre ; on peut lire, en tête de son ouvrage : « Aux patients postencéphalitiques du Highlands Hospital qui m'ont tant aidé, en espérant que, de leurs vies brisées, d'autres pourront tirer profit. »

Après avoir passé quinze années de ma vie à travailler auprès de ces patients, je pense que ce sont les personnes tout à la fois les plus affligées et les plus admirables qu'il m'a été donné de rencontrer. Quelque bénéfice qu'ils aient tiré de leurs « réveils », leurs vies restent irrémédiablement brisées, mais ils ne m'ont pourtant jamais paru particulièrement amers : j'ai plutôt ressenti chez eux, tout au long de ces années, une sorte d'immense affirmation de la vie dépassant l'entendement. Tous ont fait preuve, dans les terribles épreuves qu'ils ont affrontées, d'un courage incroyable, voisin de l'héroïsme. Et ils n'ont pas survécu comme des infirmes à l'âme d'invalides, mais comme des êtres humains grandis par la ténacité qu'ils ont conservée dans leur détresse, ennoblis par la fierté, la bravoure, et, finalement, l'humour avec lesquels ils ont fait face à la maladie ; ne succombant jamais au nihilisme ou au désespoir, ils ont persisté, inexplicablement, à affirmer la force de la vie. Ils m'ont enseigné que le corps peut endurer des tortures que je n'aurais jamais cru possibles – qu'il est des enfers que ne connaissent que certains patients sujets à certains troubles neurologiques. Je me représentais l'enfer comme un lieu dont nul ne reviendrait, et ils m'ont appris à penser autrement. Ceux-là qui en reviennent sont à jamais marqués par leur expérience ; ils ont découvert les ultimes abysses, et ne pourront plus jamais les oublier. Leur épopée ne les rend pas seulement plus profonds, elle leur fait aussi retrouver l'innocence et la gaieté de l'enfance. Ceci est incompréhensible à qui n'a pas pénétré, sinon les abîmes postencéphalitiques, du moins certaines des profondeurs de son être. Nietzsche écrivait :

> La douleur seule, la grande douleur, cette longue et lente douleur qui prend son temps (...) nous oblige (...) à descendre au dernier repli de nos profondeurs (...) Je doute fort qu'une telle douleur nous rende « meilleurs » (...) ; mais je sais qu'elle nous rend *plus profonds* (...) Que je n'oublie pas, pour finir, l'essentiel : de ces abîmes, de ces graves maladies (...) on revient *régénéré,* avec une nouvelle peau (...) l'esprit plus gai, doté d'une seconde innocence – plus dangereuse – dans la joie, on revient plus enfantin qu'on ne le fut jamais, et en même temps cent fois plus raffiné *.

Après Cinquante Ans de sommeil

Frances D.

J'écrivais (p. 80-81) : « Mlle D. continue à prendre de faibles doses de L-DOPA et d'amantadine (...) Ce n'est pas une de nos patientes vedettes (...) Mais elle a survécu aux pressions d'une maladie souvent responsable de bien des troubles caractériels, dont elle a souffert durant presque toute sa vie ; aux effets d'un stimulant cérébral très puissant ; et à des années d'enfermement dans un hôpital pour malades chroniques (...) [elle] a réussi à demeurer ce qu'elle ne cessa jamais d'être – un être humain pleinement humain, doté d'une personnalité supérieure. »

Cette situation se prolongea jusqu'en 1976. Bien que, Dieu merci, sa pharmacodépendance et son intolérance à la L-DOPA fussent beaucoup moins prononcées que chez beaucoup de nos autres patients, Mlle D. continua à avoir besoin d'être maintenue sous L-DOPA tout en la supportant mal, et nous dûmes donc régulièrement lui ménager des « fenêtres thérapeutiques ». Ses réactions au traitement restèrent limitées et peu spectaculaires – les crises dramatiques auxquelles elle avait été sujette en 1969 ne se reproduisirent plus jamais. Par-delà ces réactions physio-

* F. Nietzsche, *Le Gai Savoir,* trad. fr. de A. Vialatte, Paris, Gallimard, 1950, p. 12-14 [*NdT*].

logiques et pharmacologiques – qui, sans aucun doute, influaient sur son psychisme tout en étant modulées par celui-ci –, elle continua à faire preuve de fantastiques capacités d'« accommodation » et à accepter son état avec un courage, un humour et un détachement de soi tout à fait extraordinaires. La richesse de sa personnalité nous fit de plus en plus oublier qu'elle était une patiente à la pathologie si marquée.

Bien qu'affreusement handicapée par la perte de poids et de force physique qui, au fil des années, vint s'ajouter à ses symptômes, Mlle D. donna, jusqu'à la fin de ses jours, une inexplicable impression de sérénité, et même de bonheur. En 1976, à la suite d'une grippe – l'épidémie de « grippe porcine », qui ressembla tant à la « grippe espagnole » de 1919 –, elle contracta une pneumonie et mourut. Elle avait été malade durant cinquante-sept ans, mais jamais vaincue.

Rose R.

De toutes les histoires que j'ai relatées, celle de Rose R. est peut-être la plus étrange et la plus mystérieuse. Sa bizarrerie avait attiré mon attention *avant* même que je commence à lui administrer de la L-DOPA : j'écrivais à son propos, citant Joyce : « ...si ardemment que je désire sa guérison, je me demande cependant ce qui se passera lorsque, acceptant enfin de détourner son regard de son éclatante et clairvoyante rêverie, elle le tournera vers ce visage meurtri de cocher de fiacre qu'est le monde... ».

Ce sentiment d'étrangeté, qui me travailla *durant* tout son traitement à la L-DOPA (je me demandais s'il était possible que, pour elle, 1926 se déroulât « ici et maintenant »), m'envahit à nouveau, irrésistiblement, lorsque je conclus la présentation de son cas (mes derniers mots étaient : « Mais c'est une Belle au Bois Dormant qui ne put supporter de se " réveiller ", et qui ne s'éveillera jamais plus »).

Ses dernières années furent aussi longues et vides que la période 1969-1972 – après son fulgurant et violent réveil de l'été 1969, Mlle R. retomba, pour toujours, dans son royaume secret de ténèbres, de lumière, de néant ou de rêve (car je ne réussis jamais à en pénétrer la *nature* *). La L-DOPA l'aida un peu, et elle continua à devoir en prendre régulièrement, avec quelques interruptions. Les effets du traitement restèrent très limités – les événements de 1969, notamment, ne se reproduisirent plus jamais. Mlle R. continua à être sujette à de terribles crises oculogyres s'accompagnant d'un véritable *angor animi*, durant lesquelles elle ne cessait de marmonner, comme avant que je lui administre de la L-DOPA : « Je vais mourir, je le sais, je le sais, je le sais », ou : « Ça me tuera, ça me tuera, ça me tuera... » Son horrible prémonition finit par se réaliser : en juin 1979, elle fut brusquement la proie d'une très violente crise oculogyre et opisthotonique pendant qu'elle était en train de dîner, avala un os de poulet, s'étouffa et mourut sur-le-champ. Depuis cette nuit de 1926 au cours de laquelle elle avait fait tous ces cauchemars, Rose R. n'avait jamais cessé d'être inconcevablement, incroyablement, indiciblement malade.

Hester Y.

De tous nos « yo-yo » (puisque c'est ainsi que j'ai dénommé ce type de patients dans le *New York Times* du 26 août 1969), de tous nos patients et patientes atteints d'une « maladie bipolaire » et dont les réactions à la L-DOPA furent de l'ordre du tout ou rien, Hester Y. fut celle chez laquelle ces caractéristiques prirent la forme la plus aiguë et la plus spectaculaire. Cela fut évident *dès le début* de son traitement : le 17 mai 1969 au matin, sa dose de L-DOPA ayant franchi un « seuil » critique, Hester Y. « explosa » brusquement, selon les propres termes des infirmières (cf. p. 119), et, depuis cette date, elle continua à exploser et à imploser, d'innombrables fois par jour. Contrairement à beaucoup d'autres patients (par exemple, Frances D.), qui *commencèrent* par réagir de façon extrêmement brutale à la L-DOPA, *puis* virent leurs réactions s'atténuer et devenir plus aisément modulables, les réactions d'Hester demeurèrent aussi incorrigiblement violentes que des explosions nucléaires ou stellaires et ne cessèrent

* La pièce de Pinter *A Kind of Alaska* est inspirée de son cas.

d'osciller entre le « trou noir » et la « supernova », sans état intermédiaire ou presque. Nous ne pûmes jamais interrompre ni réduire de façon significative son traitement à la L-DOPA – toutes nos tentatives en ce sens furent immédiatement suivies d'une dépression respiratoire ou de comas. Et l'extraordinaire équilibre psychique, la non-violence fondamentale qui caractérisait sa personnalité étaient presque aussi inexplicables que toute cette violence physiologique ; j'écrivais en 1972 : « Elle se tient " au-dessus " des pulsions violentes qui la travaillent », et : « Je n'ai jamais observé d'activité physiologique et de réactions à la L-DOPA plus extravagantes ou plus instables que les siennes. Mais jamais non plus je n'ai rencontré de patients sachant mieux conserver leur " sang-froid " et leur équilibre face à leurs symptômes... »

Aujourdhui, en 1981, ce tableau demeure vrai. Mme Y. est toujours sous L-DOPA, et ne peut s'en passer ; ses réactions sont toujours aussi violentes ; mais elle n'en continue pas moins, indomptablement, à avoir de nombreuses activités : elle joue au bingo (seule Miriam H. la bat), fait du jardinage, participe à des soirées poétiques, part souvent en excursion – elle a une vie aussi riche qu'il est possible à Mount Carmel. *Sa maladie de base s'est à peu près stabilisée* – j'ai constaté ce phénomène chez la plupart de nos postencéphalitiques : ils se distinguent fondamentalement, par cette évolution, des patients atteints de la maladie de Parkinson proprement dite, qui, au fil des années, voient leur état décliner lentement et progressivement, mais régulièrement. La dystonie de son tronc et sa cyphose se sont toutefois aggravées : les pertes d'équilibre qu'entraînent sa posture lui font courir de tels dangers que marcher seule lui est devenu impossible. Heureusement, elle s'est liée d'amitié avec un patient qui la promène partout dans son fauteuil roulant, veille attentivement sur elle et comprend sa voix « étouffée » mieux que quiconque : Hester, qui conserve toute sa vivacité d'esprit, est le « cerveau » de cette association, cependant que son compagnon, qui est plus ou moins cérébralement atteint mais a gardé toute sa mobilité et se montre toujours très doux avec elle, fait office de « moteur », ou de muscles. Bien qu'exact, l'adjectif « symbiotique » serait trop grossier pour qualifier leurs relations ; car si ce rapprochement a pour base, et sert, leurs intérêts réciproques, il va bien « au-delà » de cet aspect des choses – chacun des deux membres de cette association fait aussi preuve vis-à-vis de l'autre d'une gentillesse et d'une bonté profondément désintéressées, qui font leur bonheur mutuel et ravissent tous ceux qui les observent. Mount Carmel est le théâtre d'un certain nombre d'amitiés de ce type, qui atténuent, par une lumière morale inattendue, la noirceur tragique, parfois infernale, de notre établissement.

La situation d'Hester est sans aucun doute extraordinairement complexe – elle a tout à la fois de multiples *handicaps* et beaucoup d'*atouts*. Mais ses qualités, sans la L-DOPA, ne lui auraient servi à rien, ou n'auraient même jamais pu se révéler. *Seule la* L-DOPA *lui a permis de mener la vie qu'elle mène, et, si nous ne lui en avions pas administré, elle serait très certainement « morte »*. La date décisive de sa vie a été le 17 mai 1969, jour où la L-DOPA l'a fait « exploser » – l'a « réveillée ». Avant cette date, Hester était presque inexistante, et profondément « endormie » ; après cette date, quelles que fussent les tribulations et les complications qu'elle dut affronter, elle demeura pleinement éveillée, et ne cessa jamais de s'intéresser passionnément au monde. Depuis maintenant douze ans et demi, son réveil persiste, et ses réactions à la L-DOPA n'ont jamais fléchi ; elle a célébré les treize anniversaires de sa « renaissance surnaturelle » de mai 1969 avec une joie sans mélange. Je pense que son bonheur durera jusqu'à la fin de ses jours.

Miriam H.

J'écrivais durant l'été 1972 : « On peut donc dire qu'au total, elle se porte assez bien (...) Elle tire sa vitalité d'une force incompréhensible, d'une santé plus profonde que les abîmes de sa maladie. » Fort heureusement, ces lignes demeurent encore vraies aujourd'hui (en 1981) – je dirais même que, de tous les patients et patientes postencéphalitiques dont j'ai relaté l'histoire, Mlle H. est celle qui se porte le mieux, mène la vie la plus satisfaisante, et (depuis 1972) a affronté les complications les moins graves. Elle doit toujours prendre des doses importantes de L-DOPA (825 mg, quatre fois par jour), mais est extrêmement aidée par le traitement et n'est pas sujette, en dehors des violents symptômes dont elle est la proie lorsque les « fenêtres thérapeutiques » que nous respectons provoquent un syndrome de manque, à des complications suffisamment marquées pour justifier une réduction de sa dose quotidienne. Les symptômes qu'elle nous avait donné l'occasion d'observer – les accès de tics bénins, quelquefois accompagnés de jurons, les colères, les étranges obsessions et les « brillants » accès de compulsion à calculer et à compter s'accompagnant de *poussées* d'excitation cérébrale se manifestant sur son électroencéphalogramme par des tracés convulsifs tout à fait frappants (voir p. 378, n. 23) – ne se manifestent plus que *sporadiquement.* Sa vieille ennemie – ces crises oculogyres dont elle avait souffert pendant plus de quarante ans avant que nous lui administrions de la L-DOPA – est réapparue en 1979, après une rémission de dix ans, mais ces nouvelles crises sont restées tout à fait supportables et très espacées.

Tant l'observation clinique que ses électroencéphalogrammes attestent que Miriam H. est non seulement « réveillée », mais aussi quelque peu « surexcitée » par la L-DOPA, et que, même entre les crises déclarées, les emportements et les « accès » de toutes sortes auxquels elle est périodiquement sujette, son *tonus* et son niveau d'activité cérébrale sont anormalement élevés, et frisent l'explosion et la convulsion. Sa « vivacité » d'esprit et l'accélération de ses processus mentaux vont de pair avec cette surexcitation. Elle n'est pas seulement sujette à un « tourettisme » occasionnel (se manifestant par des tics, des jurons, des obsessions, de l'arithmomanie, etc.), mais a véritablement l'étrange tournure et rapidité d'esprit des patients atteints du syndrome de Gilles de la Tourette (voir Sacks 1981*a* et *b*). Les nombreuses conversations que nous avons eues et les notes exceptionnellement détaillées prises lors de son admission à Mount Carmel font d'autre part apparaître que cette surexcitation ou cette hyperstimulation entraînée par la L-DOPA a libéré en elle des traits de caractère et des tendances qu'elle possédait déjà *avant* de prendre de la L-DOPA, mais que le développement de son parkinsonisme avait réfrénés ou étouffés – qu'elle a libéré (et peut-être renforcé) une prédisposition aux tics et une impulsivité encéphalitique *originelles,* que son parkinsonisme avait voilées (et fait oublier).

J'avais eu l'occasion, durant un épisode du traitement de Frances D., d'observer l'irruption d'étranges impulsions et compulsions primitives (p. 73), qui m'avaient donné l'impression (ainsi qu'à elle-même) de « révéler » des tendances postencéphalitiques préexistantes et peut-être assoupies, qui seraient demeurées cachées et en sommeil *jusqu'à* ce qu'elle fût réveillée par la L-DOPA (et que la L-DOPA les réveille). Il me semble, si je considère le cas de Miriam H. et de plusieurs autres patients, que j'ai *surtout* observé ces phénomènes chez ceux de mes patients maintenus sous L-DOPA depuis très longtemps ; et que, chez eux, ces manifestations prennent moins la forme d'un soudain jaillissement de sentiments et d'impulsions irrépressibles que d'*une lente révélation de tout un « répertoire » ou « caractère » psychophysiologique préexistant,* ou, dans une certaine mesure, d'un « caractère » *potentiel* consistant en une multitude ou un ensemble de tendances partiellement manifestes, partiellement latentes depuis de nombreuses années, et amenées à se manifester à nouveau, et en fait à « se réveiller », par la stimulation continue provoquée par la L-DOPA.

Des vingt patients dont j'ai raconté l'histoire dans *Cinquante Ans de sommeil,* c'est certainement avec Miriam H. que je me suis montré le plus injuste. Sans doute n'ai-je réussi à percer le mur de sa timidité et de sa réserve et à apprécier à leur juste mesure sa personnalité et son intelligence, toute sa *dimension* humaine, que depuis 1972. Sans doute, auparavant, n'était-elle pas seulement timide, mais comme rétractée, *contractée* en elle-même par son parkinsonisme et sa dépression. Si, jusque-là, elle avait dû survivre à cette rétraction, il lui fallut, par la suite, apprendre à maintenir sa cohésion intérieure face à l'*expansion* – à la force centrifuge de son excitation tourettienne – compulsive et convulsive qui affectaient ses mouvements et sa pensée. Si sa personnalité *de base* avait été moins solide, moins riche, elle aurait sans nul doute été emportée, déstructurée, morcelée ou pervertie par le « faux-soi » et les étranges « pitreries » (voir p. 365, n. 15) que développe la L-DOPA. Mais tout cela ne semble pas la déranger le moins du monde – elle *est* brièvement perturbée par ses colères et ses crises, mais, dès que celles-ci sont finies, elle retrouve sa forte personnalité : on a presque le sentiment que ses crises « canalisent » (c'est l'une de ses expressions favorites) son excitation, lui permettent de la décharger de façon inoffensive, sans que son économie intérieure, son soi de base, soient fondamentalement troublés. Elle *s'accommode* facilement à son excitation tourettienne, lui trouvant une place dans les limites de sa riche personnalité, et tirant même un bénéfice et un plaisir certains de l'extraordinaire rapidité et fécondité d'esprit qui l'accompagnent. Elle la laisse se produire, lui donne une place, mais ne lui permet jamais de prendre le dessus sur elle-même : son « tourettome », si l'on peut dire, son faux-soi, son « ça » peuvent s'exprimer ; mais son vrai soi, son « je », garde fermement le commandement. Lorsque je pense à ce qu'elle a enduré, cela me paraît incroyable.

Mlle H. vit maintenant à Mount Carmel depuis cinquante ans – elle s'est d'abord, durant trente-sept ans, progressivement enfoncée dans une régression qui paraissait être irréversible, et semblait ne pouvoir se conclure que par une mélancolie « involutive » inéluctablement mortelle ; puis, depuis maintenant presque treize ans, elle reste « réveillée » par la L-DOPA. On ne lui donne pas du tout soixante-cinq ans, son cerveau fonctionne parfaitement, et elle est pleine d'énergie et de joie de vivre – elle déborde tant de vitalité qu'elle fait presque éclater les limites de Mount Carmel. Elle regrette, comme tant de patients, de ne pas avoir pu être traitée plus tôt à la L-DOPA ; mais elle n'éprouve aucun ressentiment, et se réjouit des années de bien-être qui l'attendent.

Margaret A.

Le cas de Margaret A. se terminait sur une note bien sombre ; j'écrivais : « Après avoir vécu, en mai 1969, son zénith et son apothéose, Mlle A. entama aussitôt son déclin et sa chute (...) La *véritable* Mlle A. – la Mlle A. si enjouée et si attachante que nous avions connue – a été *dépossédée* d'elle-même par une horde de sous-soi grossiers et dégénérés... » J'indiquais toutefois, également, que la musique, la nature, l'affection de sa sœur et ses sorties en sa compagnie, bref, la « vie » en général, avaient le pouvoir de lui rendre un peu de sa cohérence (sa sœur me dit un jour : « Ce qui la rend folle, c'est de vivre dans votre maison de fous, totalement coupée de la vie »).

Je n'avais pu, dans la première édition, qu'évoquer très brièvement les regrettables changements intervenus à Mount Carmel en septembre 1969 et leurs funestes répercussions sur la vie de nos patients (voir p. 79-80). Dieu merci, début 1973, une nouvelle direction, plus humaine, remplaça la précédente, et les règlements tatillons édictés par l'ancien personnel administratif furent en partie abandonnés ; l'atmosphère amicale et détendue en vigueur jusqu'en 1969 se rétablit partiellement, et ce changement d'ambiance eut des effets immédiats, non seulement sur le moral et la moralité de nos patients, mais aussi sur leurs états physiologiques et leurs réactions à la L-DOPA. En particulier, certains des patients dont les réactions à la L-DOPA nous avaient semblé jusque-là irrémédiablement instables virent leur état se stabiliser quelque peu, et, ce faisant, leurs capacités d'« accommodation » se développer : Margaret A. – qui était une femme charmante, mais affectivement fragile et extrêmement vulnérable – fit partie de ces patients chez lesquels nous observâmes à cette époque de spectaculaires améliorations.

Vers octobre 1973, au moment même où le film tiré de *Cinquante Ans de sommeil* fut tourné, bien que demeurant toujours extrêmement sensible à la L-DOPA et restant toujours aussi dépendante de celle-ci, Margaret A. vit donc ses réactions se stabiliser à nouveau et cessa d'osciller entre des états physiologiques opposés ; elle put enfin accéder à ce qui lui avait été jusque-là rendu impossible, lui avait été *interdit*, d'abord par la gravité de son syndrome postencéphalitique, puis par l'instabilité de ses réactions à la L-DOPA : elle accéda à une sérénité et une profondeur, acquit une unité et une beauté personnelles (et artistiques) que nous ne lui connaissions pas. Cette évolution était déjà évidente dans le film : ses réalisateurs, qui s'attendaient à ce qu'elle se comporte comme l'espèce d'épave humaine irréversiblement brisée que je décris dans la première partie du livre, furent stupéfaits de l'entendre parler de façon aussi émouvante, et chanter aussi magnifiquement.

Durant les années qui lui restaient encore à vivre, Margaret conserva cette paix et cette unité intérieures conquises après de si longues années de détresse, de si cruelles décennies de troubles postencéphalitiques, et les épreuves encore plus cruelles qui avaient marqué ses trois premières années de traitement à la L-DOPA. Ses quatre dernières années furent les plus heureuses de son existence – ou du moins, les plus agréables qu'elle connut depuis plus de quarante ans. Elle cessa d'être sujette aux accès d'exaltation ou de dépression qui affectaient sa motricité et son humeur – quel dommage que cela ne se soit pas produit plus tôt ! –, se fit des amis, jardina un peu, participa à quelques excursions. Et, surtout, essentiellement, elle *chanta ;* s'inspirant de toutes les souffrances qu'elle avait endurées et auxquelles elle avait survécu, elle composa et chanta de nombreux *blues* post-encéphalitiques, pour le plus grand plaisir de tous ses compagnons d'affliction. Comme tant de nos patients, ses *blessures* l'avaient amenée à l'art.

En 1976, ayant dû être opérée à la suite d'une fracture de la hanche consécutive à une chute, elle fut sujette à de graves complications postopératoires et finit par mourir, après plusieurs mois de souffrances endurées avec une sérénité et une résignation admirables. Elle n'éprouvait nulle amertume, et paraissait au contraire comme spiritualisée par sa souffrance. Un peu comme Robert O., la veille de sa mort, avait demandé au rabbin de lui lire un psaume, elle nous demanda, en ses derniers jours, à entendre le *Requiem* de Mozart. Nous l'aimions tous et, tous, nous la pleurâmes.

Miron V.

Après avoir commencé par osciller entre des réactions pathologiques au profil « bipolaire » extrêmement marqué, Miron V s'était particulièrement bien porté entre 1970 et 1972, démontrant ainsi les vertus curatives du travail et de l'amour. Par la suite, malheureusement, perdant pour des raisons tout à fait indépendantes de sa volonté à la fois l'occupation que nous lui avions trouvée et l'affection de ses proches, il perdit aussi sa stabilité.

Bien que, comme nous l'avons vu, l'atmosphère de Mount Carmel se soit *humanisée* en 1973, notre établissement fut à la même époque tragiquement appauvri, à tel point que nous dûmes nous séparer d'une bonne partie du personnel médical. Nous fûmes forcés de fermer une partie de notre atelier, dont notamment le petit établi de cordonnier qui avait joué un rôle si crucial dans la réadaptation de cet homme si amer.

Les conséquences de cette mesure furent terribles – et terriblement brutales : M. V. sombra à nouveau dans la mélancolie et la régression dans lesquelles il était resté si longtemps plongé, et redevint intensément parkinsonien et catatonique. La L-DOPA parut brusquement ne plus lui faire *aucun* effet, quelle que fût la dose que nous lui administrions. Nous fîmes passer sa dose quotidienne à 6 g par jour, mais, vu les résultats que nous obtînmes, nous aurions pu tout aussi bien lui faire prendre du bicarbonate de soude. Cette soudaine et terrible disparition de tout effet thérapeutique, cet épouvantable et soudain engloutissement dans les insondables abîmes dont il avait un moment émergé, nous rappela l'histoire de la malheureuse Lucy K. (p. 173).

Peut-être, *peut-être* aurait-il finalement réussi à surmonter cette crise si cette catastrophe n'en avait entraîné une autre. Alors qu'il aurait eu, dans cette terrible épreuve, plus *besoin* que jamais d'être soutenu par l'amour de ses proches, sa femme et son fils l'abandonnèrent : trop fragiles et névrosés pour l'aider à reprendre le dessus, ils rompirent tout lien avec lui, l'enfonçant encore davantage dans sa solitude et rétablissant ainsi le tragique cercle vicieux qu'ils avaient installé entre 1955 et 1969.

Tout comme dans le cas de Lucy K., j'eus le sentiment que c'était la fin, et que Miron V. ne tarderait pas à mourir – mais je me méprenais complètement. M. V. ne mourut *pas,* mais cela aurait presque mieux valu : il resta encore en vie, si l'on peut appeler cela vivre, durant huit ans. Pendant toutes ces années, nous interrompîmes et reprîmes plusieurs fois le traitement à la L-DOPA, essayâmes le sinémet, le symmétrel, la bromocriptine, l'apomorphine, sans le moindre résultat. Il aurait eu besoin de changer de vie, d'avoir une raison de vivre, et, cela, nos fioles ne pouvaient pas le lui offrir. Son immobilité et son silence presque absolus s'accompagnèrent bientôt d'une rigidité extrême, incroyable, aussi *violente* que celle de la malheureuse Lucy K., tout à la fois parkinsonienne, catatonique et paratonique. Cette raideur permanente, qui lui interdisait même tout mouvement passif des membres, finit par entraîner des lésions articulaires et une ankylose irréversibles, se doublant d'escarres de décubitus. Émacié et amaigri, les chairs flasques et tombantes, M. V. ressemblait de plus en plus à un cadavre, et sa raideur évoquait presque la *rigor mortis* – bien que cette sorte de rigidité cadavérique tînt en grande partie à son *moral*, à la haine mortelle qu'il se portait et portait à son pauvre corps. Seul son regard semblait vivant – mais regarder la flamme qui brûlait encore au fond de ces yeux figés était comme contempler les feux de l'enfer. Une aussi longue survie est incompréhensible : je ne me l'explique qu'en me disant qu'il *voulait* vivre, de son vivant, cette sorte de mort avant la mort.

Il eut une série de pneumonies que, plusieurs fois, nous traitâmes victorieusement à la pénicilline. Puis, en 1980, réfrénant nos réflexes professionnels, nous décidâmes de laisser la nature suivre son cours.

Gertie C.

De tous les patients et patientes dont je reprends ici l'histoire, Gertie C. est celle dont l'évolution a été la plus surprenante, la seule, peut-être, dont les symptômes ont évolué de façon *absolument* imprévisible. Lorsque, en juin 1969, nous lui avions administré de la L-DOPA, après avoir vu son état remarquablement s'améliorer durant un mois, Mme C. avait été sujette à des réactions monstrueuses prenant la forme d'un violent délire, de grands battements de bras et de tics multiples. Fin 1970, il semblait évident qu'elle ne supportait ni la L-DOPA ni l'amantadine, et qu'elle se portait mieux sans prendre de médications puissantes. Elle donnait d'ailleurs une telle impression de paix intérieure qu'elle ne paraissait pas *avoir besoin* d'être réveillée ou stimulée : elle acceptait son sort avec grâce et humour.

Lorsque les effets de la L-DOPA eurent enfin fini par totalement se dissiper, sa voix était redevenue un murmure quasiment inaudible, et presque tous les symptômes qu'elle avait présentés avant de prendre de la L-DOPA étaient réapparus – le seul véritable changement était ces visites que lui faisait désormais, chaque soir, un *gentleman* imaginaire. Tout paraissait alors indiquer que son état ne se modifierait plus.

En 1974, cependant, il fut décidé, après une interruption de quatre ans, de tenter de lui administrer une nouvelle fois de la L-DOPA. Ses réactions furent d'emblée excellentes, *mais intermittentes* (c'est ce que l'on nomme des « réactions fluctuantes ») ; elle retrouva par exemple une élocution presque parfaite, mais seulement quelques heures par jour : soit elle parlait parfaitement, soit elle était muette. Ces fluctuations intervenaient d'autre part sans aucun avertissement – sa voix pouvait très bien brusquement s'éteindre au milieu d'un mot. Lorsqu'elle était capable de parler, elle pouvait aussi marcher et retrouvait une entière liberté d'action (limitée seulement par sa dystonie et ses contractures) ; mais cette liberté de mouvement pouvait elle aussi disparaître brusquement, et être remplacée en un clin d'œil par de l'aphonie, de l'akinésie, des tremblements violents et de la rigidité ; l'inverse pouvait également se produire, de façon tout aussi brutale (l'instantanéité de ces changements était confirmée par ses électroencéphalogrammes : voir l'Appendice).

Depuis sept ans, cette situation se maintient. Les réactions de Mme C. ne se sont pas affaiblies, et les « effets secondaires » (les tics, les battements de bras, etc.) auxquels elle avait été sujette en 1969 ne sont jamais réapparus. Le seul « inconvénient » de cette activation est son intermittence : Gertie a un fonctionnement presque normal cinq ou six heures par jour, et est totalement handicapée les dix-huit ou dix-neuf heures restantes. Nous avons essayé d'augmenter ou de diminuer ses doses de L-DOPA et de faire varier l'heure de ses prises, sans aucun résultat. La dose de 4 g de L-DOPA par jour lui « assure » six heures de fonctionnement satisfaisant. Toute dose inférieure lui est moins profitable – les effets favorables ne se prolongent que deux ou trois heures ; et les doses plus importantes n'accroissent pas la durée de la rémission de ses symptômes.

De telles réactions à la L-DOPA peuvent difficilement être

pensées autrement qu'en termes économiques. Gertie m'a d'ailleurs dit elle-même : « Mon cerveau ne me *permet* que ce type de fonctionnement – il ne travaille qu'une partie du temps, il ne peut pas faire plus. Quand il a fait son quota, il arrête – il a beaucoup de bon sens, il agit sagement. »

Sachant durant combien d'heures son « réveil » se prolongera, Gertie C. s'efforce de planifier son emploi du temps en conséquence, malgré l'imprévisibilité intrinsèque de ses « fluctuations », qui rend tous ses plans très aléatoires. Elle adore bavarder, s'occuper, se distraire – mais cela ne lui est possible qu'à certains moments de la journée, parfaitement imprévisibles. Elle a beaucoup d'amis à Mount Carmel même et sa famille vient très souvent lui rendre visite, si bien qu'elle peut toujours, si elle est « réveillée » et si elle le désire, avoir de la compagnie. Elle possède un magnétophone qui lui sert à enregistrer des lettres, des salutations, des messages, etc., pour les moments où son « quota » de mouvements et de paroles est limité.

Depuis qu'elle mène une vie plus satisfaisante et peut, quelques heures par jour, avoir des activités et bavarder avec des amis, Mme C. a pu se passer de ses hallucinations. Elle m'a dit : « Maintenant, j'ai de *vraies* visites de personnes réelles, qui m'aiment *vraiment* et ont pour moi de *véritables* attentions. Je n'ai plus vu mon soupirant fantôme depuis plus de sept ans. »

Martha N.

Peut-être aurais-je plutôt dû écrire plus haut que *chacune* des évolutions que je retrace ici est surprenante, car aucune ne ressemble à une autre, ou n'est que le simple prolongement de ce qui l'a précédé : car nous ne parlons pas ici de cas et de processus uniformes, mais de phénomènes physiologiques se déroulant chez des individus, et d'individus insérés dans une histoire. Il peut arriver que, bien que l'on *escompte* retrouver dans les phénomènes que l'on étudie une reproductibilité et une uniformité toutes scientifiques, l'on se trouve néanmoins *confronté* à toutes les vicissitudes de l'histoire ou du roman. Le cas de Martha N. en est un parfait exemple : dans la première lettre qu'il m'adressa après avoir lu *Cinquante Ans de sommeil,* A. R. Louriia fut si frappé par ses réactions qu'il me demanda, à son propos : « Pourquoi la L-DOPA eut-elle chaque fois des effets aussi différents ? » Je ne pus, en 1973, lui fournir de réponse.

J'écrivais, commentant les cinq (ou les six, en comptant l'amantadine) tentatives de traitement que nous lui fîmes subir, que ses réactions furent chaque fois « extrêmement différentes », mais que, une fois telle ou telle réaction installée, *son caractère n'évoluait pas :* « Les réactions de Mlle N., concluais-je, se caractérisèrent donc par une extrême hétérogénéité *physiologique* d'une phase de traitement à l'autre, mais présentèrent tout en même temps, une fois telle ou telle première réaction apparue, une unité *dramatique* frappante. » Lorsque, en 1970, nous interrompîmes son traitement et la vîmes redevenir « la vieille dame aimable, accommodante, spirituelle et terre à terre » que nous avions connue, tout portait à croire, comme en ce qui concernait Gertie C., que son état n'évoluerait plus, et telle était d'ailleurs son impression ; elle me dit : « Des visions et tous les trucs de ce genre, j'en ai eu pour jusqu'à la fin de mes jours. » Peut-être aurait-il *mieux valu* que son histoire s'arrêtât là, mais, tout comme Gertie C., Mlle N. fut remise sous L-DOPA en 1974, c'est-à-dire à une époque où, ayant pris une année sabbatique, j'étais moi-même absent de Mount Carmel. Ces vacances faillirent m'être fatales : au lieu de les passer dans les plaines sûres de la science, j'étais parti en montagne où j'avais fait une chute, et j'avais dû à la suite de cet accident rester hospitalisé durant six mois ; pendant que j'étais ainsi devenu *moi-même* un patient, mes propres patients firent les frais d'un certain regain d'enthousiasme pour la chimiothérapie : ce fut durant cette période que Gertie C., Martha N. et beaucoup d'autres patients (y compris Leonard L.) qui avaient tant bien que mal réussi à atteindre, sans prendre de médicaments, un niveau d'accommodation relativement satisfaisant, furent remis sous L-DOPA ou sous amantadine par un médecin dont l'enthousiasme n'avait pas encore été tempéré par l'expérience. Contre toute attente, le nouveau traitement de Gertie lui réussit ; comme on aurait peut-être pu s'y attendre, celui de Martha tourna mal.

Aujourd'hui, Martha est toujours en vie et en bonne santé –

mais cela aurait sans doute été également le cas si on ne l'avait pas remise sous médicaments. Elle prend depuis sept ans de l'amantadine, avec quelques interruptions, et, depuis sept ans, est sujette à une hallucinose chronique. Physiquement, elle est en bonne forme, a retrouvé une voix audible, avale convenablement, parvient à bouger les bras, etc., et sa rigidité, son hypersialie et son oculogyrie se sont considérablement atténuées ; mais elle reste très handicapée par la dystonie de ses jambes (qui se traduit par une véritable impotence fonctionnelle) et le torticolis permanent de son cou. Les *bénéfices* qu'elle tire du traitement sont donc parfaitement clairs : ce qui l'est beaucoup moins, c'est son *coût* effectif, et l'on peut se demander, finalement, si elle a véritablement les moyens de *se payer* ce luxe. Le « prix » du traitement, pour Gertie C., ce sont ses *limites ;* le fait qu'il n'agisse que six heures sur vingt-quatre, et, dans la mesure où elle serait *totalement* inactive si elle ne prenait pas de L-DOPA, on peut dire que, dans son cas, ce n'est pas trop cher payer. Le « prix » que paie Martha N. est autrement lourd, car l'amantadine a pour effet de la plonger dans une hallucinose ou un délire subaigu chronique, qui, la soustrayant à cette vallée de larmes qu'est notre terre, la « transportent » dans les innombrables mondes illusoires et irrationnels, romantiques, baroques et parfois aussi terrifiants nés de son imagination.

Elle est mariée, elle est enceinte, et elle a mis au monde un robot. Elle est reine d'un royaume de lapins et de souris blanches. Elle est à Hollywood ; dans un pays féerique ; avec son frère, à Miami. Elle attend de retourner chez elle, de subir une opération neurochirurgicale, ou de se réincarner. Elle est la Mère de Dieu, rejetée par Dieu et possédée par douze démons.

Ces chimères et ces fantômes l'accaparent tant qu'elle ne quitte plus l'étage des postencéphalitiques – elle prétend avoir « d'autres choses à faire ». Elle ne parle presque plus, et n'a quasiment plus aucune relation avec son entourage – elle qui auparavant était si sociable et se montrait toujours si aimable avec tout le monde. Nous espérâmes un moment qu'elle continuerait à faire du crochet ou à coudre, car elle avait été à une époque très fière des magnifiques travaux de couture qu'elle réalisait. Mais elle répondit à nos encouragements : « Mais, regardez, je *suis en train* de coudre, vous ne voyez pas », et, avec effroi, nous nous aperçûmes que les mouvements complexes qui agitaient sans cesse ses mains mimaient en fait les gestes délicats de la couture, et que ses doigts semblaient manier un fil et une aiguille imaginaires. « Regardez quel joli couvre-lit j'ai cousu pour vous ! » nous disait-elle ; ou encore, dessinant des silhouettes invisibles dans l'air : « Regardez les jolis dragons, la mignonne licorne, qui se trouvent dans cet enclos. » « Tenez, prenez cela », me dit-elle un jour, en me tendant un objet fantomatique. Je ne savais pas très bien, dans ces circonstances, s'il fallait participer à cette gracieuse et charmante pantomime, ou lui dire : « Ce n'est pas vrai, Martha – vous savez bien qu'il n'y a rien là. »

Car elle le sait, et en même temps elle ne le sait pas – elle est à la fois consciente et inconsciente. Elle me reconnaît, n'a pas perdu la notion du temps, n'est ni confuse ni désorientée – ce qui ne correspond guère au tableau typique du délire organique ; et elle se souvient parfaitement de ses innombrables fantasmes. En cela, elle ne ressemble pas du tout à Gertie C., qui ne garda strictement *aucun* souvenir du délire aigu auquel elle avait été sujette en 1970 (p. 198). Mais le terme de délire est peut-être inexact ; peut-être Martha est-elle tout simplement devenue folle.

Dans leurs « mauvaises » aussi bien que dans leurs « bonnes » réactions, ces patients renvoient toujours aux mêmes dilemmes. J'ai déjà indiqué, par exemple, que, s'interrogeant sur les changements qu'avaient provoqués en elle la L-DOPA, Hester Y. avait écrit dans son journal : « Est-ce dû au médicament que je prends, ou est-ce simplement mon état d'esprit qui a changé ? » Martha N., pour sa part, était une vieille routière de la dissociation mentale : elle avait, avant de prendre de la L-DOPA, été sujette durant plus de trente ans à des « psychoses de Pâques » annuelles ; et, lorsque, en mars 1970, elle avait reçu la visite de ces inquiétants barbus dont les apparitions l'excitaient tant, elle avait fait preuve d'un grand talent théâtral, réussissant tout à la fois à se faire la complice de ces hallucinations et à les contrôler avec une indéniable maîtrise. Qu'en est-il actuellement ? Pouvons-nous dire que ce qui lui arrive est « dû aux médicaments qu'elle prend » ?

Ou doit-on penser plutôt qu'elle a fini par capituler devant la folie érotisée, diabolisée, religieuse, dont elle est atteinte depuis tant d'années ?

Une donnée essentielle peut peut-être ici nous aiguiller. J'ai déjà indiqué que la mort de ses parents, survenue en 1951, entraîna une brusque aggravation de sa maladie, et que son hospitalisation à Mount Carmel, en 1954, fut rendue indispensable par la « détérioration très rapide de son état » qui suivit ce deuil (p. 201). Mais j'ai omis de mentionner qu'elle avait également un frère, auquel, bien qu'il fût un vaurien alcoolique, elle était très attachée ; après le décès de ses parents et son admission à Mount Carmel, ce frère fut la seule personne avec laquelle elle conserva un lien profond et authentique, et peut-être son seul point d'ancrage dans la réalité affective. Lorsqu'elle fut séparée de lui, je pense que, bien qu'elle ne nous l'avouât jamais et dissimulât toujours ses sentiments sous une « affabilité » de façade, elle se sentit atrocement seule.

Lorsque, en 1974, un médecin lui fit reprendre de l'amantadine, son frère lui rendait encore souvent visite ; mais il se faisait vieux et était en mauvaise santé, et, après avoir hésité durant un an et en avoir longuement discuté avec sa sœur, il prit finalement la décision d'aller vivre en Floride. Martha était déchirée entre deux désirs contradictoires – elle pensait à l'intérêt de son frère, et, en même temps, elle ne pouvait supporter l'idée de le voir s'éloigner d'elle. Il partit donc pour la Floride – et mourut peu de temps après.

Lorsqu'on lui apprit la triste nouvelle, Martha ne montra aucune réaction ; elle parut ne pas comprendre, et se mit à divaguer ; elle *ne pouvait pas* admettre la mort de son frère. Rétrospectivement, il me semble que c'est à partir de cette époque qu'elle s'est irrémédiablement enfoncée dans la folie. Les fantasmes qu'elle eut durant cette période *démontrent* l'importance de ce deuil, et témoignent du déni total de la réalité qu'il entraîna : plusieurs fois, par exemple, elle descendit dans l'entrée, une petite valise pleine de vêtements à la main, et cria à la cantonade : « Au revoir, tout le monde. Je pars en Floride ! » Plus tard, elle refusa de quitter l'étage des postencéphalitiques, répliquant sèchement aux infirmières qui essayaient de la convaincre de bouger : « Je m'en vais, vous ne voyez pas... J'attends d'un instant à l'autre un coup de fil de Floride. » Sa vie devint une interminable attente – elle attendait de partir pour la Floride, attendait que son frère vienne la chercher. Ce déni massif de la réalité lui fit perdre tout ancrage dans le réel au sens large du terme – du moins est-ce ainsi, après coup, que je comprends son évolution ; c'est de là, me semble-t-il, que datent sa totale perte d'intérêt pour ce monde, la sphère sublunaire, notre pauvre ici et maintenant, et ses errances lunatiques dans les autres mondes baroques issus de son imagination.

Je n'ai jamais vraiment su, personne n'a jamais su, que dire ni que faire en face de sa folie : devrions-nous interrompre l'amantadine, quitte à lui faire retrouver son impotence fonctionnelle ? Nous avons une fois essayé d'arrêter le traitement durant six mois, et avons constaté que, si tous ses symptômes parkinsoniens revenaient avec force, elle ne renonçait *pas* pour autant à ses étranges idées. Devrions-nous la forcer à sortir de son isolement, à participer à des activités « sociales » et à nos ateliers d'ergothérapie, et à regarder malgré elle « ce visage meurtri de cocher de fiacre qu'est le monde » ? Ou bien faut-il accepter son état tel qu'il se présente et la laisser contempler extatiquement les mondes de sa rêverie ? Peut-être ne nous appartient-il pas de faire ce choix ; peut-être est-il trop tard pour choisir. L'histoire de Martha N., comme celle de Rose R., se termine sur une énigme.

En septembre 1981, juste après avoir écrit ce qui précède, je revins à New York et interrompis son traitement. Sa psychose se dissipa immédiatement – mais, du même coup, elle perdit toute vie *imaginaire.* Elle s'enfonça à nouveau dans son parkinsonisme, mais sembla également chaque jour envahie par une détresse plus profonde, et à son faciès parkinsonien s'ajouta désormais le masque du désespoir. Elle pouvait à peine parler, mais ce qu'elle dit suffit à me glacer d'effroi : elle me déclara : « Vous m'avez enlevé mes fantasmes. Il ne me reste plus rien. » Je ne pus m'empêcher de songer à la fin rapide de Rolando P., après qu'il eut perdu la volonté de vivre (p. 150). Martha paraissait chaque jour plus vide et plus fantomatique ; ses yeux nous fixaient, mais ils semblaient ne plus nous voir vraiment. Elle mourut le 12 octobre. Je me demande si, en arrêtant son traitement et en la privant de ces fantasmes qui étaient peut-être tout ce qu'il lui restait, je ne l'ai pas tuée.

Ida T.

Bien que restant décisivement « réveillée » par la L-DOPA, Ida T. vit son état se détériorer progressivement malgré toutes nos tentatives de faire varier sa dose quotidienne, d'interrompre périodiquement le traitement, etc. La merveilleuse amélioration de ses capacités de mouvement et d'expression intervenue en 1969 ne dura pas, et sa rigidité et ses blocages se réinstallèrent peu à peu. Sa régression demeura néanmoins purement physiologique – elle ne perdit pas cet entrain et cette bonne humeur qui faisaient toute l'originalité de son « caractère », et resta, jusqu'à la fin de ses jours, très aimée de tout le personnel.

En 1977, Ida contracta une tumeur maligne qui se développa de façon foudroyante (elle perdit quatre-vingt-dix kilos en quelques mois). Elle me faisait penser à une baleine agonisante – elle savait qu'elle allait mourir, et acceptait son sort avec une sorte de gaieté résignée. Juste avant qu'elle meure, je bavardai deux ou trois heures avec elle ; elle me dit : « Je remercie le ciel de m'avoir fait connaître la L-DOPA. Ces dernières années ont été les plus belles de ma vie. »

Aaron E.

Je concluais l'histoire d'Aaron E. sur une note optimiste ; j'écrivais (p. 236) : « il semble néanmoins avoir ces dix derniers mois réussi à trouver un équilibre dont il tire le plus grand profit, et qu'il conservera peut-être indéfiniment ». Mes espoirs ont été déçus – et je comprends maintenant que je n'avais pas encore bien saisi, à l'époque, la différence fondamentale qui distingue les syndromes postencéphalitiques de la maladie de

Parkinson ordinaire : les troubles postencéphalitiques sont essentiellement (ou du moins très fréquemment) *statiques,* si bien que, si un certain équilibre *peut* être atteint, celui-ci peut se maintenir indéfiniment. Cela s'est produit chez maints de nos patients – l'exemple de Miriam H. le montre clairement. La maladie de Parkinson, au contraire, est essentiellement *évolutive,* et tel était le mal dont souffrait Aaron E. : il était déjà parvenu, lorsqu'il fut admis à Mount Carmel, à un stade de la maladie très avancé.

Lorsque, en 1969, nous commençâmes à employer la L-DOPA, j'en administrai non seulement à la plupart de nos patients postencéphalitiques, mais également à trente malades parvenus à un stade avancé de la maladie de Parkinson proprement dite. Aujourd'hui, douze ans plus tard, tous ces patients sont morts, alors que beaucoup de nos postencéphalitiques sont toujours en vie, et en bonne santé.

L'état d'Aaron E. commença à se détériorer gravement à partir de 1972 – bien que, en termes de maladie sous-jacente, il ait commencé en fait à lâcher pied dès 1962. Ses réactions à la L-DOPA s'affaiblirent et s'écourtèrent d'une phase de traitement à l'autre, et nous dûmes lui ménager des « fenêtres thérapeutiques » de plus en plus fréquentes (alors qu'il ne pouvait se passer de L-DOPA). Son humeur et son moral ne furent pas atteints – il ne se laissa pas glisser dans la régression et la dépression dans lesquelles il avait sombré avant de prendre de la L-DOPA –, il demeura aussi actif que possible et, même vers la fin, revint toujours véritablement ressuscité des week-ends qu'il passait dans sa famille (ses fils et ses petits-fils étaient heureusement de grands gaillards, capables de le porter jusqu'à leur voiture lorsqu'il ne pouvait plus marcher).

Vers 1976, il fut considérablement affaibli et handicapé par une perte de poids importante, et vit en même temps tous ses troubles parkinsoniens impitoyablement s'aggraver. Son décès ne fut pas dû à son parkinsonisme – le parkinsonisme n'a *jamais* directement tué personne –, mais à un cancer malin de la prostate. Ce cancer s'étendit malgré une opération chirurgicale, et son urémie s'accrut rapidement. Il mourut, paisiblement, au début de 1977.

George W.

Contrairement aux autres patients cités dans cet ouvrage, George W. n'était pas hospitalisé et souffrait d'une forme de la maladie de Parkinson inhabituellement bénigne, et à évolution particulièrement lente. Il partit s'établir en Floride en 1972 et, en 1979, il était toujours très actif et continuait à prendre de la L-DOPA. Il m'a jusqu'à cette date écrit régulièrement pour me tenir au courant de son état – il est même passé une fois me voir à Mount Carmel –, mais nous avons depuis deux ans perdu contact, si bien que je ne sais pas ce qui lui est arrivé par la suite.

Si je devais, sur la base des informations qu'il m'a fournies et à partir de mon expérience des autres patients, hasarder une hypothèse, je dirais que j'imagine qu'il est encore actif et capable de se déplacer, et que la L-DOPA continue à lui faire beaucoup de bien, même si (comme dans le cas d'Aaron), l'apparition de son parkinsonisme remonte à 1962. Je le crois, d'abord, parce que ses symptômes restèrent beaucoup plus bénins et évoluèrent beaucoup plus lentement que ceux d'Aaron (nous ignorons les causes de telles variations) ; ensuite – c'est une donnée importante –, parce qu'il ne fut pas hospitalisé : pour diverses raisons qui ne sont pas entièrement claires (certaines sont naturellement tout à fait évidentes), les patients atteints de la maladie de Parkinson proprement dite *ont tendance* à supporter beaucoup plus mal la vie en hôpital que les patients postencéphalitiques ; nous l'avons constaté maintes et maintes fois à Mount Carmel, et le docteur Sharkey m'a confirmé qu'il en allait de même au Highlands Hospital. Cela semble être une expérience universelle.

Cecil M.

Bien qu'*atteint* de troubles postencéphalitiques, Cecil M. ne faisait pas partie de nos pensionnaires, et n'avait même jamais été hospitalisé (c'était l'un des patients de mon père, et j'ai en partie présenté son cas pour des raisons affectives). J'ai eu aussi le sentiment que je devais brièvement relater son histoire précisément *parce qu*'il n'était ni gravement handicapé ni hospitalisé, et s'apparentait en cela aux milliers de patients postencéphalitiques qui, en dépit de troubles postencéphalitiques caractérisés, continuent à mener une vie satisfaisante, active, presque morale. Cela leur est possible parce que leurs troubles sont *statiques* : les patients qui ont réussi à surmonter leurs symptômes en 1930 ou 1940 n'ont aucune raison de ne plus en être capables *quarante ans plus tard*. Tel est le cas de M. M.

En 1981, Cecil M. demeure vigoureux et indépendant, est toujours aussi actif et continue à conduire sa voiture. Ses gestes, avec l'âge, se sont un peu ralentis et il souffre d'arthrite, mais son parkinsonisme n'a que très peu progressé. Son opinion sur la L-DOPA (il me disait en 1970 : « Au début, les effets ont été très agréables, mais ensuite j'ai eu trop d'ennuis pour avoir envie de continuer. J'arrive parfaitement à m'en passer ») a d'autre part évolué.

Il peut s'en passer, mais il se porte tout de même mieux s'il en prend régulièrement, à faible dose. Il prend notamment un demi-comprimé de sinémet deux fois par jour. Certains parkinsoniens absorbent cette même dose jusqu'à dix fois par jour, mais Cecil M. a constaté que cette posologie lui convenait parfaitement. S'il dépasse cette dose, sa constriction des mâchoires, son trismus, se réveille immédiatement ; s'il prend une dose *inférieure*, son parkinsonisme s'exacerbe. Heureusement pour lui, ses réactions *peuvent* être « contrôlées » : il peut les « corriger » lui-même en augmentant ou en diminuant ses doses quotidiennes, et parvient à éviter toute complication majeure. Il ne vise pas un « réveil » spectaculaire – il n'en a d'ailleurs pas besoin –, et se contente de la légère amélioration que lui procure cette faible dose de sinémet.

Il va donc très bien, et tout porte à croire que sa stabilité se maintiendra jusqu'à la fin de ses jours.

Leonard L.

Nous allons maintenant retrouver Leonard L., le dernier patient cité dans *Cinquante Ans de sommeil*. A la suite de ma onzième et « dernière » tentative de traitement à l'amantadine, Leonard m'avait dit : « C'est fini. Avec les médicaments, c'est *foutu.* Il n'y a plus rien que vous puissiez faire pour moi. » Par la suite, juste après que j'ai fini d'écrire le récit de son histoire, il avait ajouté : « Maintenant, j'accepte toute la situation. Ces trois dernières années, j'ai beaucoup appris. Et, maintenant, je resterai moi-même, et vous pouvez garder votre L-DOPA. »

Il avait accepté, nous avions accepté, que cela soit « fini », et j'interrompis donc tout traitement pendant plus de deux ans. Il retrouva alors tous les symptômes auxquels il avait été sujet avant de prendre de la L-DOPA, et, d'une certaine manière, accueillit cette évolution avec un détachement de soi aux accents « élégiaques » : il me dit, par exemple, recommençant à communiquer avec moi en me désignant des lettres sur son petit alphabet (car il avait à nouveau perdu l'usage de la parole) : « C'est comme ça, on n'y peut rien. C'est terminé. Je ne regrette rien, c'est la fatalité. » Mais, d'un autre côté, il n'acceptait *pas* son sort, ne *pouvait pas* l'accepter. Il pestait contre le destin, et invoquait en même temps sa clémence. Il pensait que les Parques pourraient se laisser fléchir – un petit peu. Il faisait des prières (il priait selon les formules du Yom Kippour) pour qu'elles reviennent sur leur implacable décret, ou en adoucissent les termes. Il méditait longuement sur la nature de la « miséricorde divine », cherchant à savoir si elle pouvait transcender, sans les transgresser, les lois immuables de la destinée, spéculait interminablement sur la nature de la loi et du destin : il se demandait notamment si « le destin est loi *de,* ou loi *pour* » ; lorsqu'il le voyait comme « loi de », c'est-à-dire comme un processus purement naturel, il trouvait facile de l'accepter et de professer une sorte d'*amor fati ;* lorsqu'il le pensait comme « loi pour », il le trouvait, d'un point de vue strictement moral, infiniment difficile à supporter, et avait du mal à croire qu'il découlait de la volonté d'un Dieu sage, et non de la cruauté gratuite d'un dieu puéril et criminel. Il réfléchissait beaucoup, également, à la possibilité de « tenter le sort » ; il me demanda : « Reprendre de la L-DOPA, vous pensez que ce serait tenter le sort ? » Il rumina longtemps cette idée, sans parvenir à prendre une décision.

Les réactions remarquables et inattendues de Gertie C., lorsque l'on recommença à lui administrer de la L-DOPA après une interruption de quatre ans (voir p. 336), mirent un terme à ses hésitations : il se dit que, si le « destin » de Gertie avait changé, le sien pourrait peut-être aussi se modifier. Mais, hélas, la merveilleuse et inexplicable amélioration qu'avait entraînée chez Gertie la reprise du traitement ne se reproduisit pas dans le cas de Leonard. Les cinq années qui venaient de s'écouler n'avaient amené aucun changement : sa sensibilité à la L-DOPA s'avéra aussi extrême en septembre 1974 qu'en septembre 1969, et ses réactions furent, une nouvelle fois, *totalement* pathologiques – il fut à nouveau la proie de tics, d'une tension nerveuse et de blocages psychiques insupportables. Il me dit, toujours à l'aide de son alphabet : « Sans espoir. C'est sans issue. Serait-ce vraiment la fin ? » Puis, après avoir consulté sa mère – il ne prenait quasiment aucune décision sans en discuter avec elle –, il me demanda de le remettre sous amantadine ; il me dit : « Ça ne peut pas être pire. Autrefois, elle m'a fait *un certain* effet. »

La période 1974-1980 ressembla en tous points aux années 1969-1972. Nous lui administrâmes de l'amantadine à de multiples reprises et, chaque fois, après des premiers résultats assez favorables, les effets du traitement s'atténuèrent ensuite progressivement. En « moyenne », le cycle de ses réactions s'étendait sur six semaines : dans un premier temps, sa vigilance s'accroissait – il se « réveillait » et son parkinsonisme régressait (cette atténuation de ses symptômes était toute relative, car, même dans ses meilleurs moments, il ne pouvait que murmurer et restait profondément handicapé) ; puis, au bout de deux à quatre semaines, il était la proie de tics convulsifs et de contractions musculaires, était sujet à des moments de confusion et des blocages mentaux, ses pupilles se dilataient, et ses yeux commençaient à exprimer un terrible effroi. Nous interrompions alors le traitement, et il s'enfonçait à nouveau dans les formidables profondeurs – les abîmes – du parkinsonisme, et d'une hébétude presque stuporeuse.

Sa « santé » (son potentiel de normalité) paraissait ne plus tenir qu'à un fil, se réduire de plus en plus à une *ligne* de plus en plus étroite bordée de toutes parts par les abîmes pathologiques de la stupeur et de la frénésie. La plupart de nos patients qui, après avoir dans un premier temps réagi favorablement au traitement, avaient ensuite largement perdu l'« arrière-plan » de santé, le *potentiel* de normalité ayant sous-tendu jusque-là leurs symptômes, et s'étaient alors retrouvés ballottés d'un pôle de leur être (ou de leur non-être) à l'autre, m'avaient déjà donné cette impression. Mais je n'en ai reçu une confirmation objective qu'en 1977, lorsque les électroencéphalogrammes que nous avons à cette époque commencé à faire passer à nos patients m'ont permis d'observer leurs ondes cérébrales, l'activité électrique de leur cerveau, dans toutes sortes d'états et à toutes sortes de stades. J'ai constaté, chez chacun d'entre eux, une sorte de triade ou de triptyque : leurs électroencéphalogrammes révélaient une activité cérébrale extrêmement lente lorsqu'ils n'étaient pas sous traitement, une activité très excitée et presque convulsive dans les périodes de surexcitation entraînées par la L-DOPA ou les autres produits que nous employions, et, entre ces deux extrêmes, pour ainsi dire, une zone étroite d'activités cérébrales au tracé très aplati, paraissant relativement normales. Les réactions de Leonard L. à l'amantadine m'ont tout particulièrement permis d'observer ce phénomène, sur lequel je reviendrai en détail dans l'Appendice.

Nous vîmes souvent cette zone de relative normalité s'amenuiser de plus en plus, et disparaître presque totalement. L'évolution de Leonard nous en donna maintes et maintes fois confirmation, cliniquement, électriquement, horriblement : elle le plaça, nous plaça, dans une épouvantable double contrainte (*double bind* *), car son état « de base » se détériora tant que les symptômes effroyablement invalidants auxquels il était sujet lorsqu'il n'était *pas* sous traitement finirent bientôt par également se manifester, après quelques jours d'amélioration, *durant* les phases de traitement. Il me murmura : « Pensez-vous que mes récepteurs soient en train de mourir ? Je ne sais pas trop si le traitement les soigne ou les tue. »

Ceux qui ont vu le film tiré de *Cinquante Ans de sommeil*

* Sur ce concept élaboré par G. Bateson, cf. notamment G. Bateson, *Vers une écologie de l'esprit*, t. II, Paris, Éd. du Seuil, 1980, p. 9-48 [*NdT*].

se souviendront que, malgré ses traits figés, son immobilité et son silence, Leonard L. avait un visage rond et un teint fleuri qui respiraient la santé, et paraissait beaucoup plus jeune que son âge. Il demeura en bonne santé et conserva cette rondeur jusqu'aux environs de 1977. Puis, les effets effroyables du traitement, ainsi que la dramatique réduction des effectifs de notre personnel infirmier et de nos aides médicales, finirent par complètement modifier son apparence ; il perdit du poids, s'affaiblit, commença à s'étouffer en mangeant, contracta plusieurs pneumonies, eut des infections urinaires successives, et, surtout, souffrit d'escarres de décubitus. En 1978, Leonard était un homme décharné, malade, qui était en train de mourir à petit feu et le savait parfaitement. Nous le transférâmes, afin d'arrêter cette détérioration croissante de son état de santé et de lui sauver la vie, dans notre service de « soins intensifs », mais ses escarres s'aggravèrent ; elles finirent par s'accompagner de douleurs incessantes, de fièvre et d'une septicémie qui le vida des protéines dont il avait un besoin si vital.

Jusqu'à cette époque, la « rage » qu'il éprouvait en songeant à son destin attisa sa rage de vivre : c'était la vie elle-même qui faisait rage en lui, parce qu'elle enrageait de s'éteindre. Mais, à partir de 1978, cette rage vitale, cette volonté de vivre furent de plus en plus sapées par ses symptômes et son affaiblissement physiologiques. Et lui-même consentait à cette érosion de sa volonté ; il me dit en 1980 : « Quel sens cela a-t-il ? Ma vie n'est que souffrances et sanie, sanie et souffrances. C'est insupportable. Ce n'est pas une vie. »

Fin 1980, l'amantadine cessa de lui faire de l'effet – ou, plutôt, n'entraîna plus que des effets pathologiques. Au début de 1981, ayant le sentiment que sa vie était en jeu et que cela était *inévitable,* nous décidâmes après des discussions approfondies de lui administrer à nouveau de la L-DOPA.

Les extraordinaires et paradoxaux caprices du destin voulurent que cette fois, pour la première fois depuis douze ans, la L-DOPA lui « fît de l'effet ». Brusquement, Leonard retrouva une partie de ses forces, sa voix et sa « rage », qui en l'occurrence n'était plus que la rage du désespoir. Je me trouvais à la clinique lorsqu'on me téléphona pour m'avertir qu'il avait « repris ses esprits ». Stupéfait et anxieux, je me précipitai dans sa chambre, où je le découvris en train de hurler d'une voix de stentor : « Enfer et damnation ! Foutue DOPA, foutu miracle. Regardez-moi – je tombe en morceaux. Je suis mourant, je suis presque mort, et, *maintenant*, vous me ressuscitez avec votre L-DOPA ! C'est un miracle *dégueulasse* – obscène – bien pire que celui de Lazare... Pour l'amour de Dieu, arrêtez et laissez-moi mourir en paix. »

J'interrompis naturellement le traitement, et le laissai tranquille. Il s'enfonça à nouveau dans son immobilité silencieuse, et ne donna *extérieurement* plus aucun signe de vie. J'ignore ce qui se passait en lui – il donnait l'impression d'être conscient, bien que déjà très loin de ce monde. Il avait le visage profondément serein de quelqu'un qui est prêt à mourir – je ne pus m'empêcher de penser à la façon dont Donne mourut. Je vins plusieurs fois m'asseoir à côté de son lit pour contempler son visage paisible. La mort, quand elle vint, lui fut douce et clémente – il rendit l'âme sans se plaindre, joyeusement, laissant là le pauvre corps qui avait été son purgatoire.

Chère Madame L.,

J'ai, depuis que l'on m'a appris la mort de Leonard, plusieurs fois essayé de vous téléphoner, sans réussir à vous joindre. J'espère que cette lettre vous parviendra. La nouvelle de sa mort m'a profondément attristé – j'en ai été bouleversé, même si je sais à quel point et depuis combien d'années il était malade ; et ma première pensée a été pour vous, qui, tout au long de ces années, l'avez de mille manières nourri et lui avez mille et mille fois donné la vie. Dire que je suis de tout cœur avec vous est bien au-dessous de ce que je voudrais vous exprimer – mais c'est finalement là tout ce qu'un être humain peut dire à un autre en de telles circonstances. Je n'ai rencontré le frère de Leonard que deux ou trois fois, mais j'espère que vous lui transmettrez mes condoléances.

Seul le temps peut nous donner une perspective, et il me vient à l'esprit que je connais Leonard – et que je vous connais vous-même – depuis quinze ans, ce qui, dans une vie, compte beaucoup. L'image que je m'étais faite de Leonard dès 1966 – sa personnalité remarquable, le courage et l'humour avec lesquels il faisait face à cette terrible maladie dont il souffrait depuis si longtemps m'avaient d'emblée frappé – s'est imposée à moi avec encore plus de force d'année en année. J'ai essayé, dans les pages de *Cinquante Ans de sommeil* qui lui sont consacrées, de formuler les sentiments qu'il m'éveillait... mais j'étais cependant bien conscient des insuffisances et des imperfections de mon tableau : peut-être est-ce par rapport à vous, qui aviez une influence si *vivifiante* sur lui, que j'ai été le plus injuste... Sans doute n'ai-je compris cela qu'au cours des années qui ont suivi.

Aucun autre patient ne m'a davantage *appris* que votre fils – non seulement sur le parkinsonisme, etc., mais aussi sur ce que signifie être un être humain et survivre, sans rien perdre de son humanité, dans des circonstances aussi douloureuses et en devant lutter contre des forces aussi terribles. La survie de Leonard est un exemple pour nous tous, et je n'oublierai jamais (ni ne laisserai personne oublier) la leçon de courage qu'il m'a donnée ; et *vous-même*, en lui consacrant comme vous l'avez fait votre vie et vos moindres forces, vous êtes montrée non moins admirable... Il n'aurait jamais survécu – notamment ces dernières années – si vous ne l'aviez, comme vous l'avez fait, soutenu de toute votre âme... Vous êtes, vous aussi, l'une des personnes les plus courageuses que je connaisse.

La disparition de Leonard nous laissera un grand sentiment de vide, et nous aurons beaucoup de chagrin – seuls ces sentiments peuvent exister après un grand amour. Mais j'espère de tout cœur que la vie vous réserve encore de belles années... vous avez énormément de vitalité, et vous devriez être centenaire ! J'espère que Dieu, cette fois, se montrera bon avec vous et vous bénira, vous consolera dans ce deuil et vous rendra agréable le soir de votre vie.

Avec toute ma sympathie et mes sentiments les plus sincères,

Oliver Sacks.

Cher Monsieur Sacks,

Mon fils et moi-même tenons à vous remercier pour la lettre de condoléances si éloquente que vous m'avez adressée.

Oui, Leonard fut très courageux, et plus que cela encore. Sa disparition a laissé un grand vide dans ma vie, et je ne sais comment vivre sans lui. Je n'ai pas cessé de pleurer depuis qu'il m'a quittée. Je l'aimais profondément, et je ne sais si, après avoir été si proche de lui durant tant d'années, je pourrais maintenant vivre pour moi.

Je n'ai jamais eu d'amis, et ce n'est pas à mon âge (j'ai quatre-vingt-trois ans) que je m'en ferai, à supposer que cela m'intéresse. Vous comprenez donc, mon cher ami, à quel point, maintenant que Leonard n'a plus besoin de moi, je peux me sentir perdue et anéantie.

J'aime mon autre fils et sa famille, mais Leonard m'a toujours été particulièrement cher. A nouveau, je vous remercie pour votre chaleureuse lettre, et j'espère que vous aurez l'occasion de me téléphoner.

Tina L.

ANNEXES

APPENDICE

Données électroencéphalographiques

J'ai pu depuis 1977 étudier avec ma collègue Mme Carolan l'activité cérébrale des patients qui étaient encore en vie (voir l'Épilogue) et de plusieurs autres postencéphalitiques, pendant qu'ils étaient sous L-DOPA, durant les périodes d'interruption du traitement et dans diverses circonstances et conditions (Sacks et Carolan 1979).

L'électroencéphalographie permet, en quelque sorte, d'accéder directement à l'activité électrique du cerveau – elle donne la possibilité (comme son nom l'indique) au cerveau d'apposer sa propre signature électrique sur nos enregistrements. Le développement d'appareillages portatifs permet maintenant de faire passer des électroencéphalogrammes (EEG) dans les circonstances les plus variées – nous avons même enregistré l'activité cérébrale de patients en train de jouer du piano ! Nous pouvons donc, grâce à ce procédé, observer *directement* les « expressions du visage du système nerveux » (Jonathan Miller). Les EEG nous montrent, comme aucune autre technique ne le peut, ce qui « se passe » à l'intérieur du cerveau des patients postencéphalitiques.

Après son fabuleux « réveil » de 1969, Rose R. cessa de réagir à la L-DOPA. Elle s'enfonça à nouveau dans l'espèce d'« état de transe » dans lequel elle vivait avant le début du traitement, et recommença à passer ses journées assise sur sa chaise, totalement immobile, la tête violemment rejetée en arrière. Mais, comme je l'ai déjà indiqué, il suffisait cependant que quelque chose ou quelqu'un attire son attention pour qu'elle sorte de sa léthargie ; lui parler, ou simplement prononcer son nom, avait immédiatement pour effet de la faire émerger de son étrange vide mental et de lui rendre une partie de sa vivacité, de son intelligence, de sa cordialité et de sa personnalité : durant quelques minutes, un sourire charmant illuminait son visage, puis, cruellement, elle retombait dans son abysse stuporeux.

Les EEG que nous lui fîmes passer pendant qu'elle était plongée dans ces « états de transe » *(figure 1)* révélèrent une activité cérébrale extrêmement lente et irrégulière, presque informe, identique aux tracés électroencéphalographiques caractéristiques de la stupeur. Aussitôt que quelqu'un l'appelait – la ramenait à la vie –, cette activité d'allure stuporeuse était *instantanément* remplacée par un « rythme alpha » vif,

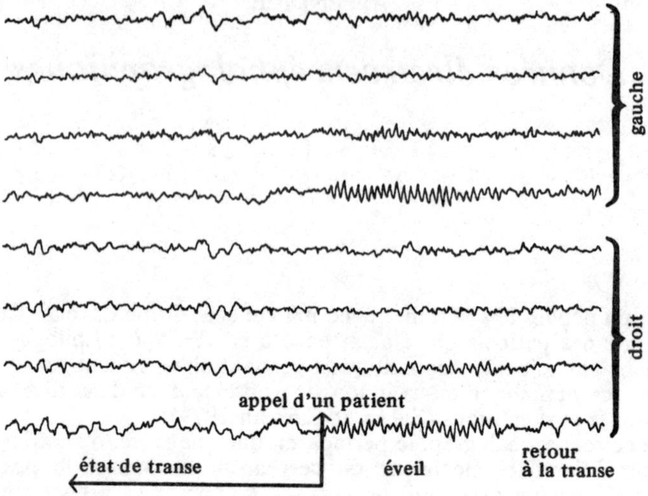

FIGURE 1. – *EEG de Rose R., montrant l'activité irrégulière, extrêmement ralentie, qui correspondait à ses états de « transe ». Dès qu'elle s'entendait appeler, un rythme alpha vif et normal apparaissait. Une seconde ou deux plus tard, il disparaissait et elle retournait à son état de « transe ».*

bien organisé, très régulier – semblable à celui que présente le cerveau normal, vigilant, éveillé. Mais, un instant après, dès que ce réveil et cette animation momentanés prenaient fin, ce rythme alpha disparaissait, et Rose R. retrouvait le type d'activité cérébrale nettement pathologique qui correspondait à ses « transes ». Ses EEG étaient donc tout à fait conformes à ses états cliniques – ils montraient comment la *pression* de la maladie la maintenait dans sa transe, et comment un contact humain ou tout événement réussissant à attirer son attention pouvaient, cruellement, la « réveiller » et l'« animer » – *mais seulement pour un instant.* Avant l'arrivée de la L-DOPA, en 1969, tous ces patients se trouvaient, fondamentalement, dans cette situation – ils demeurèrent ainsi durant des *décennies.*

Bien que la L-DOPA (ou les substances similaires) soit exceptionnellement efficace pour provoquer un « réveil » *prolongé,* nous avons vu que cet effet initial est toujours suivi, au bout d'un temps plus ou moins long, de « tribulations » diverses. Un excellent exemple de ce phénomène est le cas de Leonard L., qui, après l'extraordinaire été de 1969, ne supporta plus la L-DOPA, ni aucune substance apparentée, durant très longtemps – sa sensibilité à ces produits s'exacerba, et nous constatâmes qu'au bout de quelques semaines de traitement ses réactions devenaient immanquablement pathologiques (voir p. 257). Lorsqu'il n'était pas stimulé par l'amantadine, Leonard L. avait un EEG extrêmement lent – plus lent encore que celui de Rose R. Même dans le sommeil normal le plus profond, des ondes aussi lentes ne s'observent jamais *(figure 2a)* – bien que privé, lorsqu'il se trouvait dans cette situation, de toute capacité de mouvement, de toute émotivité et de toute volonté, Leonard n'était d'ailleurs pas endormi et conservait toute sa tête. Lorsqu'il était sous amantadine *(figure 2b)*, son EEG, dans un premier temps – tant que ses réactions demeuraient favorables –, était beaucoup plus rapide, mieux organisé et plus rythmique – en fait, presque normal. Lorsque, au bout de trois à quatre semaines de traitement, ses mouvements et ses pensées, sous l'effet de la *stimulation* entraînée par l'amantadine, prenaient un tour de plus en plus compulsif-convulsif, son tracé électroencéphalographique présentait un aspect excité et convulsif marqué,

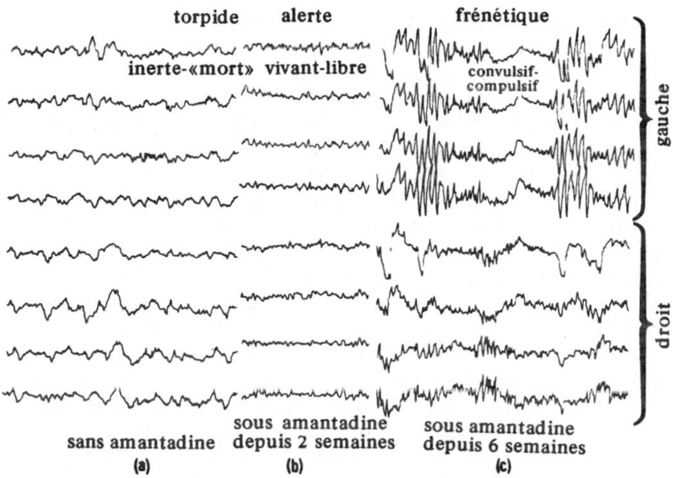

FIGURE 2 – *EEG de Leonard L., dans trois états différents. Lorsqu'il n'était pas sous traitement* (a), *l'activité électrique de son cerveau était lente et irrégulière ; lorsque l'amantadine commençait à le « réveiller »* (b), *ses rythmes cérébraux étaient beaucoup plus vifs et plus rapides, et avaient un aspect normal ; lorsque le traitement n'entraînait plus que des effets pathologiques* (c), *on observait enfin une activité très excitée, avec quelques bouffées convulsives, issues principalement de l'hémisphère gauche.*

laissant voir des bouffées répétées d'ondes de haut voltage correspondant à une activité paroxystique *(figure 2c)*. Finalement, Leonard devenait *si* violent et était sujet à de *telles* explosions que nous devions arrêter l'administration d'amantadine – ce qui avait chaque fois pour effet de le faire revenir en quelques heures à son immobilité et à son apathie presque stuporeuses *(figure 2a)*.

Le problème essentiel des patients dont le comportement et les états cérébraux tendent toujours à passer *d'un extrême à l'autre* – dont les troubles ont en fait un profil « bipolaire » – est de réussir à s'installer dans une position « intermédiaire » qui soit stable. Les EEG de Leonard L. – comme ceux d'une douzaine d'autres patients – confirment objectivement le dilemme clinique devant lequel nous sommes régulièrement placés ; ils nous montrent que l'administration continue de substances stimulantes ou génératrices d'un réveil finit par exercer sur ces patients une *pression* croissante, qui leur devient vite intolérable – si bien qu'ils en arrivent à ne plus pouvoir supporter ce dont ils ont un si grand besoin. Non seulement l'observation clinique mais également tous les EEG qui sont en notre possession révèlent que les *bases* de la santé de ces patients sont extraordinairement étroites – qu'ils marchent, en quelque sorte, sur une corde raide surplombant les abîmes de la maladie : les abîmes de la stupeur, d'une part, et de la surexcitation frénétique, d'autre part. Ce qui pourrait sembler n'être qu'une simple figure de style (simple, ou outrée) *s'avère,* sur leurs EEG, constituer une terrible réalité physiologique. Attachés tel Ixion à la roue tournoyante de leur physiologie, ces patients sont sans cesse emportés d'un extrême à un autre – d'un extrême de leur enfer physiologique à l'autre. Dieu merci, ce que nos traitements ne peuvent réussir, la musique, l'action ou l'art peuvent le leur offrir – du moins *tant qu'ils durent* (« On est la musique/ Tant que la musique dure »). Parmi tous les EEG qui nous ont permis de vérifier les effets de la musique sur nos patients, ceux que nous avons fait passer à Rosalie B. et Ed M., deux patients musiciens qui jouaient dans le film tiré de *Cinquante Ans de sommeil,* nous ont permis de faire des observations particulièrement spectaculaires : ces deux patients avaient en temps ordinaire des EEG nettement anormaux, présentant des traits à la fois stuporeux et convulsifs (le tracé électroencéphalographique de Ed révélait une activité cérébrale très lente dans un hémisphère, et convulsive dans l'autre : une moitié de son corps était effectivement catatonique, tandis que l'autre était agitée par des tics et des symptômes tourettiens très violents), et nous étions toujours émerveillés de voir à quel point, dès qu'ils jouaient ou entendaient de la musique, l'un et l'autre – en même temps que leurs états cliniques – pouvaient redevenir normaux. Aussitôt que la musique s'interrompait ou qu'ils cessaient de jouer, leurs EEG et leurs comportements redevenaient grossièrement pathologiques.

Toutes les études montrent à quel point le physiologique et l'existentiel sont liés. Le but des processus physiologiques, comme Claude Bernard nous l'a enseigné, est de fournir un *milieu intérieur* * constant – celui-ci étant la « *condition de la vie libre* * ». Au plus haut niveau, les rythmes cérébraux doivent conserver une certaine constance – ceci est peut-être la condition essentielle d'une vie libre. L'observation de ces patients comme leurs EEG démontrent que, pour assurer une base suffisante à leur action et à leur liberté, la physiologie de leurs rythmes et de leur « tonus » cérébraux doit au moins être *raisonnablement* constante et régulière ; que celui qui a une physiologie cérébrale *trop* anormale est asservi, prisonnier, passif, captif ; et que la L-DOPA et la musique, en rendant leur activité cérébrale plus régulière et plus rythmique, rendent à ces patients des possibilités de liberté.

Lorsque je commençai à faire passer des EEG à nos patients, j'étais persuadé qu'il n'existait pas d'étude comparable. En fait, j'avais *oublié*

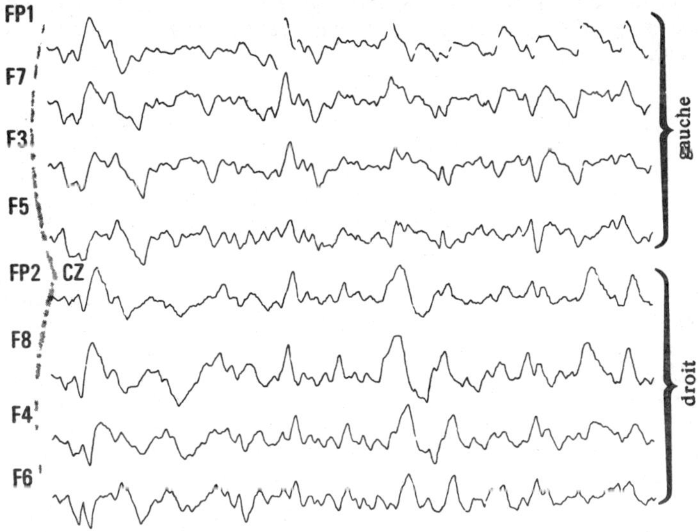

FIGURE 3. – *Échantillon d'EEG d'une patiente postencéphalitique (Leonara di P.) admise à Mount Carmel en 1980 et n'ayant jamais été traitée à la* L-DOPA. *Le ralentissement extrême (delta) qui caractérise cet EEG ne s'observe en général que dans le sommeil ou le coma profond (la patiente était restée parfaitement consciente et éveillée durant tout l'enregistrement).*

* En français dans le texte.

l'existence du travail passionnant d'Onuaguluchi sur les postencéphalitiques hospitalisés à Glasgow (Onuaguluchi 1964), que je n'avais pas relu depuis la date de sa publication. Il apparaît d'emblée que, si *certains* des patients étudiés par Onuaguluchi ont bien des EEG extraordinairement lents, ils sont loin d'être majoritaires : Onuaguluchi a observé, épisodiquement, des rythmes cérébraux relativement lents (thêta) chez seulement 16 % de ses patients, et n'a que très exceptionnellement enregistré des rythmes très lents (delta).

A Mount Carmel, au contraire, plus de la moitié de nos patients ont une activité delta profonde et persistante (voir la *figure 3*), qui ne s'observe en général que dans le sommeil profond ou les états de stupeur. Cette différence électroencéphalographique entre les patients du Highlands Hospital et les nôtres confirme – tout comme d'ailleurs leurs différences cliniques – l'incidence beaucoup plus haute de profonds troubles de l'éveil (« sommeils ») chez nos patients – troubles qui tout à la fois exigent et permettent que leurs réveils soient beaucoup plus radicaux.

Notes

Introduction

1. Le terme « postencéphalitique » fait référence à des symtômes apparus *à la suite* d'un accès d'encéphalite léthargique et provoqués directement ou indirectement par cet accès. Ces symptômes peuvent très bien ne se déclarer que bien des années après l'accès initial d'encéphalite.

2. Beaucoup d'acteurs, de chirurgiens, d'ouvriers et de travailleurs manuels sujets à de violents tremblements parkinsoniens lorsqu'ils restent inactifs voient leurs symptômes disparaître dès qu'ils se concentrent sur leur travail ou passent à l'action.

3. Tout comme de nombreux patients l'ont constaté sur eux-mêmes, Charcot a observé que la rigidité parkinsonienne pouvait considérablement s'atténuer si le patient était suspendu dans l'eau ou nageait (cf. les cas de Hester Y., Rolando P., Cecil M., etc.). On peut faire, jusqu'à un certain point, la même observation en ce qui concerne d'autres formes de raideur et de « contractures » – spasticité, athétose, torticolis, etc.

4. Un type très particulier de trouble négatif non rapporté dans la littérature spécialisée est décrit p. 131-134.

5. Le docteur Gerald Stern m'a parlé du cas d'un patient du Highlands Hospital qui avait été surnommé « Puskas » (du nom d'un footballeur célèbre dans les années cinquante). Ledit Puskas, qui restait le plus souvent totalement pétrifié et immobile, ne revenait à la vie *que si* on lui lançait un ballon : bondissant sur ses jambes, il se mettait alors immédiatement à courir, faisant des crochets, dribblant et tapant dans le ballon avec des acrobaties tout à fait dignes du vrai Puskas. Si on lui lançait une boîte d'allumettes, il la recevait sur la pointe d'une chaussure, l'envoyait en l'air d'un coup de pied, la rattrapait, la renvoyait et pouvait parcourir toute la longueur de la salle d'hôpital en jonglant ainsi avec la boîte. Il était presque totalement incapable d'une activité « normale », et ne laissait voir que cette étrange hyperactivité spasmodique, qui prenait fin aussi brusquement qu'elle avait commencé.

Une autre histoire concernant toujours les patients postencéphalitiques du Highlands Hospital m'a été rapportée. Deux hommes avaient partagé une chambre durant vingt ans sans avoir jamais aucun contact ni, semble-t-il, éprouver aucun sentiment particulier l'un envers l'autre : tous deux avaient été, jusque-là, absolument immobiles et muets. Un soir, pourtant, alors qu'il faisait sa ronde, le docteur Stern entendit tout à coup des bruits épouvantables venant de cette chambre habituellement totalement silencieuse. Accompagné de deux infirmières, il courut donc voir ce qui se passait, et surprit ces deux patients en train de se battre comme des chiffonniers : chacun donnait à l'autre de violentes bourrades, et lui criait des obscénités. Une telle scène, selon les mots du docteur Stern, était « tout bonnement incroyable – aucun de nous n'aurait *imaginé* un seul instant que ces deux hommes étaient capables de bouger ». Non sans difficulté, ils séparèrent les combattants et mirent fin à la bagarre. Au moment même où ils furent séparés, ils se figèrent à nouveau dans l'immobilité et le silence – et restèrent dans cet état durant les quinze années suivantes. En trente-cinq ans de cohabitation, ils ne « revinrent à la vie » qu'à l'occasion de cette algarade.

Ce mélange d'akinésie et d'une sorte de génie moteur est un trait très caractéristique des patients postencéphalitiques. Une patiente que j'ai connue ailleurs qu'à Mount Carmel sortait de son immobilité dès qu'on lui lançait trois oranges (ou davantage) ; immédiatement, elle se mettait alors à jongler avec les fruits – elle pouvait jongler avec sept oranges, avec une adresse incroyable –, pendant parfois une demi-heure d'affilée. Mais il suffisait qu'elle laisse tomber une orange, ou soit interrompue un court instant, pour qu'aussitôt elle se pétrifie à nouveau. L'un de mes patients (Maurice), arrivé à Mount Carmel en 1971, m'était longtemps apparu comme « un cas désespéré » : il était si akinétique que jamais je ne l'aurais cru « capable » de faire le moindre mouvement. Je n'en eus pas moins la surprise, un jour que j'étais en train de prendre des notes, de le voir se saisir tout à coup de mon ophtalmoscope (un modèle très perfectionné) et, après l'avoir dévissé et en avoir examiné l'intérieur, se mettre à le remonter tout en m'imitant parfaitement en train d'examiner un œil. Sa « prestation » ne dura au total pas plus de quelques secondes.

6. Le terme de « maladie du sommeil » *(sleeping-sickness)* désigne en Amérique tout à la fois la maladie endémique africaine (trypanosomiase) transmise par un parasite, et la maladie d'origine virale dite encéphalite léthargique. Le terme de *sleepy-sickness*, en usage en Angleterre, renvoie spécifiquement à l'encéphalite léthargique.

7. Pour un compte rendu plus détaillé, voir Sacks 1971.

8. Certaines coïncidences et certaines imbrications ont pu être notées entre la grande pandémie d'encéphalite et la pandémie mondiale de « grippe » – tout comme, trente ans plus tôt, on avait pu constater que la *nona* italienne avait été précédée par une virulente épidémie locale d'influenza. S'il est probable, bien que l'on n'en soit pas certain, que l'influenza et l'encéphalite étaient dues à deux virus différents, il est possible et même très vraisemblable que l'épidémie d'influenza ait d'une certaine manière préparé le terrain à l'épidémie d'encéphalite, et que le virus de l'influenza ait renforcé les effets du virus de l'encéphalite, ou diminué de manière catastrophique la résistance à ce dernier des individus atteints. C'est entre octobre 1918 et janvier 1919, alors même que la moitié de la population mondiale souffrait de l'influenza ou de ses suites (plus de vingt-deux millions de personnes étaient déjà décédées), que l'encéphalite prit sa forme la plus virulente. Si la maladie du sommeil fut mystérieusement « oubliée », la grande épidémie d'influenza connut exactement le même sort, bien qu'elle constituât l'épidémie la plus meurtrière depuis l'épidémie de peste noire du Moyen Age. Comme le fait remarquer H. L. Mencken : « L'épidémie est rarement mentionnée, et la plupart des Américains l'ont apparemment oubliée. Cela n'est pas surprenant. L'esprit humain s'efforce toujours d'effacer de sa mémoire les souvenirs qui lui sont insupportables, tout comme il essaie de se cacher l'intolérable lorsqu'il se présente. »

9. Dans son poème intitulé « The Sense of Movement », dans lequel il traite de cette nécessité fondamentale qu'est le *besoin de mouvement* – le besoin d'aller

toujours, mystérieusement, *vers* autre chose, Thom Gunn écrit : « On est toujours plus proche en n'étant pas immobile. » On ne peut dire cela du parkinsonien, car il n'est *pas* plus proche lorsqu'il n'est pas immobile. Sa mobilité ne le rapproche pas des objets, et l'on peut dire en ce sens qu'elle n'est pas un véritable mouvement, pas plus que son manque de mouvement n'est un véritable repos. Le chemin du parkinsonisme est un chemin qui ne mène nulle part, et sa terre, un paradoxe et une impasse.

10. On doit particulièrement retenir, parmi tous les éminents médecins qui étudièrent attentivement les modifications du caractère ayant pu être provoquées par la maladie du sommeil, le nom du docteur G. A. Auden (le père de W. H. Auden), qui remarqua que de tels phénomènes ne devaient pas toujours être considérés comme purement délétères ou intrinsèquement destructeurs. Moins prompt à « pathologiser » que beaucoup de ses collègues, le docteur Auden nota que certains des sujets atteints (notamment les enfants) avaient véritablement vu « s'éveiller » en eux, et être portés à des hauteurs et des profondeurs jusque-là non atteintes, toutes sortes de talents insoupçonnés – et cela, quelque morbide que fût parfois l'orientation de ce jaillissement d'intelligence. Cette idée d'une maladie à potentiel « dionysiaque » fit l'objet de nombreuses discussions dans la famille Auden, avant de devenir l'un des thèmes fondamentaux de la pensée de W. H. Auden. Beaucoup d'autres artistes de cette époque (peut-être surtout Thomas Mann) furent frappés par cette maladie mondiale qui était en mesure (malgré les ambiguïtés du phénomène) de porter l'activité cérébrale à un plus haut niveau d'éveil et de créativité.

11. Smith Ely Jelliffe, qui était un neurologue et un psychanalyste des plus remarquables, fut peut-être le plus fin observateur de la maladie du sommeil et de ses séquelles. Il résuma ainsi l'épidémie : « Parmi les énormes progrès réalisés par la neuropsychiatrie ces dix dernières années, aucun de ces nouveaux développements n'a égalé par son importance les découvertes que l'étude de l'épidémie d'encéphalite nous a permis de faire. Aucun groupe individuel de réactions à la maladie n'a (...) autant modifié les fondations générales de la neuropsychiatrie (...) *Un changement total d'orientation est devenu indispensable* » (Jelliffe 1927).

12. Voir Jelliffe 1927 et 1932.

13. Voir les notes 14 et 15.

14. Nous avons vu que le parkinsonisme et la névrose sont, par nature, coercitifs, et ont en commun une même *structure coercitive.* Les établissements hospitaliers aux règles trop rigides le sont tout autant, car ils constituent, en fait, des *névroses externes.* Les contraintes inhérentes à ces établissements nourrissent et exaspèrent les contraintes propres à leurs pensionnaires : nous avons parfaitement observé, par exemple, comment les règles coercitives en vigueur à Mount Carmel ont pu aggraver les tendances névrotiques et parkinsoniennes de nos patients postencéphalitiques ; et, inversement, comment les « bons » aspects de cet hôpital – la compassion et l'humanité qui y régnaient aussi – ont eu pour effet de les atténuer.

15. Il est intéressant de comparer l'état des patients de Mount Carmel à celui des patients du Highlands Hospital (qui constituent la seule communauté de postencéphalitiques qu'abrite l'Angleterre). Les conditions de vie existant au Highlands Hospital – ses grands espaces verts, l'ouverture de l'hôpital sur la communauté voisine, l'attention et le dévouement du personnel soignant et l'atmosphère beaucoup plus libre et détendue qui y règne – sont très proches de celles qui avaient autrefois cours à Mount Carmel. Bien que souffrant de graves troubles postencéphalitiques et étant pour la plupart hospitalisés depuis les années vingt, les patients du Highlands ne ressemblent pas du tout aux patients de

Mount Carmel. Ils sont en général vifs, dynamiques, impétueux et hyperactifs, et ont tendance à avoir des réactions émotionnelles intenses et ardentes. Ils n'ont pas du tout l'aspect profondément parkinsonien, léthargique, gravement atteint ou replié de tant de patients de Mount Carmel. Il est clair que, si ces deux groupes de patients souffrent de la même maladie, celle-ci a pris une *forme* et suivi une évolution tout à fait différentes dans les deux cas.

J'ignore si ces formes différentes prises par la maladie sont dues à des « destins » pathophysiologiques différents, ou s'expliquent plutôt par ces différences d'ambiance et d'environnement – la liberté et la bonne humeur régnant au Highlands s'opposant à l'atmosphère plutôt lugubre et renfermée en vigueur à Mount Carmel. J'ai, dans les précédentes éditions du présent ouvrage plutôt penché en faveur de la seconde interprétation, mais sans pouvoir en apporter aucunement la preuve : le fait est que Mount Carmel compte aussi un certain nombre de patients pétillants, malicieux, spirituels et sujets à toutes sortes de tics, qui rappellent tout à fait leurs frères en pathologie du Highlands Hospital. On pourrait aussi bien en déduire que le « destin » joue un plus grand rôle que l'environnement, mais l'hypothèse la plus vraisemblable reste encore que ces deux facteurs agissent en interaction. La *cocasserie* souvent très attachante de tant de parkinsoniens leur a valu en Angleterre le surnom affectueux de « pitres ». Lorsque je suis arrivé à Mount Carmel, la plupart des patients étaient si profondément parkinsoniens que ce côté « pitre » de leur comportement ne m'apparut pas immédiatement. Par la suite, la levée de leur parkinsonisme – la stimulation prolongée de la L-DOPA qui, dans certains cas, permit à ces patients de retrouver toute la fougue de leur jeunesse – le rendit beaucoup plus apparent. Les patients atteints du syndrome de Gilles de la Tourette, qui souffrent parfois durant toute leur vie d'une multitude de tics due à un excès « naturel » de dopamine cérébrale (voir Sacks 1981*a* et *b*), donnent souvent, eux aussi, cette impression de « pitrerie ».

16. Cette image d'une « pesanteur saturnienne », et d'autres métaphores voisines, revient très souvent dans la bouche des patients. Durant le tournage de *Awakenings*, par exemple, l'une de mes patientes (Helen K.), questionnée sur ce qu'éprouvait un parkinsonien, avait déclaré : « C'était comme si j'avais été clouée sur une énorme planète. J'avais l'impression de peser des tonnes, d'être écrasée, de ne plus pouvoir bouger. » Puis, après qu'on lui eut demandé quel effet lui avait fait la L-DOPA (elle était devenue écervelée, frivole et versatile) : « J'avais l'impression de me trouver sur une petite planète cinglée. Comme Mercure – non, c'est encore trop gros, comme un astéroïde ! Je ne pouvais rester en place, je ne pesais rien, je partais dans tous les sens. » Et elle était encore revenue sur ce point à la fin de l'interview : « En un sens, ajouta-t-elle, c'est une question de pesanteur – d'abord, elle est trop forte, puis elle devient trop faible. Le parkinsonisme est pesanteur, la L-DOPA légèreté, et il est difficile de trouver un moyen terme entre les deux. » Les patients atteints du syndrome de Gilles de la Tourette établissent des comparaisons similaires, mais en sens inverse (Sacks 1981*a*).

Après avoir interrogé Edith T., qui nous avait dit que son parkinsonisme lui avait « ôté toute grâce » nous avions demandé à Helen K. si elle avait la même impression. Elle nous répondit : « Mais oui, bien sûr ! Il y a un livre célèbre qui a pour titre *la Pesanteur et la Grâce*. Dans la position qui est la *nôtre*, nous serions bien placés pour écrire un tel essai. Quand on est trop lourd et trop inerte, on ne peut être gracieux. Et on ne peut être gracieux non plus lorsque l'on est trop léger et évaporé. La grâce exige que l'on ait *juste ce qu'il faut* de pesanteur. »

17. Des analyses chimiques ont récemment établi que plusieurs espèces de haricots contenaient des doses importantes de L-DOPA (de l'ordre de 25 g par livre). Certains ont également avancé l'hypothèse très sérieuse selon laquelle les

haricots riches en L-DOPA auraient pu constituer, depuis plusieurs siècles si ce n'est davantage, un remède « populaire » contre le parkinsonisme. Même si nous avons pour notre part situé la « venue de la L-DOPA » en 1967, cet événement peut par conséquent très bien dater de 1967 avant J.-C.

18. Le docteur Cotzias commença tout d'abord par employer de la DL-DOPA, qui est un mélange de L-DOPA, biologiquement active, et de D-DOPA, qui est son isomère inactif. La séparation de ces deux isomères, réussie en 1966-1967, fut une opération assez difficile et très coûteuse.

Cinquante Ans de sommeil

1. L'aisance avec laquelle, bien qu'ayant incontrôlablement tendance à accélérer le pas ou à se pétrifier lorsqu'elle marchait, Mlle D. contrôlait ses mouvements quand elle montait un escalier nous donne un premier exemple du rôle essentiel que les *stimuli extérieurs* peuvent jouer dans la stimulation des patients parkinsoniens et la régulation ou le contrôle de leur activité. Les méthodes directes d'activation et de régulation – directes au sens où elles tentent d'agir directement, non pas sur le substrat chimique ou anatomique du parkinsonisme, mais sur les troubles comportementaux et expérientiels concrets qu'il entraîne – ont une importance théorique et pratique fondamentale pour la compréhension du parkinsonisme, et donc l'aide que nous pouvons apporter aux patients. Tous les patients parkinsoniens, ainsi que leurs amis et parents, leurs médecins et infirmières, tous ceux qui sont étroitement en contact avec eux, les découvrent d'eux-mêmes, ou les apprennent (leur enseignement *devrait* être généralisé) ; leur apprentissage est aisé, et souvent très agréable ; elles peuvent changer d'une façon littéralement vitale la vie des patients, et constituent un complément essentiel du traitement à la L-DOPA.

Une passivité pathologique doublée du besoin d'un stimulus continu peut être constatée chez tous les parkinsoniens, quelle que soit l'origine ou la gravité de leur maladie. Richard Gregory a démontré avec simplicité et élégance que, bien que pouvant suivre avec une précision parfaite un stimulus mobile, le parkinsonien s'arrête immédiatement dès que ce stimulus cesse, et demeure incapable de repartir tant que celui-ci ne reprend pas.

On pourrait dire, ainsi que je l'écrivais dans la première version de cette note, que le patient *comprend* parfaitement ce qu'il doit faire, mais ne peut l'*entreprendre* malgré sa compréhension : j'opposais alors ce type de difficultés à celles que connaissent les patients qui, en raison d'une *apraxie* de type cortical, ne peuvent comprendre une procédure ou un programme moteurs. Mais je suis maintenant (en 1981) moins sûr qu'une telle distinction soit justifiée : j'aurais désormais plutôt tendance à penser, en accord avec diverses preuves théoriques et expérimentales, que l'incapacité de poursuivre l'action en cours que l'on constate chez les parkinsoniens est en grande partie *apraxique*, ou *quasiment* apraxique. Des communications personnelles issues de E. Goldberg, de New York (qui est un ancien élève de Louriia), et de I. Golani, d'Israël, m'ont confirmé dans cette hypothèse. Après avoir passé des années à inculquer aux « parkinsoniens les plus évolués d'Israël » des programmes ou des procédures de mouvement très élaborés, Golani s'est aperçu que ces patients faisaient preuve d'une capacité de comprendre ou d'exécuter ces programmes normale ou supérieure à la moyenne, *sauf lorsqu'ils étaient « pétrifiés » :* ils devenaient alors incapables, non seulement d'agir à partir desdits programmes, mais même d'y *penser* ou de « s'en souvenir ». On peut donc dire que, lorsqu'il est en état de « pétrification », le parkinsonien perd en fait ses procédures motrices et, littéralement, ne sait plus comment procéder. Une telle conception débouche sur la question de savoir ce que peut signifier, dans un tel contexte, « connaître » ou « comprendre » une procédure motrice. On est, je crois, contraint de repenser à la distinction classique, et notamment kantienne, entre raison théorique et raison pratique : tout se passe comme si (et cela est vrai pour chacun de nous) une « procédure » ne pouvait être réellement comprise que lorsque l'on est réellement capable de la mettre en pratique – comme si, autrement dit, la compréhension était inextricablement et inséparablement liée à nos entreprises, à tel point que si nos actes, notre capacité d'action s'arrêtent, notre compréhension, le pouvoir de notre pensée deviennent inopérants.

Tout le problème consiste donc à fournir aux patients le stimulus continu dont ils ont besoin – nous saurons, le jour où nous en serons capables, ramener les parkinsoniens de leur inactivité (ou de leur activité anormale) à une activité normale, et de leur abîme de non-être à une existence normale. « *Qui non agit non existit* » : tant qu'il reste inactif, le parkinsonien n'existe pas – et, à l'inverse, le ramener à l'activité revient à le ramener à la vie.

2. Les compulsions à mordre et à mâchonner, les grincements et crissements des dents et toutes sortes de mouvements de la bouche anormaux ou anormalement persistants font partie des « effets secondaires » les plus courants de la L-DOPA. De tels mouvements, qui peuvent être absolument irrépressibles et très violents, infligent parfois des dommages considérables aux gencives, à la langue, aux dents, etc. (Sacks *et al.* 1970*f*). Outre les lésions locales qu'elles sont susceptibles de provoquer, ces compulsions – comme d'autres formes de grattements, de blessures, de chatouillements et de « titillation » en général – peuvent déclencher un mélange ambivalent et intense de plaisir et de douleur ; le cercle vicieux qu'elles entraînent est très proche de ceux que l'on peut observer chez les patients atteints du syndrome de Gilles de la Tourette et les enfants automutilateurs présentant le syndrome de Lesch-Nyhan.

3. La L-DOPA provoqua des réactions semblables, parfois encore bien plus aiguës et grotesques, chez beaucoup de nos autres patients en traitement. Les phénomènes que nous eûmes l'occasion d'observer ressemblaient à une croissance organique étrange et terrible, un bourgeonnement qui s'exprimerait non seulement par des mouvements et des excitations involontaires simples, mais encore par des tics et des maniérismes, des gestes et des idées bizarres d'un type de plus en plus complexe, capricieux et compulsif ; et, *au-delà,* par le surgissement de comportements entiers, de répertoires intégraux encore plus primitifs, et peut-être même préhumains. Bien des années auparavant, durant la phase aiguë de l'épidémie, Jelliffe avait déjà parlé des « bruits de ménagerie » que faisaient beaucoup de patients. L'été 1969, les personnes en visite à l'hôpital entendirent de tels bruits – des bruits de ménagerie, de jungle, des bruits d'une bestialité presque inconcevable ; beaucoup s'en étonnèrent, nous demandant par exemple : « Mon Dieu ! Qu'est-ce que c'est que *ça ?* Vous gardez des animaux sauvages pour faire de la vivisection, ou vous avez un zoo ? » Le docteur Purdon Martin, qui vint nous rendre visite à cette époque, nous dit qu'il avait assisté à « des scènes incroyables », et n'avait « rien vu de tel depuis la phase aiguë de l'épidémie ». Pour ma part, je n'avais *jamais* rien vu de tel, et j'ai depuis constaté que de telles émergences et éruptions presque convulsives de ce type de comportements ne s'observent que chez ces patients, ainsi que chez les sujets atteints du syndrome de Gilles de la Tourette.

De tels comportements, qui sont toujours très inquiétants à observer, n'ont rien à voir avec les simples *imitations* que l'on peut constater dans les régressions psychotiques et bestiales. Nous nous trouvons ici en face de véritables instincts et comportements ancestraux, issus des profondeurs phylogénétiques que nous portons tous en nous. L'existence de tels vestiges ne devrait pas nous surprendre. Darwin écrivait par exemple dans le célèbre chapitre intitulé « Réversion et atavisme » :

> Le germe fécondé d'un des plus hauts animaux (...) est peut-être l'objet le plus merveilleux de la nature (...) Mais, selon la doctrine de la réversion (...) le germe devient un objet bien plus merveilleux encore, car, outre les changements visibles qu'il subit, nous devons croire qu'il regorge de caractères invisibles, propres aux deux sexes et à une longue lignée d'ancêtres mâles et femelles séparés de notre époque par des centaines ou même des milliers de générations, et qui, comme s'ils étaient écrits avec une encre sympathique, sont susceptibles de se développer chaque fois que l'organisation est perturbée par certaines conditions connues ou inconnues.

L'état de certains postencéphalitiques fait partie des conditions qu'évoque Darwin, et constitue peut-être l'un des plus clairs exemples des phénomènes que ces processus peuvent engendrer. Nous pouvons supposer que, parmi les innombrables lésions microscopiques qui excitent leur thalamus, leur hypothalamus, leur rhinencéphale, leur tronc cérébral supérieur, quelques unes doivent avoir pour effet de stimuler, ou de désinhiber, ces comportements latents, nous montrant ainsi que les origines de l'homme remontent bien à un milliard d'années. Ces phénomènes représentent donc une seconde forme de « réveil », peut-être plus effrayante encore que la première – mais ayant une immense portée biologique.

4. L'étonnante variabilité de ces crises et leur perméabilité à la suggestion apparaissaient encore plus clairement chez Lillian W., une autre patiente dont l'histoire n'est pas présentée dans ce livre. Cette patiente était sujette à au moins une centaine de crises différentes, se manifestant par des hoquets, des halètements, de l'oculogyrie, des reniflements, des sueurs, des rougeurs et des échauffements de l'épaule gauche, des claquements de dents, des tics paroxystiques, des comportements rituels répétitifs (elle tapait du pied trois fois, en trois endroits différents, ou se donnait quatre petits coups sur le front), des compulsions à compter, de la verbigération (elle devait répéter certaines phrases déterminées un certain nombre de fois), des poussées d'angoisse, des rires nerveux, etc. La moindre allusion (verbale ou non) à n'importe quel type de crise avait chez elle infailliblement pour effet de la déclencher immédiatement.

Mme W. souffrait aussi d'étranges crises « hétéroclites » qui amalgamaient toutes sortes de phénomènes (reniflements, oculogyrie, halètements, énumérations), formant entre eux de surprenantes combinaisons sans signification repérable. Bien qu'ayant eu des douzaines de fois l'occasion d'observer ces accès complexes, je ne réussis jamais à y discerner une quelconque unité physiologique ou symbolique, et renonçai donc à leur chercher une unité : je finis par les accepter comme d'absurdes juxtapositions de phénomènes physiologiques sans rapport entre eux, ou des collages improvisés de tout un bric-à-brac physiologique. Mme W., qui était une femme brillante et spirituelle, avait d'ailleurs elle aussi adopté ce point de vue ; elle me disait souvent : « C'est n'importe quoi, un peu comme les bric à brac qu'on trouve chez les brocanteurs ou dans les ventes de charité, ou tout ce qu'on jette dans son grenier. » *Quelquefois*, néanmoins, certaines configurations précises mais inintelligibles, ou paraissant présenter quelque semblant d'unité ou de signification résistant cruellement à nos investigations, semblaient se dégager, et Mme W. me disait alors : « Celle-là a été du tonnerre, c'était surréaliste – je *pense* qu'elle voulait dire quelque chose, mais je ne sais pas quoi, et j'ignore dans quelle langue. » Quelques-uns de mes étudiants ayant observé ces accès les avaient également trouvés surréalistes ; l'un d'eux me déclara un jour : « C'est délirant ! Ça a quelque chose d'un tableau de Salvador Dali ! » ; un autre, qui aimait la littérature fantastique, compara ces crises à de mystérieuses constructions ou musiques d'un autre monde (« des églises martiennes, ou des polyphonies d'Arcturus »). Nous n'étions pas d'accord sur l'« interprétation » des crises de Mme W., mais elles exerçaient sur nous tous une étrange fascination – la fascination des rêves, ou des formes d'art étranges ; et, en ce sens, si je me représentais parfois le parkinsonisme comme un rêve du mésencéphale, relativement simple et cohérent, je pensais aux crises de L. W. comme à une sorte de délire surréaliste composé par le prosencéphale.

5. Ce pouvoir que possède la musique d'intégrer et de guérir, de libérer le parkinsonien et de lui rendre, tant qu'elle dure, sa liberté (« On est la musique/ Tant que la musique dure », T. S. Eliot), est essentiel, et peut s'observer chez tous les patients. Edith T., qui était un ancien professeur de musique, en était la meilleure preuve, et analysait ce pouvoir avec beaucoup de finesse. Elle disait que, dès son installation, son parkinsonisme lui « avait ôté toute grâce », rendant ses mouvements « gauches, mécaniques comme ceux d'un robot ou d'une poupée » et leur faisant perdre leur « nature » et leur « musicalité » – qu'il l'avait, en un mot, « démusicalisée ». Heureusement, ajoutait-elle, le mal « portait en lui son propre remède : la musique. Puisque j'ai été démusicalisée, je dois retrouver ma musique ». Elle se retrouvait souvent « pétrifiée », totalement immobilisée, privée de la capacité et de l'impulsion de se mouvoir, de la *pensée* même du mouvement, et se percevait alors « comme une photo immobile, un cadre figé » – un simple plan optique, sans vie ni substance ; impuissante et immobile, elle demeurait dans cet état sans états, cette irréalité intemporelle *jusqu'à ce qu'elle entende une musique :* « Des chansons, des airs que je connaissais depuis des années, des airs entraînants, pleins de rythme, sur lesquels j'aimais danser. »

Cette soudaine musique imaginaire, cette musique intérieure spontanée lui rendait aussitôt sa mobilité et ses capacités d'action, lui faisant retrouver, par là même, sa personnalité, l'impression d'avoir une substance, et la réalité ; elle pouvait alors, selon ses propres dires, « échapper en dansant au cadre vide », au monde visuel plat et pétrifié dont elle avait été prisonnière, et se déplacer à nouveau avec grâce et aisance : « C'est comme si, tout à coup, je me retrouvais, retrouvais ma musique vitale. » Mais, bien vite, cette musique intérieure s'interrompait aussi subitement qu'elle avait surgi, et, instantanément, sa mobilité retrouvée et la réalité s'évanouissaient, et elle sombrait à nouveau dans l'abîme de son parkinsonisme.

Des effets tout aussi impressionnants pouvaient être obtenus en la *touchant.* Il arrivait parfois, lorsqu'elle restait totalement immobilisée dans le couloir et qu'aucune musique salvatrice ne venait la libérer de sa pétrification, que le plus infime contact humain réussisse à la délivrer : lui prendre la main, lui effleurer la peau suffisait à la « réveiller » ; il suffisait de marcher un peu *avec* elle pour qu'elle parvienne de nouveau à marcher normalement, sans imitation ni mimétisme, à son propre rythme – mais, dès que l'on s'arrêtait, elle s'immobilisait aussi.

Tous ces phénomènes, qui sont très courants chez les parkinsoniens, sont en général considérés comme de simples « réflexes de contact ». Mlle T. en avait une interprétation, ou une expérience, plus existentielle, si ce n'est « sacramentelle » : « Je ne peux rien faire seule, disait-elle, mais je peux faire n'importe quoi si j'ai *avec* moi de la musique, ou quelqu'un, qui m'aide. Je suis incapable d'initiative, mais je peux tout à fait partager. Vous, vous êtes " normaux ", pleins de " vitalité ", et, lorsque vous êtes avec moi, je peux prendre une part de votre force. Dès que vous vous en allez, je ne suis à nouveau plus rien. »

Kant parle de la musique comme d'un « art vivifiant », et cette formule était devenue pour Edith T. une vérité littérale, vitale. La musique stimulait sa vivacité, son identité d'être vivant et mobile et sa volonté autrement assoupies. L'impression d'« endormissement » de leur vivacité essentielle – d'arrêt du flux de leur « vitalité » musicale-passionnelle-existentielle – que donnent ces patients explique pourquoi je les décris comme « endormis », et parle de leur « réveil » (que celui-ci soit le résultat de l'esprit de la musique ou des êtres vivants, ou de la correction chimique de déficiences des parties du cerveau qui contrôlent la « vitalité »).

On me demande souvent quelles musiques réussissent le mieux à « réveiller » ces patients, et ce qui se produit précisément en de tels moments. Il faut qu'elles aient un certain rythme, mais que celui-ci soit « coulé » dans la mélodie. Tout rythme trop brutal ou trop puissant et non intégré à la mélodie provoque des contractions pathologiques ; il fait violence au patient au lieu de contribuer à le libérer, et a donc un effet antimusical. La musique sentimentale informe (la « bouillie à l'eau de rose ») manquant de rythme et de force restait sans effet sur Mlle D. – émotionnellement comme motricement parlant. On ne peut que repenser ici à la définition que Nietzsche donna de la pathologie de la musique : la musique pathologique constituait avant tout pour lui une « dégénérescence du sens du rythme ». La musique « dégénérée », pensait-il, affaiblit et fait violence, tandis que la musique « saine » guérit et libère. Telle était précisément l'expérience de Mlle D. : elle ne supportait ni la musique « tonitruante » ni la musique « geignarde », et avait besoin d'une musique à la fois vigoureuse et « jolie ».

Toutes les musiques vigoureuses et « jolies » n'agissaient pourtant pas sur ses symptômes. Elle ne réagissait qu'aux musiques qui lui *plaisaient ;* seule la musique émouvant son « âme » avait le pouvoir de mouvoir son corps. *Elle n'était mue que par la musique qui l'émouvait.* Le « mouvement » que cette musique engendrait était autant émotionnel que moteur, et essentiellement neurovégétatif (contrairement donc aux contractions passives et autres pathologies du mouvement).

6. J'ai emprunté la formule, et tous les concepts qu'elle recouvre, à Goffman, l'auteur du remarquable *Asylums.* [Trad. fr. *Asiles,* Paris, Éd. de Minuit, 1968.]

7. Certaines « méthodes » propres à Mlle D. peuvent être brièvement évoquées. Ayant, au cours de ses longues années de maladie, observé avec une curiosité intense ses tendances et symptômes personnels, elle avait découvert maints moyens ingénieux de les atténuer, de les vaincre ou de les contourner ; elle avait notamment inventé diverses façons de se « dépétrifier » lorsqu'elle s'immobilisait : elle pouvait par exemple laisser tomber par terre l'une des minuscules boulettes de papier qu'elle avait pris l'habitude de garder dans une main, et, aussitôt, la vision de cette petite boule blanche l'« incitait » ou la « forçait » à faire un pas, la libérant ainsi de son état de pétrification et lui faisant retrouver une mobilité normale ; elle s'était aperçue, également, que cligner constamment des yeux, se concentrer sur le tic-tac d'une montre, fixer des lignes ou des marques horizontales sur le sol, etc., avait aussi pour effet de la *stimuler* et d'empêcher les accélérations et ralentissements irrépressibles qui autrement perturbaient sa marche ; et elle avait pareillement appris à insister à intervalles réguliers sur certains mots lorsqu'elle lisait ou bavardait, ce qui limitait ses accélérations verbales, ses bégaiements, ses collisions de mots ou ses arrêts en milieu de phrase. Ainsi, et

de mille autres façons, Mlle D. – toute seule, en ma présence, avec d'autres patients ou devant l'équipe de plus en plus interloquée des infirmières, physiothérapeutes, orthophonistes, etc. – passait des heures aussi fécondes qu'agréables à explorer, en jouant avec elles, les possibilités illimitées de ses capacités d'invention. *Tous* les patients postencéphalitiques et parkinsoniens tant soit peu créatifs découvrent ou inventent ces méthodes, et j'ai davantage appris d'eux que de tous mes livres. Mlle D. (comme une douzaine d'autres postencéphalitiques ayant conservé leurs facultés d'expression) m'a souvent décrit le monde étrange et profondément paradoxal dans lequel elle vit. Ces patients dépeignent un monde fantastique-mathématique qui rappelle tout à fait le Pays des Merveilles d'Alice. Mlle D. soulignait les distorsions bizarres de l'*espace* parkinsonien et les difficultés particulières qu'elle avait avec les angles, les cercles, les séries et les limites. Elle me dit un jour à propos de ses accès de « pétrification » : « Ce n'est pas aussi simple que ça en a l'air. Ce n'est pas simplement que je m'arrête, je continue en fait à avancer, mais *en n'ayant plus d'espace dans lequel me déplacer...* Voyez-vous, *mon* espace, *notre* espace, n'a rien à voir avec le *vôtre :* le nôtre grandit et rapetisse, rebondit sur lui-même, fait une boucle et finit par se rencontrer. »

Depuis la parution de mon premier article publié dans *Listener* en 1972, la publication de *Cinquante Ans de sommeil* en juin 1973 et enfin la présentation, en 1974, du film télévisé tiré du livre, les questions les plus fréquentes et les plus pénétrantes qui m'ont été posées portaient sur les concepts d'« espace personnel », d'« espace-action », d'« espace réel », etc., que j'avais employés, ainsi que sur l'insistance avec laquelle j'avais, dans l'article paru dans *Listener,* souligné que le parkinsonisme et les troubles qui lui sont associés ne peuvent être appréhendés que par des concepts relativistes.

Examinons le comportement parkinsonien sous cet angle, en nous intéressant plus spécifiquement aux *illusions d'échelle.* Frances D. et d'autres parkinsoniens m'ont adressé des lettres qui laissaient voir de singulières (et souvent comiques) disparités d'échelle. Je me souviens notamment d'une lettre de Frances D. dont la première page était couverte d'une écriture parfaitement formée mais microscopique (à tel point que je dus la déchiffrer à la loupe), et la seconde (écrite normalement) commençait par la phrase : « Je vois que ce que j'écrivais hier est beaucoup trop petit, mais je ne m'en étais pas aperçue sur le moment. »

La marche des patients parkinsoniens laisse apparaître des manifestations de micro-ambulation (« marche à petits pas * ») : le patient peut être si absorbé dans sa propre échelle de marche qu'il peut finir par ne plus se rendre compte que sa marche, ou son échelle, « a quelque chose qui ne va pas ». Aaron E. (un patient profondément parkinsonien, mais non postencéphalitique) me permit souvent de présenter à mes étudiants un magnifique exemple de ces « illusions cinétiques » : « M. E., avais-je l'habitude de lui dire, pourriez-vous claquer des mains régulièrement et sans vous arrêter – *comme cela ?* – Bien sûr, docteur », répondait-il, et ses claquements de mains, d'abord réguliers, étaient bien vite accélérés par une incontrôlable festination, puis arrêtés par un très net accès de « pétrification ». « Voilà ! » reprenait-il alors, se tournant vers moi avec un sourire ravi. « Ai-je bien tapé régulièrement dans mes mains, comme vous me l'aviez demandé ? – Messieurs ! disais-je alors chaque fois à mes étudiants, je vous fais juges : M. E. a-t-il claqué des mains régulièrement et sans interruption comme il le prétend ? – Pas du tout, répliquait toujours l'un de mes étudiants, ses

* En français dans le texte.

Horloge festinante déformée par la pression parkinsonienne ; écriture lilliputienne sans déformation mais minuscule. La patiente les trouvait toutes deux « normales » (voir plus bas), même si ses perceptions ne furent vraiment normalisées que par la L-DOPA.

mouvements n'ont cessé de s'accélérer et de perdre de leur ampleur – comme *cela !* » Sur ce, furieux, M. E. se levait d'un bond et criait à l'étudiant : « Que voulez-vous dire quand vous prétendez que mes mouvements s'accéléraient et perdaient de leur ampleur – comme dans votre imitation complètement dingue ? *Mes* mouvements étaient parfaitement réguliers et constants – comme *ceci !* » Il recommençait alors l'expérience en se concentrant farouchement sur ses gestes et, de nouveau, nous pouvions le voir pris d'une festination très prononcée. Cette démonstration (lorsqu'elle réussissait, ce qui dépendait de la mesure dans laquelle M. E. se laissait enfermer dans son cadre de référence, et se montrait incapable de s'en détacher, de faire des comparaisons, et de le corriger) était à proprement parler *ahurissante.* Ce curieux « dialogue » entre M. E. et mes étudiants finissait par ressembler à une conversation einsteinienne imaginaire entre des personnes se tenant à l'intérieur d'ascenseurs (ou de cadres de référence) dont chacun se déplace ou accélère relativement à l'autre ; l'ensemble de la démonstration constituait un parfait exemple de la relativité en action, et montrait la pertinence des propos de Mlle D. lorsqu'elle évoquait l'existence de différents « espaces » et s'écriait : « *Mon* espace, *notre* espace, n'a rien à voir avec le vôtre ».

Je considère que de tels « espaces fantômes », ou de telles « illusions », appartiennent à l'*essence même* du parkinsonisme, même s'ils ne sont pas obligatoirement « relativistes ». Les illusions *simples* sont courantes – et universelles. Ces réflexions se sont imposées à mon esprit très tôt, bien avant que je commence à employer la L-DOPA, et ont fait l'objet d'un article publié bien des années plus tard (Sacks 1975*a*).

Je me souviens très bien d'un événement survenu en 1966, le premier mois de mon arrivée à Mount Carmel. Alors que j'étais en train d'écrire dans mon bureau, je vis par la porte ouverte Seymour L. se mettre soudain à *courir à fond de train* dans le couloir : cet accès de festination l'avait pris très brusquement, après qu'il eut marché à peu près normalement. Je me dis qu'il allait se casser la figure, mais il se ressaisit et put continuer sans nouvel incident jusqu'au local des infirmières situé à côté de mon bureau. Il était visiblement furieux, avait l'air affolé et dérouté. Je l'entendis bredouiller :

– Pourquoi diable ont-ils laissé le couloir comme ça ?

– Que voulez-vous dire, M.L. ? lui répondit l'infirmière. Qu'est-ce qui ne va pas dans ce couloir ? Il est comme d'habitude.

– Comme d'habitude ! hurla Seymour, rouge de colère. Il y a un trou sacrément grand en plein milieu – vous faites des fouilles, ou quoi ? Je marchais tranquillement, pensant à mes affaires, et puis, tout à coup, le sol s'est dérobé sans raison sous mes pas, il y avait une pente dingue. J'ai dû me mettre à courir, encore heureux si je ne me suis pas cassé la figure. Vous dites qu'il n'y a rien de changé dans ce couloir ?

L'infirmière lui rétorqua :

– M.L., c'est insensé. Je vous assure que ce couloir est parfaitement normal.

Impatient de connaître le fin mot de l'histoire, je me levai et suggérai à M.L. et à l'infirmière que nous fassions le chemin ensemble, afin d'aller voir ce qu'il en était de ces « fouilles ». Seymour marcha entre nous, réglant inconsciemment ses pas sur les nôtres, et nous parcourûmes le couloir sans nouvel incident – sans que M.L. présente la moindre trace de festination ou de précipitation.

Cette absence d'incident déconcerta Seymour. « Bon sang, dit-il, vous avez tout à fait raison. Ce couloir est parfaitement horizontal. Mais... » Puis, s'adressant à moi avec une conviction que je n'oublierai jamais : « J'aurais *juré* que le sol s'était brusquement incliné comme je le disais. C'est *parce qu*'il s'est incliné que j'ai dû courir. Vous feriez pareil si vous aviez soudain l'impression que le sol se dérobe sous vos pieds, et se met à descendre en pente raide ! J'ai couru, mais *n'importe qui* courrait en ayant cette impression. Ce que vous nommez " festination " n'est rien de plus qu'une réaction normale à une perception anormale. Nous autres, parkinsoniens, nous souffrons d'illusions ! »

Le parkinsonien *comprend* parfaitement ce que signifie un « mètre » ; il n'a nullement perdu la *notion* de la dimension. Nous constatons, néanmoins, que toutes ses estimations de l'espace-temps deviennent fantasmatiques et sont *déformées*, que tout son système de coordonnées est sujet à des expansions, des contractions, des torsions et des gauchissements ; et que de telles distorsions de son champ métrique sont provoquées par des forces qui le tirent, le poussent et le tordent – par les tractions, les pulsions et les torsions de l'être qui constituent l'essence de sa maladie.

8. « Ainsi, quand Dieu nous abandonne, Satan nous délaisse-t-il lui aussi » (Sir Thomas Browne).

9. Il est curieux que les deux *seuls* patients qui, durant les deux ans au cours desquels nous leur administrâmes de la L-DOPA, réagirent d'une manière presque parfaite au traitement (Magda B. et Nathan G.) n'aient pas, comme on pourrait

être tenté de le croire, été faiblement atteints par la maladie de Parkinson, mais comptaient au contraire parmi les postencéphalitiques les plus gravement handicapés qu'il m'a jamais été donné de rencontrer.

10. Il m'est déjà arrivé d'observer des compulsions à toucher voisines chez d'autres patients postencéphalitiques ne se trouvant *pas* dans la situation de Mme B. Je suis néanmoins *convaincu* que, dans son cas, cette compulsion reposait sur une tendance aux tics bénigne ou latente, qui « s'exprima » en raison de l'état d'intense excitation et des circonstances particulières dans lesquelles elle se trouvait.

11. Jelliffe (1932) cite le cas d'une patiente qui, bien que criant d'« angoisse » durant ses crises, était incapable d'expliquer les raisons de sa peur, ou encore celui de ce patient qui ne pouvait décrire ses crises autrement que comme une « calamité ». Lillian W., la patiente sujette à d'innombrables types de crises dont j'ai évoqué le cas dans la note 4 (p. 369), n'était pas plus précise : son visage, durant chacune de ses crises oculogyres (qui se reproduisaient en général une fois par semaine et duraient vingt-quatre heures d'affilée), exprimait un accablement et une terreur intenses, mais elle ne parvenait jamais à préciser la *nature exacte* ou les *causes* de sa peur ; elle ne pouvait que dire : « C'est proprement horrible, c'est tout bonnement insupportable. » Un jour que je lui demandai si elle s'était *habituée* à ces émotions, elle me répondit : « Non, jamais. Absolument pas. Depuis quarante-cinq ans que je suis sujette à ces accès, *chaque nouvelle crise est pire que la précédente !* »

12. Jelliffe (1932) présente de nombreux exemples de crises oculogyres s'accompagnant d'une fixité du regard et d'une fixation de l'attention, ou donnant lieu à la répétition de pensées « autonomes ». Mlle R. ne daigna jamais préciser la nature des pensées « folles » qui l'envahirent à cette époque, et ses réticences nous donnèrent à penser que ces représentations devaient très probablement avoir un contenu agressif ou sexuel marqué. Jelliffe cite le cas de plusieurs patients contraints de penser à des choses « sales » durant leurs crises, ainsi que celui d'un malade ayant « certaines idées auxquelles il ne prêtait pas attention ».

13. J'ai observé des phénomènes similaires, qui m'ont amené à me poser les mêmes questions, chez un autre patient (Sam G.) dont je n'ai malheureusement pas raconté l'histoire dans la première édition de ce livre (bien que son visage apparaisse sur la couverture de l'édition de 1976). Sam était un ancien pilote de course complètement mordu d'automobile, qui, après être tombé malade – ses symptômes parkinsoniens le forcèrent à renoncer à sa carrière vers 1930 –, fut, curieusement, « aidé » par la prodigieuse rapidité de ses réactions et l'extraordinaire brusquerie de ses moindres mouvements. Son « réveil » fut aussi empreint de « nostalgie » que celui de Rose R. Dès qu'il fut « débloqué » par la L-DOPA, il se mit à dessiner des voitures : il dessinait constamment, très vite, était véritablement *obsédé* par le dessin ; si on ne l'approvisionnait pas en papier, il dessinait sur les murs, les nappes, ou ses draps de lit. Tous ses dessins de voitures étaient étonnamment exacts et fidèles, et possédaient un charme étrange. Lorsqu'il ne dessinait pas, il écrivait, ou bien parlait – du « bon vieux temps », de ces années vingt où il pouvait encore conduire et était coureur automobile – et ses textes ou ses récits étaient aussi fidèles, parlants, détaillés, prenants et *vivants* que ses dessins. Il donnait l'impression, dès qu'il se mettait à dessiner, parler ou écrire, d'être totalement transporté, et parlait du « bon vieux temps » *comme si c'était aujourd'hui ;* pour lui, tout ce qui s'était produit avant 1930 était visiblement beaucoup plus présent que le véritable présent ; tout comme Rose R., il donnait l'impression d'être en train de vivre (ou de revivre) des événements passés, sans souffrir pourtant aucunement de « désorientation ». Il *savait* parfaitement qu'il

vivait en 1969, avait vieilli, était malade et se trouvait dans un hôpital, mais il se *sentait* redevenu le jeune coureur automobile qu'il avait été dans les années vingt (et nous *donnait* effectivement l'impression de l'être redevenu).

J'ai un an plus tard analysé certains mécanismes et équivalents de cette « nostalgie incontinente » dans un article publié dans une revue médicale (Sacks 1970*c*).

14. Le compte rendu qui suit s'appuie sur les notes de notre orthophoniste, Marjorie Kohl, car je ne me trouvais pas à Mount Carmel au mois d'août.

15. « ... magnétisé par certains mots qu'il prononçait, son esprit tournait lentement en rond sur la même orbite » (James Joyce).

16. Cette soudaine récupération, après tant d'années d'une immobilité presque totale, d'une mobilité « normale » parut incroyable, et même impossible, à tous ceux qui en furent témoins – j'en fus, comme tout le personnel médical, stupéfait : cette guérison foudroyante avait tout d'un « miracle ». Mes réflexions ne firent qu'accroître mon étonnement, jusqu'au moment où je compris qu'il me fallait réviser toutes mes idées sur la nature du parkinsonisme, de l'activité, de l'existence et du temps lui-même.

Car, si une personne normale se trouve « désactivée » pendant ne serait-ce qu'une courte période, sa réactivation, autrement dit la reprise de ses précédentes activités, donne toujours matière à un certain nombre de problèmes profonds et spécifiques. Par exemple, si l'on se casse la jambe ou que l'on se déchire un quadriceps (et que l'on a donc une jambe désactivée du fait de l'immobilisation dans le plâtre), on est *fonctionnellement handicapé* même lorsque l'on est anatomiquement guéri : on constate, après une telle expérience (ou, plus exactement, après un tel hiatus dans son expérience et son activité normales), que l'on a « oublié » comment se servir de cette jambe désactivée, et que l'on doit le *réapprendre* (ou le redécouvrir), processus qui peut prendre des semaines ou des mois. En fait, si l'une de nos jambes est désactivée durant un laps de temps important, nous perdons même toute notion de son existence. De tels phénomènes montrent la pertinence de la pensée de Leibniz lorsqu'il écrit : « *Quod non agit non existit* » – ce qui n'agit pas n'existe pas. *Normalement*, nous observons donc qu'un hiatus dans notre activité conduit à un hiatus dans notre existence – nous dépendons totalement du continuel courant d'impulsions et d'informations que nous échangeons avec les organes sensoriels et moteurs de notre corps. *Nous devons être actifs, ou nous cessons d'exister : l'activité et l'existence ne sont qu'une seule et même chose.*

Comment, dans ces conditions, expliquer qu'après être restée totalement immobile et avoir été (vraisemblablement) désactivée pendant de nombreuses années, Hester ait pu se relever et se remettre à marcher aussi subitement ? Nous pourrions supposer, ainsi que je le fis tout d'abord, que son immobilité ne s'accompagnait pas d'une désactivation complète, mais plusieurs observations cliniques infirment cette hypothèse : le caractère absolu de sa paralysie, ses propres descriptions de son expérience comme le silence électrique constaté lorsque nous avons essayé d'enregistrer l'activité électrique de ses muscles durant ses accès de pétrification, montrent bien qu'elle était totalement désactivée. Mais il apparaissait également que ses périodes d'immobilité n'avaient *aucune durée subjective*. Tant qu'elles se prolongeaient, Hester ne sentait pas « le temps s'écouler » : elle était, durant ces moments (si je puis me permettre ce paradoxe logique et sémantique), tout à la fois hors de l'action, hors de l'être et hors du temps. Seules ces considérations, aussi fantastiques qu'elles me parurent à l'origine, me permirent de comprendre comment, après tant d'années d'inactivité, Hester fut en mesure de retrouver aussi vite une activité normale, alors que toute personne « ontologiquement normale » aurait entre-temps perdu ou « oublié » ses schémas d'action, et aurait eu besoin d'un laps de temps important et peut-être même considérable pour se les « remémorer » ou les réapprendre. C'était un peu comme si, après s'être brusquement « éteint », le courant ontologique, le flux vital d'Hester se « rallumait » tout aussi soudainement, sans que, dans l'intervalle, elle ait perdu ses schémas d'action, et donc sans qu'elle ait besoin de les réapprendre – et cela, parce que, *pour elle, aucun temps ne s'était écoulé.*

17. Le thème du ralentissement et de l'accélération du mouvement et du temps a été traité par Wells dans un texte amusant et prophétique (« The New Accelerator » [« Le nouvel accélérateur »]), publié à la fin du siècle dernier.

18. Le phénomène inverse, que j'ai pu très clairement observer chez Miron V. (cf. p. 380, n. 26), était tout aussi étonnant.

19. « Ces états (...) peuvent être décrits en termes purement visuels, bien qu'ils puissent affecter l'*ensemble* du comportement. L'image immobile n'a pas de perspective véritable ou continue, mais est vue comme un assemblage de formes complètement plat, ou une série de plans minces comme une pelure d'oignon. Les courbes se brisent en marches d'escalier discontinues : un cercle est vu comme un polygone. Les notions d'espace, de solidité ou d'étendue disparaissent, et les objets ne sont perçus que comme des ensembles de facettes géométriques apposées. Le sujet perd la notion du mouvement, ou de sa possibilité, tout comme celle des processus, des forces ou des champs. Ce monde cristallin n'admet ni émotion ni cathexis. Les notions d'absorption ou d'attention n'ont plus de sens. L'état est *là*, et ne peut être changé » (Sacks 1972).

20. Un certain nombre de stratégies visant aussi bien à « stimuler » qu'à stabiliser les patients postencéphalitiques sont présentées dans l'excellent ouvrage du docteur Purdon Martin intitulé *The Basal Ganglia and Posture* (Purdon

Martin 1967). Et le dernier chapitre (« The Control of Behavior ») du remarquable livre de Louriia qui a pour titre *The Nature of Human Conflicts* aborde la question sous l'angle à la fois théorique et pratique : Louriia écrit que « le cortex sain permet [au patient parkinsonien] d'utiliser les stimuli externes et de construire une activité qui compense l'insuffisance des automatismes subcorticaux... Ce qui ne pouvait être accompli par la force de la volonté peut l'être lorsque l'action est incluse dans un autre système complexe » (Louriia 1932). Ces problèmes sont traités dans l'Épilogue.

21. Cet ensemble de troubles moteurs, moraux et touchant l'appétence rappelle les symptômes que l'on observe dans les cas les plus graves de syndrome de Gilles de la Tourette (qui se caractérise par de la coprolalie, des obsessions sexuelles, des pulsions libidinales intenses, un accroissement de l'appétit, des impulsions motrices très fortes et des tics multiples).

22. Spitz a magistralement décrit les effets des carences affectives sur les orphelins d'un orphelinat de Mexico. Ces enfants, qui avaient reçu d'« excellents » soins hygiéniques et mécaniques mais avaient été quasiment privés de soins spécifiquement « humains » (à base d'affection, d'attention, etc.), étaient presque tous morts vers trois ans. Toutes les études et les observations portant sur les sujets très jeunes, très âgés, très malades et régressifs indiquent clairement que *les liens affectifs sont littéralement vitaux,* et que leur insuffisance ou leur absence est un péril mortel, notamment pour ceux qui sont particulièrement vulnérables. La mort que ce type de carence entraîne est essentiellement une mort existentielle : la perte du désir de vivre précède et provoque la mort physiologique. Ce type de problème – « mourir de chagrin » – est très finement analysé par C. M. Parkes dans le chapitre II (« The Broken Heart ») de son livre intitulé *Bereavement.*

23. Nous avons compris par la suite que Miriam H. est non seulement exceptionnellement *douée* pour le calcul mental (comme pour tous les types d'« activité intellectuelle » en général), mais aussi périodiquement sujette à une étrange compulsion à compter : il lui arrive fréquemment de devoir tout à coup se mettre à compter ses pas, le nombre de mots contenus dans une page, ou bien le nombre de *e* imprimés sur la jaquette d'un livre ; ou encore, si elle est en train de regarder par la fenêtre, elle peut être soudain forcée de « noter » (mentalement) le numéro de la plaque minéralogique de la voiture pour lui faire ensuite subir de multiples transformations – l'élever au carré, chercher sa racine cubique, le comparer à divers nombres « analogues », etc. (Elle a une mémoire parfaite : elle est capable de se rappeler chaque numéro de plaque minéralogique, le nombre de mots de n'importe quelle page de livre, ou la fréquence des *e* sur les jaquettes de tous les livres de la bibliothèque.)

Elle peut également être contrainte de dire, écrire ou épeler des phrases à l'envers, de calculer le volume total, en centimètres cubes, des patients de l'hôpital, ou encore de « diviser » leurs visages en assemblages de figures géométriques. Son imagination et sa mémoire eidétiques rappellent tout à fait celles du « Mnemonist » de Louriia : lorsqu'elle « mathématise » ainsi son entourage, elle voit les gens bien plus comme des « problèmes » que comme de véritables personnes. Elle dit trouver ces compulsions « idiotes », mais ne pouvoir leur résister, et elle leur attribue une « signification énigmatique ». Cette impression est la cause première, ou la rationalisation, de toutes ses « idioties ».

Elle insiste aussi sur le besoin qu'elle a de « symétriser » *(sic)* différentes scènes ou situations : cela, soit réellement, par exemple en réarrangeant des objets sur une nappe (encore que la symétrie qu'elle crée alors puisse ne pas être simple et apparente, mais exprimer un ordre « secret » ou mystérieux, connu d'elle seule), soit, plus souvent encore, mentalement – dans ce cas, le réarrangement s'opère naturellement beaucoup plus rapidement, presque instantanément, *grâce* à son imagination eidétique.

L'« arithmomanie », c'est-à-dire cette compulsion à compter et à calculer qui est l'un des symptômes primordiaux de la maladie de Gilles de la Tourette, constitua également, dans les premiers temps de l'épidémie, l'un des symptômes les plus courants de la maladie du sommeil. J'ai pu constater, chez Miriam comme chez d'autres postencéphalitiques ou malades atteints du syndrome de Gilles de la Tourette que j'ai eus comme patients, que l'arithmomanie n'est que l'expression de *surface* d'une compulsion plus profonde, ayant trait à l'ordre et au désordre : ce symptôme exprime un *besoin* d'ordonner, d'introduire un désordre et de réordonner, pour *contempler* cet ordre, ce désordre et ce nouvel ordre. L'arithmomanie tente d'instaurer un ordre arithmétique ; d'autres opérations mentales peuvent viser à établir un ordre logique ; la compulsion à « symétriser » a quelque chose à voir avec l'ordre spatial, etc. En ce sens, bien que pouvant paraître ne constituer qu'une compulsion étrange et très spécifique, ces symptômes doivent être plutôt vus comme la manifestation d'un besoin mental *universel,* s'exprimant sous une forme bizarre, exagérée et déformée (ces bizarreries et ces déformations sont aussi une caractéristique de la maladie de Gilles de la Tourette).

Addendum, 1981 : J'ai pu depuis observer de fascinantes corrélations entre le relevé électroencéphalographique de l'activité du cerveau de Miriam H. et ces « crises » arithmétiques et intellectuelles. Un jour que j'étais en train de lui faire passer un électroencéphalogramme, je lui demandai de soustraire 7 de 100 – on donne souvent de telles consignes aux patients afin de vérifier les effets de ces opérations mentales sur leurs ondes cérébrales (voir l'Appendice) – autant de fois qu'elle le pouvait.

Son visage exprima immédiatement une concentration intense, presque acharnée, et, aussitôt, les stylos enregistreurs de l'appareil commencèrent à cliqueter furieusement. Puis, au bout de vingt secondes, Mlle H. me regarda et me dit en souriant :

– Ça y est, j'ai fini.

– C'est fini ? lui répliquai-je. Où êtes-vous arrivée ?

Elle me répondit : « Jusque-*là :* jusqu'à –600 ! »

Elle m'expliqua qu'une fois arrivée à 2, elle avait pensé que c'était « absurde » – que c'était un nombre « idiot », atteint au bout de quatorze soustractions –, et qu'elle s'était sentie forcée de trouver un résultat « symétrique », obtenu au bout d'un nombre d'opérations « symétrique » : elle avait donc continué à soustraire 7 jusqu'à ce qu'elle atteigne un « beau nombre rond », *autrement dit* jusqu'à –600, nombre auquel elle parvint après avoir fait au total cent soustractions (14 + 86). Elle me déclara également, après que je lui eus demandé comment elle faisait ces soustractions, qu'elle *voyait* les réponses, et que celles-ci « se détachaient (...) aussi claires que le jour (...) sur une sorte de tableau noir mental ». Lorsque je regardai son électroencéphalogramme, que j'avais entendu cliqueter jusqu'à la fin de ses calculs, je découvris une série de *pointes* dans les zones correspondant aux deux aires occipitales (qui sont les aires visuelles du cerveau) ; je les comptai, et m'aperçus qu'il y en avait très exactement cent. Ainsi, chacune des opérations intellectuelles auxquelles elle s'était livrée semblait s'être traduite sur cet enregistrement électroencéphalographique par une pointe, du type de celles que l'on observe durant les « crises d'épilepsie ». Cette observation donne à penser que ces compulsions arithmétiques pourraient peut-être être également vues comme des « convulsions », des « épilepsies » ou des « crises d'épilepsie » arithmétiques. Cette crise au cours de laquelle Miriam H. fit donc quelque cent soustractions successives ne dura que vingt secondes.

24. En général, l'un des effets les plus positifs de la L-DOPA sur les patients postencéphalitiques était de les débarrasser, durant un temps plus ou moins long, de leurs infernales crises oculogyres ; voir Sacks *et al.*, « Oculogyric Crises and L-DOPA », *Lancet*, juillet 1970.

25. Presque trente ans s'écoulèrent donc entre cet épisode de 1918, qui était très probablement un accès subclinique d'encéphalite léthargique, et l'apparition de ce syndrome indiscutablement postencéphalitique. On observe quelquefois des « périodes d'incubation » encore plus longues : l'un de mes patients (Hyman H.) contracta la maladie du sommeil en 1917, se rétablit complètement, et ne développa un syndrome postencéphalitique qu'en 1962.

26. J'ai écrit qu'il pouvait rester assis, absolument immobile, quinze heures d'affilée, mais ce n'est pas totalement exact. Souvent, le matin, sa silhouette se découpait sur le verre dépoli de la porte, et je voyais sa main droite apparemment immobile, posée à quelques centimètres du genou ; lorsque, en milieu de journée, je repassais devant lui, je voyais sa main « pétrifiée » à mi-distance de son nez (voir les photos de Frances D.) ; puis, deux ou trois heures après, elle se trouvait sur ses lunettes, ou son nez. Je me dis d'abord que ces gestes étaient des poses akinétiques sans signification et oubliai le problème. Mais, quand Miron V. fut « réveillé » et accéléré par la L-DOPA, ces étranges « poses » pétrifiées me revinrent à l'esprit et, lorsque je me décidai à lui en parler, ses explications me firent comprendre l'incroyable vérité.

– Qu'est-ce que vous voulez dire, par mes « poses pétrifiées » ? s'écria-t-il. Je m'essuyais le nez, c'est tout.

– Mais, Miron, lui dis-je, c'est impossible. Vous voulez me dire que, ce qui m'apparaissait comme des poses immobiles, pour vous, c'était un mouvement, et que vous aviez l'impression que votre main se déplaçait vers votre nez ?

– Bien sûr, me répondit-il. Qu'est-ce que ça pourrait être d'autre ?

– Mais enfin, Miron, repris-je, cela a duré des heures. Vous voulez dire que vous avez mis six heures pour vous essuyer le nez ?

Après un temps de réflexion, il me dit : « Ça paraît dingue. C'est effrayant. De mon point de vue, mes mouvements étaient normaux, et cela n'a duré qu'une seconde. Vous voulez dire que je n'ai pas mis une seconde, mais des *heures* pour m'essuyer le nez ? »

Je ne sus quoi lui répondre. J'étais aussi interloqué que lui. Cela semblait parfaitement absurde. Mais j'avais d'innombrables photos de Miron, adossé immobile contre cette porte, et j'en rassemblai donc une trentaine, prises au cours de la même journée. J'en fis un film de façon à pouvoir les projeter à la suite, et, lorsque je les fis défiler à la vitesse de seize images par seconde, je m'aperçus que ce qui m'avait paru « impossible » était vrai, et que cette succession de « poses » formait en fait une action continue. Comme il me l'avait dit, Miron V. était bien en train de s'essuyer le nez, mais il se l'essuyait *dix mille fois plus lentement que la normale :* son geste était incroyablement ralenti, mais pas pour lui. Inversement, les mouvements et le rythme d'élocution d'Hester Y. étaient si extraordinairement accélérés qu'il était impossible de suivre ses gestes à l'œil nu, ou de comprendre ses paroles : mais, si, après les avoir filmés ou enregistrées, on les visionnait ou les écoutait en les ralentissant, on pouvait s'apercevoir que quelques millisecondes lui suffisaient pour faire un mouvement ou prononcer un mot.

27. Contrairement aux mouvements buccaux et aux dommages infligés à la bouche (cf. p. 368, n. 2), qui, parmi tous les problèmes consécutifs à la

stimulation entraînée par la L-DOPA, demeuraient un problème *mineur*, ces chutes et ces fractures constituaient un problème tout à fait sérieux.

28. Aaron E. et le patient suivant (George W.) n'étaient pas atteints de troubles postencéphalitiques, mais de la maladie de Parkinson « ordinaire » – qui se manifestait dans le cas d'Aaron par des symptômes suffisamment graves pour nécessiter son hospitalisation, et, dans celui de George, assez bénins pour lui permettre de continuer à mener une vie satisfaisante et indépendante à l'extérieur de l'hôpital. Bien que leurs cas diffèrent radicalement de ceux des autres patients dont j'ai présenté l'histoire, j'ai eu néanmoins le sentiment que je devais les inclure dans ce livre, afin de montrer les effets profonds et complexes, et même (dans le cas d'Aaron) décisifs, que la L-DOPA peut avoir sur les parkinsoniens « ordinaires ».

29. Assez rare avant l'arrivée de la L-DOPA – elle n'était en général observée que dans la chorée héréditaire de Huntington, et, quelquefois, dans les rhumatismes articulaires aigus (« danse de saint Vitus ») –, la chorée (du grec *khoréia*, qui signifie « danse ») est devenue par la suite un symptôme très courant : tout patient parkinsonien traité à la L-DOPA présente tôt ou tard des symptômes choréiques, à tel point que certains neurologues ont pu parler de la chorée comme d'un « antiparkinsonisme ». Les interconversions existant entre ces deux types de symptômes – autrement dit, la transformation de la dureté et de la tension massives de la rigidité parkinsonienne en la mollesse et le papillonnement de la chorée (antiparkinsonienne) – sont frappantes et particulièrement convaincantes. La chorée est une sorte de confetti physiologique, elle donne l'impression de n'avoir ni poids ni force ; les mouvements choréiques se déclenchent « spontanément », sans être précédés par les efforts volontaires ou la tension convulsive qui aboutissent aux tics ; ils « surviennent » tout à coup, sans effort ni avertissement, d'une façon suggérant une absence complète de résistance, voire même une totale absence d'inertie. On peut envisager la chorée stochastiquement ou statistiquement, et dire par exemple que telle ou telle quantité globale d'excitation va vraisemblablement apparaître à tel ou tel moment, mais il est impossible d'appréhender les mouvements choréiques *individuellement* – de dire *quand* et *où* le mouvement suivant va se produire. Et l'expérience n'est ici d'aucune utilité : on comprend, au bout d'un moment, que, *par essence*, les mouvements choréiques sont, individuellement, totalement imprévisibles – on ne peut pas plus dire quand et où ils se déclencheront que prévoir où et quand des bulles apparaîtront à tel endroit de la surface d'un liquide en ébullition, ou quels atomes d'une substance radioactive se désintégreront les premiers... ou encore, parler d'autres *phénomènes essentiellement quantiques* autrement qu'en termes de quantification et de probabilité.

30. Beaucoup d'autres patients m'ont exprimé par cette image leur impression de ne jouir que d'un équilibre extrêmement étroit et précaire, reposant sur un point d'appui ou une base chaque jour plus minces et plus aléatoires. Bien que semblant parfaitement normaux *lorsqu'*ils se trouvent dans un état normal, ces patients ne disposent plus de la latitude, de la large marge de manœuvre qu'autorisent la santé et la stabilité véritables, mais marchent sur le fil du rasoir d'un état que l'on peut qualifier de *métastabilité :* ils ont perdu l'« élasticité », la flexibilité, la *souplesse* de la santé, et sont, essentiellement, *fragiles* – Goldstein parle à leur propos d'un état « rigide-labile ». On a le sentiment que ces patients – et c'est également une image à laquelle ils ont fréquemment recours – ne vivent plus dans le monde terrestre et rassurant de ces faibles déclivités et de ces pentes douces qui nous sont familières, mais ont été transportés dans une sorte de paysage lunaire cauchemardesque aux affreux pics et précipices, *horrible*

royaume (littéralement) de points et d'arêtes. Nous avons maintes et maintes fois vu comment, dans son manque de stabilité et de contrôle, le morbide finit par ressembler au mécanique. L'état horrible, ponctuel, aciculaire de ces patients métastables rappelle de façon extraordinaire le monde imaginé par Newton, et présente précisément les mêmes caractéristiques, la même improbabilité et les mêmes dangers que ce dernier : « Supposer, écrit Newton, que toutes les Particules d'un Espace infini soient aussi parfaitement en équilibre les unes par rapport aux autres (...) [serait] aussi difficile que de faire tenir non seulement une Aiguille, mais une infinité d'entre elles (...) en équilibre parfait sur leurs pointes (...) le Principe (...) est précaire » (Newton, *Seconde Lettre à Bentley*).

31. Cecil M. n'était *pas* hospitalisé à Mount Carmel. Sa « situation » n'avait donc rien à voir avec celle des patients profondément atteints et « endormis » depuis des décennies qu'abritait notre établissement ; il se trouvait dans le cas de ces milliers de postencéphalitiques qui, un peu partout dans le monde, ont pu, malgré leurs handicaps, continuer à mener une vie satisfaisante, indépendante et fondamentalement normale.

32. *Sein Blick ist vom Vorübergehn der Stabë*
So Müd geworden, dass er nichts mehr hält.
Ihm ist, als ob es tausend Stäbe gäbe
Und hinter tausend Stäben keine Welt.

(Son regard, à force d'user les barreaux, s'est tant épuisé qu'il ne retient plus rien. Il lui semble que le monde est fait de milliers de barreaux et au-delà rien *.)

33. Ces états se rencontrent également dans les intoxications à la belladone, au LSD, etc., les psychoses, et durant certains accès de migraine : voir le chapitre III et les figures 4 et 5 de *Migraine* (Sacks 1981 ; trad. fr., Paris, Éd. du Seuil, 1986).

34. M. L. écrivit ces lettres, mais ne les posta jamais. Il parlait de lui, avec beaucoup d'ironie, comme d'un « Herzog parkinsonien ».

35. Mount Carmel commença d'ailleurs par s'appeler le « Foyer de Mount Carmel pour les infirmes et les mourants ».

36. En 1971, deux patients postencéphalitiques, Maurice et Ed, furent admis la même semaine à Mount Carmel. Tous deux étaient encore relativement jeunes (ils avaient moins de la cinquantaine), avaient été mariés, venaient de divorcer à la demande de leurs femmes, étaient accablés par ce qui leur arrivait, avaient traversé – tout comme Miron V. – un épisode psychotique immédiatement après leur admission, furent traités à la L-DOPA et connurent les drames spectaculaires du « réveil » et des « tribulations » ultérieures. Mais, à partir de là, leurs histoires divergèrent complètement. Ed admit son divorce et n'eut aucune réaction névrotique ; libéré par cette séparation, ayant retrouvé grâce à la L-DOPA sa mobilité et son énergie, il fit à l'extérieur de Mount Carmel la connaissance d'une autre femme avec laquelle il eut des relations sexuelles satisfaisantes et se remaria (sans quitter Mount Carmel). Ayant trouvé l'amour, s'étant remis à travailler (il se découvrit un talent de dessinateur, et devint l'artiste de l'hôpital), s'étant trouvé *lui-même*, il réussit à s'adapter très largement à son état, et, depuis huit ans, a pu maintenir cette « accommodation » en dépit des très graves symptômes postencéphalitiques dont il souffre. Maurice, à l'inverse, bien qu'étant lui aussi un homme de valeur et ne manquant pas de charme, n'a pas été capable de totalement couper les ponts avec sa femme ; il a continué à la voir et à entretenir

* Rainer Maria Rilke, « La panthère », in *Poésie*, trad. fr. de Lorand Gaspar, Paris, Éd. du Seuil, 1972, p. 184 [*NdT*].

avec elle un rapport sadomasochiste et obsessionnel ; il ne s'est pas remis au travail, et n'a noué aucune nouvelle amitié. Il ne s'est « permis » aucune « accommodation », aucune liberté, et demeure piégé dans une affreuse névrose sexuelle ponctuée de violents accès de masturbation et de quasi-tentatives de viol. Il nous crie parfois, comme Leonard : « Arrêtez cette L-DOPA – plutôt la mort qu'une telle torture. »

37. L'attitude de Mme L. n'avait rien d'exceptionnel. Le rétablissement de l'activité et de l'indépendance de nos pensionnaires était loin d'être toujours bien accueilli par leurs familles, et certains de leurs parents s'y opposaient, passivement ou activement. Quelques-uns des parents de nos patients avaient bâti leur vie autour de la maladie de leur enfant et – au moins inconsciemment – faisaient tout ce qu'ils pouvaient pour renforcer ses symptômes et sa dépendance. De tels renforcements sociaux et familiaux de la maladie s'observent dans les familles névrosées et psychotiques, ainsi que, très souvent, dans les familles migraineuses.

38. Ces lignes sur l'hallucinose de Leonard L. méritent quelques développements. En fait, Leonard avait des hallucinations depuis des années – il finit par m'avouer, après me l'avoir caché, volontairement ou involontairement, jusqu'en 1969, avoir commencé à halluciner bien avant de prendre de la L-DOPA. Il reconnut devant moi avoir commencé à « animer » ce tableau représentant une vieille ville du Far-West en 1955, *dans le seul but d'avoir des hallucinations* (c'était un grand amateur de westerns), et avoir l'habitude, depuis cette date, de s'offrir une « matinée » hallucinatoire après le déjeuner. Cette hallucinose chronique et bénigne (et comique) n'échappa à son contrôle volontaire et à son imagination et ne prit un caractère franchement psychotique que lorsque la L-DOPA le rendit fou.

En général, les sujets portés aux hallucinations ne parlent de leurs « visions » ou des « voix » qu'ils entendent qu'avec réticence, car ils craignent de passer pour des excentriques ou des fous, et ce réflexe assez naturel se retrouvait chez nos pensionnaires postencéphalitiques (qui, en outre, avaient physiologiquement, de par leur état, de très grandes difficultés à communiquer). Ils ne m'offrirent leur confiance, ne s'enhardirent à me *confier* certaines de leurs expériences et de leurs émotions les plus intimes, qu'au bout de bien des années ; et c'est donc seulement *maintenant*, après que nous eûmes appris à nous connaître durant plus d'une décennie, que je suis en mesure de faire une double observation : je remarque d'abord qu'au moins un tiers, et peut-être même la majorité, de nos patients profondément handicapés et hospitalisés depuis longtemps sont des « hallucinateurs chroniques » ; et ensuite que, dans la plupart des cas, ni ces patients ni leurs hallucinations ne sauraient être qualifiés de « schizophrènes » ou de « schizophréniques ». J'ai constaté, en effet, que les hallucinations de nos pensionnaires n'ont pas le côté ambivalent, souvent paranoïaque, et en général incontrôlable des hallucinations schizophréniques, mais représentent, au contraire, des scènes de la vie normale, très proches de cette réalité et de cette santé dont ces patients si pathétiques ont été coupés et privés depuis des années (par leur maladie, leur hospitalisation, leur isolement, etc.). Contrairement aux hallucinations schizophréniques, dont la fonction (et la forme) participent d'un *déni de la réalité*, la fonction (et la forme) des hallucinations bénignes auxquelles sont sujets nos patients de Mount Carmel semblent avoir quelque chose à voir avec un besoin de *créer de la réalité*.

39. Je ne pouvais à l'époque m'empêcher de penser (je le pense toujours) que, parmi toutes les causes non pharmacologiques expliquant les réactions de ces patients – et notamment la forme et la gravité des « effets secondaires » qui ne manquaient jamais de se déclarer après une période d'énorme amélioration –,

l'attitude répressive et l'étroitesse d'esprit en vigueur à Mount Carmel jouaient un rôle considérable. Le personnel administratif, en particulier, voyait d'un très mauvais œil toute activité sexuelle entre nos pensionnaires, et traitait souvent ce genre de tentatives avec une dureté et une cruauté irrationnelles.

Dans le cas de M. L., un autre facteur venant sans aucun doute s'ajouter à ses pulsions sexuelles et à sa culpabilité était la relation trop étroite qu'il entretenait avec sa mère. En un sens, Mme L. avait véritablement l'air d'être amoureuse de son fils : lorsque Leonard lui fit part de ses nouvelles pensées, elle fut très choquée, et eut un accès de jalousie ; elle bredouilla devant moi : « C'est ridicule. Un homme de son âge ! Il était si *convenable*, avant – il ne parlait jamais de sexe ni ne regardait les filles, il semblait ne jamais y penser (...) J'ai sacrifié ma vie pour Len : je suis la seule femme à laquelle il devrait penser en permanence. Mais, maintenant, il ne pense qu'à ces *créatures.* » Les deux fois où la sexualité contrariée de M. L. prit un tour incestueux, elle me parut presque émoustillée ; elle me confia un jour : « Aujourd'hui, Len a essayé de me *peloter ;* il m'a fait des propositions abominables. *Il m'a dit les pires choses au monde* – mon Dieu ! » et se mit aussitôt à rougir et à glousser.

Perspectives

1. La médecine mécanique et technologique est éthiquement neutre et épistémologiquement saine – elle progresse continuellement, et a sauvé d'innombrables vies. Elle ne devient malsaine et ne s'égare que lorsqu'elle exclut les approches non mécaniques ou non technologiques, lorsqu'elle écarte le dialogue clinique et l'approche existentielle. Les « cas » sont des abstractions ; les patients sont des êtres humains, des individus qui souffrent, ne savent que penser et ont peur. Ils ont besoin que le médecin diagnostique correctement leur maladie et la traite efficacement, mais aussi d'être compris et aimés ; ils doivent se sentir engagés dans une relation humaine, une rencontre existentielle, et, cela, aucune technologie ne peut le leur apporter.

2. Les passages de Leibniz que je cite ou auxquels je fais allusion sont extraits de son *Discours de métaphysique* et de sa *Correspondance avec Arnauld.* Bien que rédigés vers 1680, ces deux textes ne furent publiés que dans les années 1840, après la mort de Locke, Hume et Kant.

3. Pour un malade, l'alitement et l'isolement, l'attitude de son entourage, les espoirs et les craintes qu'il entretient, ce qu'il entend ou ce qu'il croit, la personnalité et le comportement de *son* médecin sont indissociables et forment un tableau ou un drame unique. Donne écrivit par exemple sur son lit de mort : « J'observe le Médecin aussi scrupuleusement que lui-même observe ma maladie ; je vois qu'il a peur, et j'ai peur avec lui : je le rattrape, le dépasse dans sa peur, et vais d'autant plus vite qu'il ralentit le pas ; j'ai d'autant plus peur que je vois bien qu'il me cache ses craintes, et vois ses craintes d'autant plus clairement qu'il refuse de les laisser paraître (...) il sait que ma peur peut altérer l'effet et l'efficacité de sa pratique. »

4. Parmi les quelques exceptions méritant d'être signalées, je mentionnerai par exemple les passionnantes et si spirituelles « Confessions of a Tiqueur » présentées au début de l'ouvrage de Meige et Feindel intitulé *Tics,* ainsi que les très perspicaces analyses de cas présentées par Jelliffe dans les deux livres (à orientation psychanalytique) qu'il a consacrés aux syndromes postencéphalitiques

(Jelliffe 1927 et 1932). Les deux ouvrages plus récents de A. R. Louriia ayant respectivement pour titre *The Mind of a Mnemonist* et *The Man with a Shattered World* (tous deux publiés en 1975, chez Penguin) contiennent également de remarquables descriptions de cas étayées sur un abondant matériel biographique.

5. Beaucoup d'autres triades métaphoriques auraient été tout aussi pertinentes, par exemple :

bien-être	malaise	tolérance
satisfaction	insatisfaction	apaisement
(bienfaisance)	(malfaisance)	
paix	guerre	réconciliation
union	désunion	réunion
intégrité	altération	rétablissement
	(dégénérescence)	(régénération)
grâce	disgrâce	courage
	(déchéance, chute)	
enracinement	déracinement	réenracinement
(autochtonie)		
ancrage	errance	retour

Toutes ces séquences allégoriques récapitulent, chacune à leur manière, la vie de ces patients et l'évolution de leur maladie avant l'apparition de la L-DOPA ; à un niveau plus général, elles résument le cours de toute vie humaine, aussi bien que celui de notre histoire et de notre culture ; elles constituent un paradigme de l'être humain et de la vie dans le monde.

6. Certains patients ne sont pas « réveillés » par la L-DOPA, et s'enfoncent au contraire plus profondément encore dans leur maladie lorsque nous leur en administrons ; d'autre part, un même patient peut, à des époques différentes de sa vie, réagir au traitement de façon tout à fait différente. Un patient postencéphalitique de Mount Carmel dont je n'ai pas raconté l'histoire dans ce livre sombra par exemple dans le coma lorsque nous lui fîmes prendre de la L-DOPA pour la première fois, puis, quand nous tentâmes un second essai un an plus tard, fut sujet à un réveil particulièrement spectaculaire (voir l'Épilogue).

Les patients atteints de « pseudo-parkinsonisme » (je pense notamment à ces personnes âgées dont le tableau clinique parkinsonianoïde est lié à des lésions du cortex cérébral) ne sont presque jamais réveillés par la L-DOPA. J'ai attiré l'attention sur ce problème dans un article publié en 1969 (*Lancet*, 13 septembre 1969, p. 591-592), dans lequel j'écrivais que l'administration de doses de L-DOPA pourrait peut-être aider à distinguer de tels patients des cas de parkinsonisme authentique.

Le terme de « réveil » (ou d'« éveil comportemental ») fut employé dès 1960 pour décrire les effets de la L-DOPA sur les animaux. Cotzias *et al.* le reprirent ensuite dans leur article pionnier de 1967.

7. Beaucoup de lecteurs auront sans doute pensé à comparer ces réveils avec ce que l'on nomme les *intervalles lucides*. Durant ces épisodes – malgré la présence de dysfonctionnements cérébraux massifs, de nature fonctionnelle ou structurelle –, le patient *retrouve*, brusquement et intégralement, *toutes ses facultés*. Ce phénomène est très courant dans les délires toxiques, fébriles et

autres : il suffit parfois, pour le provoquer, d'appeler le patient par son nom ; pendant quelques secondes ou quelques minutes, il *est* alors de nouveau lui-même, jusqu'au moment où son délire l'emportera à nouveau. Ces épisodes, qui sont toujours très émouvants, s'observent quelquefois chez les malades atteints de démence sénile avancée ou de démence présénile (cf. par exemple la maladie d'Alzheimer) : il arrive que ces patients, qui souffrent pourtant indiscutablement de troubles cérébraux massifs, tant structurels que fonctionnels, retrouvent tout à coup, très momentanément, leur ancienne personnalité.

On a également beaucoup décrit – et c'est un phénomène que j'ai personnellement observé – les effets « apaisants » de la maladie, des tragédies, des deuils, etc., sur les schizophrènes hébéphréniques profondément déstructurés, « vidés » par leurs symptômes ; il n'est pas rare que ces patients, dont la personnalité s'est souvent « décomposée », depuis des décennies, en une multitude de maniérismes, d'impulsions, d'automatismes et de petits « soi » moqueurs, *retrouvent leur cohésion* lorsqu'ils sont soudainement confrontés à une réalité accablante.

Mais il n'est pas nécessaire de faire appel à des exemples aussi lointains. Il nous est arrivé à tous de nous sentir tout à coup envahis par un grand calme intérieur dans des moments d'affolement et de confusion extrêmes, ou de brusquement reprendre nos esprits alors que nous avions trop bu ; et – cette expérience est particulièrement fréquente chez les personnes âgées – de nous souvenir soudain de telle ou telle scène de notre passé ou de notre enfance avec une telle netteté que nous avions véritablement l'impression de la revivre. Toutes ces expériences indiquent que notre soi, notre style, notre *persona* existent en tant que tels, et que le mode d'être qui leur est spécifique est d'une infinie complexité : elles démontrent que notre soi ne se ramène pas à tel ou tel système isolé, et ne peut être décrit que comme une organisation globale – que le style, autrement dit, est le propre de l'homme (c'est pourquoi j'écrivais p. 112, à propos de M. O. : « Nous ne pouvions nous empêcher d'avoir le sentiment que l'ancien M. O. était toujours là, caché quelque part *derrière* ces divagations incohérentes, mais ne cessant de les observer et de les contrôler »).

8. Cette sensation mi-mécanique mi-diabolique de stase intérieure, ou d'un mouvement absurde, ne débouchant sur rien, que connaissent les parkinsoniens et les névrosés, est magnifiquement décrite dans les derniers poèmes et les dernières lettres de D. H. Lawrence :

Les hommes assis dans leurs machines
trônant au milieu des rouets, dans une apothéose de rouages,
demeurent dans la grisaille d'un mouvement qui ne se meut pas,
et d'un chemin qui ne mène nulle part,
et d'un être qui n'est pas.
...en marche, mais jamais vagabonds, immobiles et pourtant en mouvement,
ils errent dans une sorte d'enfer vrai, gris et affreux
ce genre d'enfer gris que Dante n'a jamais contemplé...

9. Si, en chimie, le problème du « dosage » – la question de savoir quelle dose utiliser afin d'obtenir telle réaction donnée – est très simple (c'est un simple problème d'équivalences stœchiométriques), il devient tôt ou tard, chaque fois qu'un patient est maintenu sous L-DOPA (ou prend de façon continue n'importe quelle substance modifiant le comportement) *le* problème majeur du traitement. On ne peut, à la question de savoir « quelle dose » doit être de préférence

administrée, que répondre : « La dose minimum suffisante ! » Mais, malheureusement, bien vite, la dose administrée ne « suffit plus ».

Repensons à la séquence des réactions que nous avons observées chez tous nos patients – à la séquence des réactions que laisse voir *tout* patient maintenu sous L-DOPA. Au début du traitement, les réactions constatées sont simples, stables et positives – après avoir pris telle ou telle dose de L-DOPA, le patient *va mieux ;* et, pendant un certain temps, cette amélioration paraît pouvoir être maintenue par une « dose d'entretien » donnée : à *ce* stade, par conséquent, la notion de « bon dosage » – l'idée que peut exister un équilibre ou une équivalence stœchiométrique entre la dose administrée et la réaction du patient – semble avoir un sens et correspondre à une réalité. *Par la suite,* néanmoins, surviennent immanquablement des « complications », qui se déroulent généralement comme suit : dans un premier temps, la « sensibilité » des patients aux effets de la L-DOPA s'accroît progressivement, parfois dans des proportions tout à fait extraordinaires (Leonard L., par exemple, finit par réagir à 50 mg de L-DOPA, alors que ses premières réactions n'étaient apparues qu'à une dose de 5 g par jour) ; ensuite, des modifications qualitatives de la réactivité à la L-DOPA apparaissent, si bien que les réactions très simples observées originellement deviennent de plus en plus complexes, variables, instables et paradoxales – elles deviennent, en fait, *imprévisibles* (au point que des modifications infinitésimales des doses administrées peuvent désormais entraîner des effets *incalculables*) –, nous laissant voir finalement une sorte de situation « macro-quantique » rappelant le « point de Curie » qu'atteignent les substances ferromagnétiques chauffées. A ce stade, aucune dose de L-DOPA n'est susceptible de corriger les réactions des patients (cf. par exemple le cas de Frances D.) – aucune dose ne paraît « suffisante ».

10. Gowers cite à cet égard un cas tout à fait intéressant de patient épileptique qui, chaque fois qu'il allait être sujet à des convulsions et perdre conscience, commençait par éprouver un brusque sentiment d'*injustice* (« quelle que fût l'action qui se déroulait devant ses yeux, il la trouvait *injuste* – moralement *condamnable* »).

11. L'impression de « ne pas en avoir assez » ; la soif de recevoir « plus » ; le besoin avide d'obtenir « toujours plus » : voilà assurément un schéma comportemental qui ne nous est que trop familier ! On ne peut que constater l'analogie étroite qui existe entre le concept de tendance pathologique et celui de dépendance ou de péché. Cette analogie ne doit être ni négligée ni oubliée.

12. Les réactions que provoque la L-DOPA pourraient être également décrites comme une intensification de chaque excitation, une propagation de l'excitation dans d'autres aires cérébrales, et une prolifération permanente de « nouvelles » excitations *(de novo),* finissant par « allumer » dans le cerveau d'innombrables foyers d'excitation. Pavlov explique chaque élargissement de la distribution des excitations à la fois par une propagation centrifuge de la charge à l'intérieur d'un conducteur cérébral homogène (une « irradiation »), et par la stimulation séquentielle de systèmes anatomiquement ou fonctionnellement contigus (une « réaction en chaîne »).

Mais l'« illumination » tourne très vite à l'« incendie » : les feux d'artifice tirés dans la cité cérébrale finissent par l'enflammer ; après l'avoir d'abord réchauffée, le feu allumé dans la froide maison de l'être la consume entièrement. Et cette irrépressible prolifération fait irrésistiblement penser à une *croissance* organique ou végétale : la multiplication effrénée des « effets secondaires » entraînés par la L-DOPA évoque le développement d'un gigantesque homoncule, d'une énorme monstruosité comportementale, ou d'une jungle pire que la jungle amazonienne – un peu comme si la L-DOPA était une sorte de prodigieux « aliment de croissance », ou de fantastique engrais cérébral (le texte de H. G. Wells intitulé *The Food of the Gods* [*la Nourriture des dieux*] est bâti autour de ce thème).

13. Pavlov a décrit des réactions très voisines chez les animaux d'expérience soumis à des stress « supramaximaux » : il a constaté que, au bout d'un certain temps, les réactions de ces animaux tendaient à s'atténuer ou à s'inverser. Pour Pavlov, ces manifestations constituaient des inhibitions à fonction protectrice. Et Goldstein a également observé chez ses patients des phénomènes essentiellement identiques, qu'il assimile à des réactions biologiques de base : il s'est aperçu qu'une fois le « cours de l'excitation » arrivé à un point culminant, leurs réactions s'inversaient, ou « s'égalisaient ». On observe aussi, au niveau des unités neuronales isolées, que la réponse à une stimulation massive continue est toujours diphasique, chaque unité s'adaptant, ou résistant, à tout nouveau stress.

14. Pavlov parle, à propos des évolutions en montagnes russes observées chez les animaux d'expérience et les patients dépressifs, de « vagues d'excitation suivies de creux d'inhibition ». Beaucoup de patients disent avoir l'impression que des vagues montent et descendent en eux, ou se comparent à des bateaux ballottés par les flots démontés. Ces images ondoyantes semblent tout à fait pertinentes à condition que l'on ne se représente pas de simples ondes sinusoïdales, mais plutôt des excitations torrentielles qui *s'enflent en suivant une courbe hyperbolique,* sont chacune à la fois plus escarpées et plus hautes que la vague précédente, et peuvent donc potentiellement avoir une amplitude infinie. De telles vagues – fort heureusement – n'agitent jamais les mers terrestres ; elles sont le reflet de forces et d'espaces extraordinaires ; elles ne peuvent exister que dans un espace non linéaire, que chacun doit essayer de se représenter du mieux qu'il peut.

15. Bien que radicalement différents, les concepts de mécanique et de théâtre doivent être rapprochés : ils sont reliés légitimement dans les notions d'*acteurs* et d'*action,* qui ont une dimension vivante et biologique, et illégitimement dans celles de *marionnettes* et de *réaction passive,* qui ont des connotations magiques et golémiques – évoquent une parodie de vie, dégradée et dégradante. La physiologie des trois derniers siècles n'a pris en compte que ces concepts cartésiens – la marionnette, la poupée, le Golem, etc. –, qui sont aussi à l'origine de l'*homoncule* de Faust et du *monstre* de Frankenstein.

16. Parmi tous les effets de la L-DOPA, la stimulation de la mémoire qu'elle entraîne si souvent paraît être l'un des plus remarquables, et l'un de ceux qui (au sens platonicien du terme) révèlent le plus clairement la nature du « réveil » des patients. Les réminiscences qu'elle provoque ont une *qualité* très caractéristique, et hautement instructive. Elles ne consistent pas en un jaillissement de vagues souvenirs ni en une régurgitation de « faits » délibérément appris, mais en de brusques remémorations, spontanées et « involontaires », de *moments importants du passé personnel,* dont le patient se souvient avec une telle acuité et en ayant un tel sentiment de réalité et d'immédiateté que l'on peut dire, très littéralement, qu'il les revit, ou que, pour lui, les événements qu'il se remémore semblent véritablement se produire une seconde fois. Ces remémorations peuvent par ailleurs ramener à la surface des éléments phylogénétiques, ou des souvenirs du passé ancestral (voir p. 368, n. 3).

17. Bien que régies par les mêmes lois, les unités *dramatiques* (ou logiques) diffèrent radicalement, par leur construction, des unités *logiques* (ou mécaniques). On peut observer, par exemple, que les chiens « aiment la compagnie des humains », ou « ont besoin de leur compagnie », et tout possesseur d'un chien ne peut manquer de ressentir que cette sociabilité constitue quelque chose d'essentiel et de primaire, et *ne peut* en aucun cas être réduite à une question de « réflexes », de « pulsions », de « stimuli », d'« instincts », etc. C'est pourtant ce que Descartes

a fait – et c'est ce qui a fait écrire à Sherrington que Descartes donnait l'impression de ne jamais avoir eu de chien, ni eu des relations amicales avec cet animal ; la physiologie cartésienne est effectivement, depuis ses origines, une science qui ignore les chiens, l'amitié et la vie.

18. La tendance à la démesure et la tendance à la division sont manifestement tout à fait distinctes (bien qu'en interaction) ; elles constituent les deux tendances fondamentales qui sont à l'œuvre dans la maladie. On constate de tels clivages du comportement (ou, en termes pavloviens, de telles « ruptures de l'activité nerveuse supérieure ») chez tous les organismes poussés au-delà d'une certaine limite. Je ne pense pas qu'il soit possible de supporter une excitation ou des pressions de l'ordre de celles que l'on observe chez ces patients *sans* voir, à un niveau ou à un autre, son comportement se cliver.

19. Aaron E. m'a donné un jour l'occasion de prendre la mesure de cette intolérance aux stress de toutes sortes. Cet épisode intervint à l'époque où, redevenu en apparence parfaitement normal, M. E. était rentré chez lui et ne revenait à Mount Carmel que de temps à autre, pour des examens périodiques. Lors de l'une de ces visites, j'eus la surprise de le voir en proie à une chorée, des grimaces et des tics assez violents, que je n'avais jamais encore observés chez lui. Lorsque je lui demandai si quelque chose le tracassait, il me dit être venu à l'hôpital en taxi, et avoir entendu durant tout le trajet les bruits que faisait le compteur : « En ce moment même, me déclara-t-il, j'ai toujours l'impression d'entendre ces tic-tac, et ça *me* donne des tics ! » Entendant cela, je renvoyai immédiatement le taxi, et promis à M. E. que nous lui en trouverions un autre et paierions nous-mêmes la course. Moins de trente secondes plus tard, sa chorée, ses grimaces et ses tics prirent fin.

20. On pourra lire dans le livre du docteur Purdon Martin intitulé *The Basal Ganglia and Posture* (1967) de magnifiques exemples des applications thérapeutiques de l'injonction visuelle.

21. L'une de nos pensionnaires (Lillian T., la patiente dodelinant de la tête dont j'ai déjà un peu évoqué le cas p. 278) avait réussi, malgré d'incroyables difficultés devant lesquelles toute personne moins déterminée et moins volontaire se serait sans aucun doute immédiatement effondrée, à éviter l'hospitalisation durant de nombreuses années. Depuis fort longtemps, commencer un mouvement, s'arrêter ou changer de direction lui était extrêmement difficile et, une fois lancée, elle ne pouvait absolument pas contrôler ses déplacements. Elle devait donc prévoir tous ses mouvements à l'avance avec la plus grande précision, car, par exemple, aller *directement* de son fauteuil à son divan (c'est-à-dire parcourir une distance de quelques dizaines de centimètres) lui était absolument impossible elle se « pétrifiait » immédiatement à mi-distance, et demeurait parfois clouée sur place durant une heure ou deux. Elle ne pouvait atteindre son divan que de deux façons : elle devait, d'abord, se lever, orienter soigneusement son corps en fonction de la direction qu'elle devait prendre, puis crier : « Maintenant ! », ce qui avait aussitôt pour effet de la lancer dans une incontrôlable course en avant qu'elle ne pouvait ni arrêter ni diriger ; son trajet dépendait ensuite de ce que les portes de son appartement étaient fermées ou non : si les doubles portes qui séparaient sa salle de séjour de sa cuisine étaient ouvertes, elle les franchissait au pas de course, traversait sa cuisine, tournait autour de la cuisinière, et revenait en courant sur ses pas, en décrivant un grand huit – elle traversait la cuisine dans l'autre sens, en sortait, et, une fois arrivée dans sa salle de séjour, pouvait enfin s'asseoir sur son divan ; si, au contraire, les portes de la cuisine étaient fermées, elle devait calculer sa trajectoire avec autant de soin qu'un joueur de billard, car le seul moyen pour elle d'atteindre son divan était alors de heurter violemment

les portes en pleine course, de rebondir contre elles à angle droit, et d'être ainsi rejetée vers le divan. L'appartement de Mlle T. (et, dans une certaine mesure, son esprit) avait donc tout du centre de contrôle de Houston pendant le lancement des capsules Apollo : tous ses mouvements et toutes ses trajectoires étaient calculés et comparés à l'avance, et divers plans de rechange et « procédures de sécurité » prévus pour pallier à tout imprévu. Ces supputations minutieuses et ces calculs complexes occupaient donc dans sa vie une place très importante – mais elle n'évitait l'hospitalisation qu'à ce prix. Il va de soi que ce genre de supputations et de calculs, qui ne sont pas toujours aussi élaborés, peuvent devenir purement automatiques, constituer chez les patients une sorte de seconde nature, et ne plus nécessairement mobiliser leur attention consciente. Le dernier chapitre du livre de Louriia, *The Nature of Human Conflicts,* analyse de façon très perspicace ce type de comportements. Louriia évoque, à ce propos et dans d'autres contextes, la nécessité dans laquelle se trouvent les patients d'inventer des « algorithmes de comportement » – de disposer de prothèses comportementales leur offrant des *substituts* artificiels mais inestimables du bien-être, du naturel et de l'assurance intuitive qui ont été minés par leur maladie. De tels « algorithmes » sont, naturellement, de purs artifices, et, surtout, des *métriques artificielles ;* mais ces patients si affaiblis et aux repères métriques si perturbés n'ont souvent aucun autre moyen de reprendre un *certain* contrôle sur leurs irrépressibles tendances. Ces algorithmes peuvent être comparés aux métronomes qu'emploient les musiciens qui ont un sens de la synchronisation ou du rythme déficient ou déformé.

Rendre véritablement au patient son rythme et son mouvement « naturels » – la « mélodie kinétique » (selon l'expression de Louriia) qu'il possède naturellement et normalement – serait tout à fait autre chose – ce serait l'idéal : il retrouverait ainsi cet authentique espace intérieur de liberté qu'aucun schéma, diagramme ou algorithme de comportement, si parfaits soient-ils, ne sauraient lui donner. Nous avons déjà vu que certains mouvements *musicaux* avaient la propriété de brièvement faire retrouver aux patients leurs mélodies kinétiques personnelles – j'évoquais à ce propos l'aphorisme de Novalis : « Toute maladie est un problème musical, toute guérison est une solution musicale. » D'autres mouvements « naturels » propres à la nature ou à l'art et jouant sur les registres visuels et tactiles sont aussi efficaces. J'ai vu, par exemple, des patients totalement figés dans leur parkinsonisme, leurs dystonies, leurs contorsions, etc., monter merveilleusement à cheval – se révéler des cavaliers adroits et gracieux, contrôlant intuitivement leur monture, formant avec elle une unité naturelle, interactive ; la simple *vision* de cavaliers, de coureurs, de marcheurs, de nageurs, de n'importe quel mouvement naturel – même sur un écran de télévision – peut, par sympathie ou par suggestion, rendre aux mouvements des parkinsoniens leur fluidité naturelle. Les techniques de « stimulation sensorielle » des parkinsoniens qu'apprennent leur entourage ou les infirmières les plus douées – qui savent comment les aider en leur disant un mot, en les effleurant de la main ou en marchant à leurs côtés, sans les toucher, par l'effet régularisateur d'une sympathie intuitivo-kinétique – sont un véritable art, que peut pratiquer un homme, un chien ou un cheval, mais qui ne peut *en aucun cas* être simulé par des rétroactions mécaniques; car seule l'action – l'interaction – toujours renouvelée, mélodique et vivante, de forces naturelles peut rendre aux êtres vivants leur être de vivants. Ce subtil jeu de forces en perpétuel changement peut également être mis en branle par certains matériels « naturels », servant d'*intermédiaires,* en quelque sorte, entre ces patients si affligés et les forces de la nature. Par exemple, bien que particulièrement dangereux lorsqu'ils sont au volant d'une automobile ou pilotent des bateaux à moteur (car ces engins ont tendance à *amplifier* toutes leurs tendances pathologiques), les patients parkinsoniens les plus atteints se débrouillent quelquefois particulièrement bien à bord d'un voilier, et barrent leurs bateaux avec une adresse, une précision intuitive et un « sens » de la navigation consommés. Ici, en effet, l'homme, le bateau, le vent et les vagues travaillent à l'unisson et forment une unité naturelle et dynamique ; l'homme se sent uni, relié, aux forces de la nature ; sa mélodie naturelle est stimulée par l'harmonie de la nature, et en harmonie avec elle ; il cesse d'être un *patient* – d'être passif et dominé par ses impulsions – et devient un *agent* – actif et libre. De tels exemples – que l'on pourrait multiplier à l'infini – montrent que le meilleur remède du parkinsonisme – comme de toutes les maladies, aberrations et déviations de la nature – est la nature elle-même : *vis medicatrix Naturae* – cette force de guérison profonde et mystérieuse vers laquelle, lorsque tout le reste échoue, nous pouvons toujours nous tourner :

> « Guérir,
> me disait papa,
> n'est pas une science,
> mais l'art intuitif
> de courtiser la Nature. »
>
> W.H. Auden
> *The Art of Healing*

Épilogue

1. La question de la nature de l'espace (et du « temps », et de la « réalité » elle-même) a toujours été très discutée, et j'ai moi-même toujours cherché à cerner les caractères spécifiques de l'espace parkinsonien. Dans la première édition de ce livre (1973), j'écrivais que l'espace et le temps parkinsoniens présentaient des particularités de nature « einsteinienne », consistant en une « désorganisation systématique des paramètres spatio-temporels, une déformation systématique des systèmes de coordonnées » ; ma formule de « délire einsteinien » montrait bien – c'était même un oxymoron – le paradoxe ou la contradiction qui étaient inhérents à de telles formulations. En 1975 (Sacks 1975*a*), j'écrivis un article sur les « illusions parkinsoniennes », où je soulignais l'aspect irréel ou fantasmatique des perceptions des parkinsoniens – perceptions qui, mises en scène ou en acte, aboutissent aux mouvements parkinsoniens. J'étais particulièrement intéressé, à cette époque, par les sensations dites des membres fantômes et les illusions sensorielles de toutes sortes, et je commençai donc alors à penser le parkinsonisme en termes de « fantôme moteur ».

Si l'on observe les parkinsoniens avec suffisamment d'attention – par exemple, pendant qu'ils écrivent –, on s'aperçoit que, si l'on constate bien des changements d'échelle, ces changements consistent en des sauts *brusques et incalculables* (en deux ou trois secondes, par exemple, une douzaine de « sauts » peuvent avoir lieu), si bien que ce que nous observons n'est pas, en fait, une métrique continuellement *déformée*, mais une métrique infiniment plus étrange, se contractant comme si elle était prise de *convulsions* ; nous n'observons pas une douce transformation géométrique ou topologique, mais une brusque transformation algébrique ou statistique. Ce que j'avais auparavant pris pour du « mouvement » n'était, si l'on examine ces manifestations de plus près, absolument pas un mouvement continu, mais une sorte de *pseudo*-mouvement, une succession convulsive de configurations et d'échelles différentes – un équivalent moteur (ou une mise en scène, ou en acte) de ce que je nommais, dans *Migraine,* « vision cinématique ». Et, de même, ce que je m'étais borné à nommer « espace » et « temps » s'avérait être quelque chose de beaucoup plus étrange, qui ne devait plus être vu comme étendue et durée, c'est-à-dire comme continu, mais plutôt comme des « éclairs » de pseudo-espace dans un pseudo-temps statistique. Même lorsque l'échelle semblait relativement stable, d'infimes oscillations constantes comparables aux « réseaux » micropsiques-macropsiques de la migraine pouvaient (si l'on observait d'assez près cette stabilité) être constatées. *Par conséquent, l'échelle en elle-même n'était pas une échelle idéale – une règle graduée ou une horloge einsteinienne rigides – mais une sorte de « pseudo-échelle » moyenne, statistique.*

Ce « chaos d'horloges et de règles graduées brisées » est donc un chaos d'horloges et de règles *fantômes* – manquant de réalité aussi bien que d'idéalité. Nous devons, dans ce royaume spectral peuplé de fantômes et de fragments, introduire à la fois une réalité et une idéalité, des règles et des horloges à la fois réelles et idéales. Le parkinsonien, qui a été dépossédé de son être par des fantômes métriques, doit être guéri par une idéalité et une réalité métriques.

Glossaire

L'auteur d'un livre tel que celui-ci ne peut éviter d'employer, par moments, un vocabulaire spécialisé. Bien que m'étant en général efforcé d'indiquer la signification des termes peu usités qui sont venus sous ma plume à mesure que j'en faisais usage, en fonction de leur contexte, je pense que le petit glossaire qui suit ne sera pas inutile : le lecteur pourra l'utiliser comme une sorte de compagnon de route, l'aidant à mieux se représenter les troubles spécifiques du mouvement, de la posture, de la volonté, de l'appétit, du sommeil, etc., qui sont au centre de ce livre. Les termes regroupés ici ont des analogies avec le vocabulaire beaucoup plus familier en usage pour caractériser les troubles émotionnels et névrotiques. Leurs significations se confondent et s'imbriquent, tout comme les désordres qu'ils dénotent.

Aboulie : Manque de volonté ou d'initiative. Bien que ce terme ait à une époque joui d'une grande faveur et constitué un concept clé des anciennes descriptions des « paralysies névrotiques de la volonté », l'aboulie authentique ne s'observe peut-être que dans le cadre des maladies organiques ou des lésions cérébrales – je pense notamment aux encéphalites léthargiques ayant suivi une leucotomie préfrontale étendue. Le contraire de l'aboulie est l'*hyperboulie* – qui se caractérise à l'inverse par une volonté, une obstination, une insistance, une appétence excessives –, tout comme l'apathie (ou l'apathisme) a pour contraire l'*éréthisme* – qui peut être défini comme une excitation morbide taraudante et pressante, s'accompagnant d'impulsions diverses. On peut également citer, dans cet ordre de paires antithétiques, l'*asthénie/hypersthénie* (manque d'énergie/excès d'énergie) et l'*adynamie/hyperdynamie* (manque de force/excès de force).

Agrypnie : Incapacité totale de dormir, résistance absolue à la sédation – l'acmé de l'insomnie. Ce trouble, fatal s'il se prolonge au-delà d'une semaine, n'apparaît lui aussi que dans les maladies et les intoxications – notamment les encéphalites léthargiques et les intoxications à l'ergot de seigle.

Akathisie (ou *Acathésie, Acathisie*) : Impossibilité de rester immobile ; intense besoin de bouger ; agitation ou nervosité poussées au dernier degré.

Akinésie (ou *Acinésie*) : Perte totale de la capacité de mouvement ou incapacité de faire des mouvements volontaires, quelle qu'en soit la cause – ce symptôme est particulièrement prononcé dans la maladie postencéphalitique. On parle, de la même manière, d'*aphonie* (perte plus ou moins complète de la voix), d'*amimie* (voir plus bas), d'*aphrénie* (impossibilité de penser).

Algolagnie : Érotisation de la douleur infligée à autrui ou ressentie.

Amétrie, Amorphie : Troubles de la perception des *échelles (amétrie)* et des *formes (amorphie)* – les fausses appréciations systématiques des échelles et des formes devraient plutôt être qualifiées de *dysmétries* et de *dysmorphies.* Ces troubles de la perception et les mouvements aberrants ou erronés qu'ils occasionnent ont des causes multiples et sont susceptibles de prendre toutes sortes de formes (pour une discussion de leurs modes d'expression et de leur traitement chez les postencéphalitiques, voir p. 367, n. 1, et p. 389, n. 21).

Amimie : Littéralement, perte de la mimique, des capacités d'expression gestuelles, faciales et corporelles. La voix, la posture et le visage figés et plutôt inexpressifs de la plupart des parkinsoniens en sont un exemple, mais il faut souligner que leur « amimie » est secondaire, et non primaire : les parkinsoniens disposent souvent d'un répertoire complet d'expressions et de gestes *internes,* auxquels les contraintes (et l'affaiblissement) inhérentes à leur akinésie interdisent simplement de s'extérioriser pleinement. Il n'est pas rare que, tel un rayon de soleil perçant soudain les nuages, des expressions très vivantes « traversent » brusquement leur masque d'impassibilité. Les parkinsoniens surexcités par la L-DOPA présentent parfois – à l'instar des patients atteints du syndrome de Gilles de la Tourette – ce que l'on peut nommer une *hypermimie :* leur comportement devenant au contraire beaucoup trop expansif et théâtral, ils peuvent se mettre à grimacer et à gesticuler, devenir très accessibles à la suggestion et être portés à toutes sortes d'imitations, de tics, de maniérismes, etc., involontaires.

Anablepsie : Déviation forcée du regard vers le haut – lorsque les globes oculaires sont déviés vers le bas, on dit qu'il y a *catablepsie.* Ces phénomènes s'observent durant les *crises oculogyres* de la maladie du sommeil, ainsi que dans l'hystérie, l'hypnose, les extases, etc.

Aphagie : Impossibilité d'avaler.

Aphonie : Voir *Akinésie.*

Aphrénie : Voir *Akinésie.*

Apraxie, Agnosie : Troubles de la capacité d'agir *(apraxie)* ou de la faculté de reconnaître les objets *(agnosie),* dus à un déficit intellectuel. L'*apraxie* et l'*agnosie* sont souvent liées à des lésions du cortex et apparaissent couramment, par exemple, à la suite de tumeurs ou d'accidents vasculaires cérébraux, chez les sujets séniles, etc. Elles ne constituent *pas* un symptôme parkinsonien, car le parkinsonisme atteint l'aptitude à *entreprendre* une action, et non les facultés de *compréhension* en tant que telles (mais voir aussi p. 367, n. 1).

Astérixis (ou *Flapping Tremor*) : Mouvements de flexion et d'extension des poignets, lents, irréguliers et de grande amplitude, évoquant les battements d'ailes d'un papillon.

Athétose : « Spasme mobile », selon Gowers ; mouvements ondulants « involontaires », affectant la face, la langue et les extrémités – une forme de *dystonie.*

Automatisme : Obéissance forcée aux stimuli ou aux ordres extérieurs. Ce type de comportement, qui s'oppose au *négativisme* et se manifeste sous sa forme la plus spectaculaire dans la catatonie, s'observe également dans le parkinsonisme et les troubles névrotiques de caractère obsessionnel ou hystérique (voir *Écholalie, Palilalie,* etc.).

Blépharospasme : Contraction spasmodique des paupières, continuelle *(blépharospasme tonique)* ou intermittente *(blépharospasme clonique).*

Blocage : Résistance (quel qu'en soit le niveau) à la pensée ou au mouvement. Très courant dans la catatonie et souvent associé, dans ce contexte, au négativisme, ce trouble de l'activité volontaire est aussi à l'œuvre dans la « pétrification » parkinsonienne et les troubles névrotiques de la pensée, de la sensibilité, de la parole et de l'action. « Involontaire » à la base, il s'associe aux plus hauts niveaux à des impressions de « viscosité psychique » ou de répugnance.

Boulimie : Littéralement : « faim de bœuf » (du grec *limos,* faim, et *bous,* bœuf). Appétit violent et insatiable. La boulimie – comme tous les comportements excessifs – se transforme facilement en son contraire : le boulimique peut aussi bien prendre subitement la nourriture en horreur et refuser de s'alimenter, développant ainsi une *anorexie* qui n'est qu'une sorte de voracité à l'envers.

Bradykinésie (ou *Bradycinésie*) : Lenteur des mouvements volontaires, particulièrement caractéristique du parkinsonisme ; on parle, dans le même ordre d'idées, de *bradyphémie* (lenteur de la parole), de *bradyphrénie* (ralentissement des réactions psychiques), etc. Ces ralentissements sont fréquents dans la dépression.

Bruxisme (ou *Bruxomanie, Brycomanie*) : Tendance à grincer des dents, associée au *trismus* (constriction involontaire des mâchoires). Symptôme courant dans les syndromes postencéphalitiques, ainsi que dans les états de tension névrotique et les réactions provoquées par les amphétamines.

Catalepsie : Conservation indéfinie, sans fatigue ni efforts, des mêmes postures – physiques, mais également perceptives et mentales (fascination, ensorcellement, etc.). Manifestation typique de l'hystérie, de l'hypnose et de la catatonie, ce type de trouble s'observe également, à un moindre degré, dans le parkinsonisme.

Catatonie : Le terme date du dix-neuvième siècle, mais le trouble qu'il dénote est décrit et dépeint depuis l'aube de l'histoire écrite, y compris dans ses formes les plus familières que constituent la catalepsie et le maintien d'une immobilité de statue, l'obéissance automatique aux ordres ou le négativisme, la suggestibilité extrême (positive ou négative), etc. La *violence catatonique* (l'« amok ») qui peut subitement succéder à l'immobilité catatonique est déjà moins connue. Bien que s'observant surtout dans la schizophrénie (notamment dans les paniques schizophréniques), la catatonie est aussi fréquente chez les patients postencéphalitiques non schizophrènes, et apparaît également sous hypnose ou à la suite de l'absorption de certains médicaments. Accompagnée d'un arrêt, d'un approfondissement et d'une intensification de l'attention, elle est peut-être plus courante que les états d'extase, de transe, de transport et de « concentration » extrême. La catatonie peut être considérée comme un « intermédiaire » entre le parkinsonisme et les troubles névrotiques.

Chorée : Du grec *khoréia,* danse. Tremblotement (ou scintillation motrice) involontaire et désordonné tendant à se déplacer d'un groupe de muscles à un autre : mouvement plus primitif que les tics, mais plus organisé que les jactitations et les contractions myocloniques.

Coma : État d'inconscience profonde, s'accompagnant d'une perte de conscience et d'une interruption de toutes les activités supérieures. Cet état ne s'observe que dans le cadre de lésions cérébrales ou d'intoxications graves ; il s'oppose aussi bien à la *stupeur* (dans laquelle certaines réactions de protection grossières et parfois une activité mentale désorganisée de type délirant sont préservées) qu'aux états de léthargie anormale *(torpeur),* qui ont pour caractéristique de pouvoir être brièvement, mais totalement, interrompus.

Coprolalie : Tendance à pousser des exclamations ordurières et à user de qualificatifs agressifs et obscènes sur un mode compulsif et convulsif, tout en entrelardant ses propos de grommellements et de jurons émis *sotto voce.* Comportement souvent associé à des tics et à d'autres états hyperactifs et impulsifs.

Crises oculogyres : Spasme des muscles rotateurs des yeux faisant dévier le regard, en général vers le haut. Ces crises sont souvent associées à des accès de parkinsonisme, de catatonie, de tics, d'obsession, de suggestibilité, etc.

Cunctation : Du latin *cunctacio,* hésitation, retard. Tendance à traînasser, à différer, à résister, à dresser des obstacles – contraire de la *festination* (voir ce mot).

La cunctation/festination constitue les couples antithétiques et correspondants du parkinsonisme, tout comme la procrastination/précipitation forme les pôles opposés du comportement névrotique.

William James a analysé la « volonté pathologique » (voir p. 21) en des termes similaires : il parlait de la « volonté obstructive » et de la « volonté explosive ».

Dystonie, dyskinésie (ou *Dyscinésie*) : Termes génériques désignant des altérations du tonus musculaire et du mouvement, et recouvrant donc des troubles tels que le parkinsonisme, l'*athétose,* les *torticolis,* etc.

Écholalie : Impulsion forçant à répéter sans cesse les paroles d'autrui ; la *palilalie* consiste à répéter ses propres mots ou ses propres phrases, tandis que l'*échopraxie* et la *palipraxie* se caractérisent par des répétitions de mouvements ou d'actions. Tous ces symptômes sont fréquents dans la catatonie, et analogues à la *catalepsie* (qui peut être définie comme une répétition forcée, ou une réflexion en écho, de certaines postures).

Emprosthotonos : Flexion de la tête en avant, contraignant à se tenir le menton enfoncé dans la poitrine. L'*opisthotonos* est au contraire une contracture rejetant le cou en arrière.

Éréthisme : Excitation pathologique tenaillante, taraudante et pressante – le terme s'emploie surtout dans le contexte des excitations masturbatoires et sexuelles.

Exotropie : Déviation d'un des axes visuels vers l'extérieur amenant à loucher (on dit aussi : *strabisme divergent*).

Festination : Du latin *festinatio,* hâte. Accélération forcée de la marche, de la parole ou de la pensée, constituant peut-être le symptôme le plus caractéristique du parkinsonisme. Tout en accélérant son allure, le patient fait des pas de plus en plus petits qui se terminent irrémédiablement par un accès de « pétrification » – il intériorise ses piétinements, n'ayant plus d'espace extérieur dans lequel se déplacer ; il donne l'image

> « d'un mouvement qui ne se meut pas
> et d'un chemin qui ne mène nulle part... »

Gegenhalten : On dit aussi : *paratonie.* Résistance ou opposition au mouvement passif, voisines bien que distinctes des résistances parkinsoniennes, négativistes et névrotiques. Son antonyme serait, je pense, *mithalten* (coopération, collaboration), bien que je ne sois pas sûr que le terme soit usité.

Hyperkinésie (ou *hypercinèse, hypercinésie*) : Augmentation de la force, de l'élan, de la vitesse, de la violence, de l'ampleur du mouvement ; manifestation généralement associée à un excès de « mouvements sous-jacents » *(syncinésie)* et s'accompagnant souvent d'impulsivité, d'impétuosité, d'irritabilité, d'insomnie, etc. A pour contraire l'*akinésie,* que celle-ci soit d'origine parkinsonienne, catatonique ou névrotique. L'akinésie et l'hyperkinésie peuvent se transformer l'une dans l'autre – c'est ce que l'on nomme la *kinésie paradoxale* – de façon brusque et explosive : de telles conversions s'observent dans les états maniaco-dépressifs, l'hystérie, le parkinsonisme et tout particulièrement la catatonie.

Hypertonie : Augmentation excessive du tonus musculaire – due à de la spasticité, au parkinsonisme, à de la tension nerveuse, à une irritation locale, etc. L'hypertonie parkinsonienne tend à affecter des muscles symétriquement opposés, et se traduit par une rigidité plastique dite « en tuyau de plomb ». L'un des effets les plus spectaculaires de la L-DOPA (même chez les non-parkinsoniens) est de rendre le tonus musculaire inférieur à la normale – *hypotonique* –, parfois à un tel point que les postures normales ne peuvent plus être maintenues. Les muscles et les postures des parkinsoniens ont donc tendance à être *durs,* tandis que ceux des patients choréiques et antiparkinsoniens seront le plus souvent *mous* (cf. le terme de *chorée molle*).

Hypokinésie (ou *hypocinésie*) : Diminution de la force, de l'élan ou de l'ampleur du mouvement, pouvant aller jusqu'à l'*akinésie* totale.

Jactitation (ou *Jactation*) : Anxiété, agitation.

Myoclonie : Contractions musculaires violentes, primitives et peu organisées, pouvant impliquer aussi bien telle ou telle partie d'un groupe musculaire (*myokimie,* ou secousses myofibrillaires) que la musculature du corps tout entier (spasmes foudroyants, dits *blitzkrampf*). Nous sommes tous sujets à ce type de mouvements, notamment lorsque nous nous endormons.

Narcolepsie : L'un des troubles du sommeil les plus courants chez les patients postencéphalitiques. La narcolepsie est un accès de sommeil brusque et irrésistible, ne durant quelquefois que quelques secondes et s'accompagnant généralement de rêves hauts en couleur ; elle est fréquemment associée à de la *cataplexie* (perte soudaine de tout tonus musculaire, souvent provoquée par l'excitation ou le rire), des *paralysies se déclarant pendant le sommeil* (lorsqu'il se réveille, le malade demeure incapable de bouger durant plusieurs secondes ou minutes), de la *somnoloquie,* du *somnambulisme,* des cauchemars, des terreurs nocturnes et une agitation et des mouvements excessifs pendant le sommeil (voir aussi *Sommeil*).

Ophtalmoplégie : Paralysie des muscles de l'œil.

Opisthotonos. Voir *Emprosthotonos.*

Orexie : Gloutonnerie, voracité, avidité excessives. Son contraire *(anorexie)* peut dénoter soit une simple perte d'appétit, soit un refus positif de s'alimenter, qui est une voracité à l'envers. (Tous les termes cités ici qui commencent par un préfixe négatif ou privatif – *akinésie, aboulie,* etc. – peuvent également indiquer une simple absence, un contraire, ou les deux.)

Palilalie, Palipraxie. Voir *Écholalie.*

Persévération : Tendance au maintien indéfini, ou à la répétition, des processus nerveux – tendance s'autostimulant, s'autorenforçant, s'autoentretenant, quasiment incontrôlable : un état pathologique de base qui est le contraire du *blocage* (voir *Catalepsie, Écholalie, Rigidité,* etc., qui sont des exemples de ce type d'inertie).

Pulsion : Poussée incontrôlable forçant le malade à avancer dans telle ou telle direction. On parle, par exemple, des propulsions, des rétropulsions, des latéropulsions parkinsoniennes, etc. Ce terme et ce concept, qui peuvent également être qualifiés d'*im*pulsions, de *com*pulsions, de *ré*pulsions, décrivent des expériences et des comportements de *tout* niveau.

Rigidité : Symptôme primaire dans le parkinsonisme, mais pouvant aussi se manifester à de plus hauts niveaux : la rigidité peut prendre une forme paratonique *(gegenhalten),* catatonique, hystérique, névrotique, se traduire simplement par de l'obstination, etc. Lorsqu'une jambe (ou le corps tout entier, ou toute l'existence du malade) est paralysée par l'opposition dynamique d'innervations opposées, il s'ensuit des *contractures* ou des *spasmes.* Si les impulsions opposées ne coïncident pas mais se succèdent alternativement, l'on voit apparaître des *tremblements,* de l'*agitation,* de l'*hésitation,* de la *vacillation,* etc. – qui sont aussi des symptômes parkinsoniens et névrotiques de base.

Satyriasis : Exagération des désirs sexuels, constituant une sorte d'équivalent de la *boulimie.*

Séborrhée : Augmentation de la sécrétion des glandes sébacées, rendant la peau graisseuse.

Sialorrhée : Accroissement de la salivation.

Sommeil : Les formes de sommeil inhabituelles qui avaient très souvent constitué l'une des manifestations initiales de la maladie du sommeil sont réapparues lorsque la L DOPA a commencé à être employée, et font partie de ses effets « paradoxaux ». Les brusques et irrésistibles accès de sommeil, suivis d'un sommeil profond résistant en général à toute interruption, auxquels sont sujets les postencéphalitiques, sont de deux types : ils peuvent prendre la forme soit de sommeils de type évanouissements, véritables puits de persévération, dans lesquels les patients s'enfoncent parfois de plus en plus profondément (ces formes de sommeil ont des analogies avec la *catalepsie*), soit d'inhibitions et d'obscurcissements de la conscience (analogues aux *blocages*). Les patients brusquement réveillés de ces sommeils pathologiques peuvent devenir instantanément fous furieux – phénomène qui rappelle tout à fait la *kinésie paradoxale*, ou l'explosibilité bien connue des patients dépressifs et catatoniques (voir aussi *Narcolepsie*).

Tachykinésie : Rapidité de mouvement excessive, s'accompagnant souvent de violence et de brusquerie ; manifestation très caractéristique du parkinsonisme (notamment lorsque le patient est sous L-DOPA), des délires, des manies et des tics. On parle de la même manière, de *tachyphémie*, de *tachyphrénie*, etc.

Tic : Mouvement compulsif brusque et complexe – plus organisé et d'une forme plus constante que les contractions myocloniques, les jactitations, la chorée, etc. La tendance aux tics, dont l'une des expressions majeures est la maladie des tics (ou maladie de Gilles de la Tourette), se manifeste *également* dans les troubles névrotiques et schizophréniques et le parkinsonisme (actif ou passif). Les tics d'immobilité, ou tics toniques, ressemblent à la catalepsie et présentent une similitude fonctionnelle avec la catatonie. Les tics plus élaborés tendent à proliférer, provoquent l'apparition de *contre-tics* et deviennent des maniérismes, de l'affectation, de l'imposture, etc.

Tonus/Clonus : Termes généraux indiquant, respectivement, une coïncidence ou une alternance de réactions opposées : ils sont employés dans le contexte du parkinsonisme, de la catatonie, etc., mais aussi dans celui des épilepsies, aux plus hauts niveaux, et, aux plus bas niveaux, des troubles de la moelle épinière.

Torticolis : Spasme asymétrique permanent des muscles du cou, forçant à se tenir la tête penchée d'un côté – symptôme dystonique d'origine « organique » (comme dans le parkinsonisme) ou « fonctionnelle » (comme dans l'hystérie). Le terme général de *spasme de torsion* fait référence à des ondes de contracture parcourant les muscles du tronc et du cou (on peut comparer ces spasmes à l'*athétose*). Les contorsions et les contractures de ce type peuvent, naturellement, affecter toute l'existence du patient : on pourrait aussi bien parler, par exemple, d'*athétose morale*, et d'états de *torsion émotionnelle*.

Trismus : Constriction intense des mâchoires par contracture des muscles masticateurs.

Bibliographie restreinte

1. Ce que nous nommons maintenant la maladie de Parkinson a été décrit pour la première fois par James Parkinson, dans son mémoire de 1817 intitulé *An Essay on the Shaking Palsy* (trad. fr., *Essai sur la paralysie tremblante,* Paris, Masson, 1923). L'original est extrêmement rare, mais des fac-similés sont disponibles.

2. La description classique de la grande épidémie d'encéphalite et de ses nombreuses séquelles a été faite par von Economo lui-même, dans son fameux *Die Encephalitis Lethargica, ihre Nachkrankheiten und ihre Behandlung,* Berlin, Urban & Schwarzenberg, 1929 (trad. angl., *Encephalitis lethargica : Its Sequelae and Treatment,* Oxford University Press, 1931).

3. Les symptômes postencéphalitiques, et notamment les troubles *compulsifs,* ont été très finement analysés par le psychanalyste et neurologue Ely Jelliffe. On pourra donc lire avec profit :

Jelliffe (S. E.), *PostEncephalitic Respiratory Disorders,* Washington, Nervous and Mental Disease Publishing Co., 1927.

– *Psychopathology of Forced Movements and the Oculogyric Crises of Lethargic Encephalitis,* Washington, Nervous and Mental Disease Publishing Co., 1932.

4. Bien qu'orienté vers les problèmes neuropsychologiques les plus généraux, le livre pionnier de A. R. Louriia intitulé *The Nature of Human Conflicts* (New York, Liveright, 1932 ; édition de poche : 1976) contient, dans son dernier chapitre, une analyse remarquable des difficultés à agir que connaissent les parkinsoniens, et propose de nouvelles approches théoriques et thérapeutiques de ce type de troubles.

5. On trouvera dans l'ouvrage de Gilbert Onuaguluchi ayant pour titre *Parkinsonism* (Londres, Butterworth, 1964) un bon exposé *général* sur les troubles postencéphalitiques. Son commentaire, accompagné de nombreuses illustrations, des électroencéphalogrammes qu'il a fait passer à ses patients écossais du Stobhill Hospital de Glasgow est tout particulièrement intéressant, et pourra être utilement mis en parallèle avec les études électroencéphalographiques de nos patients de Mount Carmel que je présente moi-même dans l'Appendice.

6. Le docteur Purdon Martin, qui a exercé au Highlands Hospital, a magistralement décrit les troubles *posturaux* et *locomoteurs* auxquels sont exposés les patients postencéphalitiques, ainsi que diverses méthodes permettant de les corriger. Son livre, intitulé *The Basal Ganglia and Posture* (Londres, Pitman Medical Publishing Co., 1967), est agrémenté de magnifiques photographies.

7. Les effets thérapeutiques de la L-DOPA ont été pour la première fois décrits dans :

Cotzias *et al.* (1967), « Aromatic Amino Acids and Modification of Parkinsonism », *New England Journal of Medicine,* 16 février 1967, vol. 276, p. 374-379.

8. On pourra lire un bref compte rendu des effets de la L-DOPA sur les patients du Highlands Hospital – qui sont tout à la fois très proches et très différents de nos patients de Mount Carmel – dans :

Calne (D. B.), Stern (G.), Laurence (D. R. M.), Sharkey (J.) et Armitage (P.), « L-DOPA in Post-Encephalitic Parkinsonism », *Lancet,* I/744, 1969.

9. Les effets de la L-DOPA sur les postencéphalitiques et autres patients de Mount Carmel ont été brièvement exposés dans un certain nombre de publications. On pourra consulter, outre l'article publié par Israel Shenker à la suite d'une visite à Mount Carmel et d'un entretien avec moi (« Drug Brings Parkinson Victims Back into Life », *New York Times,* 26 août 1969) :

Sacks *et al.* (1969), « L-DOPA for Progressive Supranuclear Palsy », *Lancet,* II/3591.

– (1970*a*), « Side-Effects of L-DOPA in Post-Encephalitic Parkinsonism », *Lancet,* I/1006.

– (1970*b*), « Effects of L-DOPA in Patients with Dementia », *Lancet,* I/1231.

– (1970*c*), « Incontinent Nostalgia Induced by L-DOPA », *Lancet,* I/1394.

– (1970*d*), « L-DOPA and Oculogyric Crises », *Lancet,* II/215.

– (1970*e*), « Long-Terms Effects of Levodopa in the Severely Disabled Patient », *Journal of the American Medical Association (JAMA),* 28 septembre 1970, vol. 213, p. 2270.

– (1970*f*), « Abnormal Mouth-Movements and Oral Damage Associated with L-DOPA Treatment », *Annals of Dentistry,* 29/130.

10. L'histoire des épidémies de maladie du sommeil et de leurs séquelles au cours des deux derniers millénaires est traitée dans :

Sacks (1971), « Parkinsonism – A New Disease ? », *British Medical Journal*, 9 octobre 1971.

11. Le précurseur immédiat et le « modèle » de *Réveils* fut mon article intitulé « The Great Awakening » (*Listener*, 26 octobre 1972) ; la parution de cet article a été suivie de nombreuses lettres, publiées elles aussi par ce journal.

12. Les extraordinaires troubles de la *perception* que peut occasionner le parkinsonisme ont été discutés lors de l'assemblée annuelle de la British Association qui s'est tenue en 1975, et on pourra lire le contenu de ces débats dans les *Comptes rendus* de ces séances (Sacks 1975*a*).

13. Pour avoir un aperçu des désordres d'ordre *ontologique* entraînés par le parkinsonisme (et d'autres états), on pourra se rapporter, entre autres, à :

Sacks (1975*b*), « The Nature of Consciousness », *Harper's*, décembre 1975.

14. Sacks (O. W.) et Carolan (P. C.) (1979), « EEG Findings in Post-Encephalitic and Tourettic Patients », New York, Metropolitan EEG Society, *Proceedings of Annual Meeting*, mai 1979.

15. J'ai traité du syndrome de Gilles de la Tourette, qui a tant de points communs avec les syndromes postencéphalitiques, et présenté la biographie d'un patient tourettien traité au halopéridol (anti-DOPA) dans : Sacks (1981*a*), « Witty Ticcy Ray », *London Review of Books*, vol. III, n° 3, 19 mars 1981.

16. L'extraordinaire fréquence du « tourettisme » chez les postencéphalitiques maintenus sous L-DOPA depuis de nombreuses années est au centre de la communication que j'ai présentée au cours du Premier Symposium international sur le syndrome de Gilles de la Tourette qui a été organisé en 1981. Le texte de cette conférence est repris dans :

Sacks (1981*b*, 1982*a*), « Acquired Tourettism », in *Gilles de la Tourette Syndrome*, New York, Raven Press, 1982.

17. J'ai, dans le cadre de la Conférence de médecine de pointe organisée en 1982 par le Royal College of Medicine, présenté un bref exposé sur la maladie du sommeil et les « réveils » que j'ai eu l'occasion d'observer durant quinze ans de traitement à la L-DOPA. Ces réflexions, qui constituent une sorte de *Réveils* en miniature, sont publiées dans :

Sacks (1982*b*), « Awakenings Revisited », in *Advanced Medicine 18*, Londres, Pitman Books, 1982.

18. Les phénomènes déclenchés par la L-DOPA chez les postencéphalitiques et les manifestations dont s'accompagnent les auras migraineuses se confondent partiellement. Voir sur ce thème :

Sacks, *Migraine,* University of California Press, 1985 ; trad. fr., *Migraine,* Paris, Éd. du Seuil, 1986 (notamment le chapitre III).

19. Enfin, bien que l'on ne cite ordinairement pas de films dans une bibliographie, je tiens cependant à signaler le film tourné en 1973 par la Yorkshire Television. Ce film, qui s'intitule lui aussi *Awakenings,* illustre à merveille les histoires que je rapporte dans *Cinquante Ans de sommeil.*

Index

TABLE

CET OUVRAGE A ÉTÉ REPRODUIT ET ACHEVÉ D'IMPRIMER
SUR ROTO-PAGE PAR L'IMPRIMERIE FLOCH À MAYENNE (3-91)
DÉPÔT LÉGAL : AVRIL 1987. N° 9606-3 (30474)